KB001816

소셜 콘텐츠의 흥망성쇠

싸이월드에서 배틀그라운드까지

이 도서의 국립중앙도서관 출판예정도서목록(CIP)은 서지정보유통지원시스템 홈페이지(http://seoji.nl.go.kr)와
국가자료공동목록시스템(http://www.nl.go.kr/kolisnet)에서 이용하실 수 있습니다.
CIP제어번호 (양장 CIP2018007125 학생판 CIP2018007124)

ICT 사회 연구 총서 3

iCat
정보기술과문화연구소

소셜 콘텐츠의 흥망성쇠

The Rise and Fall of Social Content
From Cyworld to PlayerUnknown's Battlegrounds

싸이월드에서 배틀그라운드까지

김경희 엮음 | 김경희 · 심홍진 · 최홍규 · 김정환 · 임상훈 · 홍주현 · 이정애 지음

한울
아카데미

차례

서문

스마트폰이 모든 것을 바꿔놓았다. 함께 모여 텔레비전을 보던 가족들이 각자 스마트폰을 보며 웃고 즐긴다. 예전엔 본 적이 없던 콘텐츠들이 작은 스마트폰 안에 가득하다. 새로운 콘텐츠 포맷, 처음 보는 출연자, 참신한 이야기가 넘쳐난다. 이용자들에게는 큰 기쁨이지만 콘텐츠 종사자들은 죽을 맛이다.

콘텐츠 제작의 ABC가 다 사라진 느낌이다. 텔레비전에 맞춘 영상은 스마트폰에는 적합하지 않다. 스마트폰은 가로형이 아닌 세로형인 데다 크기도 작다. 어떻게 만들어야 이용자들이 모이는지, 이용자들이 무엇을 좋아하는지 파악하기 힘들다.

그럼에도 불구하고 콘텐츠 시장은 활기차다. 1인 크리에이터들이 등장하면서 하루에도 셀 수 없을 정도로 많은 콘텐츠가 생산된다. 직접 콘텐츠를 생산하지 않는 이용자들도 채팅방을 통해 참여자가 된다. 소셜미디어를 통해 친구들에게 자신이 좋아하는 콘텐츠를 전송하고 함께 즐긴다. 소셜 콘텐츠의 전성기가 된 셈이다. 누군가와 함께 소통하면서 즐기는 콘텐츠가 콘텐츠 시장의 대세로 부각되고 있다.

이 책은 우리나라 소셜 콘텐츠가 어떻게 생성됐고 확산됐으며 진화했는지를 살펴보고자 기획됐다. 많은 소셜 콘텐츠가 등장했지만 어떤 것은 살아남아 승승장구한 이유가 무엇이고 어떤 것은 반짝 흥행하다 사라지게 된 원인은 무엇인지를 이해해보려고 했다.

소셜 콘텐츠의 개념은 조금 넓게 잡았다. 개인들의 이야기가 유통되는 소셜미디어도 소셜 콘텐츠의 범주에 포함시켜 살펴보았다. 과거에는 올드미디어의 콘텐츠였지만 지금은 스마트폰에서 공유되는 콘텐츠도 소셜 콘텐츠에 포함했다.

제1장 '스낵 컬처 시대의 소셜 콘텐츠'는 소셜 콘텐츠의 개념을 이해해보는 것으로 출발한다. 소셜 콘텐츠란 사람들이 미디어를 통해서 서로 소통하며 소비할 수 있는 콘텐츠라고 정의한다. 스마트폰의 보급과 스낵 컬처의 분위기 속에 확산된 소셜 콘텐츠가 다양한 주제와 장르의 통합을 통해 진화하고 있는 현상을 다뤘다. 또 짧은 콘텐츠와 참여 콘텐츠를 선호하는 이용자들이 공감할 수 있는 콘텐츠에 시간과 돈을 투자하는 적극적인 소비자로 변신하고 있음을 주목했다. 소셜 콘텐츠의 내용과 산업적·정책적 문제점이 산재해 있음을 지적하고 미디어 리터러시 교육과 글로벌 사회에 맞는 정책을 대안으로 제시한다.

제2장 '소셜미디어의 흥망성쇠: 싸이월드, 라인, 카카오톡'에서는 우리 사회와 정치, 그리고 우리의 일상 전반에 미친 소셜미디어의 다양한 장점에 주목한다. 수용자를 적극적 미디어 이용자로 전환시킨 데 이어 사회적 상호작용 참여자, 콘텐츠 창작자로 진화시킨 소셜미디어의 확산과정을 살펴본다. 나아가 소셜미디어가 이용자와 정보의 관계, 콘텐츠 소비와 생산, 놀이와 일, 공적 영역과 사적 영역의 경계를 지우고 일상적 소통이나 실천들에 새로운 문화적 의미를 부여하게 된 현상들을 고찰한다. 무엇보다 이용자들을 소셜미디어의 세계로 이끈 싸이월드의 흥망성쇠, 진화를 거듭하고 있는 라인, 카카오톡의 생성과 확산과정에 많은 부분을 할애한다. 이와 함께 소셜미디어의 흥망성쇠에 영향을 미친 사회적, 문화적, 정치적 요인들을 생각해본다.

제3장 '사용자 중심 동영상 서비스의 생성·확산·진화·쇠퇴: 유튜브, 페이스북, 아프리카TV'에서는 대표적인 동영상 포털 사이트인 유튜브와 사용자간의 연결성을 토대로 라이브 동영상 시대를 연 페이스북, 1인 방송 서비스로 약진을 거듭했던 아프리카TV의 생성, 확산, 진화, 쇠퇴의 과정을 살펴본다. 특히 사용자 중심 동영상 서비스가 생성되고 확산되면서 유튜브가 UCC를 기반으로 동영상 콘텐츠 시장을 키워나가는 과정과 페이스북이 소셜 네트워크 사업으로 인맥 관리 서비스를 정착시키며 동영상 서비스 제공의 기반을 다져나간 과정, 아프리카TV가 1인 방송 중심으로 비즈니스를 확장시켜나가는 과정에 주목한다. 또 각 사업자들이 MCN, 라이브 비디오, 스포츠 중계 등 새로운 동영상 서비스의 변화를 주도해 나가는 동시에 프리미엄 유료화, 소셜 기반 동영상, 다각화된 수익구조 등을 통해 포화된 사용자 중심 동영상 서비스 시장의 쇠퇴기를 벗어나려는 움직임을 다루고 있다.

제4장 '웹툰 산업의 성장'에서는 최근 웹툰을 원작으로 한 영화들이 흥행가도를 달리면서 만화 이상의 의미를 갖고 있는 웹툰의 성장과 진화과정을 살펴본다. 인터넷 플랫폼의 등장과 함께 출발한 웹툰시장은 하나의 산업으로 성장했다. 다양한 기술이 접목되어 공감각적 소비도 가능해졌다. 특히 모바일 환경이 도래하고, 이용자들의 생산 참여가 시장의 성장을 견인해왔다. 제4장에서는 웹툰의 생태계에서 주요한 이해관계자들에게 주목한다. 기존 시장에서는 찾아보기 어려웠던 에이전시와 광고주들도 중요한 플레이어가 되었다. 최근 플랫폼 사업자와 창작자 사이의 갈등이 문제가 되고 있는데, 무엇보다 중요한 것은 창작자들이다. 이러한 맥락에서 창작자 중심의 생태계 구축을 둘러싼 다양한 이슈와 시장의 파이를 늘리기 위한 사업자들의 글로벌 진출기에 대해 살펴본다.

제5장 '게임 서비스의 흥망성쇠: 리니지에서 배틀그라운드까지'에서는 1990년대 후반 김택진, 송재경으로 대표되는 서버/네트워크 전문가 그룹과 PC방이라는 인프라가 우연히 만나며 한국이 세계 최초로 온라인게임의 시대를 열

어가는 시점에서부터 출발한다. IMF 경제위기와 불법복제, 닷컴 붕괴 등으로 좌절하던 PC게임 개발자와 벤처 창업자, 투자자는 〈리니지〉의 성공에 고무되어 신세계로 뛰어들었다. 집단적인 노하우의 공유와 축적, 해외 시장 선점, 초고속인터넷의 확대, 부분 유료화 수익모델의 도입 덕분에 한국 온라인게임은 2000년대 중후반까지 지속적으로 성장했다. 그러나 2000년대 후반 온라인게임 시장의 경쟁은 치열해졌다. 주요 장르별 선점 게임의 위상은 굳건했고, 신규 유저의 유입도 줄어들었다. 가장 큰 시장인 중국에서도 경쟁력이 떨어졌다. 게임에 대한 전문성이 없었던 공공영역에서는 이런 변화를 인식하지 못했고 게임에 대한 규제 중심의 어젠다가 사회적으로 확산됐다. 기존의 성공 패턴에만 매몰됐던 게임 업계는 해외 시장의 웹게임과 소셜게임, 모바일게임의 흐름을 경시했다. 〈리그오브레전드〉가 한국에 들어온 이후, 한국 온라인게임 생태계가 전체적으로 큰 타격을 입었다. 국가의 근시안과 법적 한계 등으로 한국은 모바일게임 생태계에 늦게 참여했다. 카카오 게임센터의 오픈 이후 압축적으로 성장했지만, 글로벌 시장에서는 후발주자가 됐다. 한국 게임의 위기의식이 높아가던 2017년 〈배틀그라운드〉라는 게임이 깜짝 등장했다. 스팀을 통해 해외에서 먼저 서비스된 게임은 스팀 역대 최고 동시 접속자 기록을 깨며 선전 중이다. 이처럼 게임은 여전히 진화하고 있음을 제5장에서 확인해볼 수 있다.

제6장 '현장의 목소리: 소셜 콘텐츠의 생성·확산·진화·쇠퇴'에서는 현장의 전문가들을 만나 인터뷰한 내용을 바탕으로 소셜 콘텐츠의 흥망성쇠에 대한 현업인들의 생각을 전달한다. 소셜 콘텐츠가 살아남으려면 사물인터넷, 빅데이터, 인공지능, 가상현실 등 4차 산업혁명 시대에 대비해야 하고, 이용자에게 최적화된 서비스를 제공하며, 이용자 사생활 보호가 제대로 되어야 한다고 강조했다. 소셜 콘텐츠와 유통 플랫폼과의 연계도 중요하다고 했다. 이미 페이스북과 구글이 지배적인 시장 구조에서 새로운 소셜 콘텐츠가 얼마나 성공할 수 있을지 의문을 제기하기도 했다. 소셜 콘텐츠의 성공 요인으로 이용자의

높은 접근성, 차별화된 서비스 제공, 연결을 통한 확장성, 환경변화에 신속한 대응을 언급했다. 실패 요인으로는 모바일 대응 미흡, 매체적 측면에서 확장성의 한계와 이용자 서비스 한계, 정부의 규제를 들었다. 앞으로 10년 뒤 살아남을 수 있는 소셜 콘텐츠의 미래에 대한 견해도 흥미롭게 다뤄진다.

제7장 '한국 사회에서의 IT담론 대중화와 의제의 흐름: SBS의 서울디지털포럼(SDF)을 중심으로'에서는 SBS가 진행한 서울디지털포럼SDF에서 제기한 의제를 중심으로 2000년대와 2010년대 우리나라에서의 IT 관련 담론을 살펴보았다. 2004년부터 2007년까지의 초기에는 주로 '컨버전스', '유비쿼터스', '인텔리전스', '미디어빅뱅' 등 ICT기술의 발전을 둘러싼 변화상 그 자체에 관심을 가졌고, 2008년부터는 그러한 ICT기술이 우주, 나노, 바이오 등 다른 산업과 확장되어가는 양상에 주목했다. IT담론이 미국발 금융위기 같은 경제 이슈나 중국의 부상 같은 국제정세의 변화와 맞물려 어떠한 상관관계를 갖는지도 들여다보았다. 특히 PC를 기반으로 2000년대 초반 떠오르던 미디어 서비스였던 포털이나 블로그, 유튜브, 싸이월드, 마이스페이스 등에서부터 방송기술의 변화를 볼 수 있는 DMB, 3D, UHD, VR까지 폭넓은 미디어 세계의 변화를 소개한다. 또 스마트폰을 기반으로 한 페이스북, 트위터, 카카오, 라인, 미투데이, 우샤히디, 스튜디오71의 MCN에서부터 온라인 탐사보도 매체 뉴스타파의 데이터 저널리즘, 온라인 뉴스 미디어인 버즈피드, 젊은 고학력자를 타깃으로 한 복스 미디어까지 그들의 다양한 실험과 성과를 확인시켜준다.

이처럼 소셜 콘텐츠의 다양한 분야의 흥망성쇠를 살펴보니, 크게 각광을 받던 PC 기반의 서비스들 가운데 스마트폰 기반의 세상에서는 사라져버린 것도 많음을 알게 된다. 아울러 우리가 변화하는 기술에 관심은 가져야 하겠지만 너무 기술에만 의존하는 것은 역설적으로 지속 가능하지 않은 결과를 가져올 수 있다는 것을 깨닫게 된다. 또 3D나 웨어러블 디바이스처럼 당시에는 굉장히 각광을 받을 것 같았던 기술도 결국은 소비자들이 선택하지 않으면 외면받는다는 사실은 변화의 주체가 결국 기술이 아니고 우리 사람임을 알려준다.

더 이상 디지털이 영향을 미치지 않는 곳이 없는 세상에서 기술과 사회, 인간을 분리해서 생각할 수는 없다. 더 투명하고, 더 개방적이고, 더 믿을 수 있고, 더 안전하고, 더 다양하고, 더 많은 사람들의 참여가 유도되는 세상이 결국 큰 틀에서 우리가 지향해가야 할 방향임은 분명하다. 그리고 혁신적 변화는 그 산업이 민주화될 때 일어난다는 사실을 다시 한 번 되새겨야 할 시점이다.

이 책은 한국연구재단의 토대연구-총서학 지원으로 시작된 "한국 사회의 정보통신 산업 모형 및 전략의 세계적 확산과 공유"(책임연구자: 김경희) 총서 시리즈 중 하나이다. 이 책의 저술을 지원해준 한국연구재단과 토대연구를 함께 진행하고 있는 한림대학교 김신동 교수님, 박준식 교수님, 정용남 교수님께 감사드린다. 또 이 책의 출판을 흔쾌히 허락해주신 한울엠플러스(주) 김종수 사장님과 윤순현 차장님, 어려운 편집 작업을 맡아서 세련된 모습의 책으로 꾸며주신 편집부 배유진 팀장님께 감사드린다.

이 책이, 앞으로 등장할 새로운 콘텐츠들이 이용자들에게 즐거움과 의미를 주는 유용한 콘텐츠로 발전해나가는 데 도움이 되기를 기대한다.

2018년 3월 1일
엮은이 김경희

The Rise and Fall of Social Content
From Cyworld to PlayerUnknown's Battlegrounds

제**1**장
스낵 컬처 시대의 소셜 콘텐츠

김경희_한림대학교 미디어 커뮤니케이션학부 교수

언젠가부터 '소셜'이란 말이 익숙해졌다. 이 말은 싸이월드, 페이스북 같은 SNSsocial network service/sites가 확산되면서 사용되기 시작했는데, 지금은 소셜 커머스, 소셜 문화, 소셜 TV, 소셜 쇼핑 등으로 다양하게 사용된다.

영영사전에서 '소셜social'을 찾아보면, ① 사회 또는 사회를 조직하는 방식과 관련된 것, ② 한 사회 안에서의 누군가의 지위, ③ 다른 사람과 만나는 것과 같은 여가 활동을 의미한다고 나와 있다. 지금 우리가 사용하는 '소셜'은 아마도 세 번째 의미에 가까워보인다.

그런데 단순히 다른 사람과 만나는 것, 다른 사람과 상호작용하는 것으로 요즘 우리들이 사용하는 '소셜'이란 용어를 설명하기에는 뭔가 핵심이 빠진 느낌이다. 과거에도 우리는 사람들을 만나고 소통하면서 살아왔는데, 왜 지금 이 시점에 유독 소셜이란 말이 많이 사용되는가? 그것은 아마도 과거와는 다른 사람들 간의 커뮤니케이션 양식이 있기 때문일 것이다.

요즘 우리가 사용하는 '소셜'에는 소통하는 두 사람 사이에 미디어가 존재한다. 미디어를 통해서 서로 이야기하고 함께 콘텐츠를 즐긴다. 이런 의미에서 지금 우리가 사용하는 '소셜'이란 '미디어를 통해서 다른 사람과 상호작용하는 커뮤니케이션 양식'이라고 정의하는 게 맞을 것 같다.

그렇다면 소셜 콘텐츠란 무엇일까? 우리가 오랫동안 소비해왔던 '소셜하지 않은 콘텐츠'와 '소셜 콘텐츠'는 어떤 차이가 있는 것인지 지금부터 알아보자.

소통하며 소비하는 콘텐츠

콘텐츠란 미디어에 담긴 내용물을 말한다. 미디어 안에 담긴 내용물은 문자일 수도 있고 사진일 수도 있고 영상일 수도 있으며 프로그램일 수도 있다. 따라서 콘텐츠란 매우 큰 개념이다. 특히 인터넷이 확산되면서 콘텐츠는 점점 더 다양해졌다. 과거에 전문가들만 생산하던 미디어 콘텐츠를 인터넷에서는 누구나 생산할 수 있기 때문이다. 특히 인터넷에 올라온 콘텐츠에 사람들이 열광적인 반응을 하면서 전문가가 아니어도, 나이가 어려도 누구나 콘텐츠 생산자로 변신할 수 있다. 많은 1인 크리에이터들이 그 예이다. 콘텐츠 전문가는 아니었지만 많은 사람들의 호응을 받으면서 유능한 콘텐츠 생산자가 되었다.

스노우S. Snow는 콘텐츠를 소유 콘텐츠, 임대 콘텐츠, 소셜 콘텐츠로 나누었다(Snow, 2015). 소유 콘텐츠owned content는 자체 개발한 콘텐츠이고, 임대 콘텐츠rented content는 출판하는 비용을 지불한 콘텐츠로 협찬 콘텐츠sponsored content라고 설명했다. 또 소셜 콘텐츠는 SNS에 커뮤니케이션 채널을 만들고 대화를 촉발하기 위해 사용하는 '마이크로 콘텐츠micro content'라고 정의했다. 마이크로 콘텐츠는 마이크로미디어를 통해 전달되는 콘텐츠이다. 마이크로미디어는 신문, 방송과 같이 전문적으로 생산한 메시지를 대중에게 전달하는 매스미디어와 대비되는 것으로, 페이스북, 유튜브 같은 개인들 간의 미디어를 의미한다. 요즘은 매스미디어들도 마이크로미디어를 통해 기존 콘텐츠를 그대로 서비스하기도 하고, 개인이지만 불특정 다수를 대상으로 방송을 하기도 한다. 따라서 마이크로 콘텐츠가 소셜 콘텐츠에 속하기는 하지만, 마이크로 콘텐츠와 소셜 콘텐츠를 같은 개념으로 볼 수는 없을 것 같다.

그보다는 "콘텐츠를 통해 사회적 경험과 정보를 공유하는 기능과 서비스"(이강원·손호웅, 2016)라는 설명이 소셜 콘텐츠의 특성을 더 잘 보여준다. '사회적 경험과 정보의 공유'가 사람들이 소셜 콘텐츠를 보게 되는 이유라고 할 수 있기 때문이다.

이러한 정의들과 함께 앞서 살펴본 '소셜'이란 개념을 적용해보면, '소셜 콘텐츠'는 '사람들이 미디어를 통해서 서로 소통하면서 소비할 수 있는 콘텐츠'라고 정의해볼 수 있다. 사람들은 댓글을 달거나 실시간 채팅을 통해 서로 소통하면서 콘텐츠를 소비하고 사회적 경험과 정보, 즐거움을 공유한다. 소셜 콘텐츠가 되려면, 우선 공감을 불러일으키거나 희노애락을 느끼게 해주거나 정보를 주는 콘텐츠가 있어야 한다. 또 동시적이든 비동시적이든 서로 자기의 이야기를 할 수 있는 공간, 즉 상호작용적인 미디어가 있어야 한다.

그런데 소셜 콘텐츠를 소비하고자 하는 사람들의 욕구는 과거에도 존재했을 텐데 왜 이제서야 확산된 것일까? 소셜 콘텐츠의 확산 배경을 살펴보자.

스마트폰과 스낵 컬처가 확산시킨 소셜 콘텐츠

폭발적으로 확산된 스마트폰

소셜 콘텐츠의 확산은 스마트폰을 빼고 이야기할 수 없다. 2009년 아이폰의 국내 출시를 계기로 도입된 스마트폰의 보유율은 2010년에 조사대상자의 3.8%에 불과했으나, 2011년에는 조사대상자의 27.1%로 늘어났고, 2012년에는 57.5%나 되었다(방송통신위원회, 2012). 이처럼 보급된 지 3년이 채 안 되어 60%에 육박했고, 2015년에는 조사대상자의 78.8%가 스마트폰을 갖고 있는 것으로 조사되었다(방송통신위원회, 2015). 10명 중 8명이 스마트폰을 이용했다는 것이다.

스마트폰 확산과 소셜 콘텐츠의 유행은 매우 밀접한 관계가 있다. 전철 안에서도, 회사에서도, 집에서도 언제든 스마트폰을 통해 소셜 콘텐츠를 쉽게 볼 수 있다. 과거처럼 개인적인 이야기만 하는 것이 아니라 내가 본 재미있는 동영상을 스마트폰에 설치된 소셜미디어를 통해 친구와 가족에게 쉽게 전달할 수 있다. 따라서 스마트폰만 있다면, 사람들은 언제 어디서나 친구들이 소셜미디어를 통해 보내주는 재미있는 동영상, 마음을 울리는 텍스트, 분노를 자아내는 뉴스 등을 쉽게 접할 수 있게 되었다. 그리고 "ㅋㅋㅋ", "ㅇㅈ", "백퍼 공감" 등으로 반응하면서 서로의 느낌, 의견을 손쉽게 주고받게 되었다. 이것이 소셜 콘텐츠가 인기를 끌게 된 원동력이다.

스마트폰이 없었다면, 소셜미디어도 이렇게 활성화되지 못했을 것이고, 소셜 콘텐츠도 인기를 얻지 못했을 것이다. 스마트폰 등장 이후에는 모든 것이 테크놀로지에 압도되는 느낌이다. '기술이 사회 변동의 원인'이라는 기술결정론자가 아니더라도 테크놀로지의 영향이 얼마나 큰지 실감하면서 살아가는 시대가 되었다. 스마트폰의 등장은 사람들의 라이프스타일을 바꿨고, 사람들의 라이프스타일 변화는 콘텐츠 소비 행태에 영향을 주었다. 이에 따라 콘텐츠도 변할 수밖에 없었고, 그런 와중에 부상한 것이 소셜 콘텐츠인 셈이다.

스낵 컬처 시대의 콘텐츠

요즘을 스낵 컬처 시대라고 한다. 스낵 컬처Snack culture란 스낵을 먹듯 짧은 시간 안에 간편하게 즐기는 문화를 말한다. 2007년 미국의 유명 트렌드 잡지인 ≪와이어드Wired≫에서 음악과 방송, 게임, 패션 등과 관련한 다양한 영역에서 '한 입 사이즈'로 구성된 포맷이 중요한 문화 코드가 될 것이라고 예측했다고 한다(박지혜, 2015: 47).

소셜 콘텐츠가 바로 '한 입 사이즈'로 구성된 포맷이라 할 수 있으니 소셜 콘텐츠 소비야말로 대표적인 스낵 컬처이다. 신문 반 페이지를 차지하는 긴 뉴스가 카드 10장으로 압축된 카드뉴스, 5분짜리 웹 드라마, 3컷짜리 웹툰, 1시간짜리 방영 프로그램에서 재미있는 순간만을 모은 웃긴 짤 등 잠깐 즐길 수 있는 콘텐츠가 인기이다. 이처럼 스낵 컬처의 영향으로 새롭게 등장한 디지털 콘텐츠를 스낵 컬처 콘텐츠라고 한다. 스낵 컬처 콘텐츠는 인터넷 공간에서 유통되는 짧은 콘텐츠로 웹드라마, 웹툰, 1인 방송, 카드뉴스, 모바일 게임 등이 포함된다.

모든 소셜 콘텐츠가 스낵 컬처 콘텐츠는 아니지만, 대부분의 소셜 콘텐츠는 스낵 컬처 콘텐츠에 속한다. 스마트폰에서 이용하는 소셜 콘텐츠 대부분이 짧은 분량의 콘텐츠이기 때문이다. 스마트폰의 보급과 스낵 컬처의 확산 속에 소셜 콘텐츠의 소비가 자연스럽게 확산된 것이다.

이용자 제작 플랫폼으로 누구나 콘텐츠 생산

소셜 콘텐츠는 다른 사람들과 서로 소통하면서 이용하는 콘텐츠인 만큼, 소셜 콘텐츠의 확산에서 이용자들은 매우 중요하다. 소셜 콘텐츠를 이용하는 사람들이 많아야 '소셜'의 의미를 충분히 살린 콘텐츠로 변신할 수 있기 때문이다.

또 소셜 콘텐츠는, 잘 만들어진 프로그램 하나를 불특정 다수가 시청하는 방송처럼 대중이 동시에 이용하는 콘텐츠가 아니라, 공감을 할 수 있거나 함께 즐길 수 있는 사람들이 보는 콘텐츠이기 때문에 많은 콘텐츠가 필요하다. 따라서 소수의 콘텐츠 전문가가 아니라 다수의 콘텐츠 생산자가 필요하다.

이러한 필요를 만족시켜준 것이 바로 인터넷 기반 플랫폼이다. 인터넷 기반 플랫폼은 이용자가 쉽게 콘텐츠를 제작해서 유통시킬 수 있다. 다양한 사람들이 콘텐츠를 만들기 때문에 공감할 수 있는 사람들도 다양하다.

예를 들어, 1인 크리에이터는 인터넷이 연결된 PC나 모바일 기기만 있으면 언제 어디서든지 방송할 수 있다. 아프리카TV나 유튜브 같은 인터넷 기반 플랫폼이 있기 때문이다. 이를 보는 사람들도 인터넷이 연결된 모바일 기기만 있으면 언제든지 볼 수 있다.

과거에는 기자, PD, 작가 등 전문가 집단이 콘텐츠를 생산하고 이용자들은 콘텐츠를 단순히 소비했지만, 지금은 이용자들이 콘텐츠를 생산하고 소비하는 역할을 모두 담당하게 된 것이다.

인터넷 기반 플랫폼을 통해 수많은 웹툰 작가들도 탄생했다. 네이버나 다음에서는 누구나 웹툰 작가가 될 수 있는 공간을 마련해두고 있고 다양한 취향의 사람들은 꼭 유명한 작가 작품이 아닌 이름 모를 작가의 웹툰도 클릭해서 즐긴다. 이처럼 이용자 제작 플랫폼의 확산은 소셜 콘텐츠를 확산시키는 원동력이 되었다.

특히 소셜 콘텐츠는 몇몇 사람들에게만 재미를 주어도 된다. 재미를 느낀 몇몇 사람들이 자신들의 지인에게 재미있게 본 콘텐츠를 전달하면 순식간에 수십 명, 수백 명으로 확산될 수 있다. 소셜미디어의 파급력이 상상 이상이기 때문이다. 지휘자 에릭 휘태커Eric Whitacre가 전 세계에 흩어진 사람들을 연결해 가상합창단을 꾸밀 수 있었던 것도, 루게릭병 환자를 돕기 위한 아이스버킷챌린지를 통해 기부 문화가 확산될 수 있었던 것도 모두 소셜미디어의 파급력 덕분이다.

이처럼 이용자가 손쉽게 콘텐츠를 생산할 수 있는 인터넷 기반 플랫폼의 확산은 소셜미디어의 보급과 더불어 소셜 콘텐츠를 확산시키는 데 큰 역할을 했다. 그렇다면 소셜 콘텐츠는 어떤 특성을 갖고 있을까? 소셜 콘텐츠의 특성을 알아보자.

소셜 콘텐츠의 장르 융합적인 특징

자기 등장 콘텐츠

　야구를 좋아하는 나는 아침 일찍 야구장에 갔다. 완전 대박, 2루타에 홈런까지 내 인생 최고의 기록이다. 집에 오자마자 스마트폰을 본다. 내 이름을 검색창에 친다. 3루타를 치는 내 모습을 볼 수 있다. 기분이 좋아 몇 번이고 다시 본다. 그리고 자랑스런 내 모습이 나오는 동영상을 소셜미디어에 올린다. 친구들이 '좋아요'를 눌러대고 축하 이모티콘이 날라왔다. 기쁨이 두 배가 됐다.

　인터넷이 없던 시절에는 상상할 수 없는 일이다. 야구선수도 아닌 야구 동호회의 경기가 촬영되어 서비스된다. 야구 동호회 이외에도 보통 사람들이 등장하는 콘텐츠는 유튜브 곳곳에서 찾아볼 수 있다. 자신이 무언가 의미 있는 일을 해내는 생생한 영상을 언제든지 볼 수 있는 것이다. 게다가 그 영상을 지인들에게 손쉽게 보낼 수 있어 친구들과 자신의 영상을 보면서 이야기도 나눌 수 있다. 이것이 소셜 콘텐츠의 특성이다. 다른 사람들의 이야기가 아닌 내 이야기, 내 모습, 내 글이 지인들과 공유할 수 있는 멋진 콘텐츠가 된 것이다.

　자기 등장 콘텐츠는 인터넷 기반 플랫폼의 상업적 서비스일 수 있고 본인이 직접 제작한 콘텐츠일 수 있다. 소셜미디어에 올라오는 많은 사진과 동영상은 개개인이 남기고 싶은 순간들을 담아놓은 직접 제작 콘텐츠이다.

　그러니까 소셜 콘텐츠는 사람들의 일상이자 기록이다. 사람들이 자꾸 보고 싶고 지인들과 공유하고 싶은 콘텐츠인 것이다. 사람들이 소셜 콘텐츠의 매력에 빠지게 되는 이유 중 하나이다.

　이러한 소셜 콘텐츠의 특성과 관련해 꼭 짚고 넘어가야 할 것은 과거에는 시간이 지나면 잊어버릴 일들이 이렇게 기록됨으로써 지속되는 경향을 갖는다는 점이다. 자기 등장 콘텐츠가 갖는 장점이자 위협요인이다. 좋은 기록은 오래 남아서 좋지만 나쁜 기록은 잊히는 것이 좋기 때문이다. 소셜 콘텐츠 시대에 살아가는 우리들이 자기 등장 콘텐츠에 각별한 주의를 기울여야 할 이유가 여기에 있다.

주제의 다양화

소셜 콘텐츠의 주제는 매우 다양하다. 아니, 점점 더 다양해진다고 표현하는 것이 맞겠다. 젊은이들이 많이 이용하는 딩고 스튜디오는 모델이나 연예인이 일반인과 데이트하는 프로그램에서 시작했지만, 지금은 정치인이 공시생의 고민을 들어주고 세월호 피해자를 찾아가는 등 다양한 주제의 콘텐츠를 서비스하고 있다. 많은 사람들에게 인기를 모으고 있는 72초 TV의 주제도 매우 다양하다.

이용자들이 직접 만드는 소셜 콘텐츠는 그야말로 다양한 주제로 이루어진다. 지하철 역 주변의 맛집, 화장법, 요리 레시피에서부터 영화 촬영 기법, 별관찰 일지, 현미경 사용법 등 일상생활에서 전문적 영역에 이르기까지 다양한 영역을 섭렵하는 주제들이 등장한다. 사람들의 관심이 다양한 만큼 다양한 콘텐츠가 등장하는 것은 당연한 일이다. 앞으로도 점점 더 다양한 콘텐츠들이 나타날 것이다.

이처럼 신문, 방송 등 기존 미디어와는 비교가 안 될 정도로 다양한 주제의 콘텐츠가 생산된 이유를 생각해보면, 누구나 간단하게 콘텐츠를 생산할 수 있는 플랫폼이 있다는 것, 그래서 콘텐츠를 생산하는 사람들이 많아졌다는 것 등을 들 수 있을 것이다. 그러나 그런 이유 이외에도 과거에는 다른 사람과 공유할 가치가 없다고 판단되었던 것들이 지금은 공유될 수 있는 환경이 조성되었기 때문이다. 즉, 과거에는 하찮은 이야기라고 생각되었던 시시콜콜한 이야기가 몇몇 사람들에게 공감을 받으면서 소셜 콘텐츠로 확산되자, 사회적으로 '공유할 가치'에 더 이상 얽매이지 않게 된 자유로운 분위기가 소셜 콘텐츠 확산에 한몫했다고 해야 할 것 같다. '공유할 가치'에 얽매이지 않는 이러한 현상은 권위주의적인 콘텐츠 생산방식에서 벗어나 무엇이든 이야기할 수 있는 표현의 자유를 확대시켰다는 점에서 의미 있는 일임에 틀림없다. 그러나 '공유해서는 안 되는' 콘텐츠, 즉 고정관념을 확산시키거나 누군가를 비하하거나 선정적인 콘텐츠 역시 공유되는 안 좋은 상황도 만들고 있다는 점은 간과해서는 안 될 문제이다.

장르의 통합

"가로 1.5m, 세로 3m의 작은 공간, 그러나 이곳은 나만의 공간 고시원이다"라는 멘트에서 시작해서 고시원의 열악한 생활여건을 두 명의 배우들이 재미있는 에피소드로 보여준다. 드라마인가 싶은데 "서울 청년 40%는 주거 빈곤", "한 사람이 사는 집이 4.2평보다 작으면 주거 빈곤이다", "서울에 사는 10명 중 4명은 주거 빈곤층"이라는 신문 형태의 마지막 화면을 보면 뉴스를 보는 것 같다. SBS 보도본부 뉴미디어국 스브스뉴스팀에서 제작한 뉴스드라마 〈고시원의 자식들〉이다. 연기자가 등장해 연기를 하는 데다 6화까지 연속되는 걸 보면 드라마로 봐야 할 것 같지만, 방송사 보도본부에서 기자가 뉴스 리포트처럼 3분 11초의 짧은 시간으로 제작했고 시사적인 문제를 제기하며 구체적인 사실을 보여준 것이니 뉴스라고 해야 하지 않을까 싶다. 드라마인지 뉴스인지 구분하기 힘들다.

양세형의 〈숏터뷰〉도 여느 인터뷰 프로그램과 다르다. 양세형이라는 개그맨이 진행하며 재미있는 개그들이 펼쳐지는데 인터뷰에 등장하는 사람은 정치인들이거나 사회적 이슈의 중심에 있는 사람들이다. 내용도 사회적인 문제를 담고 있다. 그렇다고 딱딱한 보도 프로그램의 인터뷰 형식은 아니다. 대통령 후보를 인터뷰하면서 진행자 양세형이 후보자에서 안긴 채로 질문을 던지기도 하고 야구장에서 야구경기 설명하듯 대통령 후보자의 정치적 입장을 들기도 한다. 이것은 시사프로그램인지 아니면 예능 프로그램인지 구분하기가 쉽지 않다.

이처럼 소셜 콘텐츠는 장르가 통합되는 경향이 나타난다. 심각한 이야기를 재미있게 풀어내되 짧은 길이로 구성해 사람들이 잠깐 짬을 내서 볼 수 있게 제작된다. 단순히 웃기기만 해서 허탈해지는 내용이 아니고 너무 심각해서 사람들을 피곤하게 하지도 않는다. 흥미롭게 진행되지만 뭔가 느끼고 생각할 수 있는 장르의 통합이 이루어지고 있는 것이다. 소셜 콘텐츠의 다양한 장르 통합은 앞으로도 계속될 것으로 보인다.

이용자의 참여와 행동의 원동력

인터넷 쇼핑몰 업체인 "마리몬드"가 위안부 할머니들의 삶을 녹여낸 이야기와 꽃을 연결해서 이순덕 할머니는 동백, 김학순 할머니는 무궁화, 김복동 할머니는 백목련 등으로 명명하여 티셔츠와 패션 아이템, 문구류 등 다양한 상품을 출시했다. 이 업체는 영업이익의 50% 이상을 위안부 문제 해결을 위해 활동하는 단체에 기부했다. 이런 일의 취지가 알려지면서 기부금은 금세 1억원이 넘었고, 3억 원, 5억 원을 넘어 꾸준히 증가했다. 이렇게 엄청난 기부금이 쌓일 수 있었던 것은 소셜미디어를 통해 전달된 꽃과 연결된 할머니들의 이야기 덕분이었다.

다음 스토리펀딩은 콘텐츠의 주제를 선정해놓고 이용자들의 펀딩이 모이면 콘텐츠를 생산하는데, 셜록기자인 박상규의 파산변호사 이야기는 5억 6천여만 원을 모아 당초 목표였던 1억 원을 5배 이상 초과했고 1만 8043명이 펀딩에 참여했다. 또 MBC 해직PD이자 영화감독인 최승호의 "국가권력의 심장부를 겨냥하다"라는 스토리는 국정원의 범죄행위를 담은 영화 〈자백〉을 극장에서 볼 수 있도록 후원하는 펀딩이었다. 당시 정부와 밀접한 연결이 있어 개봉관 개봉이 어려운 상황이었으나, 1만 7261명이 참여해서 2억 원의 목표를 홀쩍 넘겨 4억 3천만 원을 모았다. 그 밖에도 저널리즘, 라이프, 캠페인, 아트, 스타트업, 출판 등 다양한 분야에서 2억 원, 3억 원을 모은 펀딩이 계속 이어졌다.

이처럼 소셜 콘텐츠는 이용자들의 참여와 행동을 끌어낸다. 스토리가 괜찮다면 후원하는 이용자들이 다수 존재한다는 것이다. 이렇게 많은 사람들의 참여를 이끌어낼 수 있는 것은 많은 사람들에게 스토리를 전달할 수 있는 소셜미디어가 있기 때문이다. 소셜미디어의 파급력과 공감을 불러일으키는 스토리가 이용자의 참여와 행동을 유도해내는 것이다.

오프라인과의 연결

4차 산업혁명의 특징이 오프라인(현실세계)과 온라인(가상세계)의 결합인데, 소셜 콘텐츠에서는 이미 온라인과 오프라인의 연결이 이루어지고 있다. 뷰티 1인 크리에이터로 인기를 모으고 있는 '레나'가 미샤와 콜라보레이션한 화장품이 프랑스 전문 디자이너와 미샤가 콜라보레이션한 화장품보다 더 많이 팔리고 품절현상까지 일으킨 사례를 보면 소셜 콘텐츠가 오프라인과 연결될 때 나타나는 영향력을 확인할 수 있다. 소셜 콘텐츠는 특히 소셜미디어를 통해 비슷한 관심을 가진 연령층들에게 순식간에 확산되고 이용자들의 행동으로 이어질 수 있기 때문에, 인기 있는 콘텐츠의 경우는 큰 영향력을 갖고 있다고 보아야 할 것이다.

"공신 닷컴"을 운영하고 있는 강성태가 1인 인터넷방송을 통해 한 공부비법 강의가 화제가 되어 책을 출판하고 텔레비전 프로그램에 출연하는 등 많은 사람들의 관심을 받게 되었다. 이 역시 소셜 콘텐츠가 오프라인과 연결되어 더 큰 영향력을 발휘한 사례라고 할 수 있다.

이런 사례들은 점점 더 많아지고 있다. 소셜미디어를 이용하는 사람들이 늘어나고 소셜 콘텐츠를 만드는 사람들이 많아짐에 따라, 소셜미디어 안의 작은 콘텐츠가 현실세계에까지 영향을 미치는 일들은 앞으로도 더 많아질 것이고 그 영향력도 더 커질 것으로 보인다.

짧게 소비하고 행동하는 소비자의 특성

짧은 콘텐츠를 선호하는 소비자

모바일에서 콘텐츠를 모두 다 보는 이용자들은 드물다. 20대 이용자들이 모바일에서 가장 많이 완독하는 콘텐츠의 형식은 동영상과 그림/일러스트인데, 동영상과 그림/일러스트의 경우도 완독비율은 46%라고 한다(임희수, 2016: 16). 모바일에서 동영상을 선택했지만 다 보지 않는 이용자들이 반을 넘는다는 것이다. 텍스트 콘텐츠와 사진의 완독비율은 이보다 낮아 42.4%이고, 인포그래픽은 24.8%로 나타났다(임희수, 2016: 16).

또 같은 조사에서 제시한 모바일 콘텐츠의 적정 길이를 살펴보면, 동영상은 43.1초, 그림/일러스트 17장, 텍스트 14.4문단(약 30줄), 사진 10장, 인포그래픽 9.3장이다(임희수, 2016: 16). 20대 이용자에 한정된 조사이기 때문에 전체 이용자들의 소비 특성이라고 볼 수는 없지만 텔레비전이나 신문보다 모바일

표 1-1 20대의 모바일 미디어 이용실태

구분	형식적 완독 비율		형식별 적정 길이	
	콘텐츠 형식	완독 비율	콘텐츠 형식	적정 길이
1위	동영상	46.0%	동영상	43.1초
2위	그림/일러스트	46.0%	그림/일러스트	17.0장
3위	텍스트	42.8%	텍스트	14.4문단(약 30줄)
4위	사진	42.8%	사진	10.0장
5위	인포그래픽	24.8%	인포그래픽	9.3장

자료: 임희수(2016: 16).

에서 짧은 콘텐츠를 선호하는 사람들의 경향은 일반적인 현상이다.

이러한 소비 패턴을 반영하듯이 소셜 콘텐츠의 길이는 짧다. 텔레비전에서 방영되는 드라마는 50분~1시간이지만, 웹드라마는 3~5분 정도이다. 뉴스도 텍스트 중심에서 벗어나 사진과 함께 짧은 텍스트로 이루어진 10여 장의 카드 뉴스가 유통되고 있다. 또 동영상을 선호하는 이용자의 소비특성을 반영해 움직이는 동영상을 첫 장에 담은 카드뉴스들이 이용자들의 눈길을 끌고 있다.

참여 콘텐츠를 선호하고 행동에 나서는 소비자

이용자들은 콘텐츠 제공자와 이용자 간의 실시간 의사소통이 가능한 콘텐츠를 즐긴다. 1인 방송이 인기 있는 이유이다. 게임 크리에이터 "대도서관"의 방송을 보면, 게임하는 장면 중에 옆의 채팅방이 쉴 새 없이 움직인다. 게임은 대도서관이 하지만, 채팅방에 참여하는 이용자들이 마치 함께 게임하는 것처럼 그 시간을 즐긴다. 대도서관과 소통하는 것뿐 아니라 다른 이용자들과도 소통한다.

대부분의 1인 방송들은 이런 형식으로 이루어진다. 따라서 1인 크리에이터 혼자 만드는 것이 아니라 방송을 보는 이용자들이 함께 만드는 것이다. 이처럼 이용자들은 자신 또는 다른 이용자의 의견이 콘텐츠 제작에 반영되는 것을 즐긴다. 기존 매스 미디어와 대비되는 특징이다. 이용자들은 단순히 만들어진 콘텐츠를 수용하는 것을 넘어 자신 또는 다른 이용자의 의견이 반영된 콘텐츠를 선호하는 것이다. 참여 콘텐츠가 인기를 모으고 있는 이유이다.

또 앞서 살펴보았듯이 참여하고 직접 행동한다. 좋은 콘텐츠에 돈을 지불하기도 하고 좋은 일에 기부할 수 있도록 물건을 구입하기도 하며 사회문제 해결에 직접 나서기도 한다. 디시인사이드 주식 갤러리에서 활동하는 네티즌이 박근혜 전 대통령 당시 김기춘 비서실장이 위증한 증거를 찾아내서 청문회에 제공한 사례는 잘 알려진 일이다. 김기춘 비서실장은 최순실 씨를 최근에야 알았다고 주장했지만, 네티즌이 과거 영상을 뒤져서 그 말이 거짓임을 밝힌 것이다. 이처럼 민주 시민으로서 적극적으로 행동하는 소비자의 모습들은 인터넷 공간에서 쉽게 찾아볼 수 있다.

해결 과제가 산적한 소셜 콘텐츠의 현재

불건전한 콘텐츠를 생산하는 프로슈머

지금까지 소셜 콘텐츠와 이용자의 특성을 살펴보았다. 이런 논의들을 보면 소셜 콘텐츠에는 아무 문제가 없고 이용자들도 건강하게 콘텐츠를 소비하는 것으로 보인다. 그러나 이것은 소셜 콘텐츠의 부정적 측면을 살펴보지 않았기 때문이다. 소셜 콘텐츠가 갖고 있는 문제를 들여다보면, 해결과제가 산적해 있다. 소셜 콘텐츠의 문제는 소셜 콘텐츠를 만드는 생산자들의 문제이자 불건전한 콘텐츠를 찾아보는 이용자의 문제이기도 하다.

콘텐츠의 선정성, 폭력성(언어폭력), 음란성은 심의 규제가 제도화된 매스미디어와 달리 수위가 매우 높다. 몸캠같이 자신의 알몸을 드러낸 동영상에서부터 듣기 민망한 음란패설에 이르기까지 음란성이 심한 콘텐츠들이 소셜미디어를 넘나드는 문제는 규제하기가 쉽지 않다. 너무 많은 콘텐츠가 다양한 플랫폼을 통해 전달되고 있기 때문이다. 위험수위가 높은 선정적인 차림과 발언을 하는 1인 방송도 쉽게 찾아볼 수 있다.

게다가 조폭을 동원한 1인 방송이 등장하는 등 폭력성도 심각하다. 무엇보다 1인 방송에서 무분별하게 쏟아지는 언어폭력은 그 강도가 날로 심해지고 있다. 발언의 내용은 명예훼손을 넘어 특정 집단에 대한 차별과 비하를 담은 내용이 대부분이다. 우리 사회에 존재하는 여성, 성소수자, 장애인 등 특정 집단에 대한 고정관념을 재생산하고 강화하는 역할을 수행하고 있다. 여성혐오 현상을 심화시키고 계층 간, 연령 간, 지역 간 갈등을 일으키는 콘텐츠들이 난무하고 있다.

사생활 침해도 심각하다. 아무데서나 카메라를 들이대고 찍고 그것을 그대로 방영한다. 그나마 카메라를 내놓고 찍으면 다행이다. 몰래카메라를 통해 영상을 찍어 인터넷에 내보내는 콘텐츠도 있다.

이처럼 불법적이고 비윤리적인 콘텐츠의 문제뿐 아니라 의도하지 않게 발생하는 문제들도 있다. 전문 제작진이 아닌 일반인들이 제작한 콘텐츠가 많기 때문에 발생하는 일들로, 저작권 침해가 대표적인 사례이다. 저작권을 침해하는지 모르고 사진이나 아이콘, 디자인을 사용하는 프로슈머prosumer(생산자이자 소비자)들이 있는 것이다.

이처럼 소셜 콘텐츠의 생산, 유통, 소비과정에서 다양한 문제들이 발생하고 있지만 해결할 방안을 찾기는 쉽지 않다. 그렇다고 바라만 볼 수도 없는 노릇이다. 다양한 시도가 필요한데, 그중 하나가 미디어 리터러시 교육이다. 어릴 때부터 청년, 중장년, 노인에 이르기까지 생애주기별로 필요한 미디어 리터러시 교육이 필요하다. 자신이 생산하거나 유통한 콘텐츠가 의도하지 않게 누군가에게 피해를 줄 수 있다는 점부터, 콘텐츠를 비판적으로 이해하고 소비할 수 있는 능력을 키워나갈 수 있도록 체계화된 미디어 리터러시 교육이 국가적 차원에서 실시되어야 할 것이다.

글로벌 사회에서의 정책적 어려움과 정보격차의 심화

산업적으로도 다양한 문제가 존재한다. 다국적 플랫폼의 강세와 국내 플랫폼의 약화는 국가적 차원에서 논의가 필요한 부분이다. 2008년부터 유튜브, 페이스북 등 다국적 기업의 서비스가 아프리카TV, 싸이월드 등 국내 소셜 콘텐츠 플랫폼을 압도하기 시작했다. 네이버와 다음 카카오가 선전하고 있지만 구글의 강력한 영향력 아래에서 얼마나 오랫동안 버틸 수 있을지 모른다. 특히 스마트폰이 도입된 후 안드로이드의 구글플레이와 앱스토어의 파워가 점점 더 커지고 있고 그 영향력은 앞으로 더 커질 것이다. 글로벌 사회라는 관점에서 인터넷 정책이 필요한 이유이다.

한국 내에서는 미디어 기업 간 경쟁이 더욱 치열해지고 있어 한국 기업 간 상생보다는 서로의 힘을 약화시키는 경쟁으로 제 살 깎아먹기 현상도 나타나고 있다. 언론사와 포털 간의 관계가 대표적인 사례이다. 서로 상생할 수 있는 방안을 찾는 것이 무엇보다 필요하다. 이제는 한국 내에서의 경쟁이 아니라 글로벌 사회에서의 경쟁이기 때문이다.

정책적으로 해결해야 할 문제는 더 많다. 가장 큰 현안은 정보격차의 해소이다. 테크놀로지의 발달로 새로 등장하는 미디어가 작동하는 기술은 점점 더 복잡해지는 가운데, 얼마나 미디어를 잘 활용하느냐에 따라 경쟁력을 가질 수 있는 사회로 변해가고 있다. 더구나 경제적 능력이 있는 사람들이 새로 나온 디바이스를 소유할 수 있기 때문에 빈익빈 부익부 현상이 심화될 수밖에 없다. 또 정보격차는 경제적 격차를 넘어 즐거움의 격차까지 가져온다. 새로운 디바이스와 새로운 콘텐츠로 다른 사람들과 소통하며 즐길 수 있는 경험을 디바이스가 없거나 이용할 줄 모르는 사람은 경험할 수 없기 때문이다. 실제로 전업 주부들의 인터넷 사용을 연구해본 결과, 인터뷰에 참여한 주부들은 사람들이 많이 사용하고 있는 소셜 네트워크를 통한 소통이나 게임 등 새로운 콘텐츠를 즐기는 데 있어 소외되고 있고 새로운 테크놀로지를 이용하는 데 두려움마저 가지고 있었다(김경희, 2014). 새로운 미디어 테크놀로지를 늦게 이용하기 시작한 후기 채택자를 대상으로 한 연구나 이들의 미디어 이용을 도와줄 수 있는 정책이 절실히 요구된다.

또 앞서 살펴보았듯이 불건전한 콘텐츠를 어떻게 규제할 것인가에 대한 정책적 방안도 마련되어야 할 것으로 보인다. 인터넷은 네트워크의 네트워크이기 때문에 다양한 경로가 존재한다. 따라서 국내 라우터를 차단하는 방식으로 접근을 막는 것이 효과를 발휘하기 힘들다. 게다가 하루에도 수없이 많이 생산되는 콘텐츠를 어떻게 심의할 수 있을지, 규제의 범위는 어떻게 해야 하는지 산적한 문제가 많다. 불건전한 콘텐츠를 차단하기 위해 누군가의 글을 삭제할 수 있도록 제도화한다면 언론의 자유를 침해하는 일이 발생할 수 있다. 그렇다고 누군가를 자살로 몰고 갈 수 있는 위험한 콘텐츠를 그냥 방치할 수는 없는 노릇이다. 따라서 체계적이고 깊이 있는 연구가 이루어져야 하며, 대책 마련을 위한 공론화 작업이 필요하다. 저작권 정책도 단순하지 않다. 저작권자의 권리를 보호하여 창작자들이 충분한 대가를 받고 새로운 창작물을 계속해서 만들어낼 수 있는 기반을 마련해야겠지만, 창작물 공유를 통해 더 많은 재창조물들이 나올 수 있다는 점에서 저작권을 보호하는 것만이 능사는 아니다. 또 저작권은 국내 정책뿐 아니라 다른 나라의 정책까지 고려한 가운데 이루어져야 한다.

이와 함께, 앞서도 기술했듯이 이용자들 스스로 미디어에 대한 올바른 이해를 바탕으로 건강하게 콘텐츠를 생산하고 유통하며 소비할 수 있도록 이용자들의 미디어 리터러시를 함양할 수 있는 정책이 마련되어야 한다. 미디어 리터러시는 변하지 않는 능력도 있지만 새로운 미디어 환경에 따라 새롭게 학습해야 할 기술skill도 생겨난다. 따라서 유치원부터 노인에 이르기까지 라이프사이클에 맞는 교육 정책이 수립되고 실천되어야 할 것이다.

참고문헌

김경희. 2014. 「테크놀로지로부터의 소외가 가져온 즐거움의 격차」. ≪한국방송학보≫, 28(4), 38~73쪽.
박지혜. 2015. 「문화콘텐츠산업의 새로운 트렌드」. ≪KIET 산업경제≫(2015.4), 46~53쪽.
방송통신위원회. 2012. 2012년 방송매체이용행태조사. 서울: 방송통신위원회.
_____. 2015. 2015년 방송매체이용행태조사. 서울: 방송통신위원회.
이강원·손호웅. 2016. 『지형 공간정보체계 용어사전』. 서울: 구미서관.
임희수. 2016. 「모바일 네이티브, 20대의 미디어 이용실태: 스마트폰 및 모바일 콘텐츠 이용을 중심으
    로」. ≪초점≫, 28(1), 1~18쪽.
Snow, S. 2015. "State of content marketing 2015: When content ate marketing." https://contently.com/
    wp-content/uploads/2014/02/150218_State-of-Content-Marketing-2015.pdf

제2장

소셜미디어의 흥망성쇠
: 싸이월드, 라인, 카카오톡

심홍진_정보통신정책연구원(KISDI) 연구위원

내 손 위에 스마트폰, 스마트폰 안에 나의 SNS, 그리고 내가 좋아하는 뉴스들, 사진들, 대화들. 의식 없이 흐르는 시간, 놓쳐버린 버스, 속절없는 후회……. 일상화된 소셜미디어가 만들어낸 '웃픈' 풍경이다. 소셜미디어는 어느새 우리 일상 깊숙이 들어와 있다. 우리는 거의 무의식적으로 스마트폰을 손에 들고, 카카오톡의 알림신호를 들여다보기 일쑤이다. 빨간 글씨가 눈에 들어오는 순간, 대화창을 열고 나의 사회연결망 속으로 들어간다. 대화를 마친 후 내 손가락은 페이스북Facebook 어플을 꾸욱 누른다. 나의 엄지손가락을 치켜세우기 위해 수많은 사진들, 뉴스들, 소식들이 아우성치고 있다. 어떤 뉴스는 나의 관심사를 벌써 알고 있다는 듯 내가 기꺼이 볼 법한 정보들로 가득 채워져 있다. 유혹에 약한 나, 한동안 관심의 바다를 헤맨다. 그래도 소득은 있다. 최근 세간의 주목을 받고 있는 정치적 이슈들을 한눈에 정리했다. 뉴스 중간 중간에 눈에 띄는 친구들 소식도 그냥 지나칠 수 없다. 유학을 간 친구가 여행을 다녀왔나 보다. 웃음 가득한 친구의 행복한 얼굴들이 화면 가득하다. 유학을 갔지만, 친구의 일상을 함께 할 때면 물리적 거리는 더 이상 의미가 없다. 소셜미디어가 올려준 사회적 현존감social presence에 친구가 내 곁에 있는 것만 같다. 친구의 사진을 들여다보다 마음이 바뀐다. 본격적으로 친구의 여행을 함께 만끽하고 싶다. 내 손가락은 인스타그램Instagram 위에 있다. 친구의 일상이 내 의식 속으로 좌악 빨려든다. 친구의 일상을 엿보며 웃고 즐긴다. 시기와 질투는 덤이다. 혹시 내 맘을 들킬세라 재빨리 '좋아요'를 선물하고 인스타그램을 빠져나온다. 카카오톡, 페이스북, 인스타그램을 사용하고 있는 당신이라면 지금 입가에 미소를 띠고 있을지도 모르겠다. 소셜미디어가 형성해낸 우리 일상의 일부이다. 다양한 소셜미디어를 사용하는 당신, 우리에게도 우리만의 페이스북이 있었다는 사실을 아는가. 우리에게는 싸이월드Cyworld가 있었다. 아니, 지금도 현존한다. 페이스북이 구텐베르크의 금속활자라면 싸이월드는 이보다 200년이나 앞서 나온 고려의 금속활자이다. 페이스북과 싸이월드의 영향력도 구텐베르크의 금속활자와 고려 금속활자의 영향력과 놀라울 만큼 닮아 있다. 세계적인 페이스북, 우리만의 싸이월드였다. 소셜미디어에 관한 관심, 지식과 이해라는 '좋아요'를 싸이월드에게 주고 싶지 않은가? 이 장은 소셜미디어가 우리에게 주는 정치, 사회, 문화적 의미들을 우리에게 친숙한 사례들을 통해 이해하고자 한다. 또 페이스북보다 싸이월드의 역사를 조명해보고, 위챗WeChat이나 인스타그램보다 카카오톡과 라인의 발자취를 따라가본다.

   소셜미디어의 파급효과, 영역 불문!

   소셜미디어는 결국 더욱 효율적이고 효과적인 소통양식을 갈구하는 사회구성원들의 필요에 의해 탄생한 커뮤니케이션 미디어라 하겠다. 소셜미디어는 전통 미디어에 비해 접근성Accessibility, 유용성Usability, 즉시성Immediacy, 영속성Permanence 측면에서 우위를 보인다(Wikipedia: social media, 2017.12.4). 이와 같은 미디어의 특성은 커뮤니케이션 행위자 측면에서 상당히 매력적이다. 소셜미디어의 특성을 활용해 이용자들은 정보 수용자로부터 정보 창작자로 진화했다. 대중매체로부터 정보를 수용하기에 급급했던 수용자들은 정보 창작자, 즉 정보의 주체적 이용자가 되어 자신의 메시지를 게시하고 공유하며 타인의 메시지 확산에 참여한다. 정보 창작 시 발생하던 비용도 발생하지 않으며 창작을 위한 물리적 자원 또한 소요되지 않을 뿐 아니라, 공유와 확산을 위한 비용과 자원도 소요되지 않는다. 그저 그들의 스마트폰에 탑재된 SNSsocial network service면 충분하다.

소셜미디어가 사회구성원들의 손에 쥐어지자 정치, 사회, 문화 등 전방위적인 측면에서 변화가 감지되고 실제로 변화가 목격되었다. 소셜미디어의 확산 초기, 중국의 위구르 사태나 이란의 대선 직후 벌어진 시위상황이 트위터를 통해 전 세계에 알려졌으며(정용인, 2009), 2009년 1월 미국 뉴욕 주 허드슨 강 항공기 추락사건 역시 트위터에 게시되면서 트위터의 속보성과 전파력을 세상에 알린 계기가 되었다(이광수 외, 2009).

2010년 발생한 부산 해운대 아파트 화재 사고에서도 기성 언론들은 현장에서 올라오고 있는 트위터 사진을 받아 실었다(김은미 외, 2011). 흥미로운 점은 이러한 정보, 혹은 사실의 확산이 전통미디어를 경유하지 않고 발생했다는 점이다. 지금은 너무나 당연하고 지극히 손쉬운 행위이지만, 소셜미디어 확산 초기만 해도 소셜미디어를 통한 정보의 생산과 폭발적 확산은 기성미디어에서도 목격하기 어려울 만큼 매우 희귀했다. 많은 학자들(예를 들면 설진아, 2009)은 SNS를 두고 시민저널리즘

http://twitpic.com/135xa - There's a plane in the Hudson. I'm on the ferry going to pick up the people. Crazy.

그림 2-1 허드슨 강 항공기 추락사건 트윗
자료: http://bit.ly/2BLmsoQ

을 확장시켜줄 도구로서의 가능성을 높이 평가했을 뿐 아니라 공공채널로서의 가치를 높게 평가했다. 실제로 소셜미디어의 확산으로 뉴스 생산자도 더불어 증가했다. 사회구성원들은 더 이상 기성미디어가 물어다주는 뉴스에 목매지 않는다. 수많은 소셜미디어 이용자가 현장감을 살려 자신만의 뉴스를 생산하고 자신의 사회연결망에 속한 친구들을 이용해 뉴스매체에 버금가는 위력을 구가하고 있으며, 심지어 기성미디어에 특종을 물어다주고 있다.

소셜미디어가 뉴스 생산 매체로 기능하는 순간 소셜미디어의 정치사회적 영향력은 예견되었는지도 모른다. 무엇보다 정치적 측면에서 소셜미디어의 영향력은 두드러진다. 버락 오바마Barack Obama 대통령을 필두로 최근 도널드 트럼프Donald Trump 대통령까지 소셜미디어를 선거에서 강력한 홍보 무기로 활용했다. 소셜미디어가 선거에서 유독 두드러지는 것은 후보자에 대한 유권자의 친밀감을 증가시키기도 하고 후보자의 공약이나 경력을 알리는 데 효율적인 수단이 되기 때문이다(김은미 외, 2011). 버락 오바마 대통령의 당선 뒤에는 소셜미디어의 보이지 않는 손이 존재했다고 언급될 정도였다. 오바마 대통령은 선거운동 기간에 자신의 연설이나 기사 등을 지지자를 결집하는 페로몬으로 삼았다. 페로몬에 이끌려 스스로 결집한 지지자들은 페로몬을 다른 지지자들에게 전달하고 공유했다. 오바마와 관련된 기사나 정치적 홍보물을 지지자 간에 공유하고 전달하는 과정에서 지지자들은 수동적 지지자에서 오바마의 선거운동을 몸소 실천하는 적극적 지지자로 변화한다. 오바마는 소셜미디어를 통해 지지자들과 심리적 거리를 줄이기 위해 노력했다. 오바마는 소셜미디어를 거쳐 지지자와 짧게나마 소통하고 대화를 나누었지만 지지자는 진심으로 대우받고 있다는 경험을 간직하게 된다. 도널드 트럼프 대통령은 오바마와는 다소 다른 소통방식으로 유권자들과 소통했다. 트럼프 대통령은 유권자 사이에서 철저히 자신의 인지도를 높이기 위해 노력했다. 자신이 생산하는 메시지의 긍정적 속성과 부정적 속성, 메시지에 대한 유권자들의 긍정적 또는 부정적 반응에 가치를 두지 않았다. 어떠한 메시지건 간에 그 메시지를 통해 사람들을 움직여 어딘가에 가라앉아 있을 자신의 지지자를 부상시키면 그만이었다. 소셜미디어를 이용한 노이즈 마케팅을 선호한 것이다. 소셜미디어 상에서 오바마 대통령과 트럼프 대통령의 소통방식은 이렇듯 극명하게 차이가 나타나지만 목적은 같다. 정치적 자원으로서 소셜미디어 활용을 극대화하는 것이다. 그리고 두 대통령 모두 '약자underdog'의 승리라는 결말을 이끌어냈다. 우리나라 정치계에서도 소셜미디어의 활용은 이제 일반화되었다. 선거 때마다 소셜미디어를 활용한 이색 전략들이 출현한다. 물론 선거결과로 확인된 긍정적 결과가 소셜미디어로 모두 설명되지는 않을 것이다. 그렇다고 결과에 미친 소셜미디어의 영향력을 부인할 수도 없다.

소셜미디어가 뒤바꿔놓은 진기한 풍경은 비단 정치영역뿐 아니라 우리의 일상에서도 찾아볼 수 있다. 소셜미디어를 통해 정보와 관계, 콘텐츠 소비와 생산, 놀이와 일, 공적과 사적 영역 등의 구분이 없어지고, 더불어 그동안 비생산적이고 소비적인 활동으로만 간주되던 일상적 소통이나 실천들이 새로운 문화적 의미를 갖기 시작했다(김은미 외, 2011). 때로는 소셜미디어의 커뮤니케이션 측면에서의 여러 장점은 이용자에게 전에 없는 갈등을 안기기도 한다.

텔레비전 앞에 모이던 사람들이 소셜미디어에서 모인다. 내가 좋아하는 텔레비전 프로그램을 눈앞에서 시청하며 나와 기호나 취향이 비슷한 친구와 동일한 텔레비전을 시청한다. 그리고 소셜미디어에서 친구와 프로그램에 관한 의견을 교환하기도 하고 정보를 주고받기도 하며 때로는 내 감정을 친구에게 전하기도 한다. 나와 대화를 나누는 친구가 한 명일 필요는 없다. 복수의 친구와 동시에 때로는 비동시적으로 대화를 나누고 정보를 공유한다. 사회적 시청social viewing의 현장이다. 비동시적 대화의 장은 '워터쿨러 효과Water-Cooler Effect'로 이어진다. 어젯밤 시청한 인상적인 프로그램에 대해 사무실 안에 비치된 정수기 앞에 모여 다른 동료들과 즐겁게 대화를 나눈다. 대화를 나누다 보면 적극적인 의사소통으로 이어지고 때로는 프로그램의 내용에서 벗어나 진지하고 생산적인 대화로 이어지기도 한다. 워터쿨러 효과이다. 오프라인 공간에서 발생하던 워터쿨러 효과가 소셜미디어에서 이루어진다. 정보의 확산 속도와 폭이 큰 만큼 워터쿨러의 효과 또한 증폭될 가능성이 크다. 그저 비생산적이고 소비적인 활동으로 여겨졌던 일상의 수다가 소셜미디어와 만날 때 전에 없던 의미를 반영하며 진지한 정치적, 사회적 담론으로 탈바꿈하기도 한다. 소통의 공간이 변화했다. 공간의 변화만큼이나 우리의 소통방식도 변화, 나아가 진화하고 있다.

진화는 긍정적이다. 기술적으로 소셜미디어 공간은 정보의 공유, 확산, 전달 등 커뮤니케이션 측면에서 분명한 기술적 진전이다. 기술적 진전에 따른 커뮤니케이션이 역설적이게도 소통의 허기를 불러일으키기도 한다. 소셜미디어를 이용해 우리는 친구의 근황을 너무나 쉽게 알 수 있다. 물리적 거리는 중요하지 않다. 유학 간 친구가 소셜미디어를 이용해 자신의 근황을 성실(?)하게 알려만 준다면 내 친구는 마치 내 곁에 있는 것 같은 착각이 들 정도이다. 이 지점에서 소통의 허기가 찾아든다. 오랜 옛친구를 만나도 할 말이 그다지 많지 않다. 친구의 최근 근황을 대략 모두 알고 있다. 친구를 앞에 두고도 스마트폰으로 친구의 소셜미디어를 뒤지는 황당한 상황에 빠지기도 한다. 내가 모르고 있는 친구의 근황을 찾기 위해서이다. 소셜미디어를 적극적으로 활용하는 사람, 소셜미디어를 오락적 도구로 활발하게 사용하는 사람은 다른 사람들의 재미난 이야기에 고개를 돌리기 일쑤이다. 소셜미디어에 넘쳐나는 커뮤니티, 유머사이트, 스낵미디어, 그리고 재치 있는 댓글들로 재미와 흥미가 포화상태에 이르렀기 때문이다.

소셜미디어의 소통이 활발하고 적극적일수록 현실의 소통은 제한되고 소극적일 수 있다. 공교롭게도 소통의 출구였던 소셜미디어가 우리를 고독으로 인내하는 입구일 수도 있다. 소셜미디어의 사회적 영향력이 커진 만큼 이용자들의 피로감도 증가하고 있다. 피로도 증가는 SNS 이용률 감소로 이어지고 있으며, 사람들은 다양한 이유로 소셜미디어의 피로를 호소하고 있다(**그림 2-2** 참조).

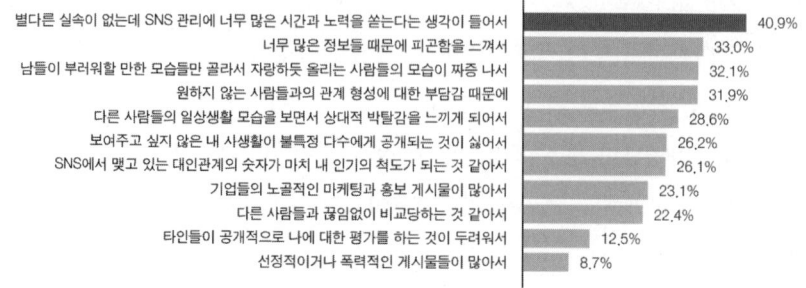

별다른 실속이 없는데 SNS 관리에 너무 많은 시간과 노력을 쏟는다는 생각이 들어서 40.9%
너무 많은 정보들 때문에 피곤함을 느껴서 33.0%
남들이 부러워할 만한 모습들만 골라서 자랑하듯 올리는 사람들의 모습이 짜증 나서 32.1%
원하지 않는 사람들과의 관계 형성에 대한 부담감 때문에 31.9%
다른 사람들의 일상생활 모습을 보면서 상대적 박탈감을 느끼게 되어서 28.6%
보여주고 싶지 않은 내 사생활이 불특정 다수에게 공개되는 것이 싫어서 26.2%
SNS에서 맺고 있는 대인관계의 숫자가 마치 내 인기의 척도가 되는 것 같아서 26.1%
기업들의 노골적인 마케팅과 홍보 게시물이 많아서 23.1%
다른 사람들과 끊임없이 비교당하는 것 같아서 22.4%
타인들이 공개적으로 나에 대한 평가를 하는 것이 두려워서 12.5%
선정적이거나 폭력적인 게시물들이 많아서 8.7%

그림 2-2 SNS 피로증후군의 이유
주: 응답자: SNS 이용 시 피로증후군 경험자, N=366, 단위: 중복 %.
자료: 트렌드모니터 리포트(엠브레인, 2017).

소셜미디어의 영향력은 이토록 다양한 영역에서 긍정적으로 때로는 부정적으로 발생한다. 소셜미디어는 사회관계의 속성을 근본적으로 바꾸기도 하고, 이용자를 수용자에서 능동적 창작자나 참여자로 진화시키기도 하며, 기존 미디어의 아성에 도전하기도 하고, 일상의 문화에 적지 않은 변화를 주기도 한다. 그런데 소셜미디어의 영향력의 크기나 방향이 어떻든 간에 소셜미디어 또한 미디어로서 흥망성쇠Rise and Fall의 굴레를 벗어날 수 없다. 흥망성쇠의 역사를 써내려가고 있는 소셜미디어는 멀리 있지 않다. 다음에 살펴볼 국내의 대표적인 소셜미디어로서 싸이월드, 라인Line 그리고 카카오톡Kakao-talk은 흥망성쇠의 선로 위를 굴곡지게 달리고 있다.

싸이월드

동아리에서 움튼 싸이월드

사실상 세계 최초의 소셜 네트워크 서비스 광풍을 일으켰던 싸이월드는 어디에서 탄생했을까? "시작은 미약하나 그 끝은 창대하리라!"(욥기, 8장 7절)는 성경 말씀처럼 싸이월드의 시작은 한 대학원의 창업 동아리에서 시작되었다. 1998년 KAIST의 석박사 과정이었던 6명의 공학도는 EBIZ클럽이라는 창업동아리를 결성했다. 광고 마케팅 서비스 오픈 등 꾸준한 창업을 지속하던 EBIZ 동아리 부원들은 1999년 9월 1일에 형용준과 정태석을 공동대표로 추대하며 (주)싸이월드를 설립했다. 2003년 8월 SK커뮤니케이션즈에 합병되면서 싸이월드는 우리의 미니홈피가 되었다.

싸이월드가 설립된 1999년, 커뮤니티 포털 생태계는 프리챌, 아이러브스쿨, 다음 등이 시장을 선점하고 있었다. 험난하고 높은 시장에 진입하기 위해 싸이월드는 밀레니엄 시대(2000년)를 맞아 대대적인 서비스 개편에 나섰다. 일명 핌즈PIMS라고 불리는 개인정보보호 관리체계Personal Information Management System를 도입하고 공유형 게시판, 채팅과 투표poll 서비스를 도입했다. 여기에 싸이월드 가입자들의 커뮤니티, 즉 네이버와 다음의 카페와 같은 클럽을 중심으로 서비스를 개편했다. 그러나 시장과 수용자의 반응은 싸이월드의 바람과 의도대로 따라오지 않았다.

홈피가 일으킨 바람, 싸이월드는 순항 중

부침을 반복하던 싸이월드가 반등한 계기는 우선 서비스의 차별화였다. 프리챌, 다음 등 카페 중심의 커뮤니티 서비스와 차별화를 위해 싸이월드는 홈페이지를 개인에게 직접 제공했다. 당시만 하더라도 홈페이지는 개인보다는 기업이나 공공기관 등의 공적 서비스 공간이었다. 인터넷 공간에 개인의 의견이나 정보를 제공하는 공간도 공적 성격을 띠고 있는 홈페이지의 게시판을 이용했다. 카페가 인기를 끌었던 원인 중 하나도 공적 공간보다는 사적 공간으로 인식될 요소들이 많았기 때문이다.

이용자의 능동성과 자율성이 낮았던 인터넷 공간에 싸이월드는 개인에게 자신이 통제하고 가꿔나갈 수 있는 홈페이지, 이른바 미니홈피를 제공한 것이다. 미니홈피에는 이용자의 관심을 끌 만한 매력적인 존재들이 가득했다. 먼저, 미니미라 불리는 아바타가 있다. 아바타를 꾸미고 변화시킴으로써 오프라인에 있는 이용자는 자신을 표현하고 대표하는 인격을 가상공간에 둘 수 있게 되었다. 또한 미니룸이 있는데, 이용자는 미니미가 거주하는 미니룸의 인테리어를 꾸미고 배경을 바꾸며 자신의 홈페이지를 새롭게 단장할 수 있다. 여기에 도토리라는 가상화폐가 있는데, 어쩌면 도토리는 비트코인의 원조 격인 전자화폐라 할 수도 있겠다. 도토리를 사용해 이용자들은 미니홈피의 배경화면을 교체하고 BGM이라 불리는 배경음악을 구매할 수 있다. 도토리를 구매하여 자신의 지인들에게 선물할 수도 있다. 싸이월드는 서비스 혁신과 경쟁 서비스와의 차별화에 성공하면서 2002년 성장 궤도에 진입했다. 싸이월드 시대가 열리는 서막이었다.

클럽 중심 서비스에서 개인 홈페이지 서비스로의 전환 성공, 미니홈피 구성요소의 개선이 싸이월드를 성장시킨 내부 요인이라면, 싸이월드의 외부적인 성장 요인은 경쟁 서비스의 몰락이다. 프리챌Freechal은 싸이월드의 강력한 경쟁 서비스였다. 최초의 커뮤니티 포털사이트였던 프리챌도 1999년에 설립되어 비슷한 시기에 시장에 진입했다. 다만 싸이월드가 창업동아리에서 출발한 벤처 기업이었던 반면 프리챌은 탄탄한 재정구조를 갖춘 인터넷 기업이었다. 경쟁 구도라기보다 싸이월드가 프리챌을 뒤쫓는 구도였다. 그런데 2002년 싸이월드와 프리챌 사이에 법정 공방이 일어났다. 프리챌이 싸이월드의 핵심서비스인 미니홈피와 유사한 서비스를 출시한 것이 원인이었다. 싸이월드는 2001년 9월 중순부터 미니홈피 서비스를 제공하고 있었는데, 프리챌이 미니홈피의 구성요소는 물론 싸이월드가 개발한 독창적인 서비스까지 표방한 데다 해당 서비스를 프리챌의 독자 서비스인 것처럼 광고했다는 것이 이유였다(채지형, 2005). 프리챌과 싸이월드의 법정 공방을 언론이 주요 이슈로 다루게 되면서 싸이월드는 의도치 않은 홍보효과를 거둘 수 있었다.

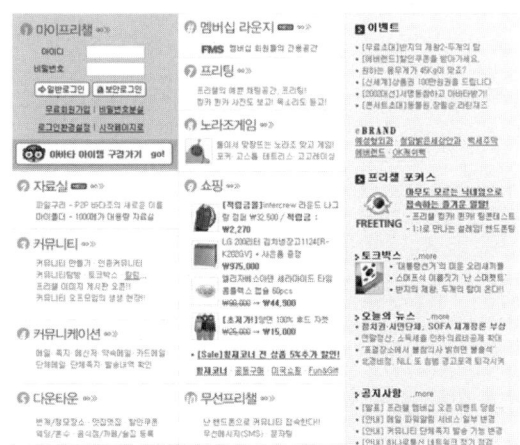

그림 2-3 프리챌 초기 페이지
자료: http://limwonki.com/431

프리챌의 악수는 여기서 그치지 않는다. 프리챌은 '유료화'라는 결정적 악수를 두고 말았다. 유료화 당시 프리챌은 1000만 명의 가입자수와 112만 개에 달하는 커뮤니티를 거느리고 있던 거대 포털이었다. 프리챌은 규모 면에서 카페의 대명사였던 다음Daum 카페를 앞서고 있었을 뿐 아니라 포털 페이지뷰 1위를 차지하고 있던 한국 '야후Yahoo!'를 위협할 정도였다. 늘어난 가입자수와 카페는 프리챌의 막대한 관리비용 상승을 초래했다.

관리비용 상승에 대한 프리챌의 해결책이 바로 프리챌 커뮤니티의 유료화였다. 핵심서비스의 유료화가 불러온 파장은 막대했다. 이용자는 유료화에 반발했지만, 프리챌은 유료화를 강행했다. 1000만 명의 충성도 높은 가입자가 유료화를 강행한 든든한 배경이었다. 그러나 프리챌의 고압적 내노는 네티슨의 반발을 샀다. 이용자의 반발은 다음 카페 등 대안 서비스로의 망명으로 이어졌다. 이용자가 선택할 수 있는 커뮤니티 서비스는 여전히 건재했고 선택지는 많았다. 당시 드림위즈나 하나포스 등은 프리챌 게시판 내용을 온전히 이

동시킬 수 있는 '커뮤니티 이사'라는 서비스를 제공했다. 프리챌 망명은 가속화되었다. 싸이월드도 기회를 잡는다. 싸이월드는 유료화를 실시하지 않는다는 정책을 발표했고 내친김에 평생 무료화를 선언한다. 정책적 노력뿐 아니라, 프리챌 콘텐츠를 통째로 옮겨 저장할 수 있는 프로그램을 이용자에게 제공하면서 기술적 노력도 게을리하지 않는다. 결과는 프리챌 가입자의 싸이월드로의 대이동이었다.

경쟁 서비스 업체의 몰락이 싸이월드의 산업적 측면에서 외부 성공 요인이었다면, 디지털 카메라의 확산과 보급은 기술 발달에 따른 외부 성공 요인이었다. 디지털 카메라의 보편화는 '디카족'을 양산했다. 사람들에게 디지털 카메라는 이미지를 저장해 기록을 남기는 기술적 수단이 아니었다. 디지털 카메라는 놀이기구였다. 디카족이 출현한 것이다. "나는 찍는다, 고로 존재한다!"가 디카족의 캐치프레이즈였다. 새로운 놀이문화의 탄생이었다. 디카족들은 무수한 사진을 찍었다. 때와 장소를 가리지 않았다. 디카족들은 이미지로 라이프로깅life logging을 실천했다. 어떤 사진들은 혼자 보기에는 너무 아까웠다. 디카족들에게 자신이 찍은 이미지를 타인과 공유하고 싶고 노출하고 싶다는 욕구가 피어났다. 싸이월드는 디카족을 포함한 이용자들의 욕구를 정확히 꿰뚫었다. 싸이월드는 이용자가 자신의 미니홈피에 사진을 저장하고 노출할 수 있는 무한 저장소를 제공하고 사진을 전시할 수 있는 갤러리가 되었다. 디지털 카메라로 형성된 놀이문화는 싸이월드를 만나 젊은 세대의 문화가 되었다. 싸이월드는 이미지 저장소의 역할을 하며 기록문화를 낳았다. 기술의 반전은 또 있었다. 싸이월드를 성공가도로 유인했던 디지털 카메라 역시 싸이월드로 인해 매출액이 신장되는 결과를 낳았기 때문이다. 2004년 KT몰은 2004년 7월의 디지털 카메라 매출이 6월 대비 4배나 증가할 정도로 폭발적 인기를 끌고 있다면서, 자신의 미니홈피를 꾸미기 위해 디지털 카메라를 구매하는 20대 여성이 새로운 소비층으로 등장하면서 디지털 카메라가 몰의 매출 신장을 올리는 효자상품이라고 발표했다(채지형, 2005).

도토리, 싸이월드를 살찌우다

2007년에 접어들자 싸이월드는 약 2360만 명의 가입자를 확보한다. 2008년에는 '싸이월드'에서 개당 100원에 판매되는 사이버 머니 '도토리'의 하루 판매량은 평균 1억 3천여만 원에 이르고 2008년에는 한 해 '도토리' 판매액만 800억 원을 넘겼다(한은정, 2015). 싸이월드의 전성기였다.

전성기를 구가하게 된 만큼 싸이월드가 미친 사회문화적인 영향력도 엄청났다. 싸이월드는 온라인 공간을 통해 자신을 표출할 수 있는 자기표현 시대를 열었다. 자기표현은 과거에도 존재했다. 하지만 개인의 개성을 표출할 수 있는 다양한 수단들을 이용자 중심으로 제공한 서비스는 싸이월드가 주도했다. 텍스트를 통한 자기표현 수단과 함께 이미지, 동영상과 같은 멀티미디어 콘텐츠의 활용성도 높았다. 구세대와 신세대를 가름하는 업로드 문화였고, 업로드는 자기표현의 주요 수단이었다. 싸이월드는 미니룸을 필두로 미니미, 배경음악Back Ground Music, 배경화면을 제공하면서 이용자가 자신을 표현할 수 있는 다양한 콘텐츠를 신속하고 폭넓게 제공했다. 이용자는 이를 이용해 자신의 미니홈피를 장식하고 성형하며 자신을 표현했다. 자기표현의 범위는 감정 표현도 포함한다. 일상을 영위하며 변화된 자신의 감정을 미니홈피 스킨을 바꾸거나 미니룸에 들어가는 아이템을 바꾸거나 미니미를 새롭게 꾸미면서 표현한다. 미니홈피 이용자들을 연결하는 미니홈피 이용자의 콘텐츠와 '1촌 맺기' 등 인맥관리 기능의 연결성은 이용자의 자기표현 욕구를 자극했다. 자기표현 도구는 이미지에 그치지 않는다. 이미지가 시각적 자기표현 도구라면 배경음악은 미니홈피 운영자의 감정을 표현하는 청각적 도구였다. 배경음악은 텍스트나 이미지를 이용한 자기표현보다 방문자의 마음을 더욱 격렬하게 흔들고 운영자와의 피드백을 유도하기도 한다. 홈피 주인의 감정과 취향, 심경을 배경음악으로 전달받은 방문자는 방명록에 흔적을 남겨 소통을 시도한다. 운영자의 정체성을 보여주는 배경음악은 싸이월드의 주요 수익원이기도 했다.

2005년 BGM 시장은 약 300억 원 정도의 규모였으며, 싸이월드는 곡당 500원의 수수료를 받았다. 싸이월드를 산업수명주기industry life cycle로 볼 때 성숙기로 올려놓은 수익원 중 하나였다.

싸이월드가 개방한 또 하나의 시대는 1인 미디어 시대이다. 싸이월드 이용자는 자신의 미니홈피에 자신의 기사를 담았다. 사실 싸이월드가 1인 미디어 전성시대를 이끌어낼 잠재력은 처음부터 내재해 있었다. 미니홈피 이용자들은 싸이월드에 자신의 일상을 기록했다. 일상의 기록 속에는 자신의 이웃인 '일촌'의 홈피에서 퍼나른 글과 사진이 있었다. 싸이월드는 개인의 편집되지 않은 날것의 목소리를 기록할 수 있는 미니홈피를 제공했을 뿐 아니라 1인 퍼블리싱 미디어 '페이퍼'를 제공했다. 미니홈피 이용자들은 페이퍼를 이용해 정제되고 세련된 정보들을 공유할 수 있는 장을 확보했다. 싸이월드는 블로그와

그림 2-4 1인 미디어 페이퍼
자료: http://bit.ly/2BJAl6H

미니홈피로 양분되는 1인 미디어 시장의 흐름을 신속하게 판단하고 이용자의 니즈를 충족시켰다. 1인 미디어 시장의 초기 선점은 싸이월드의 성장 기반이 되었다.

싸이월드가 열어젖힌 또 하나의 시대는 감성시대이다. 싸이월드는 2004년 말 미니홈피에 '보이스' 기능을 탑재했다. 보이스는 휴대폰을 이용해 언제 어디서나 음성으로 방명록에 방문자의 코멘트를 남기고 홈피 주인이 이를 확인할 수 있는 시스템이다. 텍스트와 이미지, 동영상을 중심으로 보고 쓰고 감상하는 미니홈피에서 듣고 말하는 미니홈피로 진화한 것이다. 싸이월드의 보이스는 음성을 추가해 이용자의 UI를 보다 편리하게 한다는 기능적 차원에서의 진일보이다. 그러나 이보다 주목해야 할 부분은 싸이월드의 보이스가 이용자의 감성을 자극한다는 것이다. 감성은 각박하고 삭막한 세상을 헤쳐나가는 현대인에게 감정적 해방과 같다. 감성은 논리적이고 이성적인 행위를 포함한 다양한 활동들을 뒤덮는다. 감성은 이용자의 소비 활동에도 관여한다. 그래서 당시 기업들에는 제품과 서비스의 감성적 요소를 부각시킨 '감성 마케팅'을 마케팅의 보편적 원리로 간주하는 경향이 존재했다. 싸이월드는 보이스를 개발하면서 감성시대를 주도했다. 그리고 싸이월드의 감성 개발은 보이스에 그치지 않았다. 2003년 말(10월) 미니홈피의 UI를 개선했다. 다양한 아이콘을 만들어 이용자들이 자신의 감성과 기분을 적극적으로 발현하고 유사한 감성의 소유자들과 활발하게 소통할 수 있는 기능을 이용자에게 부여한 것이다. 이모티콘이 개인을 위한 것이라면 '싸이 기상청'은 집단적 감성 공유 기능으로 이해되어야 한다. 싸이 기상청은 흐림, 맑음 등 날씨의 상태를 기상 유형별로 예보하는 기상청처럼 이용자들의 감정을 행복, 설렘, 외로움 등 14개의 감정 카테고리로 분류했다. 이용자는 싸이 기상청에서 자신의 감정 상태와 일치하는 카테고리를 선정해 같은 느낌을 가진 이용자와 커뮤니케이션하고 공감대를 형성한다. 미니홈피가 감성의 바다로 변모하는 지점이다. 싸이월드의 감성시대 견인은 과거의 친구, 연인, 가족을 찾는 '추억 마케팅'으로 이어졌고, 인간적이고 감성적인 기능을 개발하기 위한 인력을 지속적으로 충원했다. 싸이월드의 인기 광풍 속에는 인간의 감성을 자극하는 사람 중심의 전략이 담겨 있었다.

싸이월드의 마지막 열쇠는 이용자를 참여의 시대로 인도했다. 싸이월드는 이용자 참여를 유도하기 위해 특별한 코너나 기능을 부과하지 않았다. 그저 이용자가 싸이월드 이용 시 불편함을 경험한 후 요구사항이나 건의사항을 올리고 그에 대한 처리 결과 등을 함께 올리는 '헬프' 창을 띄웠을 뿐이다. 다만 헬프 창은 싸이월드의 모든 회원에게 개방된 공간이었으며, 클릭 시 싸이월드의 클럽과 연동된다. 2000년 4월 개설된 헬프 클럽은 게시물이 45만 개에 이를 정도로 높은 참여율을 보였다(채지형, 2005). 싸이월드의 성공전략은 여기서 다시 한 번 발휘된다. 싸이월드는 이용자의 참여를 기반으로 이용자의 본질에 변화를 준다. 이용자에서 생산자로, 생산자에서 소비자로의 변환이자 혼합이 발생한 것이다. 즉, 생산체계와 소비체계 사이에서 환류효과feedback effects가 발생하면서, 사용자는 프로슈머prosumer로 전환한다. 방법은 이렇다. 이용자는 소비자consumer로서 싸이월드를 소비한다. 싸이월드는 이용자가 미니홈피를 소비한 후 올린 다양한 경험과 의견, 정보, 아이디어를 수집한다. 아이디어 가운데 일부는 직접 테스트를 거쳐 섬세한 감성들을 혼합해 디지털 아이템으로 탈바꿈시킨다. 이용자가 직접 생산하는 것은 아니지만 이용자의 아이디어가 온전히 반영된 아이템의 생산이다. 이용자 참여를 바탕으로 생산된 디지털 아이템은 다시 이용자에게 재소비되고 이용자가 경험 후기와 관련 정보를 싸이월드에 제공하면 싸이월드는 해당 정보에 기초해 신규 아이템을 생산해내는 식이다. 선순환이다. 이용자의 감성과 필요를 정확하게 짚어내는 싸이월드의 아이템들은 이용자를 능동적 소비자로 위치시켰으며, 이용자는 그들의 필요 사항을 참여를 통해 싸이월드 운영자에게 제공함으로써 간접 생산자의 역할을 차지한다. 나의 아이디어가 반영된 아이템은 다른 이용자들에게 경험적 공감을 얻고 싸이월드는 경험적 공감에 감성을 버무려 싸이월드 이용자를 미니홈피에 언제 어디서든 장시간 머물게 한다. 싸이월드는 그렇게 성숙기에 접어들었다.

섣부른 도전은 안 하느니만 못하다

싸이월드는 사람들을 연결하는 네트워크 서비스이다. 네트워크 서비스는
사람들을 연결하고 있는 만큼 서비스 이탈률이 낮은 구조이다. 게다가 시장을
선점하고 있는 서비스라면 그 위치를 더욱 공고히 할 수 있다. 네트워크 외부
효과network externality[1]가 작용하기 때문이다. 너도나도 싸이월드를 사용하고
있다면 나도 싸이월드를 사용할 또는 사용해야 할 가능성이 커진다. 이러한
여러 이점에도 불구하고, 2017년 지금 우리는 싸이월드를 거의 사용하지 않
는다.

싸이월드의 몰락은 어디서부터 시작되었을까? 다양한 분석과 논의들이 있
었으나 서비스 정책의 실패에서 그 원인을 찾을 수 있다. SK가 싸이월드를 인
수한 후 싸이월드는 야심차게 새로운 서비스들을 출시한다. 싸이마켓이 대표
적인 서비스였다. 싸이마켓은 이용자들이 생산해내는 다양한 상품 정보를 이용
하여 회원 간의 커뮤니케이션을 유도하고 이를 통해 단순한 상품구매를 넘어
소비자들이 신뢰하고 참여하는 커뮤니티 개념의 마켓이었다(ZDNet, 2006.6.9).
나를 둘러싸고 있는 일촌들이 내가 관심을 갖고 좋아할 만한 상품을 추천해주
고, 나는 상품을 구매한 경험이 있는 이용자들의 상품평을 받을 수도 있다. 그
러나 싸이월드의 야심찬 기대는 오래가지 못했다. 싸이마켓은 신뢰에 기초한
정보공유라는 소셜 네트워크 서비스의 본질과 모순된 서비스 속성을 내재하

---

[1] '네트워크 효과'는 일단 어떤 상품에 대한 수요가 형성되면 이것이 다른 사람들의 상품 선택에 큰
영향을 미치는 현상으로서 미국 경제학자 하비 라이벤스타인Harvey Leivenstein이 소개한 개념이다.
특정 제품을 사용하는 소비자가 많아질수록 해당 상품의 가치가 더욱 높아지는 현상인 '네트워크
외부성network externality'과도 통하는 개념이다(신동열, 2013).

고 있었기 때문이다. 신뢰기반 정보공유의 정의는 이질적 콘텐츠Heterogeneous contents와 동질적 콘텐츠Homogeneous contents 가운데 이질적 콘텐츠에 집중하는 서비스이다(형용준, 2016). 이질적 콘텐츠는 내가 좋아하는 음식이나 친구사진과 같은 콘텐츠로 누구나 생산할 수 있지만 그 관심은 나에게 수렴되는 콘텐츠인 반면, 동질적 콘텐츠는 실시간 뉴스나 스타 사진처럼 누구에게나 관심을 줄 수 있지만 그렇다고 아무나 생산할 수 있는 콘텐츠는 아니다. 싸이마켓에서 상품을 판매하기 위해서는 다양한 사람들에게 상품이 소구할 수 있어야 한다. 즉, 싸이마켓의 상품은 동질적 콘텐츠에 가깝다. 그런데 싸이월드 구조는 이질적 콘텐츠의 유통에 최적화되어 있다. 싸이마켓에서 가족사진을 팔 수는 없는 것이다. 신뢰에 기초한 소셜 네크워크 서비스의 특성을 고려하지 못한 오픈마켓, 싸이마켓은 2008년 서비스를 중단하고 말았다.

서비스의 선택과 서비스 간 이동은 이용자의 몫이다. 싸이월드는 싸이월드 도메인을 네이트닷컴(nate.com) 도메인과 강제 연동시켰다. 이용자 입장에서는 싸이월드에 들어갔는데 네이트로 이동하는 경험을 하는 셈이다. 싸이월드는 시너지 효과를 거두기 위해 두 서비스를 연동시켰을 것이다. 그러나 싸이월드는 여기서 두 가지 실책을 범했다. 이용자의 의사와 권리를 고려하지 않았다. 더 큰 실책은 싸이마켓 사례와 같이 소셜 네트워크 서비스의 본질을 여전히 이해하지 못했다. 소셜 네트워크 서비스가 이질적 콘텐츠를 취급한다면 검색서비스는 동질적 콘텐츠를 취급한다. 본질적으로 두 서비스는 양립하기 어렵고 연계되기 어려운 플랫폼이다. 양립할 수 없는 서비스 간 연동은 싸이월드의 이탈자 양산으로 귀결되고 말았다.

아이러니하게도 반드시 연동해야 할 서비스는 연동시키지 못했다. 2008년 전후로 싸이월드는 국내외 싸이월드를 분리 운영했다. 미국 버전의 싸이월드를 이용하는 유학 간 친구는 한국 버전을 사용하는 나와 일촌이 되지 못했다. 버전별 독립 운영으로 중국, 미국 등지의 해외 싸이월드는 시장의 진입장벽을 스스로 높이고 말았다. 한국 버전의 싸이월드가 포섭하고 있는 수천만에 이르는 싸이월드 이용자를 도약의 지렛대로 삼지 못했다. 한류 콘텐츠를 이용한 일촌 맺기 전략은 실패했고 그렇게 글로벌 싸이월드 분리 운영은 실패했다.

일련의 서비스 정책, 이용자 정책 등의 실패가 거듭되었다. 트위터와 페이스북과 같은 경쟁 서비스는 시장의 파이를 급속도로 침식했다. 찬란했던 싸이월드는 풍파를 맞아 역사의 뒤안길로 사라질 위기에 처했다. 다행히 최근 삼성이 싸이월드에 50억 원을 투자하면서 싸이월드는 재도약의 갈림길에 서 있다. 다시 태어난 나의 미니홈피를 볼 수 있을까.

라인

지축이 흔들리자 태동했던 라인

모바일 인스턴트 메신저Mobile Instant Messenger 라인LINE은 독특한 탄생 배경을 갖고 있다. 라인 탄생의 계기는 공교롭게도 대자연이 인류에게 가한 대지진이었다. 2011년 3월 11일 일본에서 발생한 도호쿠 대지진 당시 가족과 친구, 연인들에게 휴대전화로 연락하는 사람들을 보며 NHN 창업자는 사람과의 관계를 더 깊고 돈독하게 해줄 수 있는 커뮤니케이션 수단의 필요성을 절감했다. 라인은 그렇게 2011년 6월 NHN 재팬Japan(현 라인주식회사)에 의해 일본에서 출시되었다.

국내에는 그보다 2개월 뒤인 8월부터 서비스를 시작했다. 네이버는 2011년 2월, 라인 출시 이전에 '네이버톡'을 출시했다. 네이버톡은 네이버 ID를 기반으로 미투데이, 블로그, 개인 수소록과의 연동뿐 아니라 PC와 모바일에서도 실시간으로 연동이 가능했다. 그러나 네이버톡은 국내 모바일 시장에서 부진을 면치 못했다. PC 기반 메신저는 '네이트온'이 장악한 상태였으며 모바일 인스턴트 메신저 시장 또한 카카오톡에게 상당 부분 잠식된 상태였다. 라인은 이를 타산지석으로 삼았다. 라인은 국내에서도 그 위상을 높이기 위해 노력하는 한편, 글로벌로 시야를 넓혔다. 특히 일본과 동남아 시장이 주요 공략 시장이었다. 출시 후 3년 만에 전 세계 사용자 5억 명을 확보하는 기염을 토했다. 라인은 그렇게 시작되었다.

라인을 견인한 감성, 그리고 플랫폼 전략

'라인LINE'의 성장배경은 무엇일까? 먼저 모바일 환경의 전반적인 성장에서 찾을 수 있다. 라인은 모바일 인스턴트 메신저Moblie Instant Messenger(이하 모바일 메신저)이다. 모바일 메신저는 스마트폰과 같은 모바일을 기반으로 하고 있다. 우리는 라인을 이용하여 모바일 단말기나 PC를 통해 다른 이용자들과 무료 메신저와 음성통화를 즐길 수 있다. 그런데 무료 메신저와 끊김 없는 원활한 음성통화를 즐기기 위해서는 모바일 환경의 성장이 필수적이다. 2011년 당시 아이폰을 필두로 스마트폰이 대중화되었고, 요금제 역시 데이터 전용 요금 가입제가 확산되어 이용자는 음성통화는 물론 모바일 메신저를 이용해 라인의 스티커, 선물하기 사용 시 소비되는 데이터 비용 부담에서 벗어날 수 있었다. 여기에 LTE가 보급되면서 고속 모바일 브로드밴드 환경이 구축되었다.

그림 2-5 라인 모바일 메신저 채팅 화면
자료: http://www.zosolution.com/117

구축된 모바일 메신저의 생존 환경에 라인은 생존을 넘어 시장을 선도하는 성공적인 전략을 선보이기 시작했다. 라인만의 차별화된 플랫폼 서비스 전략이었다. 글로벌 시장을 대상으로 하는 만큼 라인의 경쟁상대는 왓츠앱Whatsapp, 위챗 등 범글로벌 모바일 메신저였다. 따라서 라인은 라인만의 독특한 감성이 필요했다. 라인은 스티커, 캐릭터 등 라인의 콘텐츠에 일본인 이용자의 감성을 고려하여 철저한 차별화를 시도했다. 여기에 라인은 스마트폰 이용자들이 라인을 이용해 보다 재미있고 새롭고 풍부한 경험을 할 수 있도록 '스마트폰 라이프 플랫폼Smartphone-life Platform'을 구축하고, 플랫폼의 하위 차원에 채널(Line Channel)을 두고 부가적인 앱과 서비스들을 통합했다(박효 외, 2014). 하지만 라인은 플랫폼 서비스 전략에 그치지 않고 또 다른 전략을 구사한다.

모바일 메신저는 본질적으로 지인 간 네트워크를 기반으로 하는 소통이라는 점에서 소셜 네트워크 서비스라 할 수 있다. 라인은 모바일 메신저의 본질을 파고들었을 뿐 아니라 본질의 외연을 확장시켰다. 라인은 소셜 네트워킹social networking 기능을 강화시키는 전략을 라인 메신저에 적용시켰다. 그간 사회관계망서비스Social networking services, SNSs는 전화번호부에 기초한 친밀도 높은 지인들과의 커뮤니케이션(1:1 대화)에 국한된 측면이 있었다(박효 외, 2014). 라인은 여기에 페이스북의 담벼락과 유사한 '타임라인'을 탑재했다. 타임라인은 시간순으로 정보가 나열되어 있다. 이 때문에 나와 연결되어 있는 지인들의 근황을 순차적으로 살펴볼 수 있는 장점이 있다. 더욱이 비동시적인 속성을 내재하고 있어 언제든 내 지인의 근황을 둘러볼 수도 있다. 라인은 타임라인을 탑재함으로써 동시적 커뮤니케이션뿐 아니라 비동시적 혹은 간접적 커뮤니케이션 수단 또한 이용자에게 제공한 것이다. 이러한 전략의 결과는 일본 시장에서의 성공으로 이어진다. 라인은 일본 시장에서 2012년 2분기 47억 원이었던 매출이 2013년 4분기 1370억 원으로 성장하고 네이버의 전체 매출 중 라인이 차지하는 비중이 21%에 이르게 된다(박효 외, 2014).

라인은 블루오션을 신중하게 선택했다. 국내는 카카오톡이 시장을 선점하고 있었다. 선점된 시장에 후발 주자가 생존할 확률은 매우 낮다. 레드오션인 것이다. 라인은 카카오톡과 같은 생태계 지형을 일본에 구축했다. 일본은 한국의 카카오톡이 없었다. 모바일 메신저 시장을 주도하고 있는 지배적 사업자가 부재했다. 블루오션이었던 셈이다. 라인은 이 틈을 파고들어 일본의 모바일 메신저 시장을 선점했고, 한국의 카카오톡처럼 네트워크 외부효과를 통해 사용자와 시장 점유율을 높였다. 더불어 라인은 일본의 사회적 관계 유지 성향을 정확하게 파악했다. 일본인은 친밀한 사이의 관계를 중시한다. 사회적 자본으로 설명해보자면 교량적 자본bridging capital보다 결속적 자본bonding capital에 비중을 둔다. 우리의 경우 전화번호는 우리의 사회관계망을 넓히기 위해 혹은 업무를 위해 교환해야 할 개인의 자원이다. 일본에서의 전화번호 교환은 상대와의 신뢰와 친분이 전제되어야 한다. 라인은 일본의 사적 문화를 파고들었다. 사적 대화에 적합한 스티커, 이모티콘 개발에 주력했다. 기존 SNS와 라인이 차별화되는 지점이었고, 차별화의 성공은 mVoIPmobile Voice over Internet Protocol라는 무료 음성통화 서비스 시장의 선점으로 이어졌다. 라인은 mVoIP의 성공으로 어렵지 않게 일본에 연착륙할 수 있었다. 일본 내 확산의 기폭제였다.

라인은 이용자의 감성을 파고드는 데도 게을리하지 않았다. 라인은 'LINE 스티커'를 개발한다. 텍스트 중심의 커뮤니케이션 수단에 이용자의 감정과 감성을 드러낼 수 있는 이모티콘의 일종이라 할 수 있다. 팝업, 애니메이션, 디즈니, 일본 애니메이션, 게임, 개그, 연예인 등 다양한 카테고리로 분류해 이용자의 취향과 기호, 관심을 고려함으로써 이용자들은 자신의 감성을 스티커를 활용해 충분히 표현할 수 있었다. 텍스트를 넘어선 이미지를 바탕으로 한 스티커의 위력은 언어의 장벽도 넘어섰다. 스티커 속에 담긴 캐릭터의 표정만으로 대화가 가능했다. 글을 교환하는 대화보다 이용자의 감정을 담는 데도 뛰어났다. 감정과 생각을 손쉽게 전달하게 되면서 스티커를 앞세운 라인 메신저는 일본을 넘어 싱가포르, 대만, 홍콩, 태국 등의 동남아시아와 중동지역까지 퍼져나가기 시작했다. 가입자수가 증가했고 이는 수익 창출로 이어졌다. 라인의 스티커는 전 세계 이용자의 취향저격 서비스였다. 라인은 왓츠앱, 위챗에 이어 세계 3위의 명실상부한 글로벌 메신저가 된다.

변신의 달인, 라인의 끝을 저 멀리에

라인은 글로벌 플랫폼으로서 세계인의 스마트폰 속에 담기기 위해 현지화 전략에 주력했다. 목표한 국가의 문화를 심층적으로 파고들고 이를 전략화했다. 우선 홍콩, 싱가포르, 대만 등 동남아시아를 공략하기 위해 국가별로 인지도가 높은 모델을 활용했다. 운도 따랐다. 해당 국가의 통신사들은 자사의 데이터 사용량을 올리기 위해 라인이 필요했다. 자국민이 라인을 많이 사용할수록 통신사는 데이터 수익을 올릴 수 있기 때문이다. 라인의 진입 시점과 통신사의 통신 정책이 절묘하게 맞아떨어진 것이다. 시너지가 발생했다. 라인의 현지화 노력과 통신사의 마케팅에 힘입어 라인은 대만, 싱가포르, 태국의 앱스토어에서 1위를 차지한다.

물론 라인이 현지화 정책으로 꽃길만 걸었던 것은 아니다. 라인의 본질은 메시징 서비스이다. 상술한 바와 같이 모바일에 탑재되어 있어 모바일 인스턴트 메신저라고 한다. 모바일 메신저의 성공 여부는 메신저를 검색하고 탑재할 스마트폰의 운영체제, 스토어, 특정 운영체제를 탑재한 기기의 보급률에 달려 있다. 라인이 인도네시아에 진출했을 2012년 당시, 인도네시아의 주요 스마트폰은 70%의 점유율을 차지하고 있던 블랙베리였다. 블랙베리는 BBMBlack Berry Messenger, BBM이라는 블랙베리 운영체제로 구동되는 메신저를 탑재하고 있었다. 안드로이드나 애플의 iOS로 구동되는 라인이 인도네시아 시장을 공략하기 위해 반드시 넘어야 할 장벽이었다. 2013년 2월 라인은 스티커를 활용해 감정을 쉽게 전달할 수 있는 라인의 강점을 인도네시아의 유명 배우를 출연시켜 부각시켰고, 인도네시아에 유통되는 '갤럭시 챗'에 라인을 등장시켰으며,

가수 싸이의 〈강남스타일〉의 인기를 빌려 라인의 인지도를 높였다(박효 외, 2014).

　라인은 최근 몇 년간 콘텐츠와 다양한 서비스를 하나의 플랫폼에 통합 제공하는 멀티플랫폼으로 글로벌 시장을 두드리고 있다. 2014년 라인은 온라인과 오프라인의 경계를 무너뜨리는 생활밀착형 서비스를 앞세웠다. 모바일 결제 시스템 '라인페이LINE Pay'를 출시한 것이다. 라인페이는 송금과 지불 등 지불 서비스는 물론 웹이나 앱에서도 활용 가능한 결제 서비스를 제공한다. 앱에서 시작한 결제 서비스를 오프라인으로까지 연장한 것이다. 카카오택시의 일본 버전이라 할 수 있는 택시 호출 서비스 '라인 택시LINE Taxi'도 주목해야 한다. GPS나 목적지의 주소 등 건물 정보를 입력하면 해당 지역으로 차량이 배치된다. 라인은 배달 서비스에도 눈을 돌린다. 라인 이용자가 '라인 와우LINE Wow'로 상품이나 서비스를 주문하면 주문상품과 서비스가 소비자에게로 배달되는 서비스이다. 그 밖에 백화점 등 주요 상업시설 전용 내비게이션 '라인 맵스LINE Maps for indoor', 음악 스트리밍 서비스 '라인 뮤직LINE Music' 등을 선보였다. 온오프라인 생활 밀착형 전략의 시작이었다. 2016년 라인은 '스마트 포털'로의 도약 의지를 드러낸다. 라인은 정보, 기업, 브랜드, 서비스 등 가용 가능한 자원을 라인으로 모두 연결하고자 했다. 먼저, 개방형 플랫폼 전략으로는 기존의 서비스를 강화하는 데 주안점을 두었다. 라인 계정의 유연성을 높이기

그림 2-6 라인 택시
자료: http://bit.ly/2iUv87l

위해 일본을 비롯한 동남아시아에서 사용할 수 있는 숍 카드, 전 세계를 대상으로 한 쿠폰북, 기업 계정 중심의 커머스 기능을 라인 계정에 포함시켜 개방형 플랫폼을 구축했다. 특히 라인의 비즈니스용 계정인 라인앳LINE@의 커뮤니케이션 기능을 중소 사업자SME, small and medium-sized enterprises로 확대하는 'SME 파트너십 프로그램'을 시작했다. 여기에 사용자와 기업 간 커뮤니케이션 채널을 연결하기 위한 라인의 메시징 API를 개방했다. 라인 플랫폼은 웹서비스 영역에서도 공개된다. '라인 뉴스', '라인 라이브' 등 라인의 자사 서비스 플랫폼 구조를 강화하는 동시에 오피셜 웹 앱Official Web App을 웹서비스 운영자에게 제공하여 2014년에 출시했던 라인페이의 이용성을 혁신적으로 개선했다. 라인페이의 가맹점을 확대했을 뿐 아니라, 라인페이 카드 사용 후 누적되는 라인포인트LINE point 서비스 또한 도입했다. 라인페이 카드는 전 세계 3000만 개의 가맹점을 거느린 JCB 카드사와 제휴한 서비스이다. 라인은 가상 이동 통신망 사업자MVNO 서비스를 필두로 스마트폰의 통신 인프라 제공자 및 콘텐츠 제공자로서 '라인 모바일'에도 진출한다(IT News, 2016). 2017년에도 약진을 위한 라인의 전략은 계속된다. '커뮤니케이션 퍼스트'를 축으로 'Connected'(라인의 인프라화), 'Videolized'(동영상 포커스), 'AI'(AI포커스)가 포진하고 있다. 라인의 '커뮤니케이션 퍼스트'가 추구하는 목적은 향상된 커뮤니케이션 도구로 이용자를 풍요롭고 즐겁게 하는 것이다. 라인은 'connected'의 개념을 스마트 포털 구현으로 실현시키고자 한다. 2017년 2월 라인은 '뉴스 탭'을 신설하고 이를 '포털 탭'으로 업데이트했다. 이용자는 포털 탭으로 뉴스 콘텐츠와 라인과 제휴한 만화, 음악, 동영상 등 다양한 콘텐츠를 연결했다. 'Videolized'는 토크룸으로 구현한다. 토크룸에서 나의 친구에게 라이브 동영상을 전송하는 한편, 타임라인에서 동영상을 포스팅하고 라이브 동영상을 전송하면서 실시간 커뮤니케이션을 제공한다. AI는 AI 플랫폼 클로바Clova를 스마트 스피커 '웨이브Wave'에 탑재한다. 웨이브와 대화를 즐기고 음성명령으로 생활에 필요한 정보를 확인하며, IoT와 유사한 가전 제어도 가능하다. 웨이브를 활용한 라인 메시지 송수신은 기본이다. 라인은 웨이브를 통해 포스트 스마트폰 시대를 대비하고 있다.

라인은 행정부와의 연계를 강화하는 데도 힘쓰고 있다. 라인은 시부야 구, 후쿠오카 시, 구마모토 시 등 행정기관·지자체와 협정을 통해 육아 정보를 비롯한 다양한 행정 정보 발신 기능을 제공하며, 향후 내각부가 직접 운영하는 '마이나포털'과 라인의 연동에 합의하고 협정을 체결했다(오대석, 2017).

2017년 현재 라인은 17개 언어로 230개의 국가에 서비스하고 있다. 라인은 획일화된 글로벌 서비스를 지양하고 현지화를 통한 각국의 문화와 관습의 가치에 주목한다. 서비스를 문화화Culturalization하는 것이다. 라인은 전 세계에 퍼져 있는 라인 사용자들에게 친근하고 편리한 모바일 플랫폼을 제공하고 있다. 국내 이용자를 포함한 수억 명의 글로벌 이용자가 지금도 라인을 사용하며 메시지를 보내고 동영상을 공유하며 상품을 구매한다. 라인의 쇠퇴기는 아직 도래하지 않은 듯하다. 라인의 성장은 여전히 진행 중으로 보인다.

카카오톡

스마트폰이 뜨니까 카카오톡도 뜬다

카카오톡, 국민 어플이다. 카카오톡이 피처폰 시대를 종결짓고 스마트폰 시대를 열었다는 평을 듣고 있을 정도이다. 대국민 메신저 카카오톡은 2006년 11월 NHN의 대표를 지낸 김범수가 설립한 모바일 인터넷 서비스 업체였다. 초기의 카카오톡은 모바일 메신저 개발과 모바일 플랫폼 구축 사업에 주력했다. 카카오톡의 시초는 웹 2.0의 트렌드를 선도한다는 취지를 가진 '아이위랩'이라는 기업이었다. 아이위랩은 2008년 콘텐츠를 수집하고 정리하며 공유할 수 있는 블로그 '부루닷컴'(www.buru.com) 서비스를 출시하고, 연이어 국내

그림 2-7 위지아 닷컴 홈페이지
자료: http://drchoi.tistory.com/699

최초의 소셜 추천 서비스인 '위지아 닷컴'(www.wisia.com)을 출시했다.

안타깝게도 아이위랩의 야심찬 도전은 실패로 돌아갔다. 하지만 실패는 길지 않았다. 카카오톡의 창립자 김범수는 기술과 시대를 읽어내는 통찰력이 있었다. 2009년 말 애플의 아이폰이 도입되었다. 스마트폰 열풍의 시작이었다. 김범수는 사람들의 손에 쥐어져 있는 스마트폰에 탑재할 커뮤니케이션 수단을 고민했다. 스마트폰의 특징 중 하나는 애플리케이션application이다. 사람들은 자신의 욕구와 필요를 충족시켜주는 애플리케이션을 찾고 애용했다. 김범수는 왓츠앱WhatsApp에 주목했다. 카카오톡이 보급되기 전 사람들은 왓츠앱을 이용하고 있었다. 그러나 당시 왓츠앱은 초기에만 무료였고 일정 기간(1년) 후에는 유료로 전환되었다. 왓츠앱과 유사한 엠앤톡이 국내에도 있었지만 불안정한 서비스가 사람들의 불만 사항이었다. 김범수는 무료 서비스이면서 안정성을 높이고 메뉴도 단순화해 사용자의 편의성을 높인 서비스에 방점을 찍었다. 그리고 2010년 3월 카카오톡을 애플의 앱스토어AppStore에 출시했다(박효 외, 2014). 카카오톡이 가입자 100만 명을 확보하는 데 소요된 시간은 출시 후

6개월이었다. 카카오톡은 앱스토어뿐 아니라 안드로이드에도 앱을 탑재하면서 2011년에는 1000만 명의 가입자를 확보하기에 이른다.

메시징 플랫폼을 품은 카카오톡, 성장은 무죄

2012년 카카오톡은 가입자 6000만 명을 넘어선다. 이제 카카오톡은 스마트폰 이용자라면 누구나 이용하는 기본 어플이며 국민 어플이 된 것이다. 카카오톡이 이렇게 성장할 수 있었던 원인은 어디에 있을까? 카카오톡의 성장 초기에는 적극적인 투자 유치가 성장의 동력이 되었다. 카카오톡이 가입자의 저변을 급속도로 넓혀가자 카카오톡의 잠재력에 주목한 기업들이 카카오톡과 적극적으로 제휴를 시작한 것이다. 카카오톡은 2011년 1월 넥슨과 엔씨소프트로부터 53억 원의 투자를 유치했다. 넥슨과 엔씨소프트는 카카오톡의 인맥 네트워크와 엔씨소프트의 게임 등이 결합하면 강력한 시너지가 발생할 것으로 기대했다. 2011년 3월에는 네오위즈의 '벅스'와 카카오톡이 MOU 체결을 맺었다. 이용자를 확대하려는 벅스의 목적과 이용자의 만족도를 높이려는 카카오톡의 기대가 맞아떨어진 결과였다. 2011년 8월, 카카오톡은 위메이드, DCM, 싸이버이전트 등 국내외 5개 기업으로부터 206억 원의 투자 유치에 성공한다. 이들 기업과의 전략적 파트너십 구축은 카카오톡에게도 매우 의미 있는 투자로 귀결되었다. 카카오톡과 제휴하게 된 위메이드의 스마트폰 게임은 카카오톡 게임이라는 게임 플랫폼으로 진화하기 때문이다. 이를 기반으로 카카오톡은 2011년 10월 플러스친구, 카카오링크 2.0을 필두로 진화를 거듭하게 된다(권혜진, 2011). 2012년 3월에 접어들면서 카카오톡은 중국의 텐센트로부터 720억 원이라는 막대한 자본을 확보하게 된다. 텐센트의 투자는 카카오톡의 게임플랫폼에서 서비스될 국내 모바일 게임들을 중국에 서비스함으로써 수익을 창출하기 위한 사전 포석이었다.

카카오톡의 활발한 국내외 투자 유치와 함께 카카오톡의 성장 원인을 서비스 기술의 특성에서 찾을 수 있다. 무엇보다 카카오톡은 무료 서비스이며, 이용자의 폰에 저장되어 있는 전화번호 목록에 기초해 자동으로 친구 그룹을 형성하고, 1:1 대화뿐 아니라 필요에 따라 그룹채팅도 가능하며, '게임하기', '카카오스토리', '플러스친구' 등 연계 서비스를 꾸준히 출시했다(정희석, 2012). 여기에 카카오톡은 경쟁 서비스들인 네이버의 라인이나 당시 다음 커뮤니케이션의 마이피플, 국내 통신 3사(SK, LGU+, KT)가 연합하여 출시한 '조인'에 비해 발 빠르게 시장을 선점했다. 카카오톡은 여기에 그치지 않고 플랫폼을 다양하게 확장하는데, 그 유형별로 소셜 플랫폼, 마케팅 플랫폼, 콘텐츠 플랫폼으로 분류할 수 있다. 소셜 플랫폼은 카카오톡, 카카오스토리, 카카오그룹으로 구성된 카카오톡의 주력 플랫폼이다. 카카오톡은 소셜 플랫폼을 근간으로 여타 플랫폼을 운용하고 있다고 보아도 무방할 정도이다. 카카오톡과 카카오스토리의 연계는 카카오톡을 경제적 성장으로 이끌었을 뿐 아니라 사회문화적 파급력도 상당했다. 모바일 메신저에서의 지인과의 대화는 카카오스토리에서 정보와 콘텐츠를 공유함으로써 일상의 공유로 이어진다. 소셜 플랫폼이 카카오톡의 사회문화적 영향력을 양산하는 플랫폼이었다면 마케팅 플랫폼은 카카오톡을 유지하는 수익원이라 할 수 있다.

마케팅 플랫폼은 플러스친구, 선물하기, 아이템스토어 등으로 이루어졌다. 플러스친구는 카카오톡 이용자와 광고주를 연결하고 기업들이 이용자에게 특정 제품의 할인 혜택을 주거나 프로모션을 추진하는 것이 가능한 모바일 마케

그림 2-8 카카오의 소셜 플랫폼
자료: https://www.kakaocorp.com/service

팅 플랫폼이었다. 선물하기는 카카오톡 메시지를 이용해 친구나 지인에게 기프티콘이나 디지털 아이템들을 간편하게 전송할 수 있는 모바일 선물 서비스이다. 아이템스토어는 카카오톡에서 사용하는 이모티콘과 카카오톡 테마 등의 아이템을 서비스하는 유통 플랫폼이다(이상헌·하준영, 2013). 마케팅 플랫폼과 함께 콘텐츠 플랫폼은 카카오톡의 쌍끌이 수익모델이었다. 콘텐츠 플랫폼은 카카오게임, 카카오스타일, 카카오페이지로 구성되어 있었다. 카카오게임은 카카오 계정으로 카카오 친구들과 게임을 즐길 수 있는 서비스이다. 카카오게임은 카카오톡을 위기에서 구해낸 서비스이기도 하다. 2011년 카카오톡 가입자가 급격하게 늘어났는데, 아이러니하게도 카카오톡은 가입자가 늘어날수록 적자의 늪에 빠진다. 지속가능한 수익모델이 부재한 상황에서 늘어난 가입자수는 서버 운영의 부담을 가중시켰고 신규 서비스 개발 비용을 감당하기 어려웠기 때문이다. 이에 대한 타개책으로 카카오톡은 한게임에서 게임 유료화를 통해 수익모델 구축에 성공한 경험을 이용해 게임 개발에 매진했고, 그 결과물이 '카카오톡 게임하기' 서비스였다. 〈애니팡〉과 〈드래곤플라이트〉는 선풍적인 인기를 끌었고, 카톡 게임이라는 신조어를 만들어냈다. 카카오톡은 카카오게임 서비스를 발판 삼아 재무제표에 흑자를 기록한다. 카카오게임 서비스는 소셜 게임의 특성을 가미했다. 홀로 하는 게임이 아닌 카톡 친구들을 초대하고 서로 연결되어 협력하며 진행하는 게임 구조였다. 카카오 스타일은 모바일 패션 트렌드 정보의 허브로 기능하고, 패션몰과 고객이 카카오톡을 매개로 모바일에서 만날 수 있었으며, 카카오톡 친구들과 패션정보와 쇼핑정보를 공유할 수 있는 모바일 서비스였다. 카카오페이지는 2013년 서비스를 시작했으며 웹툰, 웹소설 등을 무료 연재하거나 판매하는 서비스이다. 카카오톡은 이와 같은 플랫폼의 연계와 확장에 의한 파급력으로 카카오톡을 성장 일로에 올려놓았다. 이러한 플랫폼 서비스가 기술 및 서비스 측면에서의 성장동력이었다면, 카카오톡의 또 다른 성장동력은 독특한 조직문화였다.

카카오톡은 '신뢰, 충돌, 헌신'이라는 조직문화가 있었다. 신뢰를 바탕으로 가능한 한 많은 충돌을 경험하고, 또한 그 충돌 뒤에 뒤따르는 결과에 헌신한다는 조직문화가 있었던 것이다. 카카오톡의 조직 기조는 고객이 제안한 서비스 개선 및 신규 서비스 아이디어를 적극적으로 반영하는 결과를 낳았다.

카카오톡의 끝없는 시련, 도전의 부산물

카카오톡은 태동, 성장, 침체기가 선형적이지 않다. 성장하는 중에도 끊임없는 도전으로 침체기에 빠지기도 한다. 따라서 이를 두고 카카오톡이 침체기에 들어섰다고는 말할 수 없다. 카카오톡의 시련은 해외 진출에서 시작된다. 카카오톡은 일본 진출을 시도하는데, 카카오톡의 경영진은 국내에서의 성공을 바탕으로 일본 현지화를 자신했고 시장 선점에도 긍정적이었다. 카카오톡은 2011년 일본의 대지진을 계기로 일본 현지 카카오톡 가입자를 빠르게 잠식해 나갔다. 재난 중에 유무선 전화에 비해 카카오톡 등 SNS를 활용한 소통이 용이함을 인식하면서 일본 지역 카카오톡 가입자가 하루 평균 30%씩 증가하기 시작했다(이승연, 2011). 일본의 카카오톡, 즉 카카오재팬이 무료 음성 통화(mVoIP) 서비스를 시작하면서 일본 진출 성공이 손에 잡히는 듯했다. 그러나 NHN 재팬이 모바일 메신저 '라인'을 출시하게 되는데, 라인은 카카오톡에 비해 일본 시장에 대한 풍부한 지식과 경험을 갖추고 있었다. 라인이 일본에서 모바일 메신저의 지배적 위치를 차지하게 되면서, 카카오톡은 반대급부로 상대적 부진에 빠진다. 카카오톡이 국내 시장을 잠식할 수 있었던 요인은 이용자가 문자메시지 대신 카카오톡의 메시지를 통해 무료 대화가 가능하다는 점이었다. 그러나 일본의 통신환경은 한국과 차이가 있었다. 일본은 문자메시지보다 이메일을 주된 통신수단으로 활용했다(박수황·김태중·남윤성, 2016). 무료 메시지 교환이 강점인 카카오톡의 장점이 퇴색되는 지점인 것이다. 반면, 라인은 무료 문자 수요를 대체할 무료 음성 통화(mVoIP)를 일찍이 시작했다.

카카오톡의 일본 진출 실패는 크게 세 가지 요인에 기인한다. 먼저, 일본 모바일 환경 파악에 대한 실패이다. 일본은 모바일 인프라의 발달에도 불구하고 피처폰을 이용해 문자메시지와 메일을 사용하고 있었다(이희욱, 2011). 둘째, 카카오톡은 라인에 이은 후발주자였다. 라인은 일찍이 일본의 모바일 환경에 대한 충분한 이해를 바탕으로, 피처폰과 스마트폰 간 메시지 교환이 가능한 '채팅 전용 URL'을 부여하는 등 적절한 전략을 구사하며 일본의 모바일 메신저 시장을 선점하고 있었다. 끝으로 카카오톡은 일본인의 정서 파악에 다소 부족함이 있었다. 일본인은 직접적 표현보다 간접적 표현을 선호한다. 문자를 이용한 직접적인 감정표현이나 의사표현보다는 이모티콘이나 스티커 등을 활용한 간접적 표현을 좋아하는 것이다. 라인은 일본인에게 공감대를 형성하기 쉬운 장난감 캐릭터 등으로 스티커를 구성하고 일본인의 정서를 파고들었다. 결과적으로 스티커 혹은 스탬프 서비스는 라인의 강점이 되었고 카카오톡의 약점이 되었다. 이후 야후재팬과 합작하여 대대적인 마케팅을 펼쳤으나 역부족이었다. 해외시장 개척 부진은 카카오톡의 누적 가입자마저 라인에 밀리는 상황을 초래한다. 2013년 말 카카오톡의 전체 누적 가입자는 1억 3000만 명을 돌파했는데, 2013년 7월 1억 명의 가입자수를 확보한 데 이어 5개월 만에 3000만 명이 증가했다. 그러나 라인은 동일 기간에 2억 명에서 3억 명에 달하는 가입자수를 확보했다. 게다가 카카오톡의 게임하기 서비스의 이용자수가 감소하기 시작했다. 2012년 〈애니팡〉을 위시한 카카오톡 게임이 출시되었을 때만 해도 그간 출시한 게임들 중 9개의 서비스가 1000만 건의 다운로드를 넘어서는 기염을 토했다. 하지만 게임 출시 1년이 되어가는 2013년 7월에는 1000만 건의 다운로드를 기록한 게임을 찾아볼 수 없었다.

신규 서비스의 실패도 뼈아팠다. 카카오톡은 '카카오페이지'를 출시하고 유료 모바일 콘텐츠의 활성화를 기대했다. '디지털 콘텐츠 장터'를 표방한 카카오페이지는 온라인 포털이 주도하던 유료 콘텐츠 시장의 대항마로 주목받았다. 카카오페이지가 유료 콘텐츠 시장의 진입 장벽을 낮추고 시장의 규모를 확대할 것으로 기대받았기 때문이다. 그러나 성과는 미미했다. 카카오페이지

또한 유료 서비스라는 태생적 한계를 극복하지 못했다는 평가가 이어졌다. 카카오페이지에 이어 출시한 '카카오스타일'과 '카카오그룹' 역시 시장에서 높은 평가를 받지 못했다. 특히 카카오그룹은 네이버의 '밴드'와 차별화를 이뤄내지 못했다. 불행은 한꺼번에 몰려오는지 모바일 서비스 환경도 녹록지 않았다. 카카오톡의 경쟁 서비스인 위챗과 라인은 공격적인 마케팅 비용을 책정하며 카카오톡을 위협했다. 결국 해외시장의 경쟁력 확보에 실패하면서 카카오톡은 잠시 숨고르기에 들어간다.

카카오톡 + 다음 = 잘 익은 카카오

카카오는 위기의 순간 합병이라는 카드를 꺼내들었다. 2014년 5월 카카오는 다음커뮤니케이션과 합병을 발표한다. 합병의 목적은 양사의 부족한 점을 상호 보완하며 상생효과를 창출하고 참여, 개방, 공유, 수평적 기업문화 등 핵심 가치를 공유한다는 데 있었다. 카카오톡은 국민메신저로서 여전히 각광받고 있지만 국내시장에서의 선전에 비해 국외시장에서의 활약은 미흡했다. 글로벌 성장 동력의 부족으로 라인의 가입자수의 증가세에 비해 카카오톡의 가입자수는 정체되고 있었다. 국내 모바일 시장에서는 1위를 지속하고 있으나 글로벌 시장에서는 왓츠앱이나 위챗, 라인의 가입자수에 밀리는 것이 현실이었다. 합병을 통해 카카오톡은 다음과 전략적 신사업을 추진 및 발굴하고, 해외 진출에 다음의 인프라를 활용하여 글로벌 성장동력을 구축하는 데 유리한 위치를 점하고자 했다.

카카오톡은 다음과 합병 이후 커뮤니케이션, 미디어와 콘텐츠, 게임, 생활기반, 핀테크, 검색 등 다양한 서비스를 출시하면서 모바일 멀티 플랫폼을 국축해나가고 있다. 특히 커뮤니케이션 플랫폼에 속한 카카오톡은 카카오스토리, 좋은 글을 쓰고 싶은 이들을 위한 공간인 브런치, 이용자의 취향을 살린 다양한 이야기를 담은 모바일 블로그 플레인Plain 등과 긴밀하게 연계하면서

그림 2-9 글을 작품 속으로, 브런치
자료: https://www.kakaocorp.com/service/Brunch

사람과 세상을 이어주는 모바일 플랫폼을 지향하고 있다. 현 시점에서 카카오톡이 성숙기에 접어들었다고 평가하기는 어렵다. 해외시장 진출에 성공하여 글로벌 성장동력을 확보해야 하는 숙제가 남아 있고, 라인 등 라이벌 서비스가 본격적으로 국내에 진입했을 경우에 대비해야 하며, 위챗 등 언제라도 카카오톡을 위협할 수 있는 글로벌 서비스를 끊임없이 주시하고 경계해야 한다. 그러나 산적한 위기와 경쟁에도 불구하고 카카오톡은 2016년 연간 매출 1조 4642억 원을 기록하며 매출 1조 원대에 들어섰다. 합병 후 다양한 콘텐츠 플랫폼이 성장한 결과일 것이다. 그리고 2017년 들어 카카오톡은 카카오톡 하나만으로 편리한 생활을 영위할 수 있는 '생활 플랫폼'으로 태어나려 하고 있다. "다음이 보유하고 있는 좋은 콘텐츠를 더욱 효과적으로 카카오톡 채널에 제공하고 장기적으로 무한 정보를 제공하고 필요한 모든 것을 도와주는 개인 비서 역할까지 카카오톡에서 가능하도록 발전할 전망이다"라고 김범수 카카오 이사회 의장은 말한다(채반석, 2017). 카카오톡은 여전히 성장 중이다.

참고문헌

김은미·이동후·임영호·정일권. 2011. 『SNS 혁명의 신화와 실제: '토크, 플레이, 러브'의 진화』. 파주: 나남.

권혜진. 2011. "카톡, 모바일 메시징 플랫폼으로 진화 선언." 연합뉴스, 2011.10.12.
   http://www.yonhapnews.co.kr/bulletin/2011/10/12/0200000000AKR20111012118200017.HTML

박수황·김태중·남윤성. 2016. 「네트워크효과를 위한 현지화 전략의 실패」. ≪국제경영리뷰≫, 20(2), 151~180쪽.

박효·백혜진·정구현. 2014. 「라인, 네이버의 글로벌 플랫폼」. *Korea Business Review*, 18(3), 99~124쪽.

설진아. 2009. "소셜미디어(Social Media)의 진화양상과 사회적 영향." 한국언론정보학회 학술대회 자료집, 35~57쪽.

신동열. 2013. "밴드왜건·스놉·베블런·디드로 효과 … 사고 싶은 원리들." ≪한국경제≫, 2013.10.18.
   http://news.naver.com/main/read.nhn?mode=LSD&mid=sec&sid1=103&oid=015&aid=0002965698

엠브레인. 2017. "2017 SNS 이용 및 피로증구군 관련 인식조사." 트렌드모니터리포트.
   http://blog.naver.com/mkresearch/221044439390

오대석. 2017. "네이버 자회사 라인, '쇼핑·배달 사업 나선다." ≪전자신문≫, 2017.6.15.
   http://www.etnews.com/20170615000349

이광수·조연아·김성일. 2009. 「무선인터넷 시장 견인의 기대주, 트위터」, *DigiEco Focus*, KT 경제경영연구소.

이상헌·하준영. 2013. 「카카오를 통해 본 라인의 가치」. 하이투자증권보고서(2013.4.24), 1~24쪽.

이승연. 2011. "통신 암흑 일, '카카오톡이 살렸다'." ≪뉴스천지≫, 2011.3.15.
   http://www.newscj.com/news/articleView.html?idxno=72836

이희욱. 2011. "카카오톡, 일본 찍고 미국시장으로." 블로터, 2011.7.26.
   http://www.bloter.net/archives/69377

정용인. 2009. "유명인사들 끄는 트위터의 은근한 매력." ≪위클리경향≫, 839호(2009.8.25).

정회석. 2012. "한국형 SNS의 진화: 카카오톡 사례를 중심으로." ≪디지털융복합연구≫, 10(10), 147~154쪽.

채반석. 2017.2.10. "카카오, 2017년에는 생활 플랫폼으로." 블로터(2017.2.10).
   http://www.bloter.net/archives/271776

채지형. 2005. 『싸이월드는 왜 떴을까?: 사이좋은 사람들의 7가지 성공 방정식』. 서울: 제우미디어.

한은영. 2015. "싸이월드 말고도 많았죠, 추억의 사이트 흥망사." ≪중앙일보≫, 2015.10.18.

형용준. 2016. "싸이월드가 망한 진짜 이유 5가지." *iT Chosun*, 2016.9.25.
   http://it.chosun.com/news/article.html?no=2824306

Wikipedia: social media, 2017.12.4. https://en.wikipedia.org/wiki/Social_media

ZDNet. 2006.6.9. "싸이마켓 오픈."
   http://www.zdnet.co.kr/news/news_view.asp?artice_id=00000039148292&type=det&re=

The Rise and Fall of Social Content
From Cyworld to PlayerUnknown's Battlegrounds

제3장

사용자 중심 동영상 서비스의 생성·확산·진화·쇠퇴
: 유튜브, 페이스북, 아프리카TV

최홍규_한국교육방송공사(EBS) 연구위원

1927년 이래 매년 '올해의 인물'을 발표하는 미국의 시사 주간지 ≪타임≫은 2006년 올해의 인물로 '당신You'를 선정한다(Time, 2006.12.25). 미디어 사용자가 직접 미디어에 접근해 자신의 이야기를 하고 그 이야기를 커뮤니티에 공유하며 이를 통해 세상을 변화시키는 현상에 주목한 것이다.

　당시에 이미 사용자 개개인은 유튜브, 페이스북, 마이스페이스, 세컨드라이프, 위키피디아 같은 소셜 네트워크로 연결된 공간에서 새로운 뉴스를 접하고 만들어내며 역사를 바꾸는 일을 시작했다. ≪타임≫이 선정한 '당신', 즉 '우리'는 이제 네트워크로 연결되어 우리의 이야기를 쏟아내고 공유하며 역사에 서서히 그 모습을 드러내기 시작한 것이다. 이처럼 우리 개개인이 역사의 전면에 그 모습을 드러낸 데에는 월드와이드웹(WWW) 기반의 인터넷 미디어가 한몫했다. 당시 ≪타임≫도 사실은 이러한 인터넷 미디어의 역할에 더 주목했던 것이다.

　그로부터 10년이 넘는 시간이 흘렀다. 여전히 인터넷 미디어를 통해 사람들은 적극적으로 자신의 이야기를 쏟아내고 생생한 현장의 뉴스를 공유하고 팩트를 따져 묻고 다양한 의견을 개진하고 있다. 10년 전과 다른 점이 있다면 이제 인터넷 미디어가 미디어 영역에 새로운 활기를 불어넣는 것을 뛰어넘어 기존의 전통적인 미디어 영역까지도 점령해나가고 있다는 점이다. 인터넷에 올린 글이나 사진, 동영상 등은 이제 저녁 메인 뉴스의 소재로 쓰이고, 소셜미디어 공간에서 입소문이 난 사람들은 TV와 라디오 프로그램에 섭외되어 더 유명세를 치른다. 인터넷 미디어 세대가 즐겨보는 뉴스나 드라마, 다큐멘터리의 서사구조는 짧고 경쾌하게 바뀌고 있다.

여기서 눈에 띄는 것은 동영상 영역의 약진이다. 전문성이 없다면 접근하기조차 어려워보였던 동영상 역시 인터넷 사용자들이 참여해 손쉽게 제작하고 유통하게 되면서 인터넷 미디어가 기존의 미디어 영역을 잠식해나가는 데 가장 큰 역할을 하게 된 것이다.

이 장에서 살펴볼 내용은 바로 이 사용자가 주도적으로 참여하게 된 동영상 영역에 관한 것이다. ≪타임≫이 '당신'을 올해의 인물로 선정한 바로 그 시기 전후로부터 지금까지 이 사용자 중심의 동영상 서비스가 어떻게 생겨나고 확산되었으며 진화되고 쇠퇴하고 있는지 바로 그 내용을 살펴보고자 한다.

동영상 서비스의 탄생

인터넷 네트워크와 디지털로 시작된 동영상 서비스

1990년대 중반부터 2000년대 초까지는 사용자 중심 동영상 서비스가 제공되는 환경이 만들어진 시기라고 볼 수 있다. 전송 통로는 웹과 모바일의 인터넷 네트워크로 구축되어 발전했으며 방송은 아날로그에서 디지털 기술이 접목된 형태로 변모해가고 있었다.

우리나라의 인터넷 네트워크는 전송 속도가 빨라지고 이동 중에도 이용이 가능한 형태로 발전하며 관련 서비스들이 등장했다. 우선 1994년 한국통신의 인터넷 상용서비스KORNET가 시작되면서 기반이 형성되었다. 이후 1996년 CDMAcode division multiple access[1] 이동전화 상용서비스, 1998년 두루넷Thrunet[2]의 초고속 인터넷 서비스, 2001년 이동전화 동영상 서비스, 2006년 와이브로WiBro[3] 서비스 등이 순차적으로 제공되었다.

방송 영역에서는 아날로그 방식에서 디지털 방식으로 서비스 기술이 변화하는 양상을 보였다. 구체적으로 1995년에 케이블TV 본방송이 시작되며 지상파를 전송수단으로 하는 방송환경에 변화가 일어났다. 2002년 스카이라이프의 디지털 위성방송, 2005년 위성과 지상파 DMBDigital Multimedia Broadcasting, 2008년 IPTVInternet Protocol Television 등이 개시되면서는 디지털 서비스가 빠르게 정착되고 확산되어갔다(한국정보화진흥원, 2016).[4]

1990년대 중반부터 시작된 웹과 모바일 인터넷 네트워크의 발전 및 방송의 디지털화는 사용자 중심 동영상 서비스가 생성되는 기반이 되었다고 볼 수 있다. 사용자들은 TV에서 즐겨보던 동영상을 PC와 스마트폰에서 쉽게 접할 수 있게 되었으며, 동영상 콘텐츠의 제작에도 사용자들이 직접 참여할 수 있는 환경이 조성된 것이다.

이와 같은 웹과 모바일 네트워크의 발달과 디지털 양방향 기술의 구현 정도는 사용자 중심 동영상 서비스의 발달 과정에 중요한 영향을 미친다. 미디어

---

[1] 코드분할 다중접속 또는 부호분할 다중접속으로 불리는 디지털 방식의 이동전화 전송방식 중 하나이다. 아날로그 형태의 음성 정보를 디지털 신호로 전환한 후 다수의 디지털 코드로 바꾸어 (분할해) 전송하는 방식이다. 기존 아날로그 방식에 비해 한정된 주파수 자원을 늘려 활용할 수 있고 품질도 높아진다는 이점이 있다.

[2] 2006년에 하나로텔레콤에 합병되고 2008년에는 SK텔레콤에 합병되어 현재 SK브로드밴드로 바뀌었다.

[3] Wireless와 Broadband의 합성어로 무선 광대역 통신망을 지칭한다.

[4] 이 장의 각 절 서두에서 언급하는 사용자 중심 동영상 서비스 생성기, 확산기, 진화기, 쇠퇴기의 환경적 요인에 대한 주요 연대기는 한국정보화진흥원의 「2016 국가정보화백서」(2016.12)에 언급된 시점을 기준으로 한다.

사용자가 사용 편의성을 보장받고 동영상 제작 및 유통 과정에 개입할 수 있게 되었기 때문이다. 다시 말해, 동영상 서비스가 얼마나 사용자 중심적으로 사용되고 있는지 여부는 웹·모바일 네트워크로 인한 사용 편의성과 디지털 기술을 활용한 제작·유통 개입 정도로 판단할 수 있는 것이다.

사용자 중심 동영상 서비스란

사용자 중심 동영상 서비스는 웹과 모바일 네트워크를 통해 사용자가 손쉽게 접근할 수 있으며 디지털 기술을 기반으로 제작에도 참여할 수 있는 동영상 콘텐츠 제공 서비스를 통칭하는 개념이라고 할 수 있다.

사용자 중심 동영상의 서비스 제공 유형은 정보 서비스 제공, 사용자 직접 제작 및 유통, 사용자 간 연결 등의 목적에 따라 그 유형을 구분할 수 있다.

정보 서비스를 제공하는 경우, 동영상 전문 포털의 메인 메뉴에서 동영상이 제공되는 경우와 포털 사이트의 일부 메뉴에서 제공되는 경우로 나눌 수 있다. 유튜브와 같은 채널은 메인 메뉴에 동영상 콘텐츠가 배치되는 동영상 중심의 전문 포털 서비스이며 네이버, 다음과 같이 포털 사이트의 일부 메뉴로 사용자 중심 동영상 서비스가 제공된 경우도 있다. 넷플릭스Netflix처럼 기존의 TV 방송을 기반으로 성장한 OTTOver The Top 서비스도 이러한 정보 서비스 제공형의 동영상 서비스 중 하나로 볼 수 있다.

사용자 중심으로 제작·유통 환경이나 관련 서비스가 제공되는 유형은 1인 방송과 같이 사용자 스스로 동영상을 제작해 시청자와 직접 만나는 방식의 서비스 유형을 의미한다. 대표적으로는 아프리카TV가 시작한 1인 방송 서비스를 예로 들 수 있다.

사용자 간 연결이 고려된 서비스 제공 유형은 오늘날의 소셜미디어와 연계된 동영상 서비스를 말한다. 페이스북, 트위터, 스냅챗의 동영상 서비스 계열이 이에 속한다. 사용자 중심 동영상 서비스 유형별로 대표적인 서비스명을 제시하면 **표 3-1**과 같다.

표 3-1 사용자 중심 동영상 서비스 유형별 대표적 서비스들

주요 목적	주요 서비스		
정보 서비스 제공	동영상 포털 사이트	포털 사이트	VOD/OTT
	유튜브	네이버 TV	넷플릭스
사용자 직접 제작 및 유통	아프리카TV(1인 방송)		
사용자 간 연결	페이스북, 트위터(소셜미디어)		

유튜브, 페이스북, 아프리카TV는 어떻게 생겨나게 되었나

사용자 중심 동영상 서비스를 그 목적에 따라 정보 서비스 제공, 사용자 직접 제작 및 유통, 사용자 간 연결 등으로 나눠 각 영역별로 대표적인 사용자 중심 동영상 서비스를 꼽아보자면 유튜브, 아프리카TV, 페이스북을 들 수 있다. 각각의 서비스는 2000년대 초반에 서비스를 개시했다. 이들 각각의 서비스 메뉴들이 발전되면서 사용자 중심 동영상 서비스의 개념이 구체화되었고 사용자가 직접 동영상 서비스 영역에서 중심적인 역할을 하는 계기가 마련되었다.

2005년 서비스를 시작한 유튜브는 오늘날 전 세계 최대의 사용자 중심 동영상 플랫폼으로 여겨진다. 유튜브는 당신You과 브라운관Tube(텔레비전)이라는 단어의 합성어로 미국의 전자상거래 서비스 회사인 페이팔PayPal의 직원이었던 채드 헐리Chad Hurley, 스티브 첸Steve Chen, 조드 카림Jawed Karim이 캘리포니아에 설립했다. 2005년 설립된 유튜브 사는 불과 1년 8개월 후인 2006년 10월에 구글에게 인수되었다. 우리나라에는 2008년 1월에 서비스를 시작했다.

유튜브는 사용자가 생산한 콘텐츠UGC, User Generated Content를 기반으로 하는 서비스로 사용자는 자신이 만든 동영상을 자유롭게 업로드하고 시청하며 공유할 수 있다. 우리나라에서는 판도라TV가 2004년 10월에 동영상 공유 사이

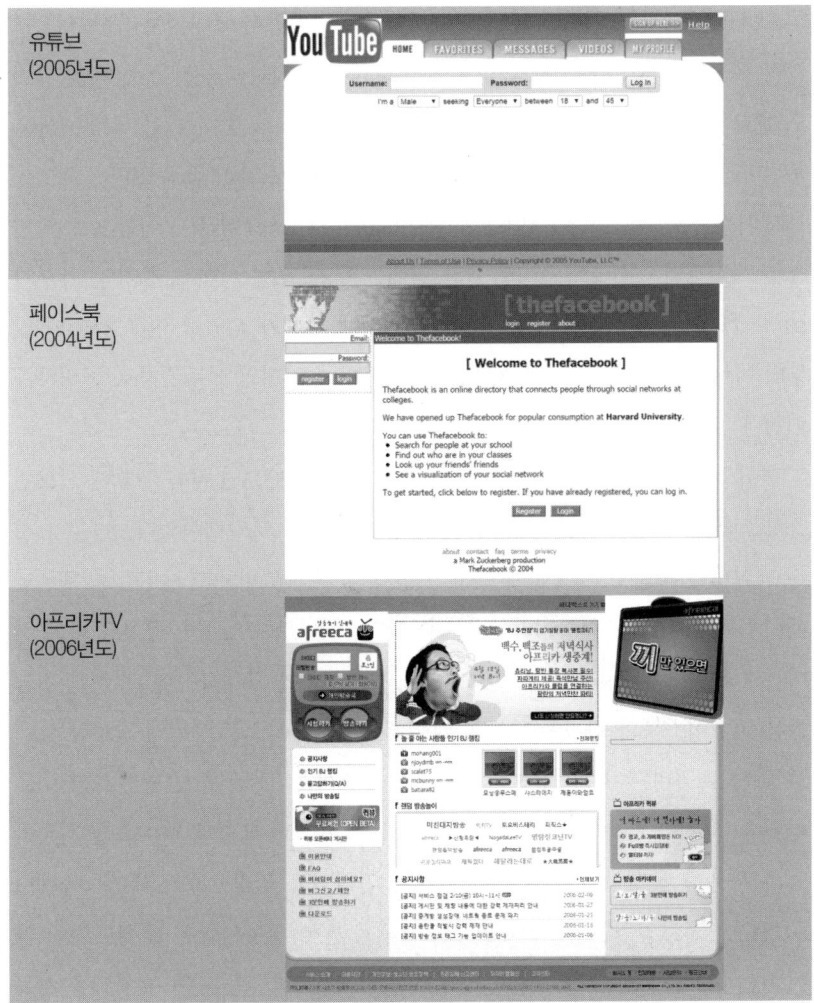

유튜브
(2005년도)

페이스북
(2004년도)

아프리카TV
(2006년도)

그림 3-1 유튜브·페이스북·아프리카TV의 초기 웹페이지 화면
자료: Wayback Machine(https://web.archive.org)

트를 오픈하면서 유튜브보다 먼저 동영상 공유 서비스를 시작한 사례가 있다. 그러나 구글이 유튜브를 인수하며 시장 장악력이 높아졌고 유튜브가 2006년 우리나라 국회를 통과한 제한적 본인확인제[5]를 2009년 거부하는 등 이슈를 뿌리며 국내에서는 오히려 입지를 다졌다. 2009년 당시 국내에서 유튜브는 제한적 본인확인제 거부 의사를 밝히면서 한국 접속자들의 콘텐츠 등록을 막기도 했고 과잉 규제 논란의 중심에 서기도 했다. 그러나 현재는 전 세계는 물론 우리나라에서도 명실상부한 최대의 동영상 서비스로 자리 잡고 있다.

페이스북Facebook은 2004년에 더페이스북TheFaceBook이라는 이름으로 서비스를 시작했다. 서비스 초기인 2006년에는 당시 포털 사이트 강자인 야후가 10억 달러의 인수 제안을 했으나 이를 거부해 화제가 되었고 이후 2008년 말부터 마이스페이스MySpace를 제치고 소셜미디어 업계의 선두주자로 군림하게 되었다.

페이스북 설립자 마크 저커버그Mark Zuckerberg가 2003년 처음 개발해 선보인 프로그램은 페이스매시Facemash라는 명칭의 평가 프로그램이었다. 이용자 사진 데이터를 기반으로 사진에 단순히 평가 점수를 부여하는 서비스로 오늘날 페이스북 서비스의 원형이라고 볼 수 있다. 페이스북에서는 '좋아요'의 추천 버튼과 콘텐츠 공유 기능이 서비스의 중요한 부분을 차지하는데, 이러한 기능들은 더페이스북의 평가 서비스와 맥이 닿는다. 페이스북은 인맥 정보를 토대로 하는 소셜미디어 서비스이며 초기에는 게시글, 댓글 등이 콘텐츠의 주를 이뤘다. 그러나 차츰 음성과 동영상 콘텐츠 업로드나 생중계 서비스를 제공하면서 사용자 동영상의 공유 공간으로도 인식되고 있다. 특히 페이스북에서 2015년에 선보인 '라이브 비디오Live Video'를 통해 사용자들은 소셜미디어 페이스북에서 손쉽게 동영상을 올리고 추천과 공유 기능을 통해 동영상을 자유롭게 공유할 수 있게 되었다.

아프리카TV는 1994년에 유선 전화망을 이용한 PC통신 나우누리를 출시하

---

5 인터넷 실명제로도 불리는 이 제도는 일평균 방문자수가 10만 명을 넘는 인터넷 사이트에서 주민등록번호, 아이핀i-PIN, 휴대폰 번호, 신용카드 등의 수단으로 본인을 인증하고 이용하도록 강제하는 제도이다. 2007년 6월 28일부터 실시되었으나 2012년 8월 23일 위헌 판결로 사실상 폐지되었다.

면서 시작된 회사이다. 당시 나우누리는 PC통신의 붐을 타고 하이텔, 유니텔 등과 함께 국내 3대 PC통신 서비스로 여겨졌다. 이후 1997년에 국내에서는 최초로 웹캠webcam 서비스를 실시하며 국내 동영상 서비스의 성장을 돕는 계기를 만든다. 2000년대 들어서는 우리나라 PC통신 서비스 이용자수가 급감했고, 이에 따라 2002년 웹하드 서비스인 피디박스를 출시하며 동영상 제공 서비스의 기반을 다졌다. 2006년 3월에는 비로소 인터넷 개인방송 서비스인 '아프리카'(www.afreeca.co.kr)를 정식으로 오픈하면서 본격 쌍방향 멀티미디어 개인방송 시대가 열렸음을 알렸다(아프리카TV, 2006.3.21).

아프리카TV의 개인방송 서비스가 오픈되면서, 사용자들은 웹캠을 이용하여 자신이 출연하는 동영상을 손수 촬영하며 이를 다수의 이웃 사용자들과도 공유할 수 있게 되었다. 인터넷BJInternet Broadcasting Jockey라 불리는 동영상 촬영, 혹은 출연 당사자들은 댓글이나 별풍선을 통해 동영상 시청자들의 반응을 가늠할 수 있다. 특히 별풍선은 일반적인 동영상 수익원인 광고와는 달리 동영상에 대한 시청자 반응을 수익으로 변환시키는 기능을 한다.

누구나 참여하는 동영상이 확산되다

웹과 모바일의 이용자 증가, 그리고 개인화되는 서비스

2000년대 초반에 많은 사용자 중심 동영상 서비스가 출현한 이래, 웹과 모바일의 이용자가 대폭 증가하며 동영상 서비스가 더욱 활발히 제공될 수 있는 여건이 만들어진다. 이미 우리나라에서는 1990년대 후반에 인터넷 이용자수가 1000만 명을 돌파했는데, 이후 2004년에는 3000만 명을 돌파하기에 이른다. 이 시기를 거치며 초고속 인터넷과 스마트폰 가입자도 증가하는데, 2008년 초고속인터넷 가입자는 1500만 명을 돌파했고 스마트폰 가입자도 2011년에 2000만 명을 넘는다(한국정보화진흥원, 2016).

이처럼 사용자 중심 동영상에 대한 잠재적인 수요 인구가 늘어나면서 서비스 이용 관련 지표들도 높은 수치를 보였다. 2006년의 UCC 관련 PVPage View 증가율은 209.16%로 일반적인 인터넷 방송이나 동영상에 비해 높은 것으로 나타났다[한국방송영상산업진흥원(현재 한국콘텐츠진흥원), 2007]. 2008년 조사에 의하면, 조사대상자 중 79.5%는 UCC를 사용하고 있는 것으로 나타났고, 이 중 60.8%는 주 1회 이상, 35.9%는 매일 이용하고 있는 것으로 나타났다(한국인터넷진흥원, 2008).

웹과 모바일에서의 사용자수가 늘어나고 사용자 중심 동영상에 대한 수요도 늘어나면서 UCC에 특화된 전문 서비스도 생겨났다. 국내에서는 판도라 TV(pandora.tv)가 2004년 10월에 생겨나면서 한동안 국내 동영상 웹 서비스분야에서 1위를 차지한 바 있고(한국정보보호진흥원, 2008), 그래텍(현 곰앤컴퍼니 GOM & Company)은 2006년 동영상 플레이어인 곰플레이어를 기반으로 성장했으며 다모임(damoim.net), 엠군(mgoon.com) 등도 같은 시기에 서비스를 시작했다. 비슷한 시기인 2005년 해외에서도 유튜브가 설립되어 이듬해 구글에 인수되었다.

전통적인 방송 영역에서도 UCC에 대한 관심이 높아졌다. SBS는 2006년부터 자사의 방송 콘텐츠를 편집해 공유하는 사이트 넷TV(netv.sbs.co.kr)를 운영했으며, 2007년에는 KBS와 MBC도 각각 내콘(ucc.kbs.co.kr)과 드라마펀(dramafun.imbc.com)을 통해 사용자들이 콘텐츠 제작에 참여할 수 있도록 시도했다(≪디지털타임스≫, 2007.3.31). 이들 전통적인 영역의 방송사들은 자사 콘텐츠를 활용하여 사용자들의 관심을 이끌어내는 방식으로 서비스를 제공했다.

이처럼 2000년대 초반의 시기부터는 사용자 중심 동영상이 인기를 끌며 본격적으로 확산하는 시기라고 볼 수 있으며, 사용자 중심 동영상이 하나의 서비스 제공 영역으로 자리 잡는 시기이기도 했다. 국내외에서 전문적인 서비스 제공자가 등장하고 이를 통해 사용자 중심 동영상 서비스에 대한 산업계의 관심이 높아지던 시기라고 할 수 있다.

개인형 UCC·UGC 동영상 시장을 개척한 유튜브

유튜브는 2005년 웹 서비스를 개시하면서 개인형 동영상 시장에 진입했으며, 2006년에는 휴대폰이나 PDApersonal digital assistant를 통해 사용자가 제작한 동영상 파일을 업로드할 수 있도록 서비스를 제공했다. 이러한 웹과 모바일에서의 서비스 확장에 힘입어 유튜브는 당시 월평균 방문객수 1200만 명을 기록한 바 있고 월평균 페이지뷰도 12억 건 이상을 기록했다(스트라베이스, 2006). 2006년 7월 기준으로 유튜브는 미국 내에서 업로드되는 동영상의 60%를 차지했고, 이를 토대로 미국 엔터테인먼트 시장 점유율에서 선두를 기록하기도 했다(≪디지털타임스≫, 2006.8.21). 같은 해 월 방문자수도 2000만 명에 육박할 정도로 급속도로 성장했으며, 이를 통해 사용자 중심 동영상 시장의 규모도 성장하는 계기가 만들어졌다.

전 세계 최대의 포털 서비스인 구글이 2006년 10월 유튜브를 인수했을 당시 금액은 16억 5000만 달러(당시 한화로 약 1조 6000억 원)이다. 당시까지만 해도 구글이 기업 인수·합병을 통해 총 지출한 돈이 1억 달러 정도의 규모였으니(≪매일경제≫, 2006.10.10), 구글이 유튜브를 인수한 것은 역대 최대 규모였으며 그만큼 구글이 개인형 UCC·UGC 시장에 대한 관심이 높았음을 알 수 있는 대목이다. 구글이 유튜브를 인수하면서 당시 구글은 구글 비디오Google Videos 서비스로 미국에서 인터넷 동영상 시장 점유율 11% 정도였으나 유튜브 점유율 46%가 더해져 57%로 증가했다(≪서울경제≫, 2006.10.10).

합병 직후인 2006년 10월 글로벌 미디어 그룹 바이어컴Viacom은 자사의 인기 프로그램 "The Daily Show with Jon Stewart"와 "The Colbert Report" 등이 유튜브에 게재되는 것을 허용했다. 바이어컴의 이러한 결정은 거대 미디어 그룹이 신규 동영상 시장에 눈을 돌리고 있는 현상으로 평가받았다. 유튜브는 이미 같은 해 여름에 NBC, CSTV 등의 방송사들과 콘텐츠 공유나 공급에 관한 협력을 이끌어냈다. 2007년에는 ABC 방송국과 계약을 체결해 ABC 산하 5개 방송사로부터 뉴스, 날씨, 엔터테인먼트 등 각종 콘텐츠를 제공받기도 했다.

이처럼 인터넷 웹과 모바일 이용자들이 제작에도 참여하는 동영상 공유 사이트에 거대 방송사들이 진입한 만큼 같은 시기에 저작권 이슈가 불거지기도 했다. 대표적으로 2006년 타임워너Time Warner가 자사가 소유하고 있는 워너 브러더스Warner Bros., 뉴라인 시네마New Line Cinema, HBOHome Box Office, 아메리칸 온라인American Online 등의 채널에 대한 저작권 협상을 요구한 사례가 있다. 다음 해인 2007년에는 바이어컴도 16만 개의 자사 소유 비디오 콘텐츠에 대한 저작권 문제를 제기해 10억 달러의 손해배상을 요구했다. 일본 음악저작권협회JASRAC도 음원 이용료를 요구했다. 앞서 일본 음악저작권협회는 유튜브에 요청해 저작권자의 동의가 없었던 파일 약 3만 개의 삭제를 요청했고 이를 유튜브가 받아들여 삭제하기도 했다(아이뉴스24, 2006.10.23). 이와 같은 사례들은 모두 유튜브가 사용자 중심 동영상 시장을 형성시키면서 겪게 된 시행착오

The YouTube Partner Program: *Cash in on your creativity*

YouTube partners are independent video creators and media companies who are looking for online distribution and who meet our qualifications. Becoming a partner gives you the ability to share in ad revenue from your YouTube videos.

Why become a partner?

Effective Monetization
YouTube maintains a positive user experience with automatically targeted, creative ad formats that generate revenue when your videos are viewed. All you need to do is create compelling video content.

Widest Reach
Your content will be delivered to the largest worldwide online video community via YouTube and our syndication partners.

Non-Exclusive Agreement
We don't restrict where you can upload and distribute your videos.

Who qualifies for partnership?
To become a partner, you need to meet these criteria:

 You **create original videos** suitable for online streaming.

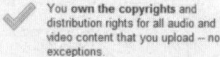 You **own the copyrights** and distribution rights for all audio and video content that you upload — no exceptions.

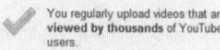 You regularly upload videos that are **viewed by thousands** of YouTube users.

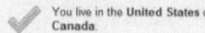 You live in the **United States** or **Canada**.

See our current content partners

Do you qualify, and want to become a partner?　Apply now

그림 3-2 유튜브-사용자 간 동영상 광고 수익 공유 안내 페이지(2007년)
자료: www.youtube.com

적인 성격이 짙다.

설립 이후 성장세를 거듭하고 구글과의 합병으로 시장에서 주가가 오른 유튜브는 2007년 5월에 사용자가 업로드한 동영상에 광고수익 배분을 결정하면서 본격적인 비즈니스 모델의 구축에 나선다. 유튜브는 자사가 선정한 인기 동영상 업로더에게 유튜브에서의 유명인을 칭하는 '유튜브 셀러브리티YouTube Celebrity'의 지위를 부여하고 동영상으로 발생하는 광고수익을 나누기로 결정한 것이다. 당시 선정된 대표적인 사용자는 HappySlip, LisaNova, renetto 등이 있다(Tech Crunch, 2007.5.4). 유튜브를 활용해 동영상을 업로드하여 유명세를 얻은 개인은 이제 유튜브에서 콘텐츠를 공유하고 이에 대한 대가로 광고수익을 얻어갈 수 있는 비즈니스 구조가 만들어지게 된 것이다.

그림 3-2는 유튜브-사용자 간의 광고 수익 공유 안내 페이지로, 사용자는 자격 요건을 검토한 후에 유튜브 파트너로 지원하고 여기서 채택되면 광고 수익을 확보할 수 있게 된다.

소셜 네트워크 서비스의 성장을 믿은 페이스북

페이스북은 서비스 제공을 시작한 2004년부터 소셜 네트워크를 활용한 인맥 관리 서비스를 표방하고 나섰다. 이미 미국 내에서는 유사한 서비스로 마이스페이스(myspace.com)가 가장 인기 있는 서비스로 자리매김하고 있는 상태였기 때문에 페이스북은 후발 사업자에 속했다. 2006년까지만 해도 마이스페이스가 미국 전체 인터넷 이용 시간 비율에서 11.9%를 차지해 야후, 구글, MSN 등 내로라하는 서비스들을 제치고 가장 많이 이용하는 사이트 순위 1위를 차지하기도 했다. 반면, 당시 페이스북은 1.0%로 미미한 수지를 보였다.

마이스페이스 열풍으로 소셜 네트워크에 대한 관심이 높아지던 2000년대 초반은 업계에서도 소셜 네트워크의 인맥을 기존의 포털이나 미디어와 접목하려는 시도가 일어났다. 특히 2005년 미국의 거대 미디어 사인 뉴스코퍼레이

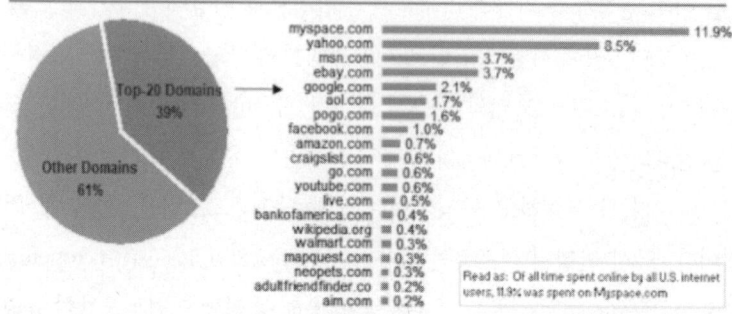

그림 3-3 미국 내 이용자들이 가장 많이 이용하는 사이트 순위(2006년 12월 기준)
자료: compete.com/metrics2.com

션News Corporation이 마이스페이스를 5억 8000만 달러에 인수하면서 소셜미디어에 대한 사회적 관심은 고조되고 있었다.

페이스북도 예외는 아니었다. 구글이 유튜브 인수에 성공한 2006년 하반기에는 야후가 페이스북 인수를 강하게 추진했다. 초기에 인수설이 확산되던 시기에 야후가 페이스북을 인수하겠다고 밝힌 금액은 10억 달러였으나 이후 16억 달러로 대폭 인상하여 소셜미디어의 가치가 방증되기도 했다. 이후 마이크로소프트Microsoft Corporation, 이하 MS와 바이어컴 등이 인수 의사를 밝히기도 했다(《한국경제》, 2006.9.26). 그러나 페이스북은 당시 20억 달러 이상을 요구하고 나섰다. 결국 페이스북에 대한 대형 M&A는 무산되었고, 2007년 MS가 2억 4000만 달러를 투자해 지분 1.6%를 소유하는 정도로 마무리되었다.

아이러니하게도 페이스북은 대형 M&A 러브콜들을 거절하면서 본격적인 성장을 시작한다. 뉴스코퍼레이션이 인수한 마이스페이스가 폐쇄형 서비스를 고수하면서 점유율 하락세를 이어가는 동안, 페이스북은 오히려 인맥관리 서비스의 효율성에 집중하며 자생하는 길을 택했다. 2006년에는 MS가 페이스북에 온라인 광고 서비스를 제공하기로 계약을 체결했다. 이를 통해 MS는 페이스북에 '애드센터adCenter' 온라인 광고 플랫폼을 이용한 배너 광고와 광고주 링크를 2009년 중반까지 독점하기로 했다. 같은 해인 2006년에 페이스북은 뉴스 피드News Feed를 도입하여 이용편의성을 높이기도 했다.

2007년 7월에 페이스북이 첫 번째로 인수합병한 회사는 웹기반의 시스템 운영업체인 패러키Parakey이다. 이 업체의 설립 멤버는 오픈소스 웹 브라우저 인 모질라 파이어폭스Mozilla Firefox의 프로젝트를 공동으로 주도했던 인물들로, 페이스북의 첫 인수합병은 실리콘밸리의 인재들을 불러 모으려는 의도로 비쳐졌다. 마찬가지로 같은 시기에 마케팅 책임 부사장으로 영입된 인물은 타임워너 소유 AOL의 임원을 지냈다. 2007년 11월에는 페이스북 페이지를 도입하여 광고 상품 판매를 시작함으로써 비즈니스의 토대를 만들고 공격적인 사업영역 확장의 시작을 알렸다. 2009년에는 전직 구글 엔지니어 4명이 2007년에 설립한 프렌드피드FriendFeed를 인수한다. 이 합병으로 경쟁사인 트위터를 견제하고 본격적인 시장 점유율 상승에도 박차를 가한다.

이처럼 페이스북이 택한 인수합병과 비즈니스 모델 구축 사례를 통해 페이스북이 향후에도 어떠한 인수 제안도 거절하고 독립적인 회사의 길을 갈 것임을 당시에도 예측할 수 있었다. 페이스북의 이러한 성장 노력은 2009년에 비로소 빛을 발한다. 2009년 페이스북은 '좋아요like' 버튼 서비스를 소개했는데 같은 해에 마이스페이스를 제치고 소셜미디어 방문자 순위 1위에 오른다(CNET, 2009.2.10). 이후 페이스북은 소셜미디어 업계의 이용 순위에서 1위를 고수하기 시작했고 향후 사용자 중심 동영상을 공유하는 서비스의 기반도 만들어냈다.

아프리카TV의 1인 방송 실험

아프리카TV가 현재의 사용자 중심 동영상 서비스를 갖추게 되기까지는 1997년 국내에서 최초로 시도된 웹캠Webcam 서비스와 2001년에 동영상 중심 커뮤니티로 발전한 피디박스가 그 기반이 되었다. 1990년대 후반부터 2000년대로 넘어가는 시기에 개시된 이러한 서비스들로 말미암아 사용자 중심 동영상 서비스가 갖춰야 할 콘텐츠 스토리지 규모나 내용의 풍성함 등의 요건을 갖추게 되었다. 2003년에 고화질 VODVideo on Demand 서비스가 오픈된 것도 이러한 맥락으로 풀이할 수 있다.

2005년 5월에 아프리카TV는 실시간 개인방송 서비스인 'W(이하 더블유)'의 베타서비스를 오픈하면서 1인 방송의 가능성을 열었다. 더블유는 10개월이 지나고 하루 평균 동시접속자수 3만 명, 개설 방송 채널 수 3만 2천 개, 누적 방송 채널 수 480만 개에 이르는 호응을 얻었다(블로터, 2013.4.1). 이후 아프리카TV는 2006년 개인방송 서비스를 정식으로 오픈하면서 오늘날의 1인 방송 서비스 형태를 갖추게 되었다.

아프리카TV는 2008년과 2009년에 '웹어워드 코리아WEB AWARD KOREA 2008' 동영상포털 부문 대상을 차지하기도 했다. 웹어워드 코리아는 1년 동안 구축되거나 개편된 웹사이트를 대상으로 하는 시상식으로 각 분야에서 가장 우수한 웹사이트를 선정해 시상한다. 당시 아프리카TV는 "시청자 간에 실시간으로 의견을 공유하고 채팅하는 기능이 독창적"이라는 평가를 얻었다(≪전자신문≫, 2008.11.21). 또한 아프리카TV는 같은 해에 인터넷 라이브방송 솔루션을 대만으로 수출하는 계약을 맺는 성과도 거두었으며 이 시기에 비로소 손익분기점을 돌파하기도 한다.

아프리카TV는 1인 방송을 표방하고 서비스를 개편하고 난 이후에 안정적인 서비스와 비즈니스 구축을 위한 다양한 시도를 하는데 방송, 영화, 음악 등 산업들과의 저작권 협상 타결도 그 사례에 속한다. 우선 음원제작자협회, 음악저작권협회 등 음악 저작권 단체와 저작권 보호 협상을 마무리했고 2009년 7월에는 영화제작자협회와 저작권 침해 보상에 대한 합의를, 8월에는 지상파방송 3사(KBS, MBC, SBS)와 방송 저작물의 불법유통 방지를 위한 저작권 보호 협약을 체결했다. 이러한 협약을 통해 방송, 영화, 음악 부문 모두에서 저작권 문제 해결 노력을 보였다(아프리카TV, 2009.8.11).

아프리카TV와 같은 웹스토리지 업계에서 저작물과 관련한 권리 행사에 대한 문제는 향후 서비스의 향방을 결정짓는 중요한 문제에 속한다. 많은 웹스토리지 업체가 원저작물의 권리를 소유한 많은 단체들과 원활한 협상을 체결하지 못해 서비스 존폐의 위기를 맞기도 했기 때문이다. 이런 측면에서 아프리카TV가 1인 방송 서비스를 개시하자마자 각 단체들과 저작권 문제를 해결했다는 점은 향후 사용자 중심 동영상 서비스를 확장하는 데 중요한 성과였다고 볼 수 있다.

이전에 이용자 참여형 동영상 서비스인 UCC 서비스 시장에서 국내 사업자들은 사업 초기부터 저작권 분쟁에 휘말려 비즈니스 확장에 실패하기도 했는데 아프리카TV는 이러한 문제를 사전에 차단하기 위한 노력을 시도한 것이다. 이로써 아프리카TV는 향후 사용자 중심 동영상 서비스를 모바일 앱 플랫폼으로 확장시키고 스포츠와 e스포츠 영역의 콘텐츠 사용자들을 확보하는 데 기반을 마련한다.

비즈니스 경계를 넘나들며

무한경쟁 환경이 만들어진 동영상 시장

사용자 중심 동영상 서비스는 새로운 산업군의 성장과 함께 진화가 시작된다고 보아도 무리가 없다. 우리나라에서 2008년 시작된 실시간 IPTV의 가입자 수는 다음해인 2009년에 100만 명이 넘어서더니 2010년 300만 명 돌파에 이어 2013년에는 800만 명, 2014년에는 1000만 명을 돌파한다(한국정보화진흥원, 2016). IPTV의 성장은 기존의 웹과 모바일에서 구현되던 실시간·개인형·주문형·양방향 서비스가 TV 수신기에서 구현되는 과정에서 나타난 결과라는점에서 의미가 있다. 이 과정에서 2013년에 지상파TV도 디지털 전환을 하는

데, 이 역시 IPTV의 등장과 마찬가지로 전통적인 방송 영역이 인터넷의 서비스적 특성이 가미된 방송 시대로 전환되는 사건이라고 볼 수 있다.

모바일과 스마트폰 이용량도 급증한다. 2010년에 이동전화 가입자는 5000만 명을 돌파하고 스마트폰 가입자는 2011년에 2000만 명, 2014년에 4000만 명을 각각 돌파하게 된다(한국정보화진흥원, 2016). KT가 국내에서 애플 아이폰의 정식 판매를 시작한 것이 2009년이며 이를 통해 스마트폰 열풍이 시작된 점에 비추어볼 때 2014년에 스마트폰 가입자 4000만 명을 돌파한 것은 5년도 안 되는 짧은 기간에 나타난 급격한 성장의 결과라고 할 수 있다. 그만큼 미디어 환경이 모바일로 빠르게 옮겨가고 있다는 것을 실감할 수 있었다.

기존의 TV 수신기가 IPTV를 통해 웹의 미디어적 특성을 이어받으면서 실시간, 개인형, 주문형, 양방향 등이 강조된 서비스를 선보이고 스마트폰을 중심으로 하는 새로운 이용환경이 자리를 잡으면서 사용자 중심 동영상 서비스도 진화를 시작할 수 있게 되었다. 기존까지 인터넷 웹을 중심으로 실행되었던 많은 동영상 서비스의 실험들은 이제 TV수신기로 옮겨가고 웹과 모바일은 더욱 사용자 중심으로 기획, 제작, 유통되는 새로운 시도를 감행하기 시작한 것이다.

이 시기에 두드러지게 시장에 진입한 사업 영역으로 OTTOver The Top라 불리는 서비스도 있다. 본래 OTT는 TV에 연결된 셋톱박스를 통해 전달되는 인터넷 기반의 동영상 서비스를 의미하는데, 넷플릭스가 2013년 〈하우스 오브 카드House of Cards〉를 공개하며 선풍적인 인기를 끌기 시작했다. 훌루Hulu, 아마존Amazon, HBO 등의 사업자들도 이러한 OTT 시장에 뛰어들어 경쟁 중에 있다. OTT 서비스의 이러한 성장은 웹과 모바일로 미디어 이용 습관이 정착되고 있는 현상을 반영하는 것이라 볼 수 있다. 또한 유료형의 동영상 제공 서비스 시장이 활성화되면서 기존 TV 방송시장을 위협하는 현상으로도 해석할 수 있다.

유튜브, MCN으로 기업형 크리에이터 육성 모델 장착

MCNMulti Channel Network은 사용자 중심 동영상 서비스가 진화하는 데 영향을 미친 사업 체계라고 볼 수 있다. MCN은 유튜브 같은 동영상 서비스 사업자가 1인 콘텐츠 제작자에게 제품, 프로그램 기획, 결제, 교차 프로모션, 파트너 관리, 디지털 저작권 관리, 수익 창출·판매 및 잠재고객 개발 등의 서비스를 지원하며 관련 수익을 공유하는 사업 체계를 말한다. 이러한 MCN은 유튜브를 통해 시작되었으나 2007년 머시니마Machinima, 2009년 메이커스튜디오Makerstudio, 2012년 어썸니스티비AwesomenessTV 등이 지속적으로 생겨나면서 시장의 관심이 증가하게 되었다.

2013년부터 MCN 시장은 월트 디즈니 사Walt Disney Company, 드림웍스 애니메이션Dreamworks Animation, 바이어컴Viacom, 워너 브러더스Warner Bros. 등 거대 사업자들의 인수 대상이 되거나 새로운 투자처로 여겨지기도 했다. 대표적으로 월트 디즈니 사는 메이커 스튜디오를 5억 달러에 인수했고, 드림웍스 애니메이션은 어썸니스티비를 3300만 달러에 인수했으며, 워너 브러더스는 머시니마에 1800만 달러를 투자한 사례가 있다(한국전파진흥협회, 2016). 국내에서

표 3-2 글로벌 미디어 기업의 MCN 인수 및 투자 현황

국가	MCN	미디어기업	규모	시기
미국	AwesomenessTV	Dreamworks Animation	$33,000,000 인수	2013.5
	Maker Studios	Walt Disney	$500,000,000 인수	2014.3
	Machinima	Warner Bros.	$18,000,000 투자	2014.3
	Tastemade	Scripps Networks Interactive	$25,000,000 투자	2014.6
	Stylehaul	RTL Group (유럽)	$107,000,000 인수	2014.11
영국	Base79	Rightster	$50,000,000 인수	2014.7
독일	Collective Digital Studio	ProSiebenSat.1	$83,000,000 인수	2015.7

자료: 한국전파진흥협회(2016).

도 이러한 여파가 반영되듯, 2013년 CJ E&M이 처음으로 MCN인 다이아TVDIA TV를 시작했다. 글로벌 미디어 기업들과 국내 기업들의 이러한 인수 및 투자에 대한 관심은 곧 MCN 시장의 가치를 보여주었다.

그림 3-4에서 볼 수 있듯이 유튜브와 같은 웹과 모바일 기반의 동영상 제공 서비스 사업자는 플랫폼을 제공하고 1인 창작자인 크리에이터와 MCN 사업자들은 콘텐츠를 제공하는 구조를 보인다. 유튜브는 MCN 사업자와 1인 창작자에게 제공받은 콘텐츠를 통해 발생하는 채널 광고 수익을 배분한다. MCN과 크리에이터 그룹은 각각 유튜브에 콘텐츠를 제공하고 채널 광고 수익을 공유받기도 하지만 대형화된 기획 콘텐츠일수록 MCN 사업자에게 콘텐츠가 점차 수렴되는 형국으로 가고 있는 것이 사실이다.

유튜브를 통해 시작된 MCN이 기업형으로 크리에이터를 육성하는 모델로 자리 잡자, 미국의 최대 연예기획사인 CAACreative Artists Agency와 MMEWilliam Morris Endeavor 등이 유튜브에서 유명세를 탄 일명 '유튜브 스타'들과 계약을 체결하기도 한다. CAA의 경우 미국 내 연예기획사 중 가장 영향력 있는 연예기획사인데 2015년 3월에 유튜브를 통해 270만 구독자를 확보한 코미디언 겸 뮤지

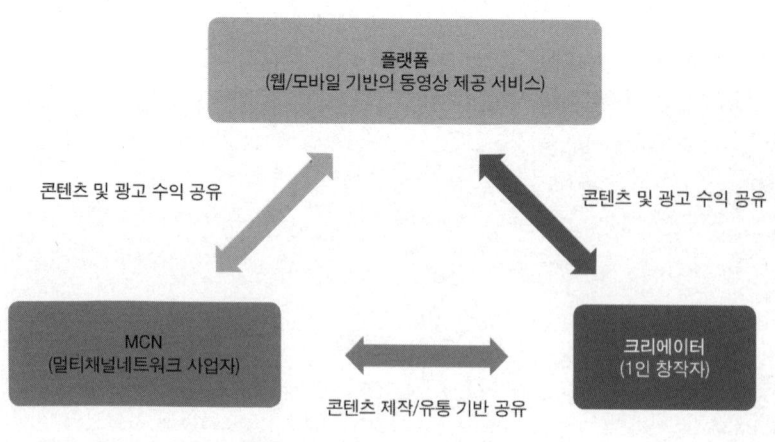

그림 3-4 MCN과 크리에이터를 통한 콘텐츠 및 수익 공유 체계

선이자 배우인 티모시 델라게토Timothy DeLaGhetto와 계약을 맺어 화제를 불러일으켰다. 이보다 앞선 2월에는 WEE가 Lohanthony, HolaSoyGerman, Bert Baker, Captain Sparklez, Veritasium, MakeUpByCamila, Laci Green 등 7명의 많은 유튜브 스타와 한꺼번에 계약을 맺기도 했다(스트라베이스, 2015.3.27).

해외의 경우 거대 글로벌 미디어 사업자들이 MCN 사업자들을 인수·합병하여 사업을 확장해나갔지만, 국내의 경우에는 네이버, 다음 등의 포털사업자나 지상파 방송사업자들이 사업을 펼치기도 했다(모비인사이드, 2015.10.2). 예를 들면 네이버 V앱, 다음 TV팟, KBS 예띠, SBS 18초 등이 사례에 해당한다.

소셜미디어와 라이브 비디오를 결합한 페이스북의 도전

인맥 관리 형태의 소셜미디어 서비스를 고수하던 페이스북은 2015년 12월에 일부 일반인이 언제나 이용 가능한 영상 생중계 서비스를 제공하기 시작했다. 그전까지만 해도 구독자가 많은 유명인들만 생중계 영상을 만들어 페이스북에서 공유할 수 있었지만 이러한 서비스를 일부 일반인 사용자들에게도 개방한 것이다. 일명 라이브 비디오라고 불리는 이 기능을 이용하면 친구맺기를 한 이용자 간에 생중계 영상을 공유할 수 있으며, '좋아요'와 같은 버튼을 활용해 사용자명과 숫자를 파악할 수도 있게 기능을 꾸렸다.

페이스북 라이브 비디오가 일반인 사용자들에게 일부 공개되기까지 페이스북의 서비스 실험과 사업 확대를 위한 노력들이 있었다. 페이스북의 라이브 비디오는 2015년 8월 페이스북 애플리케이션 멘션Mentions앱의 멘션라이브를 통해 그 기능이 먼저 공개된 바 있다. 당시 트위터가 1인 방송 애플리케이션인 페리스코프Periscope를 3월에 인수하고 미어캣Meerkat이 2월에 출시되었기 때문에 페이스북의 이러한 선택은 필연적인 것이었다고 볼 수 있다. 소셜미디어 업계에서 1인 방송 서비스를 접목하려는 시도가 지속적으로 나타나고 있었기 때문이다. 성과도 대단했다. 페리스코프는 출시 이후 열흘 만에 가입

Live Video: Show your friends what you're seeing in real time

그림 3-5 페이스북 라이브 비디오(Live Video) 소개 화면
자료: 페이스북 홍보 페이지(newsroom.fb.com)

자 100만 명을 돌파했고 미어캣은 한 달 만에 사용자수 30만 명을 넘기며 벤처캐피탈로부터 1300만 달러의 투자금을 유치했으니 말이다(비즈니스포스트, 2015.9.11). 페이스북의 입장에서는 1인 방송을 위시해 성장의 발판을 마련하고 있는 여타 소셜미디어 업계의 전략을 수용하지 않을 수 없었던 것으로 보인다.

페이스북은 소셜미디어 라이브 비디오 서비스를 공개하기에 앞서 비즈니스 구축을 염두에 두기도 했다. 바로 비디오 광고 기술 업체인 라이브레일LiveRail을 2014년 7월에 인수한 것이다. 라이브레일은 메이저 리그 베이스볼(MLB.com), ABCAmerican Broadcasting Co., A&E 네트워크Arts & Entertainment Network, 개닛Gannett,[6] 데일리 모션Dailymotion[7] 등에 비디오 광고 플랫폼을 지원하고 있는 업체로 비디오 콘텐츠 퍼블리셔와 광고주를 매개해주는 사업을 영위한 것으로 알려졌다(지디넷코리아, 2014.7.3).

페이스북에 인수되기 전에 라이브레일은 광고주들에게 광고 경매를 제공해왔으며 이에 따라 광고주들은 경매에 참여하여 좋은 효과를 내는 광고를 확보할 수 있었다. 페이스북이 라이브레일을 인수하면서 동영상 광고에 대해 더 많은 수익을 거둘 수 있을 것으로 예상할 수 있었다. 이러한 맥락에서 뒤에 시작한 멘션라이브와 라이브 비디오 등의 서비스들도 장기적으로는 동영상 서비스를 활용한 페이스북의 비즈니스 확대 전략을 엿볼 수 있는 것이었다.

아프리카TV는 왜 스포츠와 게임에 주력했는가

1인 방송 중심으로 비즈니스를 확대하던 아프리카TV는 2009년 프리미어리그와 프로야구 중계권 계약을 맺으며 스포츠 분야 동영상 서비스 제공에 박차를 가한다. 이때 이미 스포츠 동영상 시청 편의성을 고려하여 '스포츠 TV'(sportstv.afreeca.com) 메뉴 브랜드를 구축하기도 했다. 2010년 2월에는 2010 밴쿠버 동계올림픽에 대한 인터넷 중계 계약을 체결하기도 한다. 2014년 10월부터는 미국프로농구NBA의 인터넷 단독 생중계를 했고, 이듬해인 2015년에는 프로야구 전 경기 생중계를 하는 등 아프리카TV의 스포츠 동영상 콘텐츠 영역은 지속적으로 확대되어왔다.

아프리카TV의 콘텐츠 영역 확대의 다른 한 축은 게임이다. 아프리카TV는 2011년에 투자 전문기업인 스톤브릿지캐피털과 조인트벤처인 나우게임즈를 설립했다. 나우게임즈의 초기 목표는 모바일 게임 멀티플랫폼 사업이었다. 이를 위해 500여 곡의 음원라이선스를 확보하고 이를 기반으로 퍼블리싱, 교육,

---

6 미국의 미디어 그룹으로 일간지 ≪USA 투데이The USA Today≫ 등 다수의 신문사, 방송국, 웹사이트를 소유하고 있다.

7 프랑스 미디어 그룹 비방디Vivendi가 소유한 동영상 공유 사이트이다.

그림 3-6 아프리카TV 게임센터 페이지 화면
자료: 아프리카TV 게임센터(gamecenterpc.afreecatv.com)

스포츠, LBSLocation-Based Service 등의 사업 계획을 발표하기도 했다(아크로펜, 2011.4.22). 2012년에는 다양한 게임군도 출시했다. 7월에는 모바일 소셜 게임 형태인 〈클랜워즈〉와 〈헤븐소드〉를, 9월에는 모바일 디펜스 게임인 〈몬스터 타워〉와 전략 두뇌게임인 〈마우스피싱〉, 10월에는 모바일 소셜 네트워크 게 임인 〈팜스테이〉와 모바일 디펜스 게임 〈에일리언 VS 피플〉을 출시했다. 또 한 12월에는 모바일 게임 사업 경쟁력을 강화하기 위한 행보로 〈테일즈러너〉 를 개발한 라온엔터테인먼트 지분 20%를 70억 원에 인수하는 방식으로 투자 에 나서기도 했다(이데일리, 2012.12.13).

게임에 대한 아프리카TV의 투자는 2013년에도 지속적으로 이어지는데, 사 명을 (주)아프리카TV로 변경한 3월에는 모바일 게임 개발사 블루윈드의 경영 권을 인수한다. 또한 7월과 9월에는 카카오에서 연동되는 〈모두의 밴드〉, 〈바 로쏘시지〉, 〈돼지러너〉, 〈아이러브치킨〉 등을 출시하기도 했다. 9월에는 모 바일 게임 플랫폼인 '아프리카TV 게임센터'를 정식으로 오픈했다.

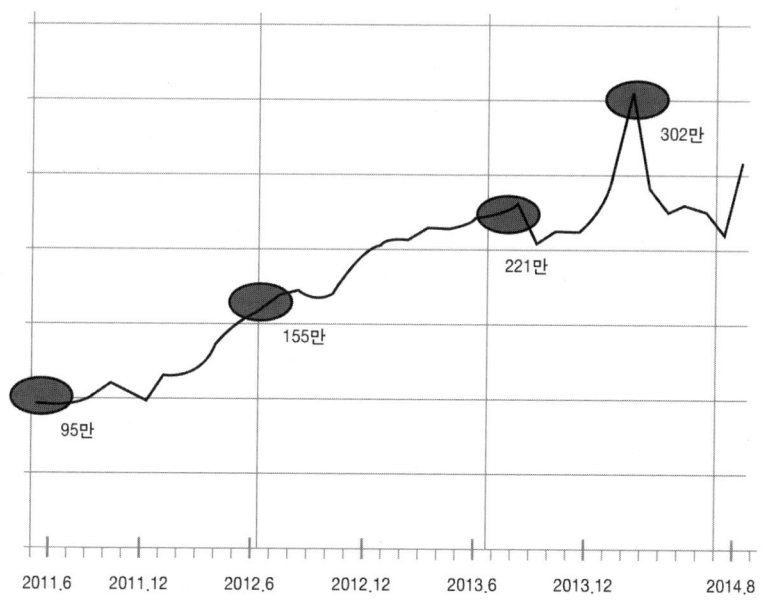

302만

221만

155만

95만

2011.6   2011.12   2012.6   2012.12   2013.6   2013.12   2014.8

그림 3-7 아프리카TV 순방문자수(UV) 추이

주: 순방문자수는 특정 사이트에 방문한 이용자수로, 방문한 이용자가 해당 사이트에 중복되어 방문하더라도 수치로 계산되지 않는다.

자료: 아프리카TV 서비스 소개서(2014.9).

'아프리카TV 게임센터'는 기존에 1인 방송의 인프라를 갖춰왔던 아프리카TV의 동영상 서비스와 게임 콘텐츠가 결합되는 형태로 운영되었다. 예를 들면, BJ가 팬에게 직접 게임에 참여할 것을 유도하거나 초대장을 나눠주어 게임의 흥미를 돕는 형태이다. 사용자들은 '초콜릿'이라고 불리는 게임머니를 BJ에게 선물할 수도 있어 이 초콜릿은 별풍선과 마찬가지로 인기 게임 BJ의 순위를 결정짓는 주요 요소로 작용한다(블로터, 2013.10.7). 아프리카TV에게 게임은 또 하나의 사용자 중심 동영상 서비스의 확산 요소로 활용되고 있는 것이다.

아프리카TV가 2010년 전후로 수년간 적극적으로 추진해온 스포츠와 게임 관련 투자는 **그림 3-7**의 아프리카TV 순방문자수UV를 통해 그 성과가 나타난다고 볼 수 있다. 2011년 6월 95만 명의 UV는 2012년 155만 명, 2013년 221만 명, 2014년 302만 명을 기록했다. 하루 동안 아프리카TV의 시청 횟수도 2000만 건을 돌파하여 사용량 급증 현상을 여실히 보여주었다(아프리카TV, 2014.9).

수익 모델과 이용자 확대로 쇠퇴기 극복하기

쇠퇴기의 단면들, 그리고 새로운 미래

2016년 우리나라의 초고속 인터넷 가입자는 2000만 명을, 이동통신가입자는 6000만 명을 돌파한다(한국정보화진흥원, 2016). IPTV 가입자의 경우, 같은 해 4월에 이미 1300만 명을 상회했고 스마트폰 가입자도 4400만 명을 넘어섰다(미래창조과학부·한국전자정보통신산업진흥회·한국정보통신진흥협회, 2016).

최근의 흐름을 보면, 이제 우리나라의 미디어 환경은 초고속 인터넷망을 중심으로 하는 스마트 미디어 환경이 정착되고 있다고 볼 수 있다. 기기의 생산 측면에서 보면, PC보다는 태블릿PC나 스마트폰에 대한 이용이 늘고 고정형 TV에 대한 수요가 적어지면서도 셋톱박스를 통한 TV 이용 방식이 정착되어 가고 있음을 알 수 있다.[8]

사용자 중심 동영상 서비스의 경우를 살펴보면, 웹을 통한 사용자 중심의 제작·유통 체계에서 모바일 중심으로 재편되고 있음을 알 수 있다. 개방, 공유, 참여가 중시되던 웹2.0 기반의 사용자 중심 동영상 서비스는 쇠퇴기에 접어들고 있고 그 자리를 모바일이 빠르게 메우고 있음을 알 수 있다(MarketingCharts,

---

8 '2016 ICT 주요품목 동향조사'를 살펴보면 TV와 컴퓨터의 생산액은 점차 감소하고 있으며 휴대전화기와 셋톱박스의 생산액은 증가추세를 보인다(미래창조과학부·한국전자정보통신산업진흥회·한국정보통신진흥협회, 2016).

2016).

 이러한 사용자 중심 동영상 서비스의 전향적인 변화를 설명하는 기술이 눈에 띈다. 바로 가상현실Virtual Reality, 이하 VR과 증강현실Augmented Reality, 이하 AR 분야이다. 모바일로 새로운 환경을 맞이한 동영상 서비스 영역에서는 단연 주목받고 있는 분야이며 2025년에 관련 소프트웨어 수익 규모만 350억 달러 정도로 추산되기도 한다(The Goldman Sachs Group, 2016). 2025년에 예상되는

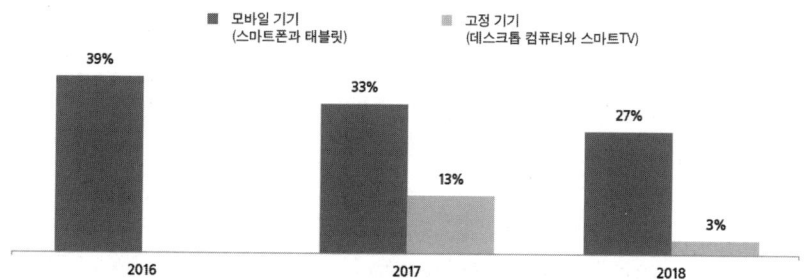

그림 3-8 글로벌 시장에서의 온라인 비디오 소비 성장률 추이
자료: MarketingCharts.com.

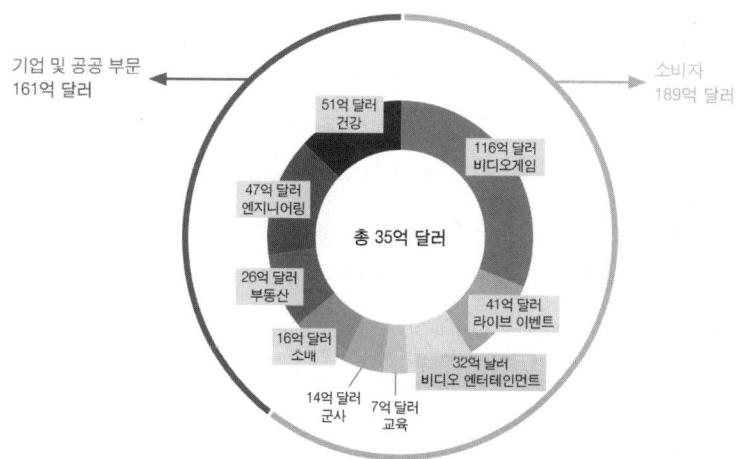

그림 3-9 2025년에 예상되는 VR·AR 관련 소프트웨어 시장 규모
자료: The Goldman Sachs Group(2016); Statista(2016).

VR, AR 유망 분야는 비디오 게임, 헬스케어, 엔지니어링 분야 등의 순으로 예측되는데, 이는 사용자 중심 동영상 서비스가 새로운 국면을 맞아 발전하게 될 때 어떠한 내용과 포맷으로 발전할 것인지를 예측하게 하는 결과라고 볼 수 있다.

결국 미래의 사용자 중심 동영상 서비스는 VR이나 AR과 같이 현실과 비현실적인 요소들이 결합되는 형태로 발전할 수 있다. 그러면 유튜브, 페이스북, 아프리카TV는 이러한 미래의 시장을 대비하기 위해 오늘날 무엇에 전념하고 있을까. 기존의 사용자 중심 동영상 서비스는 쇠퇴기에 접어들었지만 유튜브, 페이스북, 아프리카TV에게 현재의 상황은 미래 시장 공략을 위한 충전기라고 보는 편이 맞을 것이다. 오늘날 쇠퇴기에 등장하는 대표적인 사업들의 면면에서 이러한 모습들이 엿보인다.

유튜브, 프리미엄 유료화와 제휴를 내세우며

2016년 12월 출시된 유튜브 레드Youtube Red는 사용자 중심 동영상 서비스의 프리미엄 유료화를 선언한 모델이다. 서비스가 표방하고 있는 것은 '광고 없는 유튜브'이다. 따라서 유튜브 레드를 가입할 경우 월정액으로 광고를 제외하고 유튜브를 사용할 수 있다. 그야말로 기존과는 전혀 다른 방식의 수익구조를 기반으로 서비스 제공을 시도하고 있는 것이다.

유튜브 레드의 서비스들은 기존 유튜브 이용 시에 불편했던 점을 개선했다. 동영상 목록을 오프라인으로 저장해 이용할 수 있거나 화면이 꺼진 상태에서도 동영상 이용이 가능하거나 유튜브에만 업로드되어 있는 오리지널 콘텐츠가 제공되는 등 이 모두가 기존의 유튜브 서비스에서는 사용할 수 없는 서비스들이었다. 월정액 요금을 부과하는 대신 광고 없이 이렇게 개선된 서비스를 제공하는 것이다(오마이뉴스, 2016.12.6).

유튜브 레드의 출시는 인터넷 웹을 기반으로 성장한 동영상 서비스가 유료

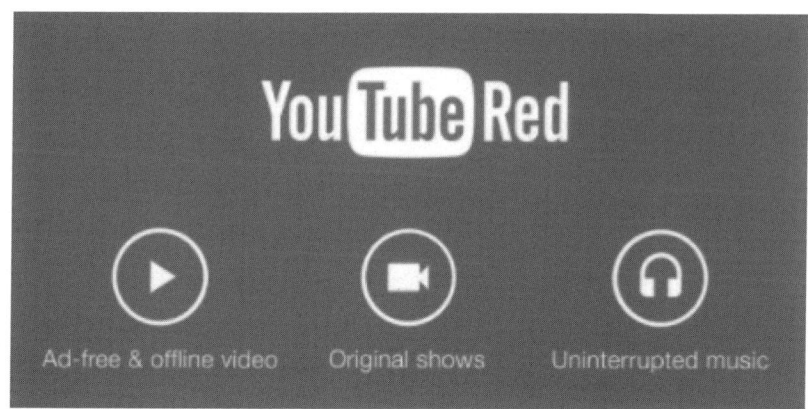

그림 3-10 유튜브 레드의 주요 기능 설명 화면
자료: YouTube.com.

Stream live TV without the cord

Watch the full lineups from ABC, CBS, FOX, NBC, ESPN, and more. Don't miss out on live sports, must-see shows, news, and events.

그림 3-11 유튜브 TV의 홈페이지 화면
자료: tv.youtube.com

화 모델로 전환한다는 차원에서 의미가 있다. 셋톱박스를 통해 전달되는 인터넷 기반의 동영상 서비스, 즉 OTT 서비스나 IPTV 서비스, 기존의 케이블TV 서비스들은 이미 월정액을 기반으로 유료 서비스를 다각화하고 있고, 자체 생산한 콘텐츠인 오리지널 콘텐츠로 고객 충성도를 늘려나가는 추세로 발전하고 있다. 따라서 유튜브 레드의 전략은 웹 기반의 동영상 서비스가 본격적으로 기존의 방송 영역 사업자들과 경쟁한다는 차원의 의미도 있다.

2017년 2월 공개된 '유튜브 TV'도 파격적인 서비스에 해당한다(조선비즈, 2017.3.2). '유튜브 TV'는 유튜브 레드와 마찬가지로 월정액 기반의 'TV 콘텐츠' 제공 서비스이다. 월 35달러로 ABC, CBS, FOX, NBC 등 기존 TV 채널 40개에 대한 시청이 가능하다. 유튜브 레드와도 연동이 가능해 유튜브 TV에 가입할 경우 유튜브 레드도 이용할 수 있도록 되어 있다. 초기에 유튜브 TV는 미국 지역의 대도시인 5개 지역(샌프란시스코, 로스앤젤레스, 뉴욕, 시카고, 필라델피아)을 중심으로 출시했고 점차 지역을 확장할 것으로 전해진다. 2017년 10월에는 안드로이드TV와 MS의 X박스원 전용의 유튜브TV앱을 출시해 TV 수신기를 통한 콘텐츠 제공을 본격화하기도 했다(이데일리, 2017.11.5).

유튜브 레드와 유튜브 TV가 보여주는 서비스의 전략적 의도는 명백하다. 기존 TV 시장에 대한 유튜브의 도전인 셈이다. 동영상 서비스의 이용 네트워크가 모바일 네트워크로 옮겨가는 동안, 콘텐츠 영역에서는 기존 TV 콘텐츠 시장을 더욱 적극적으로 공략하여 시장을 점유해나가고 있는 것이다.

소셜 기반 동영상 서비스로 시장 발굴에 나선 페이스북

페이스북은 2017년 8월 9일에 '워치Watch'라는 동영상 플랫폼을 선보였다(BBC, 2017.8.10). 페이브북 워치서비스는 유튜브와 넷플릭스의 서비스를 결합시켜놓은 듯하다. 이를테면 워치리스트watchlist는 유튜브의 '구독' 메뉴와 흡사한 분위기를 보인다. 유튜브 구독 서비스에서도 사용자가 구독하고 있는 동영상 채널에 대해서는 신규 업데이트된 내용을 제공받을 수 있는데 워치리스트도 이와 흡사하게 서비스된다. 페이스북에서만 볼 수 있는 동영상을 일컫는 오리지널 콘텐츠 서비스도 넷플릭스의 자체 제작 콘텐츠 제공 서비스와 유사

August 9, 2017

Introducing Watch, a New Platform For Shows On Facebook

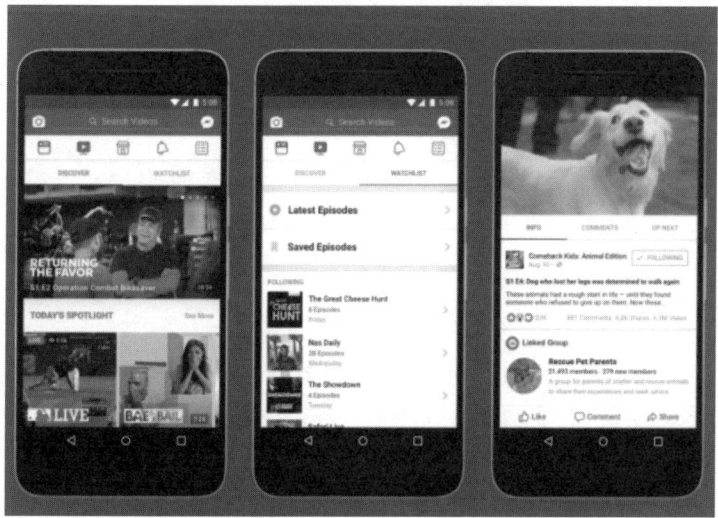

그림 3-12 페이스북 워치 서비스 화면
자료: 페이스북 홍보 페이지(newsroom.fb.com).

하게 느껴지는 것이 사실이다.

그러나 페이스북의 전략은 기존의 동영상 시장 영역을 조금이라도 더 확보하기 위해 소셜 기능을 적절히 활용하고 있다. '좋아요'로 대표되는 추천 버튼을 중심으로, 가장 많이 시청하는 동영상이나 친구들이 가장 많이 공유한 동영상, 언급 수가 많은 동영상 등을 목록화해서 노출해주는 방식이다.

페이스북 워치는 그 콘텐츠 내용도 다양하다. 어린이 대상의 요리 프로그램이나 MLB 야구경기나 NBA 농구경기, 각종 라이브 쇼나 다큐멘터리 등 제공하는 내용이 다양하다. 기존 TV에서 제공해왔던 모든 장르의 콘텐츠가 포함되었다고 볼 수 있다. 즉, 페이스북이 겨냥하고 있는 시장도 유튜브나 넷플릭스와 같은 기존 TV 콘텐츠 시장이라고 볼 수 있다.

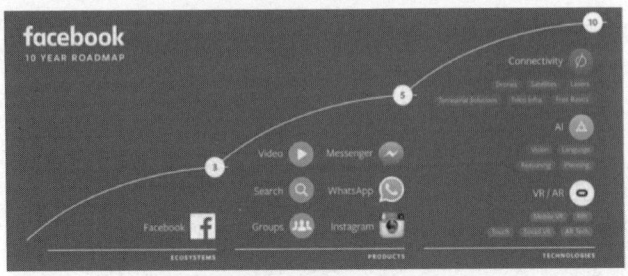

그림 3-13 페이스북에서 공개한 10년 로드맵
자료: 페이스북 홍보 페이지(newsroom.fb.com)

이 페이스북 워치 서비스는 2016년 4월 12일 페이스북의 연례 개발자 컨퍼런스인 'F8'에서 공개한 10년 로드맵의 과정에 있는 서비스이다. 향후 5년간은 비디오를 포함한 서비스 상품을 더욱 체계화하여 이를 통해 연결성을 강화한 인공지능AI과 VR/AR 등의 기술을 개발하는 것이 페이스북 로드맵의 골자인데, 페이스북 워치는 바로 이 2단계인 서비스 상품 개발 단계를 구성하는 매우 중요한 서비스인 셈이다. 페이스북의 입장에서는 웹과 모바일 동영상 이용자가 증가하고 있다는 점을 고려하여 소셜미디어가 결합된 사용자 중심 동영상 서비스로 시장 확대를 유도한다는 차원에서 의미가 있다.

아프리카TV, 수익구조 다각화와 적극적인 서비스 협력

아프리카TV도 사용자 중심 동영상 영역을 확장하기 위해 다양한 서비스와 연계를 시도한다. 이미 2013년 12월에 유튜브와 콘텐츠 제휴 계약을 체결하며 협력을 시도했다. 이로써 기반을 다진 1인 방송을 유튜브에서도 공급하며 글로벌 시장을 공략하고자 했고 BJ들이 유튜브를 통해 추가 수익을 거둘 수 있도록 지원했다(≪전자신문≫, 2013.12.4).

2015년에는 프로게임단인 '아프리카 프릭스Afreeca Freecs'를 창단해 게임을 기반으로 하는 서비스 구축 및 e스포츠에의 투자 기조를 이어갔다. 엔터테인먼트사인 미스틱엔터테인먼트와는 조인트 벤처 '프릭Freec'을 설립하기도 했다. 프릭은 크라우드소싱crowd sourcing[9]의 개념을 빌려 수많은 대중의 재능들이 온라인에서 발현될 수 있도록 하고 이를 발굴하고 양성할 수 있도록 체계화했다(아이티동아, 2015.7.23). 프릭의 이와 같은 시도는 사용자들의 개성에 의해 개발되는 동영상의 내용을 풍성하게 하면서 동시에 다양한 소비자들의 취향을 공략하는 시도라고 풀이할 수 있다. 이미 유튜브와 콘텐츠 제휴 계약을 맺은 만큼 국내외의 다양한 창구를 통해 많은 종류의 동영상을 확산시켜 비즈니스 모델도 다각화하겠다는 의도도 보였다.

2016년에는 소상공인과 협력을 통한 쇼핑 플랫폼 '샵프리카shopfreeca'를 정식으로 오픈했다. 샵프리카 서비스에서는 사용자 누구나 방송마켓 개설을 용

그림 3-14 아프리카TV의 쇼핑플랫폼 샵프리카 서비스
자료: 샵프리카TV 페이지(afreecatv.com/shopfreeca)

---

9 대중crowd과 아웃소싱outsourcing의 합성어이며 기업의 다양한 활동에 일반 대중을 참여시켜 성과를 거두는 과정을 의미한다.

그림 3-15 아프리카TV의 별풍선 관련 안내 페이지
자료: 아프리카TV (item.afreecatv.com/starballoon.php)

이하도록 하고 방송 개설료를 무료로 하며 판매수수료를 10%로 최소화하는 등 혁신적인 1인 미디어 커머스를 표방했다.

　2017년 4월부터는 아프리카TV에서 가상화폐 기능을 하는 별풍선을 오프라인 편의점에서 판매하기 시작했다. 기존의 별풍선은 신용카드나 휴대폰 결제 등으로 구매 방식이 제한적이었으나 오프라인 별풍선 상품권 판매를 통해 사용자와의 접점을 늘리려는 시도를 했다. 또한 별풍선 선물을 통해 다시보기를 영구 보관하는 서비스도 시작했다.

　이처럼 사용자 중심 동영상 쇠퇴기에 보여진 아프리카TV의 서비스는 유튜브와 같은 경쟁 채널들과의 협력은 늘리고 게임 위주의 콘텐츠 강화 전략을 펼치며 기존 서비스 사용자와의 접점을 늘려나가는 형태로 추진되었다고 할 수 있다. 또한 프릭이나 샵프리카 사례에서 볼 수 있듯이 기존에 형성된 엔터테인먼트와 홈쇼핑 서비스에도 진입의 기회를 엿보는 방식으로 사업을 다각화하고 있다고 볼 수 있다.

향후 서비스 성패를 결정지을 이슈들

웹/모바일 기반의 이용자 주도형 서비스

사용자 중심의 동영상 서비스는 사용자들이 동영상 콘텐츠를 스스로 만들고 유통시키는 단계를 뛰어넘어 이미 제작이 완료된 콘텐츠에 개입하고자 하는 욕구를 반영하는 단계로 넘어갈 것이라고 판단된다. 따라서 웹과 모바일에서 얼마나 이용자가 개입하고 주도할 수 있을 만한 서비스를 제공하느냐가 중요한 관건이 될 것이라 본다.

최근의 서비스들도 이러한 경향을 반영한다. HBO가 2018년에 공개하는 스릴러물 〈모자이크〉의 경우에 사전에 배포하는 모바일 앱에서는 사용자가 줄거리를 바라보는 시각을 다르게 선택하여 즐길 수 있게 했다. 이를 통해 스릴러물을 즐길 사용자들에게 줄거리에 대한 흥미를 불러일으키는 한편, 궁금증을 유발시켰다.

넷플릭스가 2017년 6월에 발표한 〈장화신은 고양이: 동화책 어드벤처The Adventures of Puss in Boots〉는 '가지치기branching narrative' 시리즈로 불리는데 전체

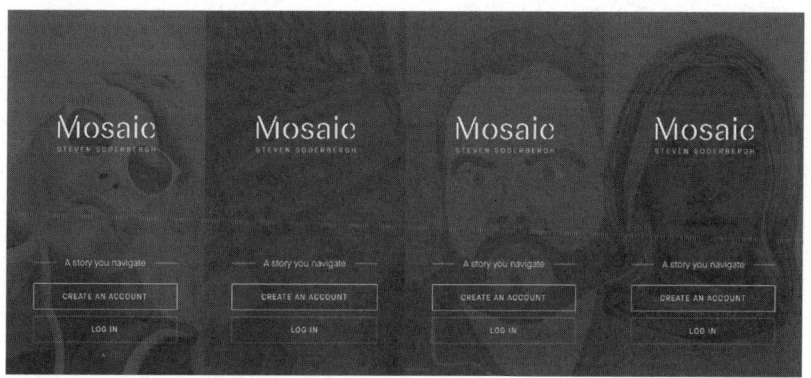

그림 3-16 HBO 〈모자이크〉의 애플리케이션 화면

스토리의 플롯을 이용자가 선택할 수 있게 하여 선택하는 플롯의 체계에 따라 시청 시간도 다르게 구성했다. 마찬가지로 영국의 공영방송사 BBC가 제작한 라디오 인터랙티브 드라마 〈검사실The Inspection Chamber〉도 음성 비서 스피커를 이용하여 사용자가 스피커에서 나오는 질문에 대답을 하면 드라마가 구성될 수 있도록 했다(한국콘텐츠진흥원, 2017).

최근의 이러한 사례들로 미루어볼 때, 향후에도 미디어 콘텐츠를 구성하는 데이터와 알고리즘 기술들이 제작에 활용될 것으로 보인다. 그리고 이러한 시도들은 결국 얼마만큼 이용자가 개입하고 주도할 수 있도록 여지를 주느냐로 그 성과가 나타날 것이다. 사용자들은 이제 직접 콘텐츠를 만드는 데 그치지 않고 만들어진 콘텐츠를 재가공하는 측면에서도 관여하기를 원할 것이니 말이다.

인게이지먼트와 큐레이션 서비스 확대

2017년 미국 대선을 뜨겁게 달궜던 이슈는 가짜뉴스fake news였다. 트럼프와 힐러리의 대결 국면에서 다수의 가짜뉴스가 발견되었고 그 과정에서 가짜뉴스에 대한 확산력이 더 높아 결국 트럼프에게 유리한 결과를 만들어냈다는 것이다(한국인터넷진흥원, 2017.2.21).

여기서 강조되는 개념이 인게이지먼트engagement이다. 실제 페이스북에서 소셜미디어 인게이지먼트 정도를 측정해보니 가짜 뉴스가 실제 뉴스보다 높은 인게이지먼트 수치를 보였다. 페이스북의 '좋아요' 추천수나, 공유수, 댓글 수 등은 고스란히 인게이지먼트 수치에 영향을 줬고 여기서 뉴스의 팩트보다도 흥미성과 화제성이 더 부각되었던 것이다.

따라서 향후에는 소셜미디어에서의 인게이지먼트와 이와 매개되는 큐레이션 기술의 수준이 사용자 중심 동영상 서비스에도 영향을 미칠 것으로 보인다. 특히 동영상의 내용을 메타데이터metadata로 구분해주거나 다양한 텍스트 데이터들을 긁어 수집하고 분석해주는 크롤링crawling, 자연어 처리Natural Language Processing 등 기술의 중요성이 커질 것이다. 결국 향후 사용자 중심 동영상의 양은 기하급수적으로 늘어날 것인데, 이러한 수많은 동영상에 어떠한 메타데이터를 포함시켜서 어떻게 사용자들이 찾기 쉽게 할 것인지, 그리고 어떠한 데이터 수집 기술을 통해 사용자 동영상을 노출시킬 것인지가 사용자 중심 동영상 서비스 영역에서도 중요해지는 것이다.

자극적 콘텐츠 기반의 관심 얻기 경쟁

동영상 서비스가 발달하면서 나타나는 이용자 특성 중 하나로 자극성 경쟁 현상이 있다. 특히 사용자 자신을 표현하는 동영상이 소셜미디어의 인맥과 연결되면서 이러한 자극성 경쟁 현상은 더욱 심화된다. 스냅챗Snapchat이 한창 인기를 끌던 2015년에는 18살의 사용자가 스스로 교통사고를 내고 병원 입원 장면의 동영상을 퍼뜨린 사례가 있으며 중국의 대표적 소셜미디어 위챗WeChat에는 2016년에 한 남성이 여자 친구를 살해하고 관련 사진과 메시지를 올린 사례도 있다(한국인터넷진흥원, 2016.7.12).

국내에서도 이와 같은 사례는 여럿 발견된다. '관종',[10] '따봉충'[11] 등과 같은 용어들로 표현되는 일부 동영상 사용자들은 사람들의 관심을 얻기 위해 어떠한 위험하고 불결하고 가학적인 행동도 가리지 않는다.

향후 사용자 중심 동영상 서비스는 이러한 자극성 경쟁을 어떻게 제어하고 바람직한 방향으로 유도할 것인가가 중요해질 것으로 판단된다. 앞서 살펴본 바와 같이 이제 기존의 웹기반의 사용자 중심 동영상 서비스들이 TV 영역에

---

[10] 관심종자를 줄여서 부르는 단어이다.

[11] 좋다는 뜻의 '따봉'과 벌레 '충'의 합성어로 남들이 '좋아요' 추천을 많이 하도록 어떠한 행동—그것이 위험하거나 가학적인 행동이라 해도—도 가리지 않고 실행하는 사람을 의미한다.

진출하고 소셜 기반의 개인화된 동영상이 더욱 대량으로 생산될 것이다. 따라서 장기적으로 사용자 중심 동영상 서비스를 지속적으로 유지하기 위해서는 이러한 윤리적 이슈들을 어떻게 관리할 것인가가 업계의 화두로 떠오를 것이다.

몰아보기를 즐겨하는 이용자들

2013년 컨설팅 회사인 EYErnst & Young Global Limited가 발표한 보고서에서는 'bingeing'이 가져올 동영상 시장에 대한 변화 양상을 소개하고 있다(EY, 2013). binge는 사전적으로 '폭음하기' 혹은 '폭식하기'라는 뜻인데 binge watching(혹은 binge viewing)이라고 하면 오늘날에는 한번 앉아서 연속적으로 동영상을 시청하는 행위를 일컫는다. 우리말로는 '몰아보기'로 해석할 수 있다.

넷플릭스가 2013년에 〈하우스 오브 카드〉 에피소드 13편을 한꺼번에 공개하면서 사용자들의 주목을 받게 된 몰아보기 행위는 동영상 이용 과정에서 시간과 공간의 제약을 거부하는 사용자들의 성향이 강해질수록 보편화될 것으로 보인다.

2016년 6월 8일에 넷플릭스는 자사 동영상의 몰아보기 정도를 측정한, 몰아보기 스케일Binge Scale을 공개했다(Netflix, 2016.6.8). 넷플릭스는 이를 위해 2015년 10월부터 2016년 5월까지 190개국에 걸쳐 100개 이상의 TV 시리즈를 분석했다. 넷플릭스가 밝힌 몰아보기 스케일 결과에 따르면 스릴러, 호러, SF, 액션/어드벤처 등 집중할 필요가 적은 장르들은 2시간 이상 몰아서 시청할 가능성이 높았다. 또한 코미디, 정치 드라마, 역사 드라마 등은 2시간 이하로서 상대적으로 몰아보는 시간이 적은 것으로 나타났다.

넷플릭스의 이러한 결과는 향후 사용자 동영상 서비스의 유통 전략에도 영향을 미칠 수 있다. 특정 장르와 포맷에 따라 사용자들이 어떠한 동영상에 대한 몰아보기를 선호하는지 예측할 수 있다면 동영상 유통 과정에서 이용자 개인 맞춤형 서비스가 더욱 진보할 수 있기 때문이다.

○ ○ ○

이제까지 우리는 사용자 중심 동영상 서비스가 어떻게 생겨나고 확산되었으며 진화되고 쇠퇴되어왔는지 살펴보았다. 구체적으로 대표적인 동영상 포털 사이트인 유튜브와 사용자 간의 연결성을 토대로 라이브 동영상 시대를 연 페이스북, 1인 방송 서비스로 약진을 거듭했던 아프리카TV의 생성, 확산, 진화, 쇠퇴의 과정을 조망했다.

사용자 중심 동영상 서비스가 생성되고 확산되면서 유튜브는 UCC, UGC로 사용자 중심 동영상 시장을 확산시켰다. 페이스북은 소셜 네트워크 사업으로 인맥관리 서비스를 정착시키며 향후 동영상 서비스를 제공할 기반을 다졌다. 아프리카TV는 당시 1인 방송 중심으로 비즈니스를 확장하기 시작했다. 이러한 확산기를 거쳐 각 사업자들은 MCN, 라이브 비디오, 스포츠 중계 등의 동영상 서비스를 구축하면서 새로운 동영상 서비스 시대를 주도한다. 그런가 하면 사용자 중심 동영상 서비스 시장이 포화됨을 감지한 사업자들은 프리미엄 유료화, 소셜 기반 동영상, 다각화된 수익구조 등을 통해 쇠퇴기를 벗어나려 하고 있다.

서두에서 말한 대로 ≪타임≫이 '당신'을 올해의 인물로 선정한 지 10년이 넘게 흘렀지만 사용자 중심 동영상 서비스는 끊임없는 변화를 거듭하며 '당신'인 우리를 더욱 미디어에, 그리고 세상에 접근하게 하고 있다. 이러한 측면에서 이들 사용자 중심 동영상 서비스의 생성, 확산, 진화, 쇠퇴는 아직도 현재 진행형이며 반복적이다. 사용자 중심 동영상 서비스 안에서도 끊임없이 새로운 서비스가 생성, 확산, 진화, 쇠퇴하며 세포를 증식하는 생물체처럼 그 성장을 거듭하고 있기 때문이다.

참고문헌

BBC. 2017.8.10. Facebook Watch and the reinvention of TV.

Business Insider. 2017.8.9. Facebook is officially launching its big attacks on TV.

CBS. 2017.8.10. Behind Facebook's "Watch" video platform.

CNET. 2009.2.10. Whee! New numbers on social network usage.

EY. 2013. Future of television: Media & Entertainment.

Tech Crunch. 2007.5.4. YouTube Launches Revenue Sharing Partners Program, but no Pre-Rolls.

The Goldman Sachs Group. 2016.1. Profiles in Innovation: Virtual & Augmented Reality, Understanding the Race For the Next Computing Platform.

The Washington Post. 2016.4.28. Teen took Snapchat photos while crashing Mercedes at 107 mph. Now her victim has sued Snapchat.

Time. 2006.12.25. You—Yes, You—Are TIME's Person of the Year.

Tubular insights. 2007.12.10. YOUTUBE PARTNER VIDEO ADVERTISING REVENUE SHARE PROGRAM.

≪디지털타임스≫. 2007.3.31. "방송사 '우리도 UCC'."

≪매일경제≫. 2006.10.10. "유튜브의 20代 공동창업자 1조 6천억 원 돈방석."

모비인사이드. 2015.10.2. "[유재석의 비틀어보기] 한국 MCN의 현재, 그리고 난제."

미래창조과학부·한국전자정보통신산업진흥회·한국정보통신진흥협회. 2016.6. 「ICT 주요품목 동향조사」.

블로터. 2013.4.1. "눈칫밥 먹던 아프리카TV, 대표 서비스로."

_____. 2013.10.7. "아프리카TV 'BJ 팬 문화, 게임으로 확장'."

비즈니스포스트. 2015.9.11. "저커버그, 페이스북 '1인 방송' 사업 경쟁력 높이기 힘써."

≪서울경제≫. 2006.10.10. "구글, 16억弗에 유튜브 인수설."

스트라베이스. 2006.5.12. "YouTube, 모바일 업로드 서비스 개시."

_____. 2015.3.27. "미국 주요 연예기획사, YouTube 스타와 연이은 계약 체결 … 1인 콘텐츠 제작자들의 신종 에이전시로 부상한 멀티채널네트워크(MCN)와의 경쟁구도 향방."

≪아시아경제≫. 2009.12.12. "인기행진 '아이폰' … 벌써 '4세대' 생산?"

아이뉴스24. 2006.10.23. "유튜브, 일본 저작물 3만 개 삭제."

아이티동아. 2015.7.23. "아프리카TV·미스틱엔터 '프릭' 설립, 플랫폼 전쟁 대비한다."

아크로팬. 2011.4.22. "나우콤, 스톤브릿지와 조인트벤처 설립."

아프리카TV. 2006.3.21. 보도자료 "나우콤, 멀티미디어 개인방송 아프리카(afreeca) 정식서비스 런칭".

_____. 2009.8.21. 보도자료 "나우콤-방송 영화 음악 저작권 협상 일괄 타결".

_____. 2014.9. 아프리카TV 서비스 소개서.

오마이뉴스. 2016.12.6. "구글 뮤직 빠진 유튜브 레드, 한국은 반쪽짜리 출발."

이데일리. 2012.12.13. "나우콤, 라온엔터테인먼트 지분 20% 인수."

_____. 2017.11.5. "유튜브 TV, 美 실시간TV 시장 '도전장' … TV용 앱 출시."

조선비즈. 2017.3.2. "유튜브, 월 4만 원에 40여 개 美 TV 채널 이용할 수 있는 '유튜브TV' 출시."

지디넷코리아. 2014.7.3. "페이스북에 동영상 광고 더 늘어날까."

≪전자신문≫. 2008.11.21. "나우콤 아프리카, '웹어워드 코리아 2008' 대상 수상."

_____. 2013.12.4. "아프리카TV, 유튜브와 손잡고 콘텐츠 글로벌 유통 나섰다."

≪한국경제≫. 2006.9.26. "웹 2.0시대 … 야후·MS 생존전략은."

한국방송영상산업진흥원(현 한국콘텐츠진흥원). 2007.5.1. 「동영상 UCC 전망과 과제」. 서울: 한국방송영상산업진흥원.

한국인터넷진흥원. 2007.12. 「인터넷 멀티미디어 UCC 제작 및 이용 실태조사」. 서울: 한국인터넷진흥원.

＿＿＿. 2016.7.12. 「소셜미디어 표현의 자유 논의 확대에 대하여: 자기가학의 자유 시대에 부쳐」. Power Review, 2016년 7월호.

＿＿＿. 2017.2.21. 「가짜 뉴스 관련 논점과 페이스북·구글의 대응 방안」. Power Review, 2017년 3월호.

＿＿＿. 2017.7.31. 「넷플릭스의 스토리 선택 서비스는 성공할까?」. Power Review, 2017년 7월호.

한국전파진흥협회. 2016. 「국내외 MCN산업 동향 및 기업 실태 조사보고서」. 서울: 한국전파진흥협회.

한국정보보호진흥원(현 한국인터넷진흥원). 2008.11. 「UCC에서의 개인정보보호 방안 연구」. 서울: 한국정보화진흥원.

한국정보화진흥원. 2016.12. 「2016 국가정보화백서」. 서울: 한국정보화진흥원.

한국콘텐츠진흥원. 2017.2.21. "진정한 인터랙티브 콘텐츠의 시대가 온다." ≪방송트렌드&인사이트≫, 2017년 3호.

Facebook newsroom. 2015.12.3. Introducing Live Video and Collages. https://newsroom.fb.com/ news/2015/12/introducing-live-video-and-collages

Facebook. 2017.8.9. Introducing Watch and Shows on Facebook. https://newsroom.fb.com/news/ 2017/08/introducing-watch-a-new-platform-for-shows-on-facebook

MarketingCharts. 2016.7.20. Global Online Video Consumption Growth Rates. https://www.marketingcharts.com/digital-69304/attachment/zenith-global-online-video-consumption-by-device-2016-2018-jul2016

Mosaic: Official Trailer. https://www.youtube.com/watch?v=Km_u51OE3VA.

Netflix. 2016.6.8. Netflix & Binge: New Binge Scale Reveals TV Series We Devour and Those We Savor. https://media.netflix.com/en/press-releases/netflix-binge-new-binge-scale-reveals-tv-series-we-devour-and-those-we-savor-1

Statista. 2016.4.6. The Diverse Potential of VR & AR Applications. https://www.statista.com/ chart/4602/virtual-and-augmented-reality-software-revenue

The Rise and Fall of Social Content
From Cyworld to PlayerUnknown's Battlegrounds

제4장
웹툰 산업의 성장

김정환_네이버(NAVER) 정책연구실 연구위원

웹툰의 등장

디지털 만화시장의 탄생

(1) 시선의 이동: 위에서 아래로

웹툰webtoon은 웹web과 카툰cartoon의 합성어로 인터넷 환경에서 소비하는 만화 콘텐츠를 의미한다. 1990년대 후반 인터넷과 PC가 보급되기 시작하면서 인터넷 만화 시장은 꿈틀거렸다. 초창기 웹툰, 즉 인터넷 만화는 지금의 모습과는 사뭇 달랐다. 온라인 커뮤니티와 개인 홈페이지 제작이 인기를 끌며 만화를 연재하고 공유하는 문화가 확산되었고, 소수의 개인 창작자들이 자신의 작품을 선보이면서 시장이 태동했다. 종합일간지나 스포츠지 지면에 연재된 만화를 스캔 작업을 통해 디지털화하여 온라인 환경에서 소비할 수 있게 된 것도 초창기 인터넷 만화 시장의 특징 중 하나이다. 인터넷 만화와 웹툰의 가장 큰 차이점은 시선의 흐름이 좌에서 우(또는 우에서 좌)가 아닌 위에서 아래로 이동한다는 것이다. 초창기에는 사이버 만화, 웹 만화와 같은 용어가 혼재

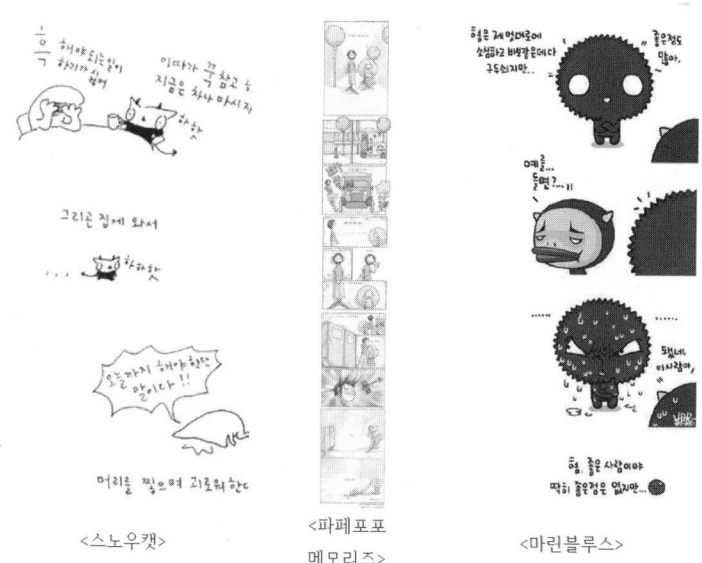

<스노우캣>

<파페포포
메모리즈>

<마린블루스>

그림 4-1 2000년대 대표 웹툰 작품들
자료: 한창완 외(2015).

되어 사용되었는데, 웹툰은 작품의 기획과 제작, 유통 모든 단계에서의 고민
이 온라인 플랫폼 환경에 맞춤형으로 이루어진다. 마우스를 스크롤하며 소비
할 수 있는 만화는 시선의 이동뿐 아니라 시간의 흐름까지 표현이 가능하기
때문에 페이드 인fade in, 페이드 아웃fade out과 같은 영화적 효과를 극적으로 활
용할 수 있다는 장점도 있다(한창완 외, 2015).

태동기 시절 대표적인 웹툰 작품으로는 〈스노우캣〉(권윤주), 〈파페포포 메
모리즈〉(심승현), 〈마린블루스〉(정철연) 등이 있다. 이들 작품은 감성적 이야
기를 단순한 그림체로 풀어내며 독자들의 공감을 샀다(**그림 4-1** 참조). 작가들
은 개인 홈페이지에 자신의 일상을 그린 작품들을 연재했고, 무료 콘텐츠라는
특성상 더욱 쉽고 빠르게 공유되었다.

(2) 기술과 만화의 만남

웹툰의 진화는 기술과 밀접하게 맞닿아 있다. 인터넷 플랫폼의 등장으로 웹툰이라는 디지털 콘텐츠가 탄생했듯이, 스마트폰이 보급됨에 따라 주요 웹툰 플랫폼 사업자들은 기술을 접목한 다양한 실험들을 선보였다. 특히 애플리케이션을 통한 웹툰 소비가 증가하며 웹 환경에 비해 상대적으로 유연한 실험이 가능해졌다. 스마트폰을 통한 웹툰 소비가 급증하자 네이버 웹툰은 2012년 '스마트툰'을 통해 화면 전환 방식에 변화를 주었다. 그동안 '위에서 아래'로 내리며 소비했던 웹툰을 한 화면에 하나의 장면만을 볼 수 있는 방식으로 전환했다. 〈하이브〉(김규삼)가 대표적인 작품인데, 스마트폰을 터치하면 한 화면씩 전환되며 여러 방향으로 장면이 바뀌게 된다. 스토리 전개에 맞추어 줌인zoom-in, 줌아웃zoom-out, 상하좌우로의 이동 효과가 가능해 보다 생동감 넘치는 감상이 가능해졌다.

다음 웹툰은 웹툰에 모션 그래픽 효과를 입히고 배경음악을 들을 수 있는 '무빙툰'(2014년)을 출시했다. 〈0.0MHz〉(장작)와 같은 공포물에 접목시켜 무서운 장면의 극적 긴장감을 배가시켰다. 2015년, 네이버 웹툰은 웹툰의 특정 장면을 뽑아 공유하고 소통할 수 있도록 '컷 공유' 기능이 가능한 '컷툰'을 선보이기도 했다. 이 외에도 이용자의 스크롤 속도에 맞춰 화면전환 효과를 주고, 애니메이션, 자동 원근, 효과음, 배경음악, 진동 효과 등 다양한 효과를 접목시킨 '효과툰'을 선보였다. 2016년에는 증강현실 기술을 접목한 'ARAugmented Reality 툰' 〈폰령〉을 출시하기도 했다. 〈폰령〉은 호랑, POGO 등의 웹툰 작가들이 한 회씩 에피소드를 그렸고, 이용자들의 스마트폰에 내장된 중력센서를 활용해 스마트폰의 각도에 따라 작품 내 캐릭터가 보이는 모습을 다르게 설정했다.

2017년 12월 공개된 네이버 웹툰 〈마주쳤다〉(하일권)는 머신러닝과 증강현실 기술 등을 접목시켜 이용자와 상호작용하는 '인터랙션툰'이다. 웹툰 애플리케이션을 통해 이용자가 자신의 사진을 찍으면 학습된 데이터를 기반으로 사진 속 주인공과 닮은 캐릭터를 만들어 보여준다. 작가가 그린 이미지를 학습

그림 4-2 네이버 웹툰 〈마주쳤다〉
자료: 네이버.

한 알고리즘이 작가의 작화풍에 맞춰 캐릭터를 만들어준다. 또한 이용자들이
직접 웹툰 주인공의 이름을 바꾸는 등 작품에 몰입하고 소통할 수 있는 장치
들을 기술로 표현해냈다. 연재 시작부터 이용자들은 자신의 이름을 직접 입력
하게 되고, 이후 나타나는 등장인물들의 말풍선에서는 입력한 독자의 이름이
불리며, 극중 주인공으로 활약하게 된다. 반응은 폭발적이다. 연재 시작 일주
일 만에 2천만 뷰를 돌파했다(≪중앙일보≫, 2017.12.21). 이렇듯 웹툰은 이미지
와 이미지가 연결된 하나의 작품을 소비하는 데서 그치지 않는다. 기술을 앞
세운 다양한 효과를 양념삼아 맥락context의 극적 소비가 가능해졌다.

웹툰, 춘추전국시대

(1) 전통 만화시장의 비판

인터넷을 무대로 태어난 웹툰은 '참여', '공유', '개방'이라는 웹의 가치와 궤를 같이 한다. 누구나 참여해 웹툰을 소비할 뿐만 아니라 더 나아가 제작하고 공유할 수 있는 다양한 장치가 만들어졌다. 특히 인터넷 플랫폼 위에서 소비되는 무료 콘텐츠라는 특징은 웹툰의 주요한 성장 동력 중 하나였다. 초창기 웹툰 작품들의 특성에서도 나타나듯이, 일상 소재 중심의 포트폴리오 역시 이

표 4-1 만화산업 업종별 매출액 추이

(단위: 백만 원)

중분류	소분류	2013	2014	2015	비중 (%)	전년 대비 증감률 (%)	연평균 증감률 (%)
만화 출판업	만화출판사(만화잡지, 일일만화, 코믹스 등)	107,095	119,056	132,154	14.4	11.0	11.1
	일반 출판사(만화부문)	270,852	291,245	315,258	34.3	8.2	7.9
	소계	377,947	410,301	447,412	48.7	9.0	8.8
온라인 만화 제작·유통업	인터넷/모바일 만화 콘텐츠 제작 및 제공(CP)	18,017	21,564	25,578	2.8	18.6	19.1
	인터넷 만화콘텐츠 서비스	46,641	59,482	73,852	8.0	24.2	25.8
	모바일 만화콘텐츠 서비스	16,566	20,153	24,458	2.7	21.4	21.5
	소계	81,224	101,199	123,888	13.5	22.4	23.5
만화책 임대업	만화임대 (만화방, 만화카페 등)	20,290	21,152	21,856	2.4	3.3	3.8
	서적임대(대여)(만화부문)	48,231	47,141	45,825	5.0	△2.8	△2.5
	소계	68,521	68,293	67,681	7.4	△0.9	△0.6
만화 도소매업	만화서적 및 잡지류 도매	57,537	59,812	60,782	6.6	1.6	2.8
	만화서적 및 잡지류 소매	212,420	215,232	219,645	23.9	2.1	1.7
	소계	269,957	275,044	280,427	30.5	2.0	1.9
합계		797,649	854,837	919,408	100.0	7.6	7.4

자료: 한국콘텐츠진흥원(2017).

용자들이 웹툰을 매일 소비하게 만들었다. 하지만 이런 성장 요인은 오프라인 중심의 전통 만화시장 참여자들로부터 비판을 받게 만든 이유이기도 하다. 전통 만화시장에서 활동해온 만화가들은 웹툰을 비롯한 온라인 만화시장이 이용자들에게 '만화=무료'라는 인식을 심어줬다고 주장했다. 그뿐 아니라 웹툰 콘텐츠들로 인해 전체 만화시장의 질적 하락이 야기됐다고 비판하기도 했다 (박석환·박현아, 2014). 웹툰을 비롯한 온라인 만화가 전통만화의 대안이 아닌 대체재로 인식되기 시작하면서 분위기는 더욱 달궈졌다. 하지만 이런 비판은 오래가지 못했다. 디지털 콘텐츠의 총아로 성장한 웹툰의 확산을 거스를 수는 없었다. **표 4-1**은 만화사업 내 업종별 매출액 변동 추이를 나타낸 것이다. 인터넷과 모바일 영역을 더한 온라인 만화시장의 비중은 2013년 이후 꾸준히 증가하기 시작해 2015년에는 약 13.5%를 차지하고 있다. 한국콘텐츠진흥원(2017)에서 실시한 설문조사에 따르면, 웹툰을 이용한다고 응답한 응답자들의 약 60%가 웹툰으로 인해 전체 만화시장에 대한 관심이 증가했다고 답했다. 이는 웹툰이 출판만화에도 긍정적 영향을 미친다는 의미로, 일부 만화가들의 우려에도 불구하고 웹툰이 만화시장의 성장을 더욱 견인해나갈 것임을 보여주는 단편적인 사례이기도 하다.

(2) 웹툰시장에 뛰어든 사업자들

커뮤니티와 개인 홈페이지에서 공유되고 유통되던 웹툰은 주요 포털사업자의 시장 참여로 더욱 성장한다. 2003년, 다음이 뉴스 섹션을 미디어다음으로 재편하면서 시사만화, 만화칼럼 등을 모아 "만화 속 세상"이라는 웹툰 공간을 개설하며 웹툰 시대의 포문을 열었다. 당시 〈순정만화〉(강풀)가 대표적인 작품이었는데, 이 웹툰을 시발점으로 가볍고 일상적인 소재가 중심이던 웹툰시장에 서사성이 도입되고 스토리 중심의 작품들이 등장하게 됐다. 특히 강풀 작가는 〈아파트〉, 〈26년〉, 〈이웃사람〉, 〈무빙〉 등 스토리 기반 웹툰의 대표적 창작자이다. 다음 이후 엠파스, 파란, 야후, 네이버 등이 차례로 웹툰시장에 뛰어들었고, 웹툰시장은 산업으로서 성장기를 맞이한다. 다수의 포털이 성장하고 쇠퇴하는 동안 수많은 웹툰 작가가 등장해 플랫폼을 이동해가며 창작 활동을 지속하고 있다.

현재 웹툰 플랫폼 사업자들은 크게 ① 포털사업자, ② 통신사업자, ③ 기타 사업자로 구분할 수 있다. 포털사업자로는 이용자뿐 아니라 작가 수, 트래픽 규모가 가장 큰 네이버(네이버 웹툰), 그리고 카카오(다음 웹툰)가 대표적이다. 초창기에는 라이코스(라이코스 만화방), 야후(야후 카툰 세상), 파란(파란 웹툰) 등 의 포털 사업자들도 시장에 뛰어들어 경쟁을 벌였다. 애플리케이션 마켓을 운영 중인 통신사업자들도 애플리케이션 마켓과 연동해 자사 웹툰 서비스의 규모와 경쟁력을 키워왔다. KT는 2016년, 올레마켓 웹툰의 명칭을 케이툰으로 변경해 서비스 고도화를 계속해가고 있다. SKT의 자회사에서 운영 중인 네이트(네이트 만화)는 원스토어(구 T스토어)와 연계해 PC와 모바일 환경의 경계를 무너뜨리고자 했으나 이용자 효과는 미미한 것으로 평가되고 있다. 기타 사업자로는 NHN엔터테인먼트(코미코) 외에도 웹툰 전문 플랫폼을 운영 중인 레진

표 4-2 2013년 이후 서비스를 중단한 웹툰 플랫폼

순번	사이트명	시작일	종료일	서비스 기간
1	카툰컵	2013.1	2014.4	15개월
2	키위툰	2013.8	2014.9	13개월
3	티테일	2014.2	2016.7	30개월
4	커피코믹스	2014.3	2014.7	5개월
5	판툰	2014.4	2014.9	6개월
6	제트코믹스	2014.4	2014.7	4개월
7	타다코믹스	2014.9	2015.1	5개월
8	프라이데이코믹스	2014.12	2016.2	14개월
9	말풍선코믹스	2015.2	2015.8	7개월
10	엠툰	2015.3	2015.12	10개월
11	조디악코믹스	2015.4	2015.5	2개월

자료: 한국콘텐츠진흥원(2017) 재인용.

엔터테인먼트(레진코믹스), 투믹스(투믹스), 탑코(탑툰) 등이 있다. 웹툰 전문 플랫폼을 운영하는 사업자들은 대체로 유료모델을 중심으로 서비스를 제공 중이다. 레진코믹스가 기대 이상의 성과를 보이자 유사 웹툰 플랫폼이 다수 출사표를 던졌으나, 유의미한 성적을 내지 못하고 사라져갔다(**표 4-2** 참조).

웹툰 생산과 소비의 다변화

생산 주체의 다변화

(1) 진정한 의미의 프로슈머 등장

만화라고 하는 콘텐츠의 특성 외에도, 웹툰시장의 성장은 다양한 요인으로 설명 가능하다. 특히 이용자 누구나 생산에 참여할 수 있는 시스템이 만들어졌다는 점은 웹툰이 산업으로 성장하는 중요한 동력 중 하나였다. 내 주변의 가까운 누군가가 웹툰 스타로 성장할 수 있는 탄탄한 구조가 만들어져 운영되고 있다는 것이다. 네이버 웹툰, 다음 웹툰, 케이툰 등은 창작자 확보를 위한 '리그 시스템'을 운영하고 있다. 네이버는 '도전만화-베스트도전-정식연재'로 이어지는 리그 시스템을, 다음은 '2부-1부-정식연재'로 이어지는 시스템을 운영 중이다. 각 포털사이트의 아이디만 있으면 누구나 만화를 그려 연재할 수 있으며, 누구에게나 웹툰 작가로 등단할 수 있는 기회가 열려 있는 것이다. 케이툰으로 서비스명을 바꾼 KT는 2018년부터 창작자 상시 발굴을 위한 리그 시스템을 활성화할 예정이다. 도전만화, 2부 리그에 등록된 작품들은 이용자들의 평가와 운영진의 정성평가에 기반해 다음 단계인 베스트도전, 1부 리그로 각각 승격된다. 리그 시스템은 웹툰 작가로 데뷔할 수 있는 가장 보편적 모델로 자리매김했다. 네이버의 경우, 네이버 웹툰에 적용해 운영 중인 '리그 시스템'을 웹소설, 뮤직, 그라폴리오 등 소설, 음악, 삽화와 같은 주요 콘텐츠 영역으로 확장해 다양한 분야의 창작자를 확보하기 위해 노력 중이다.

2000년대 중반, 블로그와 같은 1인 미디어의 등장으로 인해 생산에 참여하는 소비자를 의미하는 프로슈머prosumer라는 용어가 이미 유행어처럼 확산된 바 있다. 프로슈머는 생산자producer와 소비자consumer의 합성어로, 이들은 가치사슬value chain의 마지막 단계에 있는 수동적 수용자가 아닌 생산 단계에 직, 간접적인 영향을 미치며 적극적으로 참여하는 능동적 소비자를 의미한다. 이 용어는 특정 상품과 산업에 국한된 것이 아니라 디지털 콘텐츠 생산과 관련된 영역 전반에 걸쳐 사용되었으며, 문화 전반에서 나타나는 경향으로 이해되었다. 특히 웹2.0 환경의 도래로 프로슈머의 활약은 눈부시게 성장했는데, 유튜브와 같은 동영상 플랫폼과 UCCUser Created Content 열풍이 이런 분위기를 대변한다.

2006년, 한국인터넷진흥원은 '올해의 인터넷 산업 성장 동력'으로 ① 웹2.0, ② 디지털 프로슈머, ③ 모바일 기술을 꼽기도 했다(≪전자신문≫, 2006.12.29). 한국인터넷진흥원의 조사에서 UCC 제작 경험자의 40.4%가 최근 1년 내 인터넷에 UCC를 게재한 경험이 있는 것으로 나타나는 등 당시 사용자 제작 콘텐츠의 제작과 공유가 빠르게 확산되었다. 하지만 콘텐츠 제작자들[1]의 행위는 취미 활동 이상으로 나아가지 못했다. 일부 영상 크리에이터들이 콘텐츠 제작을 업業으로 삼아 활동을 지속해 나갔으나, 대부분의 콘텐츠 제작자들의 취미 활동은 수입으로 연결되기 어려웠다. 이러한 이유로 UCC 열풍도 그리 오래가지 못했다.

---

1 UCC라는 용어와 함께 UGCUser Generated Content라는 용어도 널리 쓰였다. 사용자들이 만든 콘텐츠 대부분이 전혀 새롭게 창작된 결과물이라기보다 기존 콘텐츠를 재가공하는 경우가 많았기 때문이다. 이에 창작자라는 표현보다 콘텐츠 제작자로 통칭해 표현했다.

(2) 이용자 참여형 플랫폼 2.0

국내 양대 포털에서 서비스되고 있는 네이버 웹툰과 다음 웹툰은 2000년대 중반의 UCC 열풍을 한 단계 업그레이드시켰다. 리그 시스템을 통해 이용자 참여형 도전 플랫폼을 운영하여 보다 많은 이용자들이 창작자로 성장할 수 있는 기반을 마련하고, 창작 활동에 매진할 수 있는 수익원까지 확보하는 등 지속가능한 생태계 구축을 위해 고민하고 있다.

그림 4-3은 네이버와 다음에서 운영하고 있는 리그 시스템과 같은 이용자 참여형 도전 플랫폼의 가치를 웹 2.0 플랫폼과 여타 디지털 콘텐츠 유통 플랫

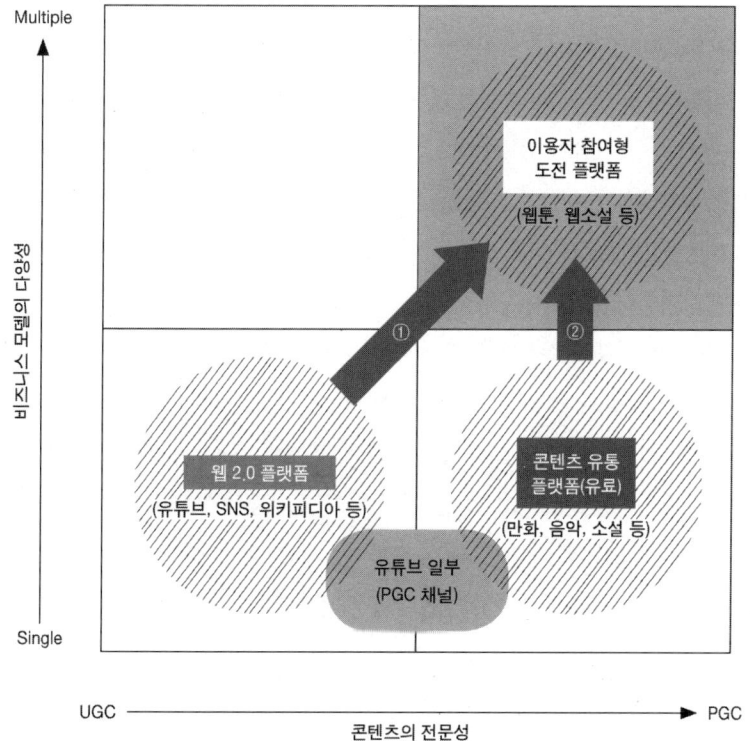

그림 4-3 이용자 참여형 도전 플랫폼의 의미
자료: 네이버레터, 2015.2.13.

폼과 비교해 도식화한 것이다. 유튜브, 위키피디아와 같은 웹 플랫폼에서 일반 이용자들이 생산한 콘텐츠들은 대체로 전문 제작자들이 만들어낸 콘텐츠PGC, Professional Generated Content와는 차이가 있다. 일반 이용자들이 생산한 콘텐츠 중 이용자들의 인기를 얻어 트래픽을 만들어내는 일부 콘텐츠의 경우에만 플랫폼 사업자로부터 광고 수익을 배분받을 뿐 다른 수익원을 만들기는 어렵다. 만화, 음악, 소설 등 디지털 콘텐츠를 유통하는 유료 플랫폼들의 경우, PGC를 유통하기는 하지만 이들 역시 이용자들에게 콘텐츠 비용을 받거나 광고 수익을 내는 등 일부 수익원만이 가동 가능하다. 하지만 리그 시스템을 운영 중인 웹툰 플랫폼들에서는 작품에 대한 원고료 외에도 다양한 형태의 광고 수익을 만들어낼 수 있으며 영화, 드라마, 게임 등 2차 저작물 제작을 통해 부가수익 창출이 가능하다. 수익원에 대한 보다 자세한 소개는 다음 절을 참고하기 바란다. 이렇듯 이용자 참여형 도전 플랫폼은 전통적인 웹 플랫폼과는 다른, 창작자들이 취미 활동을 직업으로 할 수 있는 장치들을 만들어냈다. 이를 통해 경쟁력 있는 창작물을 생산하는 이용자들이라면 누구나 전문 창작자로서 보상을 받을 수 있게 됐으며, 이는 새로운 창작자들의 참여 유인을 끌어올리는 효과를 만들어낸다. 한편, 주요 포털의 리그 시스템에서 인정받게 되면 다른 웹툰 플랫폼 운영진들도 관심을 보이는 등 도전 플랫폼은 창작자 발굴을 위한 새로운 허브hub로 자리매김했다.

레진코믹스, 케이툰과 같은 웹툰 전문 플랫폼에서도 신인 작가들을 발굴하기 위한 노력에 열을 올리고 있다. 이들은 공모전 등을 통해 다양한 작가층 확보를 시도하고 있는데, 네이버와 다음이 운영하고 있는 리그 시스템과 비교했을 때 이벤트적 성격이 강하다는 한계도 지적된다.

소비수단의 변화: PC에서 모바일로

그림 4-4는 주요 웹툰 플랫폼의 웹페이지(위)와 모바일앱(아래) 순방문자UV,

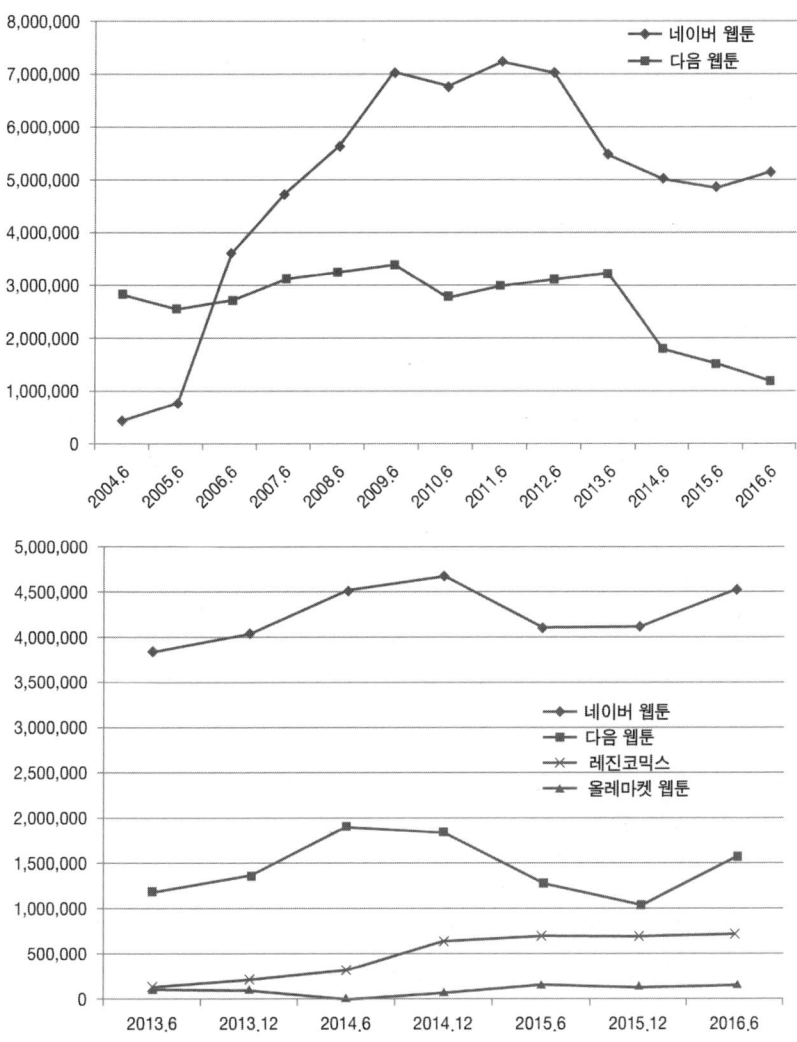

그림 4-4 주요 웹툰 플랫폼 순방문자 증감 추이(위: 웹페이지, 아래: 모바일앱)
자료: 닐슨코리안클릭.

Unique Visitor 증감 추이를 나타낸 그래프이다. 웹페이지의 추이를 보면 2013년 이후 급감한 것을 확인할 수 있다. 웹툰시장에 수많은 경쟁자들이 등장하며 트래픽이 분산된 영향도 있겠지만, 이들 트래픽이 모바일로 이동했다고 보는 것이 더 적확하다. 2015년 진행된 웹툰 이용자 대상 설문조사(한창완 외, 2015)에 따르면, 웹툰을 소비할 때 가장 많이 이용하는 단말기로 스마트폰(74.8%)의 비중이 압도적으로 높게 나타났으며, 데스크톱PC(16.3%)가 낮은 비중으로 뒤를 이었다. 스마트폰의 보급과 잘 구축된 와이파이 환경 덕분에 모바일 애플리케이션을 통한 웹툰 소비가 더욱 활성화되고 있는 것이다. 이런 변화는 웹툰을 소비하는 시간대에서도 나타난다. 웹툰 이용자들을 대상으로 한 설문조사들을 살펴보면 웹툰을 가장 많이 소비하는 시간대가 늦은 밤(잠들기 전)과 이동 중(출퇴근 또는 등하교 등)으로 나타났다(엠브레인, 2015; 한창완 외, 2015).

모바일 환경에서의 웹툰 소비는 다양한 실험을 가능하게 했는데, 앞서 소개한 대로 다양한 효과 탑재가 가능해짐에 따라 웹툰 역시 멀티미디어 환경에서 소비가 가능해졌다. 특히 플랫폼 사업자들의 기술 역량이 가미된 실험들이 지속될 전망이다.

수익원 확대를 위한 플랫폼 사업자들의 노력

진화하는 웹툰 광고

네이버 웹툰과 다음 웹툰 등 무료 기반 플랫폼 사업자들은 창작자들이 작품 활동에 매진할 수 있도록 수익원 다각화를 위해 노력을 기울이고 있다. 웹툰 시장의 성장은 웹툰 매체를 광고 플랫폼으로 진화시켰다. 웹툰의 경우 창작자와 팬 사이의 거리가 더 가까우며, 작가에 대한 로열티loyalty가 강하다. 멀티미디어적 속성도 있기 때문에 플랫폼 사업자들은 다양한 광고 상품을 기획하고 판매하기가 상대적으로 쉽다. 광고주 입장에서는 기업의 이미지와 광고 전략에 적합한 캐릭터를 활용해 친근한 이미지를 전달할 수 있다(한창완 외, 2015). 진입장벽이 낮고 드라마나 영화에 비해 제작단가가 낮은 것 역시 광고 매체로

서 웹툰의 강점 중 하나
로 꼽힌다.

네이버는 2013년 PPS
Page Profit Share 프로그램
을 발표한다. 웹툰 페이
지에서 나온 수익을 창
작자와 나누겠다는 의미
로, 프로그램은 광고 판
매와 콘텐츠 유료 판매
등으로 구성되었다. 웹
툰 전용 광고에는 ① 텍
스트형 광고, ② 이미지
형 광고, ③ PPL 등이 있
으며, 콘텐츠 유료 판매
에는 ① 미리보기, ② 완
결보기, ③ 베스트 컬렉
션 등이 있다. 미리보기

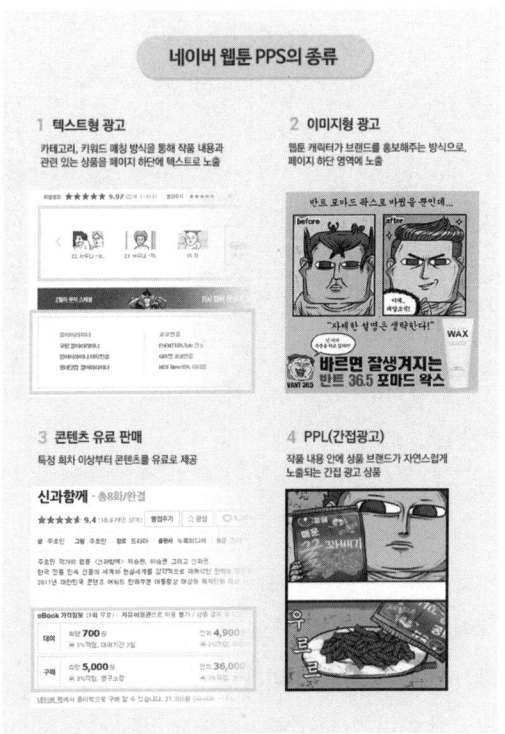

그림 4-5 네이버 웹툰 PPS 종류
자료: 네이버레터, 2015.2.13.

등 일부 작품을 보기 위해서 이용자들은 비용을 지불해야 한다. **그림 4-5**는 네
이버 웹툰의 PPS 종류를 설명한 것이다.

다음 웹툰 역시 다양한 광고 상품을 판매하고 있다. 크게 ① 브랜드 웹툰,
② 브랜드 미니툰, ③ 노출형 광고, ④ 캐시탭 등의 상품으로 구성되어 있다.
브랜드 웹툰은 브랜드, 기업, 제품 등을 주제로 한 웹툰을 제작하는 것이며,
브랜드 미니툰의 경우 웹툰 원고 하단에 4컷 형태의 미니툰을 1주일 간 독점
노출해주는 상품을 말한다. 캐시탭은 웹툰 애플리케이션에서 캐시탭 내 광고
영역의 영상을 시청하거나 참여하는 형태의 광고 상품이다.

흥미로운 것은 **그림 4-6**에서 나타나는 웹툰 광고에 대한 이용자들의 인식

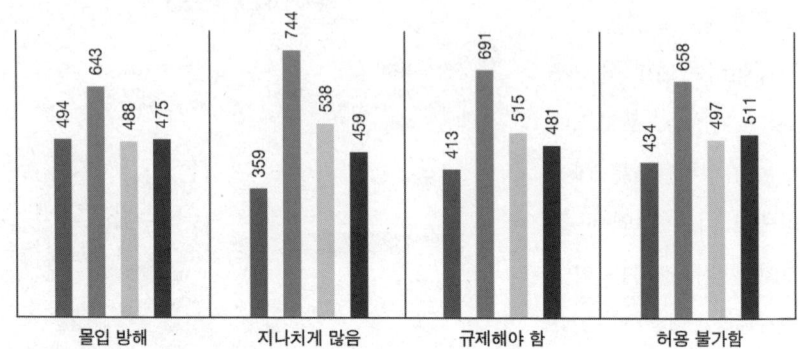

그림 4-6 매체별 PPL 인식
주: 각 항목별 순위를 조사한 뒤 점수로 환산해 비교했다. 점수가 높을수록 높은 순위를 의미한다.
자료: 강수경·최세정(2015).

이다. PPL 매체로서 웹툰에 대한 거부감이 TV, 영화와 같은 전통 미디어와 비교해 가장 낮게 나타났다는 것이다. 작은 모바일 화면에서 작품을 소비하기 때문에 다른 매체에 비해 조금 더 쉽게 몰입을 방해한다고 느낄 수 있으나, 지나치게 많다거나 규제를 해야 할 정도라고 인식하지는 않는다. 웹툰이라고 하는 콘텐츠 특성 외에도 작가에 대한 로열티가 PPL과 같은 광고 상품에 대한 거부감을 줄여주는 것으로 보인다.

콘텐츠 패키지 판매: OSMU 전략

2018년 1월, 극장가에서는 〈신과 함께〉와 〈강철비〉 두 영화에 대한 관심이 뜨거웠다. 〈신과 함께〉는 주호민의 웹툰을 원작으로 한 영화로 2018년 첫 천만 영화 기록을 달성했다. 웹툰을 원작으로 한 영화 중 첫 천만 관객 돌파라는 기록도 세웠다. 〈강철비〉는 양우석의 〈스틸레인〉이라는 웹툰을 기반으로 한 영화로, 영화 개봉에 맞춰 후속 웹툰 〈강철비: 스틸레인2〉 연재를 시작했다. 일부 매체에서는 두 영화의 흥행을 놓고 네이버 웹툰과 다음 웹툰의 대결구도로 표현하기도 했다. 최근 웹툰을 원작으로 한 영화와 드라마, 게임 등의 2차 제작 시장이 활성화되고 있다. 웹툰을 원작으로 한 작품들은 독자들에게 일단 검증받은 스토리라는 장점이 있다. 이에 각 영화, 드라마, 게임의 타깃층에게 다가가기가 상대적으로 쉽다. 특히 그림으로 표현된 웹툰은 화면 구성에 직접 활용할 수 있는 이미지 자료가 풍부하기 때문에 영상으로 2차 저작물을 제작 하는 경우 기획 단계에서의 효율성이 높다는 장점도 있다(송요섭, 2012).

2013년에 개봉한 영화 〈은밀하게 위대하게〉(Hun)도 웹툰을 원작으로 했고, 2015년 개봉한 〈내부자들〉 역시 윤태호의 미완결 웹툰을 원작으로 했다. 두 작품 모두 700만 관객을 동원하며 흥행에 성공했다. 〈미생〉(윤태호)은 드라마 로 제작되어 대한민국 직장인들의 가슴을 울렸고, 〈마음의 소리〉(조석)는 웹 드라마로 제작되어 또 다른 재미를 선사했다. 〈마음의 소리〉는 KBS와 네이버 의 협업이라는 측면에서 주목을 끌기도 했으며, 한한령限韓令 분위기 속에서도 중국 시장에 진출해 인기를 누렸다. 〈미생〉은 드라마 방송과 동시에 만화책 이 베스트셀러에 오르기도 했다. 웹툰을 기반으로 한 OSMU One Source Multi Use 의 가능성을 확인한 초창기 대표적인 작품은 강풀의 〈순정만화〉이다. 최초의 장편 서사형 웹툰인 동시에 만화 내에서 영화적 기법을 실험한 작품이기도 하 다. 출판 만화, 영화, 연극 등으로 재가공되며, 당시 단일 웹툰으로는 가장 많 은 OSMU에 성공했다(송요섭, 2012).

모바일 게임 이용자와 웹툰 이용자의 연령대가 비슷하게 겹친다는 점, 특정 작품들의 인지도가 높다는 점 때문에 게임 업계에서는 웹툰을 원작으로 한 게 임 출시에 관심이 많다. 〈마음의 소리〉는 사전 등록에만 100만 명 이상의 이 용자가 몰렸고, 출시 전 공식 카페 회원 수가 9만 명을 넘기도 했다(한국콘텐츠 진흥원, 2017). 이 외에도 〈신과 함께〉, 〈하이브〉, 〈놓지마 정신줄〉(신태훈, 나 승훈) 등의 작품이 게임으로 만들어졌으며 〈노블레스〉(손제호, 이광수), 〈외모 지상주의〉(박태준) 등의 작품이 게임으로 제작 중이다. 웹툰을 원작으로 한 게 임들의 성과가 아직 영화에 미치지는 못한다는 평가들도 있으나 여전히 게임

업계로부터 많은 관심을 받고 있다.

미리보기와 다시보기 유료 판매

미리보기와 다시보기 유료 판매와 같은 부분유료화 모델은 2012년 양대 포털이 도입한 수익모델이다. 다음의 강풀 작가가 연재 종료 작품들에 대한 유료 서비스 전환을 알렸고, 이후 인지도가 높은 작가들의 완결된 작품들을 유료화하여 판매했다. 유료보기는 완결된 서비스, 미공개작, 외전 등을 유료로 판매하는 것을 말한다. 완결작 유료보기의 경우, 초반 회차는 무료로 제공하다가 나머지 회차들을 묶어 일정 금액을 지불한 뒤 감상할 수 있도록 했다. 미리보기는 아직 공개되지 않은 회차를 과금하고 소비하는 것을 말한다. 정기적으로 연재되는 작품들의 다음화에 대한 궁금증을 유발해 유료 결제를 이끌어낸다.

그림 4-7 다시보기 유료 판매 중인 〈이끼〉
자료: 다음 웹툰 웹페이지.

유료 기반 웹툰 플랫폼의 등장

2013년, 웹툰은 무료라는 인식을 깨고 레진코믹스가 시장에 등장했다. 유료모델을 기반으로 성인 이용자들을 대상으로 하여 콘텐츠 표현 수위를 높여 서비스를 제공하고 있다. 2014년 서비스를 시작한 탑툰 역시 성인만화를 중심으로 웹툰 전문 플랫폼으로 자리매김해 나가고 있다. 이들은 기본적으로 유료모델을 적용했으며, 기다리면 무료로 볼 수 있는 콘텐츠들을 코인을 소비해 바로 볼 수 있는 시스템을 도입했다. 시간과 비용 사이의 줄다리기 심리를 이용해 부분유료화 모델을 도입한 것이다.

산업으로 성장한 웹툰

웹툰 작가 전성시대

2017년 12월 29일 자정 무렵, 주요 포털사이트의 실시간 급상승 검색어 1위에 기안84가 올랐다. MBC 연예대상에서 개그우먼 박나래와 베스트 커플상을 수상하며 소감을 말하던 장면이 화제가 됐다. 기안84는 〈복학왕〉, 〈패션왕〉 등으로 유명한 웹툰 작가이다. 2016년부터는 MBC 〈나 혼자 산다〉에 고정으로 출연하고 있고 〈현장토크쇼 택시〉, 〈무한도전〉, 〈황금어장 라디오스타〉 등에 패널로 출연하는 등 방송 활동도 활발하게 하고 있다. 〈외모지상주의〉의 작가 박태준 역시 지상파와 케이블 방송을 넘나들며 활약하고 있다.

국내 대표 예능프로그램인 〈무한도전〉에서는 웹툰 작가들(기안84, 이말년, 가스파드, 무적핑크, 윤태호, 주호민)이 무한도전 멤버들과의 협업을 통해 릴레이툰을 제작하기도 했다. 관련 에피소드는 높은 시청률을 기록하며 화제를 모았다. 웹툰 작가들 중 강력한 팬덤을 무기로 연예인에 가까운 인기를 누리는 작

무한도전 릴레이툰 무한도전&웹툰작가

무한도전X웹툰작가의 뒤 없이 달리는 릴레이 웹툰이
방송과 함께 네이버 웹툰에서 여러분을 찾아갑니다.

⊕ 관심웹툰　첫회보기　작가의 다른 작품　♡ 99,999+

이미지	제목	별점	등록일
	[박명수X주호민] 무한도전 저승편	★★★★★ 9.78	2016.07.30
	[광희X윤태호] 초심을 버려라	★★★★★ 9.74	2016.07.23
	[유재석X무적핑크] 역사스페셜 광희군	★★★★★ 9.55	2016.07.16
	[정준하X가스파드] 무도 애니멀즈	★★★★★ 9.67	2016.07.09
	[양세형X이말년] 무한도전 최후의 날	★★★★★ 9.44	2016.07.02
	[하하X기안84] 2046	★★★★☆ 8.57	2016.06.25
	프롤로그	★★★★★ 9.83	2016.06.18

그림 4-8 무한도전 릴레이툰
자료: 네이버 웹툰 페이지.

가들이 등장하기 시작했고, 이들에 대한 관심은 자연스럽게 작품과 직업으로
서 웹툰 작가에 대한 관심으로 이어지고 있다.

한편, 웹툰을 배경으로 한 드라마까지 등장했다. 2016년 7월부터 9월까지
방영된 MBC 드라마 〈W〉에서는 웹툰 주인공과 시공을 초월해 로맨스를 펼치
는 여주인공의 이야기가 그려졌다. 전통 미디어에서도 웹툰 작품과 작가에 대
해 관심을 갖는 등 웹툰은 더 이상 숨어서 보는 만화 콘텐츠가 아닌 콘텐츠 산
업의 부흥을 선도하는 핵심 콘텐츠로 성장하고 있다.

웹툰 산업 성장 지표

기본적으로 무료 모델인 웹툰 산업의 시장규모를 측정하는 데 한계가 있다.
하지만 다양한 추정 방식을 적용해 몇 차례 웹툰 산업의 규모를 추정하기도

표 4-3 웹툰 산업 시장규모 추정

구분		수익 항목	규모 (억 원)	근거/추정기준
제작 시장	웹툰 작가	원고료	536.38	웹툰 수/등급별 작가비율 + 평균 원고료
			78.4	유료 콘텐츠 판매수익
		수익셰어 광고료	84	동일
		광고웹툰 원고료	31.2	브랜드웹툰 평균 원고료 650만 원 × 40개 × 12회 (전문가 인터뷰 참조)
		PPL 사용료	31.2	광고웹툰 원고료 100% 규모 추정 (전문가 인터뷰 참조)
		2차 저작권 라이선싱 수익	53.63	원고료 10% 규모 추정(전문가 인터뷰 참조)
	보조작가	인건비 수익	268.19	원고료 50% 규모 추정(전문가 인터뷰 참조)
		소계		1083억 원
플랫폼		광고수익	405	네이버 웹툰 광고 소개서 및 전자신문 (22억 5천만 건 기준, 1회 노출당 1,5원 기준)
		브랜드웹툰 광고수익	48	회당 약 1000만 원 × 40편 × 12회 (전문가 인터뷰 참조)
		PPL 수익	24	광고웹툰의 50%
		유료 콘텐츠 이용수익	112	레진 24억 원 / 탑툰 76억 원 / 네이버 4억 원 / 카카오 8억 원(신문기사 참조)
		소계		589억 원
에이전시		저작권 관리 수수료	46.77	원고료 제외 작가 수익의 10%(전문가 인터뷰 참조)
		소계		46.77억 원
합계				1718.77억 원

자료: 한창완 외(2015).

했다. 예를 들어, 2009년 부천만화정보센터에서는 119.6억 원, 2012년 세종대 융합콘텐츠산업연구소에서는 390.9억 원, 2013년 KT경제경영연구소에서는 1000억 원, 2014년 한국콘텐츠진흥원에서는 1500.6억 원으로 추산한 바 있다 (박석환·박현아, 2014). 한창완과 연구진(2015)은 판린 연구에서 웹툰 산업의 규 모를 1718.77억 원으로 추산했다. 비교적 최근에 이루어진 한창완의 연구에 서는 **표 4-3**과 같이 웹툰 제작시장과 소비시장, 활용시장으로 구분해 시장 참 여자별 비용 발생 규모를 추정했다.

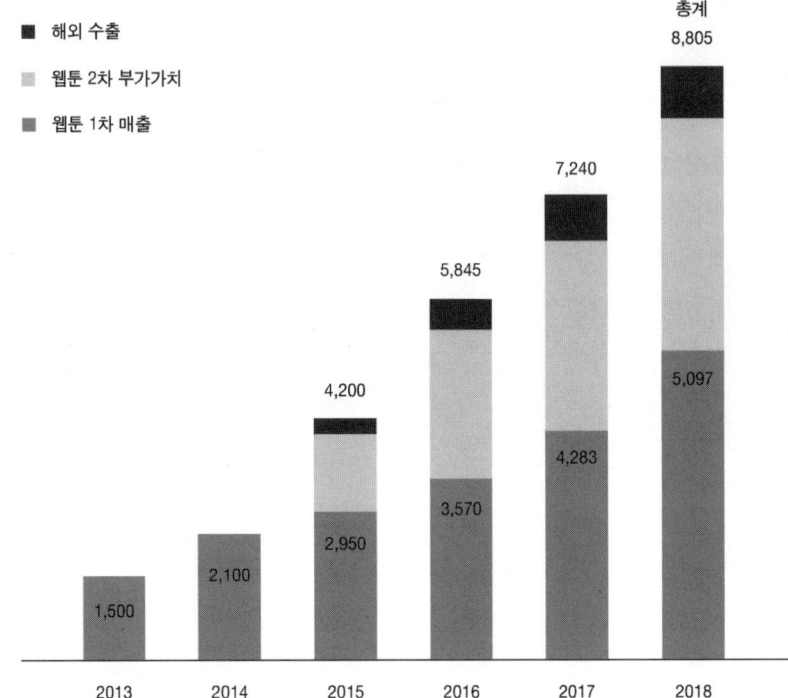

해외 수출
웹툰 2차 부가가치
웹툰 1차 매출

총계
8,805

7,240

5,845

4,200

2013 2014 2015 2016 2017 2018

1,500
2,100
2,950 (3,570)
4,283
5,097

2,100

그림 4-9 웹툰시장의 성장 가능성
자료: KT경제경영연구소(2015).

　한창완 등(2015)은 웹툰 산업의 경제적 파급효과를 분석하기 위한 시도도 진행했는데, 웹툰 산업이 고부가가치 문화 콘텐츠 산업의 하나이기는 하나 아직 양적으로 더 성장해야 하는 발전 초기 상태라고 진단했다.

　한편, KT경제경영연구소는 2016년 국내 웹툰시장이 5840억 원 규모로 3년 만에 4배에 가까운 성장세를 보였으며, 2020년에는 1조 원에 달할 것이라고 전망했다. 2차 저작물 제작, 글로벌 진출 등을 통한 수익 증가가 주요한 성장 동력으로 작용할 것으로 내다봤다. **그림 4-9**에서 확인할 수 있듯이, 시간이 지날수록 2차 저작물 제작을 통한 부가가치 창출과 글로벌 시장 진출에 따른 성과가 웹툰시장의 성장을 견인할 것으로 보인다.

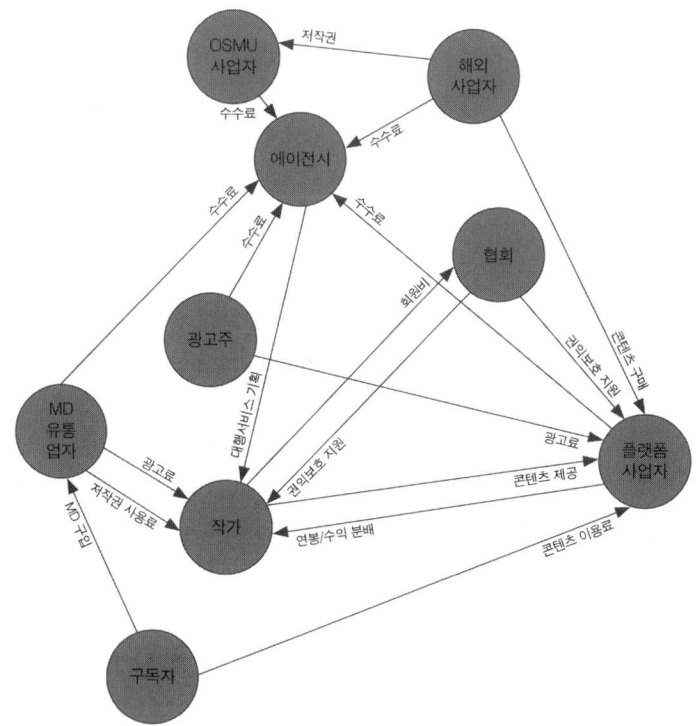

그림 4-10 웹툰 생태계
자료: 고정민 외(2016).

다양한 수익모델 확보와 함께 웹툰 작품에 대한 저작권 보호 인식이 높아지면서 웹툰 산업에는 그동안 찾아보기 어려웠던 새로운 플레이어가 등장했다. 에이전시가 대표적이다. 이들은 웹툰 작가들의 지적재산권IP, Intellectual Property을 관리하며 2차 저작물 제작을 관리하거나 광고 판매를 결정하는 등 작가와 계약을 맺고 주요 이해관계자들로부터 거래에 대한 수수료를 받는다. 작품을 활용한 사업 관리는 에이선시에서 맡아주기 때문에 작가들은 작품 활동에 매진할 수 있다는 장점도 있다. 주요 포털 사업자들 역시 작가와의 계약 관계에 따라 에이전시 기능을 수행하기도 한다. 국내 주요 에이전시로는 한국데이터하우스, 누룩미디어, 투유엔터테인먼트, 드림컴어스, YLab(와이랩), 재담미디어, 투니드 엔터테인먼트, 코멘트 프로덕션 등이 있다. **그림 4-10**은 웹툰 생태계 내 주요 이해관계자들의 거래 관계를 도식화한 것이다.

건강한 생태계 구축을 위한 노력

2017년 12월, 레진코믹스를 운영 중인 레진엔터테인먼트는 지각비 과다 청구, 작가들과의 정산 문제, 블랙리스트 등의 이슈로 논란의 중심에 있었다. 레진코믹스의 세무조사를 진행해달라는 청와대 청원글이 올라올 정도였다. 작가 중심의 플랫폼을 표방한 레진엔터테인먼트가 사업 확장을 이유로 작가들과의 원활한 소통과 합의 없이 수익 배분 구조를 작가들에게 불리한 방향으로 바꿨다는 주장이었다. 이에 레진엔터테인먼트 측은 작가 커뮤니케이션 부서를 만들어 작가들과의 간담회 개최를 준비하는 등 작가와의 관계를 개선하겠다는 의지를 보였으나 여론은 여전히 부정적이다.

한편, 네이버 웹툰, 다음 웹툰, 케이툰 등을 운영하는 주요 웹툰 플랫폼 사업자들은 웹툰 작가들의 건강한 창작 환경 조성에 대한 의지로 서울시, 문화체육관광부와 함께 '공정한 웹툰 산업 생태계 조성을 위한 업무협약'을 체결하기도 했다(≪한국경제≫, 2017.9.21). 협약에 따라 이들은 다양한 웹툰 계약 사례를 검토해 표준계약서 작성과 저작권 보호, 공정한 수익배분을 위한 방안 등을 도출하기 위한 공동연구를 진행하기로 했다. 웹툰 생태계가 건강하게 유지될 수 있는 핵심 동력이 작가라는 생각에서 출발한 것으로, 현재 주요 웹툰 플랫폼에서 활동하는 예비 작가가 15만 명이 넘는다고 한다.

미리보기와 다시보기를 통해 유료모델을 도입하면서 웹툰 사업자들은 예상하지 못했던 복병을 만났다. 유료화를 무색하게 만든 '불법 유료 웹툰 보기' 때문이다. 불법 페이지를 운영하는 운영자들은 유료로 볼 수 있는 웹툰 회차의 장면을 한 컷씩 캡처해 불법 페이지에 업로드하거나, 출판물을 스캔해 업로드하기도 한다. 2016년 불법 유통으로 적발된 만화 콘텐츠는 1735만여 점으로 전체 적발의 약 59.6%에 달한다(≪한국일보≫, 2017.11.15). 이들 중 대부분은 서버를 해외에 두고 사이트를 운영하고 있어 규제의 울타리 너머에 있다. 심지어 페이스북, 텀블러, 인스타그램 등 글로벌 소셜미디어를 통해 불법 콘텐츠가 유통되고 있지만 즉각적인 대처가 이루어지지 않고 있다. 웹툰 업계는 2017년 불법 웹툰 사이트로 인한 피해 규모를 1456억 원으로 추정하고 있다(≪오마이뉴스≫, 2017.11.12).

2016년 7월, 네이버 웹툰 〈후레자식〉(김칸비, 황영찬)이 범죄 행위를 미화하고 자극적인 내용을 담고 있음에도 전체이용가로 분류되어 있다며 청소년보호법 위반 혐의로 고발된 사건이 있었다. 〈후레자식〉은 살인자 아버지와 그 아들에 관한 이야기로, 한 학부모가 청소년에게 안 좋은 영향을 미칠 수 있다고 주장한 것이다. 이후 무죄 판결이 났지만 해당 작품은 19세 이상 관람가로 변경됐다. 작품에 직접적으로 잔인한 장면이 나오는 것은 아니나 잔인하게 비쳐질 수 있는 소재를 다루고 있어 심의기준과 웹툰 내용규제에 대한 논의가 확산되는 계기가 되었다. 이후 11개 플랫폼 사업자들이 참여하는 웹툰자율규제위원회가 출범했고, 다양한 논의를 거쳐 12세, 15세 등 연령등급 제도 도입을 검토하고 있다(≪디지털데일리≫, 2017.12.13).

글로벌 시장으로 진출하는 웹툰

주요 사업자들의 해외 진출 현황

2014년은 웹툰 사업자들에게 글로벌 진출의 원년이었다. 네이버 웹툰은 글로벌 모바일 메신저 라인 위에 올라타 라인 웹툰이라는 브랜드로 글로벌 진출을 시작했다. 다음 웹툰은 타파스틱과 제휴해 북미 시장에 진출했고, 레진코믹스는 중국 시장에 관심을 보였다.

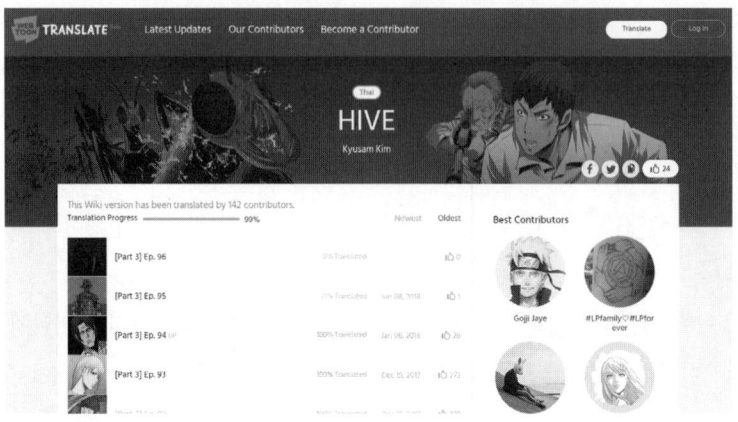

그림 4-11 라인 웹툰 〈하이브〉 참여 번역 페이지
자료: 라인 웹툰 웹페이지.

    국내 웹툰 플랫폼 사업자들의 현지화는 ① 현지 스타 작가를 발굴하거나, ② 현지 플랫폼과의 제휴를 진행하는 방식으로 이루어져 왔다(김숙·최숙, 2016). 초창기 라인 웹툰의 경우, 국내 작품을 영어, 중국어 등으로 번역해 제공하기 시작했다. 이후 참여 번역을 도입해 현지 문화와 문맥에 맞는 번역이 가능하도록 했으며(**그림 4-11** 참조), 다양한 작품 확보와 현지에서의 생태계 구축을 위해 현지 작가들의 작품을 연재하기 시작했다. 2016년 3월 기준으로 영어 134편, 중국어 번체 140편, 중국어 간체 92편, 대만어 140편, 태국어 72편, 인도네시아어 60편 등을 전 세계에서 제공 중이다(김영규 외, 2016). 또한 국내에서 운영 중인 도전 만화 시스템을 적용해 챌린지 리그를 개설했다. 라인, 페이스북, 트위터 계정 중 하나로 로그인해 본인의 작품을 등록할 수 있도록 했다. 코미코 역시 현지 작가와 작품 발굴에 공을 들이고 있으며, 이를 위해 현지 전담 인력을 고용하는 등의 노력도 기울이고 있다.

    다음 웹툰은 국내 웹툰을 현지 플랫폼에 올리는 방식으로 글로벌 시장에 진출하고 있다. 북미 시장에서의 파트너는 타파스미디어가 운영하는 타파스틱이다. 타파스틱은 북미 최초의 웹툰 포털로, 다양한 국적의 웹툰 작가 1200여

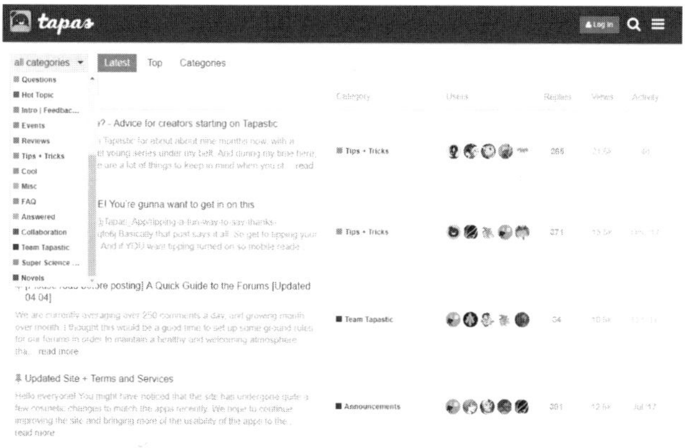

그림 4-12 타파스틱 내 포럼
자료: 타파스틱 웹페이지.

명이 참여하고 있으며 다음 웹툰 52편을 영문으로 서비스하고 있다. 특히 이들은 창작자와 독자가 소통할 수 있는 공간을 함께 제공하며 활발한 의사소통을 유도하고 있다.

　웹툰이 하나의 산업으로 성장할 수 있었던 동력 중 하나가 바로 댓글 등을 통해 작가와 독자, 독자와 독자가 커뮤니케이션할 수 있는 장場을 마련했다는 것이다. 이런 점에서 타파스틱은 해당 강점을 적극 활용해 포럼을 운영하고 있다고 볼 수 있다(**그림 4-12** 참조). 국내에서 본격적으로 제공되고 있는 서비스는 아니지만, 국내 웹툰 플랫폼 사업자들과의 제휴를 통해 무료 번역을 지원하는 등 국내 웹툰을 해외에 소개하고 있다는 점에서는 주목할 만하다.

　카카오는 2015년 유료 콘텐츠 플랫폼 픽코마를 일본에서 출시했다. 서비스 시작 1년 만에 일본 대표 콘텐츠 플랫폼으로 성장했고, 중국 텐센트 동만에는 20여 개 작품을 제공 중이나. 레진코믹스도 2015년 12월, 12편의 웹툰을 시작으로 미국, 중국, 일본 등으로 진출했다. 최근 150편까지 영어 작품을 확대하기도 했다. 탑코믹스의 탑툰은 일본과 대만에 지사를 설립해 현지에서 서비스를 제공하고 있다. 특히 대만 시장에서의 반응이 좋은데, 탑코믹스는 중국 시장 진출을 위한 교두보로 대만을 생각하고 있다(최보광·서순복, 2015).

현지 성과와 의미

글로벌 시장에서 라인 웹툰을 이용하는 이용자는 2200만 명[2] 정도로, 국내 이용자 규모(1800만 명)를 훌쩍 넘어섰다. 서비스 시작 3년여 만에 북미 이용자가 300만 명을 돌파하는 등 영어권에서도 성과가 나타나기 시작했다. 북미 지역에서는 번역 작품 수보다 현지 오리지널 작품 수가 더 많으며, 작가 발굴 코너에 3만 7000여 명의 작가들이 참여하고 있다. 라인 웹툰 애플리케이션이 코믹스 분야 다운로드 1위를 기록하고, 신작 소개에는 5만 4000여 편 이상의 작품이 올라오며, 주간 연재작이 1600여 편이 넘는 등 현지에서의 생태계가 구축되어가고 있는 모습이다(≪연합뉴스≫, 2017.10.26). 특히 리그 시스템이 동남아 시장에서도 자리를 잡아가고 있다. 인도네시아에서는 비공식적으로 운영되는 소수 개인 블로그를 제외하면 라인 웹툰이 유일한 웹툰 플랫폼이다(김숙·최숙, 2016).

카카오가 일본에서 제공 중인 픽코마는 2017년 10월 기준으로 일 방문자 100만 명, 월 평균 방문자 250만 명, 작품 수 1350편 등의 기록을 세웠다. 이는 매출로도 연결되고 있는데, 일 거래액 1억 원, 월 거래액은 30억 원 수준으로 증가했다(≪전자신문≫, 2017.12.21). 특히 '기다리면 무료' 모델을 도입해 일본의 만화 출판사들을 설득했다. 기다리면 무료 모델은 만화를 여러 편으로 쪼개 한 회차를 보고 하루를 기다리면 다음 회차를 무료로 볼 수 있도록 한 수익 모델이다. 기다리지 않고 다음 편을 보려면 비용을 지불해야 한다.

코미코는 2013년 일본에 진출한 이후 글로벌 애플리케이션 다운로드 수가

---

2 월간순이용자MAU, Monthly Active User를 기준으로 한 수치이다.

2400만 건을 돌파했고 누적 작품 1만 6000건을 기록했으며, 레진코믹스의 경우 중국 웹툰 플랫폼인 콰이칸을 통해 선보인 〈꽃도사〉(고용호), 〈최강왕따〉(노도환), 〈그 끝에 있는 것〉(하리보) 등의 작품들이 서비스 시작 3개월 만에 누적 조회수 17억 건을 기록했다(≪서울경제≫, 2017.8.9). 콰이칸은 중국 최대 웹툰 플랫폼으로, 2017년 7월 기준으로 이용자가 1억 명이 넘는다. 코미코와 케이툰, 투믹스 등도 콰이칸과 텐센트 동만 등을 통해 자사 웹툰 작품들을 글로벌 이용자들에게 선보이고 있다.

국내 웹툰 플랫폼 사업자들의 해외 시장 진출은 여러 가지 측면에서 의미 있는 행보로 보인다. 다양한 사업자들이 등장했지만 안정적으로 자리 잡지 못하고 짧게는 2개월에서 길게는 2년 만에 사라져 가는 현실은 여타 콘텐츠 산업과 같이 내수시장의 한계가 나타나기 시작했다는 의미일 수도 있다. 이러한 이유로, **그림 4-9**를 통해서도 확인할 수 있듯 2차 저작물 제작 또는 글로벌 진출을 통해 한계를 타개해가야 한다. 결국 시장의 파이를 키우기 위해 해외시장 진출은 웹툰 사업자들에게 필수불가결한 것이다. 이를 통해 보다 많은 작가들이 시장에 참여할 유인을 제공하는 등 건강하고 지속가능한 생태계를 구축하기 위한 선순환 구조가 만들어질 수 있다.

웹툰은 한국에서 시작된 콘텐츠 유형이자 장르이다. 인터넷 플랫폼이 등장하며 해외에서도 유사한 개념의 만화 서비스는 있었지만, 국내만의 웹툰시장이 형성되고 성장하게 된 것은 한국적 특수성이 더해졌기 때문이다. 즉, 웹툰은 또 다른 형태의 한류 콘텐츠인 셈이다. 음악 콘텐츠에 이어 문화와 언어의 장벽을 넘나들며 콘텐츠 파워를 실현할 수 있는 무한한 가능성이 담긴 산업이다. 하나의 웹툰 플랫폼, 하나의 웹툰 작품들이 세계 시장에서 더 큰 부가가치를 만들어낼 수 있을 것이라 기대하며, 머지않아 웹툰 산업의 성장이 영상, 게임, 출판 등 여타 콘텐츠 산업에도 기분 좋은 영향을 미칠 수 있을 날이 오기를 바란다.

참고문헌

강수경·최세정. 2015. 「웹툰 이용자들의 웹툰 PPL에 대한 인식과 태도 연구」. 한국광고학회 추계학술
    대회 발표논문집.

고정민 외. 2016. 「만화 유통환경 개선방안: 웹툰 산업을 중심으로」. KOCCA 연구보고서 16-08.

김숙·최숙. 2016. 「국내 웹툰 사업자의 동남아시아 진출 전략: 인도네시아와 태국을 중심으로」. ≪코카
    포커스≫, 통권 105호.

김영규 외. 2016. 『끊임없이 도전하는 기업가 정신의 장(場), 네이버: 웹툰이라는 새로운 생태계를 만들
    다』. 아산나눔재단.

박석환·박현아. 2014. 「웹툰산업의 구조적 문제점과 개선방안: 웹툰 대형포털 플랫폼 유통구조를 중심
    으로」. ≪코카포커스≫, 통권 79호.

송요셉. 2012. 「웹툰의 현황 및 특성과 웹툰 기반 OSMU 활성화 방안」. ≪코카포커스≫, 통권 57호.

엠브레인. 2015. 「웹툰 이용 관련 조사 보고서」. 마이크로밀 엠브레인.

최보광·서순복. 2015. 「웹툰 세계화를 위한 글로벌 유통 플랫폼 연구」. 서울행정학회 추계학술대회 발
    표논문집.

한국콘텐츠진흥원. 2014. 『2013 만화산업백서』. 한국콘텐츠진흥원.

_____. 2017. 『2016 만화산업백서』. 한국콘텐츠진흥원.

한창완 외. 2015. 「웹툰 산업 현황 및 실태조사」. 한국콘텐츠진흥원.

KT경제경영연구소. 2015. 「웹툰, 1조원 시장을 꿈꾸다」. ≪Issue & Trend≫.

네이버레터, 2015.2.13. "이용자 참여형 도전 플랫폼의 가치."
    http://nter.naver.com/index.php?&vid=naverletter&mid=textyle&act=dispTextyle&search_tar
    get=title_content&search_keyword=%EC%9B%B9%ED%88%B0&x=0&y=0&document_srl=32831

≪디지털데일리≫, 2017.12.13. "내년부터 웹툰에 '12세', '15세' 관람가 추가된다."
    http://www.ddaily.co.kr/news/article.html?no=163646

≪서울경제≫, 2017.8.9. "레진코믹스, 맞춤 공략으로 중국 내 최초 웹툰 유료화 성공."
    http://www.sedaily.com/NewsView/1OJOMUH8EW

≪오마이뉴스≫, 2017.11.12. "월 5천만 명, 불법 도용에 약탈당한 웹툰 산업."
    http://www.ohmynews.com/NWS_Web/View/at_pg.aspx?CNTN_CD=A0002375878&CMPT_
    CD=P0010&utm_source=naver&utm_medium=newsearch&utm_campaign=naver_news

≪연합뉴스≫, 2017.10.26. "네이버 '웹툰 글로벌 사용자 4천만 명 ⋯ 매출 40% 성장'."
    http://www.yonhapnews.co.kr/bulletin/2017/10/26/0200000000AKR20171026054851033.HT
    ML?input=1195m

≪전자신문≫, 2006.12.29. "올해 인터넷 산업 성장 3대 동인은 웹 2.0, 디지털 프로슈머, 모바일 기술."
    http://www.etnews.com/200612280103

≪전자신문≫, 2017.12.21. "카카오 수익 모델 덕에 ⋯ 픽코마, 日 콘텐츠 시장 접수."
    http://www.etnews.com/20171221000089

≪중앙일보≫, 2017.12.21. "네이버가 '독자가 주인공 만지고 이름 부르는' 웹툰 만드는 이유."
    http://news.joins.com/article/22225173

≪한국경제≫, 2017.9.21. "서울시·문체부·웹툰 플랫폼 3개 사, 불공정 거래 막기 위해 표준 계약서 만

든다." http://news.hankyung.com/article/201709212291i

≪한국일보≫, 2017.11.15. "어제 나온 만화가 오늘 업로드 … 해도 너무한 공짜 만화 사이트."
　　　http://www.hankookilbo.com/v/5e58be62b8d740c8898b020001c708ce

The Rise and Fall of Social Content
From Cyworld to PlayerUnknown's Battlegrounds

제5장

게임 서비스의 흥망성쇠

: 리니지에서 배틀그라운드까지

임상훈_디스이즈게임(Thisisgame) 대표

우리나라 문화 콘텐츠 수출 1위는 무엇일까? 게임이다. 2015년 기준으로 문화콘텐츠 수출의 55.8%를 차지하고 있다. 1990년대에 아무도 상상할 수 없던 일이다. 중국 회사 샨다는 한국 게임 덕분에 자국 게임 회사 최초로 나스닥에 상장했다. 텐센트 역시 한국 게임을 서비스하면서 급성장했고, 중국 최대 IT 기업의 반열에 올랐다. 일본과 대만, 태국 등 아시아 각국의 1위 게임 회사들은 모두 한국 온라인게임에 빚을 지고 있다. 과연 어떻게 이런 일이 생겼을까?

2006년, 당시 KBS 2TV 인기 개그 프로그램 〈개그콘서트〉에 온라인 레이싱 게임 〈카트라이더〉의 배경음악이 흥겹게 울려 퍼졌다. 방청객과 시청자는 친숙한 사운드에 유쾌하게 웃었다. 한국 게임음악의 공중파 예능 프로그램 첫 출연이었다. 그 무렵 많은 사람들은 〈카트라이더〉를 '국민게임'이라고 불렀다. 코카콜라와 편의점 등은 〈카트라이더〉와 공동 이벤트를 펼쳤다. 2000년대 중반, 국민게임이 탄생한 배경은 무엇일까?

그런데 2011년 이후 한국 PC방을 점령한 게임은 미국 개발사가 만든 〈리그오브레전드〉였다. 무려 504주 동안 몇 차례 예외를 제외하면 국내 PC방 1위를 유지했다. 이 1위 기록을 깬 게임 역시 미국산 〈오버워치〉였다. 90년대 말부터 '온라인게임 종주국'이라는 찬사를 들으며 폭발적인 성장을 했던 한국 게임은 왜 외산 게임에게 자국 시장 1위 자리를 내줘야 했을까?

2017년 11월 국산 게임 〈배틀그라운드〉는 PC방 1위를 되찾아왔다. 전년까지 게임 생태계의 누구도 예상치 못한 성과였다. "17년 동안 실패만 거듭했다"는 〈배틀그라운드〉 개발자는 어떻게 이런 대형 사고를 칠 수 있었을까?

모바일게임으로 눈길을 돌려보자. 온라인게임에서 세계를 주름잡던 한국은 모바일에서는 체면이 영 아니다. 앱스토어와 구글플레이로 해외 서비스 환경은 더욱 좋아졌지만, 한국 게임의 해외 성과는 미미하다. 반면 중국산 게임은 쉴 새 없이 국내 시장에 들어와 시장 점유율을 야금야금 늘려가고 있다. 한국 모바일게임을 수입하는 중국 회사보다, 중국 모바일게임을 수입하는 한국 회사가 늘고 있다. 왜 이런 현상이 벌어졌을까?

1998년 등장한 〈리니지〉의 모바일 버전은 2016년 이후 3개가 나왔다. 그중 두 개가 모바일게임 매출 1위에 오르며 압도적인 수익을 거뒀다. 20년 가까이 된 게임이 모바일로 다시 나오고, 매출 1위를 찍는 이유는 무엇일까? 이것은 과연 바람직한 현상일까?

한국 게임 생태계의 역사는 롤러코스터를 탄 것처럼 격변의 연속이다. 크고 작은 변화의 배경에는 사회문화적 맥락과 기술의 발전, 그리고 그 역사를 만들어간 사람들의 이야기가 가득하다. 그 이야기 속에서 앞서 제기한 질문에 대한 답을 찾아본다.

〈리니지〉가 IMF 경제위기 이듬해 나온 이유

핑클과 PC게임 〈패스트푸드〉

2000년 무렵 핑클은 SES와 함께 당대 최고의 인기 걸그룹이었다. 그해 7월 이 인기 그룹이 PC게임에 등장했다. 〈패스트푸드〉라는 경영시뮬레이션 게임이었다. 4종류의 게임 케이스 표지에는 핑클 멤버 성유리, 옥주현, 이진, 이효리 중 한 명이 들어가 있었다. 〈패스트푸드〉는 게이머가 패스트푸드 가게를 운영하는 게임이었는데, 점원으로 핑클 멤버를 뽑아 쓸 수도 있었다. 당대 핑클의 인기를 반영하듯이, 게임은 잘 팔렸다. 1만 장만 팔려도 흥행이던 시장에서 10만 장 이상 판매됐다.

게임이 잘 팔린 첫째 비결은 홍보모델이었다. 핑클은 게임 홍보모델이나 캐릭터로 등장한 최초의 국내 걸그룹이었다. 걸그룹의 주요 팬층과 게이머층이 서로 겹쳤던 점도 마케팅 효과를 배가시켰다. 4명의 멤버를 개인 단위로 각각의 케이스에 등장시킨 전략도 적중했다. 열성팬은 내용은 하나도 안 다른 4장의 케이스를 모두 샀다. 걸그룹 멤버에 대한 팬심이 소비를 강화시켰다는 근거는 아주 뚜렷했다. 특정 멤버 둘이 표지에 있는 케이스만 먼저 다 팔려나갔다.

또 다른 흥행 비결은 유통망이었다. 〈패스트푸드〉는 과자나 음료처럼 편의점 판매대에 진열됐다. 국내에서 불법적으로 유통되던 게임이 제도권에 들어온 것은 1990년 동서게임채널이 출범하면서부터이다. 기존 PC게임은 용산 총판을 통해 용산 전자상가나 서초 국제전자센터 등의 게임 소매점 또는 PC 주변기기 가게 등을 통해 유통됐다. 90년대 국내 게임산업은 빠른 속도로 성장했지만 아직까지는 변방의 문화였고, 확장성 약한 유통구조 속에 머물러 있었다. 〈패스트푸드〉는 이런 고전적인 유통방식을 깨고 나와 편의점에서 더 많은 대중과 쉽게 만날 수 있었다.

그런데 홍보모델 핑클과 혁신적인 유통방식으로 화제가 됐던 〈패스트푸드〉는 한국 게임이 아니었다. 개발사는 대만의 감마니아였다. 1990년대까지만 해도 한국은 전혀 게임 강국이 아니었다. 미국과 일본에서는 이미 1990년대 중반까지 〈삼국지〉(85년), 〈심시티〉(89년), 〈문명〉(91년), 〈워크래프트〉(94년) 등등 퀄리티 있는 게임이 다수 나왔다. 대만 게임 〈소오강호〉(93년), 〈사조영웅전〉(93년), 〈중화프로야구〉(93년) 등도 한글화해 국내에서 인기를 얻었다.

반면 1992년 최초의 국산 상용게임으로 알려진 〈폭스레인저〉가 나온 한국 게임은 경쟁력이 떨어졌다. 국내 시장 점유율에서 밀리는 판에 해외 성과는 언감생심이었다. 1995년 국내에서 290개의 PC게임이 출시됐는데, 이중 국산 게임은 39개에 머물렀다. 한국이 게임 분야에서 뒤처졌던 이유는 1차적으로는 하드웨어 시장의 한계 때문이었다. 당시 한국은 PC나 콘솔게임기의 보급이 미국, 일본은 물론 대만 등에게도 크게 밀렸다. 당연히 소프트웨어의 개발 역량 축적도 늦어질 수밖에 없었다.

국내 게임 개발자들은 1990년대 초반이 되어서야 본격적으로 등장하기 시작했다. 주로 대학 동아리나 PC통신 동호회를 통해 개발의 기초를 익히며 성장했다. PC통신 게임개발 동호회에서 게임 관련 뉴스나 노하우를 교환하고, 습작을 공유했다. 열악한 환경이었지만, 이런 과정을 통해 개발 역량은 꾸준히 성장했다. PC 보급의 확대와 함께 손노리와 소프트맥스라는 걸출한 양대 PC게임 개발사가 탄생했고, 1990년대 중후반 한국 PC게임의 짧은 전성기가 펼쳐질 수 있었다.

〈화이트데이〉와 〈마그나카르타〉

1990년대 후반 HOT와 젝스키스 혹은 SES와 핑클이 TV를 양분하는 남녀 그룹이었다면, 게임계에는 손노리와 소프트맥스라는 양대 개발사가 있었다. 넥슨(94년)과 엔씨소프트(97년)가 설립되어 활동하던 1990년대 중후반까지도 게임 회사로서 손노리와 소프트맥스의 인지도와 지명도가 훨씬 높았다.

손노리는 인천에서 결성된 아마추어 게임 개발팀으로 1994년 7월 출시한 〈어스토니시아 스토리〉로 그 이름을 널리 알렸다. 〈어스토니시아 스토리〉는 국내에서 최초로 흥행한 PC RPG였다. 출시 이후 폭발적인 인기를 얻었고, 10만 장 이상 팔렸다. 당시로서는 엄청난 흥행이었다. 1994년 12월 문화관광부 제1회 한국게임대상과 1995년 1월 과학기술처 신소프트웨어상품 대상 수상은 당연했다. 나중에 〈열혈강호〉로 유명해진 만화가 양재현도 이 게임의 캐릭터 디자인 작업에 참여했다.

소프트맥스 역시 PC통신 동호회원을 중심으로 1993년 설립된 회사였다. 1996년 시뮬레이션 RPG 〈창세기전2〉의 성공으로 손노리와 함께 국내에서 대표적인 게임개발사로 인정받게 됐다. 7만 장 이상 팔린 〈창세기전2〉는 90년대 '창세기전 시리즈' 팬을 양산하는 계기였다. 소프트맥스는 관련 시리즈를 꾸준히 출시하며 팬덤을 강화해갔다. 1999년 8월 연세대 백주년기념관에서 열린 〈창세기전3〉 제작발표회에는 약 3500명의 팬이 몰려들었다. 당시 컴퓨터 백신 프로그램으로 인기 있던 인물이 축사를 하러 왔다. 이제는 정치인이 된 안철수 당시 안철수연구소(현 안랩) 대표였다.

늦은 출발에도 불구하고 90년대 중후반 급속히 성장했던 한국 PC게임의 전성기는 길지 않았다. 두 가지 결정적인 이유가 있었다. 불법복제와 개발역량의 부족이었다. 2001년 당대 양대 PC게임 개발사 손노리와 소프트맥스에서 각각 벌어졌던 비극을 통해 당시 상황을 짚어본다.

2001년 9월 손노리가 3년 동안 개발한 기대작 〈화이트데이〉를 출시했다. 출시 다음날 공유 사이트에 불법복제판이 돌아다니기 시작했다. 초기 판매량은 3000장이었는데 패치 다운로드는 15만 건 이상이었다. 100명의 게이머 중 98명이 불법복제 버전을 쓰는 셈이었다. 불법복제는 오래된 문제였다. 동서게임채널은 출시하는 모든 게임 매뉴얼 첫 장에 불법복제 관련 계도 메시지를 넣을 정도였다. 하지만 인터넷의 보급과 함께 불법복제의 규모와 속도는 통제

불능 수준이 됐다.

손노리는 11월 불법복제판 최초 유포자 4명을 고소하며 불법복제 근절 캠페인을 펼쳤다. 다른 개발사들도 동참했고, 사이버수사대와 연계해 공유사이트에 대한 단속도 진행했다. 한국 게임 역사에서 가장 적극적인 불법복제에 대한 대응이었다. 그만큼 절박했다. 결과는 좋지 않았다. 불법복제가 일상화된 상당수 유저들은 '자료의 공유정신'을 들먹이며 손노리를 비난했다. 특히 미성년자 1명이 고발대상에 있었던 것을 문제 삼았다. 일부 게이머의 동참이 있었지만, 불법복제 캠페인은 실패했고 한국 PC게임 개발자들은 좌절했다.

소프트맥스는 2001년 12월 〈마그나카르타〉를 출시했다. 출시하자마자 리콜 사태가 발생했다. 첫 발매 8만 장 중 설치 불가능한 게임이 다수였다. 리콜 이후에도 게임 진행이 불가능한 버그가 속출했다. 완성도 되지 못한 수준의 게임이 정식으로 출시된 셈이었다. 당시 버그는 소프트맥스만의 문제는 아니었지만 〈마그나카르타〉는 그 수준이 너무 지나쳤다. 게이머의 눈높이는 〈디아블로〉(96년)와 〈스타크래프트〉(98년) 등으로 이미 높아져 있던 상황이었다.

이런 일이 발생했던 기본 이유는 일정 탓이었다. 소프트맥스는 1년에 1편씩 게임을 출시해왔다. 〈마그나카르타〉도 그런 일정에 맞춰진 게임이었다. 하지만 유저의 눈높이에 따라 게임의 규모는 계속 커졌고, 그래픽도 처음으로 3D를 시도했다. 일정에 맞추기 위해 기획됐던 시스템을 덜어냈지만, 출시 5일 전에 알파 버전이 나왔다. 버그를 고칠 시간은 고사하고 파악할 시간도 부족했다. 그 상황에서 게임이 출시된 것이다. 소프트맥스는 한국 PC게임 역사상 최고의 비난을 들었고, 이후 PC게임 개발을 중단했다. 온라인으로 옮겨가기도 했다.

전길남과 인터넷

2012년 인터넷 국제표준을 정하는 ISOC(인터넷 소사이어티)는 '인터넷 명예의 전당Internet Hall of Fame'을 만들었다. 그해 4월 첫 헌액자 33인의 명단이 발표됐다. 국내 한 매체는 외신을 번역해 관련 기사를 쓰며 33인 중 한 명인 '킬남 콘Kilnam Chon'이라는 인물을 언급했다. 잘못된 번역이었다. 그는 한국인이었고 본명은 전길남이었다. 한국 인터넷을 개통한 인물이었다. 한국의 인터넷 서비스, 특히 온라인게임의 역사에 빠질 수 없는 이였다. 하지만 국내 매체는 '아시아 인터넷의 아버지'라는 별칭을 가진 인물에게 이런 수모를 안겼다.

전길남은 재일교포 출신이다. 오사카대학 전자공학과를 졸업하고 1966년 미국 UCLA로 유학을 갔다. 그의 UCLA 대학원 지도교수였던 레너드 클라인락Leonard Kleinrock은 당시 인터넷의 전신 알파넷ARPANET의 핵심기술인 패킷교환을 연구하고 있었다. 전길남이 박사 과정에 있던 시절 UCLA와 스탠퍼드 연구소는 역사적인 첫 패킷교환 실험(1969년 10월 29일)을 했다. 그의 석사과정 지도교수와 대학원 동료들이 참여한 프로젝트였기 때문에 전길남도 인터넷의 태동과 진화과정을 가까이에서 목격할 수 있었다.

박사 학위과정 졸업 후 미항공우주국NASA 연구원으로 지구와 우주선 컴퓨터 사이의 네트워크를 연구하던 전길남은 1979년 2월 해외과학자유치프로그램을 통해 한국에 들어왔다. 과학 발전을 위해 해외에서 활동하던 과학자들을 파격적인 조건으로 스카우트하던 시절이었다. 정부는 수출 가능한 컴퓨터 개발에 관심이 있었고, 그에게 전자기술연구소KIET(현 한국전자통신연구원) 컴퓨터 시스템 개발부장 자리를 맡겼다.

그의 생각은 달랐다. 낙후된 과학기술을 빠르게 향상시킬 수 있는 방법은 정보의 교류라고 생각했고, 네트워크가 더욱 중요하다고 판단했다. 한국에 들어와 먼저 네트워크 연구그룹을 결성한 전길남은 1982년 5월 15일 구미의 전자기술연구소와 서울대 사이에 네트워크를 연결시켰다. SDNSystem Development

Network이라고 불리는 전산망의 시작이었다. 이로써 한국은 미국에 이어 세계에서 두 번째로 인터넷을 구축한 나라가 됐다.

이후 카이스트 전산과 교수로 부임한 전길남은 SA랩을 개설했다. 그의 이 연구실 제자 그룹이 한국 인터넷의 비약적인 발달에 기여했다. 특히 SA랩에서 이메일을 관리했던 허진호는 1994년 8월 국내 최초의 인터넷 서비스 제공회사 아이네트를 설립했다. SDN 개발 책임을 맡았던 박현재는 1998년 국내 최초의 초고속인터넷 두루넷 서비스를 개통했다.

1990년과 1991년 SA랩에 들어온 제자들도 전길남의 영향을 많이 받았다. 그들은 훗날 선배들이 깔아놓은 인터넷에서 향유할 수 있는 콘텐츠와 서비스를 만들었다. 넥슨을 공동창업했던 송재경과 김정주가 그들이다. PC게임에서 뒤처졌던 한국 게임은 전길남과 초기 연구그룹 덕분에 온라인게임 분야에서는 미국과 함께 가장 먼저 치고 나가는 나라가 될 수 있었다.

송재경과 게임

국산 첫 PC는 1981년 나왔고, 정부는 1983년을 '정보산업의 해'로 지정했다. 행사 중에 정전이 되어 더 유명해진 1984년 제1회 퍼스널컴퓨터 경진대회를 대통령이 직접 참관했다. 그 대회에도 참가했던 송재경은 1986년 서울대 컴퓨터공학과에 입학했다. 그런 시대적 공기 속에서 그는 중고등학교 시절부터 세운상가를 돌아다니면서 컴퓨터에 대한 관심을 키우며 자랐다. 세운상가 키드였다.

송재경은 대학 시절 프로그램 언어를 배우기 위해 직접 게임도 만들었지만, 우선순위는 '필요한' 프로그램이었다. 대표적인 것이 한글 워드 프로그램이었다. 한글로 리포트 숙제를 작성해야 했는데, 제대로 된 프로그램이 없던 시절이었다. 2년 가까이 혼자 만들고 있던 중 〈아래아한글〉이 나왔다. 굳이 만들 필요가 없어졌다.

그가 인터넷의 세계를 처음 접한 것은 1990년 카이스트 석사과정에 입학한 이후이다. 1990년 3월 한국 인터넷은 미국과 전용선으로 처음으로 연결되었다. 그해 카이스트는 서울 홍릉에서 대전 대덕으로 이전했다. 새로 문을 연 캠퍼스는 당시 국내에서 인터넷이 가장 잘되는 곳이었다. 모든 강의동과 기숙사 건물에는 최신 라우터와 광케이블이 설치되어 있었다. 이전을 반대했던 교수들은 강의가 있는 날만 대덕으로 내려왔다. 새로 지어진 캠퍼스 주변에는 유흥시설도 없었다. 기숙사 생활을 하던 학생들은 인터넷을 누비며 잉여로운 삶을 즐겼다.

송재경도 그들 중 한 명이었다. 전산실의 유닉스에 탑재된 〈넷핵〉을 열심히 했다. 석사 1학년 때는 이틀 동안 자지 않고 전산실에 앉아 플레이할 정도였다. 송재경은 1991년 말 〈KIT 머드〉를 접하게 됐다. 카이스트 학부생 김지호 등이 덴마크 디쿠Diku대학의 DikuMUD 소스를 수정해 만든 국내 최초의 머드 게임이었다. 송재경이 경험한 최초의 멀티플레이 게임이었다. 〈KIT 머드〉는 당시 약 100여 명이 접속해 플레이했다.

1970년대 말 네트워크망을 통해 RPG를 구현하려는 시도 중 등장한 MUD Multi User Dungeon는 여럿이 던전을 탐험하는 형식이었다. 당시 네트워크 환경상 텍스트로만 플레이가 가능했다. 게임 속에서 움직이고 싶으면 '이동'과 함께 '동', '서', '남', '북' 같은 방향을 타이핑해주면 되었다. 그래픽은 없었지만, 채팅과 멀티플레이가 가능했다. 〈KIT 머드〉처럼 MUD는 해외에서도 인터넷 접근이 가능한 대학 네트워크망을 중심으로 확산했다. 호기심 많던 프로그래머 송재경은 박사 과정 중 머드 관련 정보를 습득했고, 직접 프로토타입 수준까지 게임을 만들었다.

박사 과정에 그다지 흥미를 느끼지 못한 송재경은 당시 국내에서 가장 큰 소프트웨어 회사 한글과컴퓨터에 입사했다. 게임을 만들고 싶었지만 갈 만한 게임회사가 없었고, 창업할 만한 자금이나 역량도 없었다. 입사 후 그는 삼정데이타시스템 오충용 사장으로부터 머드 게임을 만들어달라는 부탁을 받았다. 약 한 달 동안 디쿠머드와 함께 유명했던 LP머드를 한글화하고 거기에 당시 인기 있었던 영화 〈쥬라기공원〉 스토리를 덧붙였다.

1994년 7월 25일 천리안에 〈쥬라기공원〉이 서비스되기 시작했다. 국내 최초의 상용 머드였다. 1주일 뒤 〈KIT 머드〉를 만들었던 김지호와 그의 친구 5명이 만든 머드게임 〈단군의 땅〉이 나우누리에서 서비스를 시작했다. 당시 PC통신은 게시판과 채팅 수준의 서비스가 전부였다. 머드게임은 네트워크 속 새로운 몰입의 경험을 제공했다. 분당 15~20원의 비교적 비싼 가격에 서비스됐지만, 두 게임 모두 PC통신 최고의 매출을 올리는 콘텐츠가 됐다.

서버가 수천만 원 정도 했고, 집에서 인터넷 접속이 불가능하던 시절이었다. PC통신이라는 플랫폼을 통해서만 대규모 유통과 결제가 가능했다. 두 게임의 성공으로 다른 개발자들도 머드 게임 개발에 뛰어들었다. 해외 머드 소스에 시나리오만 올리면 됐다. 1990년대 중반 PC통신을 통해 〈마법의 대륙〉, 〈퇴마요새〉, 〈시간여행자〉 등 100여 개의 머드게임이 서비스됐다.

송재경은 돈은 못 벌었지만 네트워크 게임의 성공을 눈으로 확인했다. 그 전부터 가지고 있었던 그래픽 기반의 머드 게임의 성공 가능성에 대해서도 확신하게 됐다. 하지만 그가 일하던 한글과컴퓨터는 게임 개발에는 관심이 없었다. 그는 대학교 때부터 단짝 친구였던 김정주와 창업을 선택했다.

웹에이전시 넥슨과 〈바람의 나라〉

1990년대 중반 IBM은 서버 제공 사업을 강화하고 있었다. 서버의 이용이 많아지려면 인터넷 사용이 늘어나야 한다. IBM코리아에는 이를 위해 벤처 기업을 지원하는 프로그램이 있었다. 한 직원이 멀티미디어 콘텐츠 개발에 투자할 것을 제안했고, 한글과컴퓨터의 송재경을 만났다. IBM코리아와 한글과컴퓨터 사이에 온라인게임 공동개발 계약이 추진될 참이었다.

하지만 송재경이 1994년 12월 퇴사해버렸다. IBM코리아는 송재경이 만드는 온라인게임에 투자하겠다는 뜻을 밝혔다. 송재경은 김정주와 역삼역 근처 오피스텔에서 넥슨을 창업했다. 넥슨은 IBM코리아로부터 4800만 원의 자금과 서버(당시 약 9000만 원 상당)를 지원받아 1995년 1월부터 국내 최초로 그래픽 기반의 온라인게임 〈바람의 나라〉를 개발하기 시작했다.

당시 이런 게임은 '그래픽 머드'로 불렸다. 송재경은 머드 게임을 하는 중 방향을 잃어버려 불편했던 경험이 있었다. 1992년 무렵 그래픽으로 게임을 만들면 더 재미있게 할 수 있을 것이라고 생각했다. 하지만 업계의 다수는 그래픽 게임 개발에 회의적이었다. 네트워크 한계 때문에 대량의 이미지를 주고받는 것이 어렵다고 보았던 것이다. 서버와 네트워크 전문가인 송재경은 다르게 생각했다. PC에 그래픽 파일이 다 다운로드되어 있으면 1바이트의 정보만 보내도 PC에서 움직이게 할 수 있다고 생각했다. 그가 맞았다.

하지만 시간이 걸렸다. 넥슨은 매출이 없는 신생회사였다. IBM코리아는 그들에게 제작 의뢰가 온 현대자동차 홈페이지를 넥슨에게 맡겼다. 여러 기업들이 홈페이지를 만들던 당시 웹에이전시 시장은 호황이었고, 넥슨 등 IT 스타트업 회사들에게 가장 중요한 자금줄이었다. 훗날 네오위즈를 창업한 나성균과 2016년 국회의원으로 당선된 웹젠 의장 김병관 등이 넥슨에 합류해 인터넷 사업부를 이끌었다. 넥슨은 정보통신부 가상회의 시스템 용역, 아시아나항공 예약페이지, 한국야구위원회KBO 생중계 시스템 등을 만들며 번 돈으로 게임을 개발했다.

송재경은 개인 신상으로 1995년 12월 넥슨을 떠났다. 〈바람의 나라〉는 이듬해 4월 천리안을 통해 서비스되기 시작했다. 일반에게 공식 서비스를 시작한 최초의 온라인게임이 됐다. 시작은 소박했다. 넥슨 직원들과 소수의 유저들이 채팅을 하며 놀았다. 아직 즐길 만한 콘텐츠도 많지 않았다. 정상원이 합류한 뒤 콘텐츠가 지속적으로 추가됐다. 유저들이 게임을 하다가 불편한 점을 이야기하면 개발자가 바로 그 자리에서 프로그램을 손보기도 했다. W키를 누르면 서버 전체의 유저 리스트가 쫙 뜨던 시절이었다.

〈바람의 나라〉는 1998년까지는 적자였다. 아직까지 온라인게임의 유저도 많지 않았고, 게임으로서 경쟁 요소나 협력 요소가 부족했다. 넥슨은 여전히 홈페이지 구축과 SI(정보시스템 통합) 사업을 통해 돈을 벌고 있었다. 넥슨을 나간 송재경은 1996년 1월 카이스트 연구실 선배인 허진호의 아이네트에 입사했다. 그해 9월부터 〈리니지〉를 개발하기 시작했다.

IMF 경제위기와 PC방

1997년 11월 '한국전쟁 이후 가장 큰 위기'라 불리던 IMF 외환위기가 발생했다. 1998년 1월에만 3300개의 기업이 도산했다. 공공부문은 전체 인력의 20%인 14만 명 이상을 감원했다. 재계 2위의 대기업 대우그룹이 해체되었고, 은행들도 다수 망하거나 합병되었다. 대기업에서도 구조조정 바람이 불었다. 그전에는 들어보지 못했던 명예퇴직, 희망퇴직 같은 단어들이 등장했다.

평생직장이라는 신화가 깨졌고 실직자들이 쏟아졌다. 실직 사실을 주변에 알리기 싫어 아침에 양복 차림으로 출근하는 척하고 산에서 시간을 보내다 퇴근시간쯤 귀가하는 '등산 출근' 현상이 언론에 보도되기도 했다. 덕분에 이 시절 이후 국내 등산 인구가 부쩍 늘었고, IMF 위기가 끝난 뒤 여러 등산복 브랜드가 호황을 누렸다. PC방도 IMF 경제위기와 함께 급속하게 늘어난 업종이었다.

IMF로 인한 실직자들 중 상당수는 별다른 기술이 없었다. 다른 것에 신경쓸 일 없이 PC와 모니터 등만 있으면 운영할 수 있는 PC방은 그들에게 수월한 자영업이었다. PC방은 또한 주머니가 얇아진 이들에게 저렴한 문화공간이기도 했다. 1996년 약 300개였던 PC방의 수는 1997년부터 2001년까지 약 1500개(1997년), 6000여 개(1998년), 1만 5150개(1999년), 2만 1460개(2000년), 2만 5000여 개(2001년) 수준으로 급속하게 늘어났다.

PC방 창업 열기에는 걸출한 PC게임의 역할이 컸다. 1998년 4월 국내에 출시된 〈스타크래프트〉는 선풍적인 인기를 끌었다. 10~30대의 남자들은 당구 큐 대신 마우스를 잡기 시작했다. PC방 내부 LAN이나 〈스타크래프트〉 개발사 블리자드가 운영하는 배틀넷에서 멀티플레이 대전을 즐겼다. 여러 사람과 함께 플레이를 할 수 있고, 네트워크 사정이 좋은 PC방에 사람들이 몰릴 수밖에 없었다. 〈스타크래프트〉는 전 세계적으로 약 1100만 장이 판매됐는데, 한국에서 그중 450만 장가량이 팔렸다.

아파트로 대변되는 대도시의 높은 인구 밀도와 집단주의적 유교문화 성향도 PC방과 대박 게임이 탄생할 수 있었던 사회문화적 배경이었다. 오프라인의 네트워크가 온라인까지 연결되며 게임 생태계에 네트워크 효과가 강화됐다. 한국 게임 생태계는 주기적으로 대세 게임이 등장해 짧은 기간에 높은 점유율을 점하는 현상을 반복적으로 경험하게 된다.

〈스타크래프트〉의 인기와 PC방의 보급은 한국에서 e스포츠가 탄생하고, 한국이 e스포츠 강국이 된 계기가 되었다. 이기석, 임요환 등 초창기 프로게이머들은 PC방을 통해 〈스타크래프트〉를 접했고, 배틀넷에서 플레이하며 기량을 키웠다. PC방 단위 대회 또는 PC방 대항전 등을 통해 아마추어로서 이름을 알린 뒤 프로로 전향했다.

PC방은 해외 게임업계 관계자들에게도 화제였다. 한국을 방문하는 이들은 거의 대부분 PC방 투어를 했다. 서구 개발자에게는 경이적인 현상이었고, 아시아 국가에서는 벤치마크 대상이었다. 서구 개발자들은 게임의 네트워크 기능에 좀 더 관심을 기울이기 시작했다. 몇 년 후 대만과 중국, 태국 등 동남아시아 지역에 PC방이 급속도로 늘어났다.

1998년 IMF 경제위기의 영향으로 하이콤과 ST엔터테인먼트 등 PC게임 유통사들이 도산했다. 이후 중소 게임 개발사들도 많은 어려움을 겪었다. 기존에 출시됐던 게임이 잡지의 번들이나 주얼(패키지와 매뉴얼을 최소로 줄여서 CD만 포장해 판매하는 방식) 형태로 판매되는 경우가 많았다. 온라인게임 〈리니지〉를 개발 중이던 엔씨소프트도 힘들기는 마찬가지였다.

완성되기 전 출시된 〈리니지〉

1990년대와 2000년대 컴퓨터로 한글 타자를 배운 사람이라면 〈베네치아〉라는 게임을 모르는 이가 드물 것이다. 〈테트리스〉처럼 하늘에서 내려오는 특정 단어가 땅에 닿기 전 타이핑해서 없애야 하는 게임이었다. 한글 타자 속도를 키우기 위해 많은 이들이 열심히 플레이했다. 이 게임을 만든 사람은 훗날 엔씨소프트를 창업한 김택진이다.

1985년 서울대 전자공학과에 들어간 김택진은 서울대컴퓨터스터디클럽scsc 출신이다. SCSC는 1984년에 생긴 서울대 최초의 컴퓨터 동아리이다. 1983년 정부가 '정보통신산업의 해'를 선포하고 삼성과 금성 등에서 국산 PC 개발에 매진하던 시기였고, 컴퓨터에 관심 있는 공대생들이 SCSC에 몰렸다. 김택진도 그런 학생들 중 한 명이었다. 이곳에서 만난 기계공학과 이찬진, 김형집, 우원식 등과 함께 〈아래아한글〉을 개발했다.

1990년 〈아래아한글〉을 만든 다른 멤버들은 한글과컴퓨터를 창업했다. 김택진은 대학원을 선택했다. 이 무렵 그가 만든 프로그램에 들어 있던 게임이 〈베네치아〉이다. 김택진은 1991년 병역특례로 현대전자 보스턴 연구개발센터에서 근무했다. 이곳에서 처음으로 TCP/IP 기반의 인터넷을 처음 접했다. 전 세계 컴퓨터를 서로 연결시켜주는 통신 표준 규약인 TCP/IP에 폐인처럼 빠져들었다. 1년 6개월 뒤 한국에 돌아온 그는 1996년 우리나라 최초의 인터넷 포털서비스 '아미넷'(신비로)을 출시해 언론의 조명을 받았다.

하지만 현대전자와 현대정보통신 사이에 아미넷 운영권을 놓고 다툼이 생겼다. 새로운 인터넷 기술이 쏟아지던 중요한 시기, 1년 이상 그룹 내 파워싸움으로 아미넷 서비스는 표류했다. 퇴사를 결심한 김택진은 뜻이 맞는 동료 16명과 다음 회사를 구상했다. 1997년 4월 엔씨소프트가 설립됐다.

엔씨소프트는 출범하자마자 SK로부터 인터넷 기반 PC통신 '넷츠고' 관련 개발 의뢰를 받았다. 당시까지만 해도 국내 사이트나 PC통신 게시판에 댓글

그림 5-1 한국 게임 산업의 본격적인 시작을 알렸고, 여전히 막강한 IP 파워를 과시하는 게임 〈리니지〉
자료: 엔씨소프트 제공.

기능이 없었다. 구현하기 쉽지 않은 기술이었다. 엔씨소프트는 이 기능을 포함한 넷츠고의 주요 부분을 개발했다. 이후에도 대우, KCC, 금호 등 기업의 인트라넷과 결제시스템 등 네트워크 관련 사업을 키워갔지만, 김택진이 하고 싶은 것은 따로 있었다. 직접 인터넷 콘텐츠 서비스를 운영하고 싶었다.

1997년 11월 외환위기가 다가오고 있었다. 송재경이 있었던 아이네트도 그 영향을 먼저 받았다. 그가 만들고 있던 〈리니지〉가 완성되려면 시간이 필요했다. 회사는 송재경에게 서버나 네트워크 관리자로 이직을 제안했다. 송재경은 〈리니지〉를 포기할 수 없었다. 며칠 뒤 송재경은 전화를 한 통 받았다. 김택진이었다. 1997년 12월 송재경과 〈리니지〉 프로젝트가 엔씨소프트로 들어갔다.

하지만 엔씨소프트도 IMF 경제위기로부터 자유로울 수는 없었다. 1998년부터 엔씨소프트의 매출 상황도 나빠지기 시작했다. 김택진은 〈리니지〉 발표

자료를 가지고 기술신용보증이나 창업투자회사에 갔다. 성과는 없었다. 당시 온라인게임 사업 자체를 이해하지 못했던 투자자들은 나중에 크게 후회했다. 김택진은 자신의 집을 팔아 자금을 마련했다. 6월 무렵 〈리니지〉 개발팀은 그로부터 출시를 앞당겨야겠다는 이야기를 들었다.

1998년 9월 〈리니지〉가 상용화되었다. 원래 상용 버전에 넣으려는 콘텐츠의 상당 부분이 들어가지 못한 상태였다. 그해 12월 동시접속자수 1000명을 기록했다. 당시까지 한국 온라인게임 최고 기록이었다. 다음해 12월 최고기록은 1만 명으로 뛰었고 그 다음해에는 10만 명이 됐다. 한국은 온라인게임의 시대로 접어들었다.

PC방: 한국 온라인게임 성공의 결정적 계기

전동진은 1997년 12월 사업 담당으로 엔씨소프트에 입사했다. 첫 신입사원이었다. 대학을 졸업한 지 얼마 되지 않던 그는 친구들을 만나러 서울 신촌에 갔다. 그때 그는 처음으로 PC방이라는 신세계를 접했다. PC방이 늘어나기 시작하던 1998년 초였다. 1시간 2500원의 요금이었는데 빈자리가 거의 없었다.

1998년 엔씨소프트는 〈리니지〉 출시를 앞당겼지만 마케팅할 돈이 없었다. 〈리니지〉로 돈을 벌 방법도 별로 없었다. 아직 인터넷이 가정에 많이 보급되지 않은 상황이었다. 게다가 한 달에 2만 9700원으로 정한 요금은 당시로서는 너무 큰 금액이었다. IMF 경제위기로 소비가 위축된 상황에서 한 달에 그 정도 금액을 한 게임에 쓸 사람을 찾는 것은 쉬운 문제가 아니었다.

전동진은 한 번도 PC방을 가보지 않은 김택진과 송재경에게 PC방 마케팅과 결제를 주장했다. 승낙을 얻었다. 마케팅은 혼자였다. 8월 내내 혼자 오토바이를 타고 PC방을 돌아다니며 계약을 맺었다. PC 1대당 매월 10만 원(부가세 별도)으로 계약했다.

신의 한 수였다. 1990년대 중반 머드 게임은 PC통신을 통해 서비스됐다.

당시까지만 해도 유통과 결제를 할 다른 방법이 없었다. 1998년 〈리니지〉도 마찬가지였다. 대용량 클라이언트 파일을 유통하기가 쉽지 않았다. 생소한 게임을 하라고 알릴 방법도 없었다. 설혹 플레이하더라도 결제가 쉽지 않았다. 이 모든 문제를 PC방이 해결했다.

당시 PC방 요금은 시간당 2500원이었다. 40시간을 하면 10만 원이었다. 〈리니지〉 유저 중에는 오랜 시간 플레이하는 유저가 많았다. 이틀이면 10만 원 매출이 가능했다. 그 이후로 PC방은 계속 돈을 벌 수 있었다. 따라서 PC방과 게임 회사 모두에게 좋은 방법이었다.

엔씨소프트가 찾아갔지만 계약하기를 껄끄러워하는 PC방도 있었다. 하지만 유저가 와서 게임이 안 되면 항의를 했기 때문에 역으로 PC방 쪽에서 엔씨소프트에게 전화를 걸었다. 〈스타크래프트〉가 PC방에서 가장 많이 플레이되는 게임이었지만, 다른 PC방과 차별화를 위해서는 〈리니지〉가 필요했다. 일부 PC방 업주는 PC방 총판 계약을 원했다. 10%의 수수료를 받고 엔씨소프트 대신 다른 PC방에 〈리니지〉 마케팅과 영업을 해줬다.

IMF 경제위기 이후 PC방이 급속도로 늘어나는 것도 엔씨소프트에게는 행운이었다. PC방 업주가 고객을 늘리기 위해 게이머에게 〈리니지〉를 소개해주기도 했다. 다른 사람이 하는 〈리니지〉를 보고 따라서 플레이하는 경우도 생겨났다. 2000년 엔씨소프트 매출 중 PC방 비율은 전체의 70.46%였다. 개인 과금을 통한 매출은 19.21%에 불과했다.

〈리니지〉 이후 PC방은 다른 MMORPG에게도 마케팅과 결제의 가장 중요한 플랫폼이 됐다. PC방은 경쟁력을 유지하기 위해 지속적으로 PC 사양을 업그레이드했다. 친구들과 한곳에 모여 플레이할 수 있는 곳은 PC방밖에 없다. 게임 회사들은 PC방을 통한 마케팅을 위해 PC방 유저들에게 더 좋은 혜택을 줬다. 덕분에 초고속인터넷이 대부분의 집까지 연결된 요즘에도 PC방은 가장 강력한 온라인게임 마케팅 플랫폼의 위상을 유지하고 있다.

〈리니지〉의 성공과 낯선 문제들

출시 당시 〈리니지〉는 온라인게임 중 가장 그래픽이 뛰어난 게임이었다. 〈바람의 나라〉, 〈영웅문〉, 〈워바이블〉 등 2D 도트 기반의 먼저 나온 게임들과 달리 사전렌더링 3D 그래픽은 차원이 다른 사실감을 선사했다. 8등신 캐릭터의 화려한 액션과 함께 이른바 '손맛'이라고 불리는 타격감 역시 다른 게임들보다 뛰어났다.

하지만 대부분의 유저에게 온라인게임 자체가 생소한 때였다. 〈리니지〉는 왼쪽 마우스 클릭 하나만으로 이동과 공격, 메뉴 선택 등이 가능했다. 직관적인 인터페이스와 손쉬운 조작법 덕분에 일반 인터넷 사용자도 쉽게 접근할 수 있었다. 당시 PC방에서는 왼손으로 과자를 먹거나 담배를 피면서 오른손만으로 게임을 플레이하는 유저를 쉽게 찾을 수 있었다.

이런 요소들보다 〈리니지〉가 유저를 끌어들일 수 있었던 것은 한 화면에 수십, 수백 명이 함께 플레이하는 경험이었다. 초창기 〈리니지〉의 콘텐츠는 기존 PC게임에 비해 많이 부족했다. 대신 수십 명 이상이 함께 하는 플레이는 다른 PC게임에서 접할 수 없던 것이었다. 부족한 콘텐츠는 유저들의 협력과 경쟁 속에 스스로 채워져 갔다. 이른바 커뮤니티였다.

〈리니지〉는 PKPlayer Killing가 가능한 게임으로 유명했다. PK는 게이머가 다른 게이머를 공격해 죽일 수 있는 시스템이다. 죽은 게이머는 가지고 있던 아이템을 잃고, 경험치도 깎이는 피해를 입는다. 이 시스템은 캐릭터의 빠른 성장 욕구를 더욱 자극했다. 살아남기 위해, 또는 공격하기 위해 더 빠른 레벨업과 더 좋은 아이템의 장착이 필요했다. 성장의 결과와 효과는 게이머에게 쾌감을 줬다.

PK로 대표되는 생존 경쟁은 자연스럽게 커뮤니티 결성을 강화했다. 살아남기 위해 팀을 짜고, 그런 팀을 공격하기 위해 팀을 짰다. 〈리니지〉에서는 '혈맹'이라는 길드 시스템이 커뮤니티의 핵심이었다. 혈맹은 이후 PVP 대표 콘텐츠이자 초창기 한국 MMORPG의 기술적 진보로 거론되는 '공성전功城戰'으로 이어졌다. 혈맹은 NPC나 다른 혈맹이 보유한 성을 공략하는 공성전을 벌일 수 있다. 성을 획득하면, 그 성이 벌어들이는 수익의 일부를 취했다. 많은 혈맹들이 성의 획득을 목표로 치열하게 전투를 벌였다. 〈리니지〉가 나왔던 시절, 수십 명 이상 참여하는 대규모 공성전은 기술적으로 구현하기 어려운 콘텐츠였다. 유저들은 다른 곳에서는 경험할 수 없는 집단 간 전쟁을 즐기기 위해, 또한 실제로 얻을 수 있는 이익을 위해 혈맹을 중심으로 단단히 뭉쳤다.

혈맹의 역량을 강화하기 위해 좋은 성능의 아이템을 필요했다. 아이템이 현금으로 거래되는 일이 늘어나기 시작했다. 〈리니지〉 혈맹은 온라인은 물론 오프라인에서도 친목 모임을 가졌다. 게임 속 캐릭터의 아이템에 현물 가치가 생기고, 게임 속 관계가 오프라인까지 이어지며 〈리니지〉는 일종의 '잠금효과'(특정 재화 혹은 서비스를 한번 이용하면 다른 재화 혹은 서비스를 소비하기 어려워져 기존의 것을 계속 이용하는 효과 혹은 현상)의 수혜를 얻었다.

〈리니지〉에 열광한 유저들은 언론으로부터 '리니지 폐인'이라고 불리며 게임 중독에 대한 논란을 일으켰다. 게임 속 분쟁이 현실에서 이어지는 '현피 논란', 아이템의 현금 거래와 사기 사건, 아이템의 소유권에 대한 법적 분쟁 등도 발생했다. 이는 국내만의 문제 또는 이 시절만의 이슈가 아니었다. 온라인게임, 특히 커뮤니티성을 중시하는 MMORPG에는 계속 따라다니게 될 문제였다.

〈리니지〉 효과

1990년대 후반 영화배우 박중훈은 친구가 공동 창업한 회사에 5000만 원을 투자했다. 1998년 9월 그 회사는 코스닥에 등록했다. 주식 가격이 마구 올라갔고, 1999년 박중훈은 100억 원이 넘는 주식을 보유하게 됐다. 한국 프로야구 최고 연봉이 1억 5400만 원(1999년 현대 정명원)이던 시절이었다. 박중훈이 투자했던 회사는 무료 인터넷 전화 '다이얼패드'를 선보여 코스닥 투자 붐을 일으켰던 새롬기술이었다.

1999년 10월 '아이러브스쿨'은 최단기간 500만 회원 가입을 달성했다. 같은 달 두루넷은 미국 마이크로소프트로부터 1000만 달러 투자를 유치했고, 다음 달 국내 업체 최초로 미국 나스닥에 상장했다. 2000년부터 3800여 개의 벤처 회사가 창업했다. 창업투자회사가 2조 원이 넘는 돈을 투자했다. 벤처 창업과 코스닥 상장 붐이 불고 거품이 부풀어가던 시절이었다.

2000년 9월 두루넷이 1000억 원 이상 투자해 오픈한 '코리아닷컴'이 실패했다. 2000년대 중반 이후 투자했던 닷컴회사의 수익성에 의문이 생겼다. 새롬기술의 주가가 가파르게 떨어졌다. 코스닥의 닷컴회사 주가도 함께 떨어졌다. 예외가 있었다. 2000년 7월 코스닥에 등록한 엔씨소프트였다. 〈리니지〉의 성공으로 엔씨소프트의 주가는 계속 올라갔다. 온라인게임의 확실한 수익모델은 다른 닷컴회사와 비교되었다. 돈과 사람이 온라인게임으로 몰려들었다.

'와레즈'로 불리는 불법 공유사이트 등으로 고생하던 PC게임 업계인들도 마찬가지였다. IMF 경제위기로 경영난을 겪던 상당수 게임회사와 개발자들은 〈리니지〉의 성공을 보며 온라인게임으로 방향을 전환했다. 손노리와 소프트맥스 등 유명 개발사들도 그랬다. PC방을 통한 수익모델과 수익규모가 확인된 MMORPG 개발이 갑자기 늘어났다.

돈과 사람이 몰렸고, 경쟁적으로 MMORPG가 제작되고 있다는 사실이 알려졌다. 빠른 시기에 론칭이 필요했다. 대부분 〈리니지〉와 비슷한 스타일의 게임을 만들었다. 직선적인 성장을 중시하고, 콘텐츠보다 커뮤니티에 방점을 찍은 한국식 MMORPG의 집단적 스타일이 굳어져갔다. 기획과 마케팅을 위해 〈바람의 나라〉나 〈리니지〉처럼 기존 콘텐츠를 활용하기도 했다. 만화 원작의 〈레드문〉이나 판타지소설 원작의 〈드래곤라자〉의 사례가 그랬다.

이런 흐름 속에 1998년 7개가 출시됐던 온라인게임은 1999년 9개, 2000년 100여 개로 급속도로 늘어났다. 시장은 커졌지만, 이 많은 게임을 수용하기 어려웠다. 〈리니지〉의 아성은 더욱 굳건해져갔다. 잠금 효과를 통해 유저의 이탈을 막고, 네트워크 효과를 통해 신규 유저를 계속 늘려가고 있었다. 새로운 돌파구가 필요했다.

〈카트라이더〉가 '국민게임'이 된 배경

아시아를 휩쓴 한국 MMORPG

소프트뱅크의 손정의가 2003년 7월 2일 2년여 만에 한국에 와서 기자회견을 했다. 그는 '일본이 대규모로 한국 문화를 수입하는 것은 백제시대 이후 처음 있는 일'이라며 이렇게 말했다.

"한국의 문화콘텐츠 중 세계 최고 자리에 오른 것은 온라인게임이 처음이다. 한국의 IT기술과 문화가 고스란히 녹아 있는 한국 온라인게임을 수출할 수 있도록 적극 지원하겠다."

그가 이렇게 이야기한 이유는 자명했다. 소프트뱅크의 자회사 경호가 2002년 12월 일본에서 상용화한 〈라그나로크〉가 한 달여 만에 동시접속자수 5만 명을 넘기며 일본 온라인게임에서 역사를 만들어가고 있었기 때문이다. 일본만 그랬던 것은 아니다.

2000년 7월 대만 서비스를 시작한 〈리니지〉는 국가 인터넷망을 두 번이나 다운시키는 사건을 일으켰다. 한국처럼 PC방이 늘어나기 시작했던 대만을 강타한 첫 게임이 〈리니지〉였고, 〈리니지〉 덕분에 대만 PC방 시장은 더욱 성장했다. 〈리니지〉를 서비스했던 감마니아는 대만 최고의 온라인게임 퍼블리셔가 됐다.

2001년 11월 중국에서는 〈미르의 전설2〉가 상용 서비스를 시작했다. 4일만에 동시접속자 5만 명을 찍었고 두 달이 안 돼 10만 명이 됐다. 2002년 3월에는 20만 명으로 늘어났다. 가입자는 1000만에 육박했다. 상용화 4개월 뒤,

〈미르의 전설2〉는 세계에서 가장 많이 플레이되는 게임이 됐다. 베이징과 상하이 지역 PC방을 중심으로 퍼져나가며 중국 인터넷 대중화를 성큼 앞당겼다. 〈미르의 전설2〉를 서비스했던 벤처기업 샨다는 중국 최대의 게임 회사가 됐다.

〈리니지〉가 한국에서 이뤄냈던 흥행이 대만, 중국, 일본, 태국 등에서 반복됐다. 〈리니지〉 덕분에 엔씨소프트가 부상했던 것처럼 각 국가에서 한국 온라인게임을 서비스한 회사는 1등 게임회사가 됐다. 선점효과는 확실했고 가까운 미래도 보였다. 닷컴 버블의 후유증은 그곳에서도 마찬가지였다. 한국에서처럼 사람과 돈이 온라인게임으로 몰려들었다. 2003년까지 중국에서는 200개가 넘는 온라인게임 유통사가 생겨났다.

대만과 일본처럼 중국 회사들은 온라인게임 개발력이 없었다. 타이밍을 놓치지 않기 위해 한국 MMORPG 수입에 달려들었다. 한국 MMORPG 개발사 입장에서도 반가운 일이었다. 한국은 〈리니지〉와 그 뒤를 이은 〈뮤〉의 아성이 너무 굳건했다. 해외 수출이라는 새로운 매출원이 반가울 수밖에 없었다. 2003년 중국 온라인게임 시장의 80%를 한국 게임이 장악했다. 중국 문화콘텐츠 역사상 유례가 없는 일이었다. 중국 정부는 심각한 문제로 인식했다.

온라인게임 서비스가 생소한 시기였다. 수출 계약에도 허술한 부분이 많았고, 한국 개발사와 해외 퍼블리셔 사이에 분쟁도 잦았다. 중국에서 〈미르의 전설2〉 로열티 미지급 사태가 발생했다. 사설 서버 대응 미비를 이유로 내세웠지만, 2년 계약기간 연장이 본질적인 문제였다. 재계약을 맺기 위해 중국 퍼블리셔가 한국 개발사를 압박했다.

초기에는 해외 시장에 대한 정보도, 확신도 없었다. 한국 온라인게임의 경쟁력이 확인된 라이선스 방식의 수출모델에서 합작회사 방식으로 변화를 모색하는 회사들도 생겨났다. 엔씨소프트는 일본에서는 소프트뱅크와 엔씨재팬을 설립했다. 중국에서는 시나닷컴과 엔씨시나를 세웠고, 대만에서는 엔씨감마니아를 만들었다.

2000년까지 문화콘텐츠 수출 1위는 애니메이션이었다. 2001년 이후로 게임이 계속 압도적인 1위를 유지해오고 있다.

초고속인터넷의 초고속 성장

1999년 4월 1일, 김대중 대통령은 원래 외무부에서 업무보고를 받을 예정이었다. 하지만 며칠 전 그날 업무보고의 부처를 정보통신부로 바꿨다. 4월 1일은 전화선을 이용한 하나로통신(현 SK브로드밴드) 초고속인터넷 ADSL이 개통하는 날이었기 때문이다. 김대중 정부는 그만큼 초고속인터넷 보급을 적극적으로 추진 중이었다.

4월 1일 정보통신부의 보고가 끝나자 하나로통신은 영상통화를 위해 정통부로 신호를 보냈다. 전화를 받지 않았다. 다시 신호를 보내자 대통령의 목소리가 들려왔다.

"여보세요. 하나로통신의 서비스 개통을 축하합니다."

김 대통령과 신윤식 하나로통신 대표 사이의 영상통화는 5분여 동안 진행됐다. 이 화상통화는 언론을 통해 대서특필되었다. 초고속인터넷을 신청하는 가구가 폭발적으로 늘어났다. 초고속인터넷은 1998년 케이블선을 이용한 두루넷이 먼저 시작했다. 하지만 주요 고객층은 PC방이었다. KT는 1993년부터 데이터통신이 가능한 ISDN을 내놓았지만 속도(128Kbps)가 빠르지 않았고 이용량에 따라 요금을 내야 했다. 하나로통신이 1999년 4월 기존 전화모뎀보다 100배 빠르고 무한정 쓸 수 있는 ASDL(월 5만 원), 8월 ASDL라이트(월 2만 9000원)를 내놓자 주문이 폭주했다.

KT도 ISDN을 버리고 10월부터 ASDL 서비스를 시작했다. 하나로통신이 주문 폭주로 300가구 이상 아파트 단지를 위주로 서비스를 확대한 반면 KT는 우수한 인프라를 활용해 소규모 주거지를 공략했다. 두 회사의 경쟁을 통해 초고속인터넷은 전국적으로 빠르게 확산됐다. 2000년 9월 초고속 인터넷 가입자가 100만에 이르렀고, 2002년 10월이 되자 1000만을 돌파했다. 한국은 2000년대 초반 세계에서 가장 빠르게 초고속인터넷이 보급된 나라가 되었다.

초고속인터넷의 보급과 함께 인터넷 포털과 커뮤니티 등이 폭발적으로 성장했다. 온라인게임 업계에는 반가운 일이었다. PC방에 이어 온라인게임의 새로운 유통 플랫폼으로 등장한 셈이었다. 비약적으로 게임 유저층이 늘어났다. 집에서 초고속인터넷을 이용하는 10대와 여성층도 온라인게임의 주요 소비층으로 유입됐다. 그들을 위한 온라인게임 장르가 필요해졌다.

마케팅을 위한 게임포털, 결제를 위한 결제솔루션 회사들이 등장했다. 월간지 대신 게임웹진도 등장했다. 초고속인터넷의 빠른 도입은 PC방이 그랬던 것처럼 온라인게임과 관련 산업이 글로벌 경쟁에서 선점효과를 누릴 수 있는 인프라가 됐다.

KT가 메가패스를 서비스하기 시작한 1999년 10월, 온라인게임계에도 시대의 변화를 예고하는 두 개의 캐주얼게임이 등장했다. CCR의 〈포트리스2〉와 넥슨의 〈퀴즈퀴즈〉였다.

최초의 국민게임 〈포트리스2〉와 〈퀴즈퀴즈〉

1997년 10월 서비스를 시작한 넷츠고는 게임과 큰 관련이 없는 것처럼 보인다. 하지만 한국 온라인게임 생태계는 넷츠고에게 큰 신세를 졌다. 한국 온라인게임 초창기 가장 큰 성과를 거둔 세 업체가 모두 넷츠고 외주 개발사였기 때문이다. 앞서 언급했듯 엔씨소프트는 댓글 기능이 들어간 넷츠고 게시판을 개발했다. CCR은 게임과 애니메이션 같은 콘텐츠 수급을 주로 맡았고, 넥슨은 그 게임들이 들어갈 웹페이지를 개발했다.

CCR이 넷츠고에 납품한 콘텐츠 중에 〈포트리스〉가 있었다. 〈포트리스〉는 넷츠고에서 일간지의 기사보다 인기 있는 콘텐츠였다. CCR은 넷츠고에 게임을 납품했을 뿐만 아니라 운영까지 맡았다. 대기업은 그런 업무를 직접 하지 않았다. CCR은 직접 서비스를 운영하며 게임의 시장성을 확인하고 운영 노하우를 쌓았다. 1999년 10월 독자적으로 〈포트리스2〉 베타 서비스를 시작했다.

〈포트리스2〉는 서비스 반년도 안 되어 350만 명의 회원을 확보할 정도로 선풍적인 인기를 얻었다. 간단한 조작방법만 배우면 쉽게 플레이할 수 있다는 것이 최대 장점이었다. 턴 방식으로 번갈아가며 포를 쏴 상대방 탱크의 에너지를 고갈시키거나 맵에서 떨어뜨리면 이기는 게임이었다. 유저는 방향키와 스페이스바로 포를 쏘는 각도와 세기만 조절하면 됐다.

덕분에 다양한 연령층이 게임에 참여했다. 여성 이용자의 비율이 40%에 이르렀다. 2000년 8월 동시접속자수가 10만 명을 넘어섰다. CCR은 세계 최대 규모라고 발표했다. 다음해 7월에는 평균 동시접속자수가 16만 명을 돌파했다고 발표했다. 언론으로부터 '국민게임'이라는 호칭을 처음으로 얻었다.

〈퀴즈퀴즈〉는 넥슨의 공식적인 프로젝트는 아니었다. 병역특례 중이던 이승찬과 그의 친구가 3~4달 동안 회사 몰래 만든 게임이었다. 그만큼 간단한 게임이었다. 만드는 것이 간단했던 것처럼 플레이하는 것도 간단했다. 게임에서 제시하는 다양한 스타일의 퀴즈를 풀면 됐다.

남성 유저층을 위한 게임만 득세하던 시장에서 여성 유저층의 반응이 뜨거웠다. 청소년 유저층도 호응했다. 서비스 시작 두 달 만에 가입자 100만 명을 돌파했다. 초반에는 PC방을 중심으로, 이후에는 초고속인터넷의 보급과 함께 유저수가 늘어났다.

두 게임의 성공은 많은 개발자들에게 MMORPG 외에도 다른 장르의 게임도 성공할 수 있다는 가능성을 보여줬다. 하지만 숙제도 동시에 남겼다. PC방 월정액이 확립된 MMORPG와 달리 수익모델을 만들기 어렵다는 점이었다.

게임포털 한게임과 넷마블

한게임은 지금은 카카오 의장으로 유명한 김범수가 만든 게임포털 회사이다. 그가 삼성 SDS를 그만두고 벤처사업을 준비할 무렵 IMF 경제위기가 터졌다. 한양대 근처에서 '미션넘버원'이라는 대형 PC방을 하며 게임 개발을 준비했다. 고스톱, 테트리스, 포커, 바둑 등을 담은 한게임은 1999년 12월부터 정식 서비스를 시작했고 가장 인기 있는 게임포털이 됐다.

선발주자는 아니었다. 고스톱닷넷 등 비슷한 사이트가 먼저 나와 있었다. 한게임은 PC방을 마케팅 채널로 활용했다. PC방 운영을 위해 개발해 사용했던 PC방 관리프로그램을 무료로 제공하는 대신, 한게임 바로가기 링크를 PC의 첫 화면에 띄우는 방식이었다. '신의 한 수'였다. 그 결과 한게임은 초기 웹 보드게임 시장을 선점하며 굳건히 자리를 잡을 수 있었다.

엔씨소프트가 PC방 오프라인 마케팅을 통해 기선을 잡았다면, 한게임은 관리프로그램을 통한 온라인 마케팅을 적극 활용한 셈이다. 네이버도 2000년 7월 한게임과 합병하며 혜택을 입었다. 한게임의 PC방 관리프로그램을 쓰는 PC방 손님이 로그인을 하면 인터넷 브라우저에 자동으로 네이버가 뜨게 설정했다. 당시 네이버는 라이코스, 야후, 알타비스타, 엠파스 등과 경쟁하는 시기였다. 지금과 같은 위치에 오른 데는 PC방과 PC방 관리프로그램의 숨은 덕이 컸다.

2000년 11월 서비스를 시작한 넷마블은 후발 주자였다. MMORPG를 만들 역량도 자금도 없었다. 게임포털은 한게임과 엠게임이 시장의 90%를 차지하고 있었다. 특히 한게임은 2000년 12월 동시접속자수 10만 명을 기록하며 멀리 앞서나가고 있었다. 넷마블은 기존 게임포털과 차별화에 승부수를 걸었다. 목표 고객층을 달리했다. 한게임 등 기존 게임포털은 30~40대 PC방 남성 유저층이 몰려 있었다. 넷마블은 청소년과 여성 유저층을 목표로 했다. 초고속 인터넷이 확산되던 때였다.

세련된 디자인을 추구했던 다른 사이트와 달리 넷마블은 단순하며 동심을 자극할 수 있는 원색을 사용했다. '가족게임사이트'를 표방하며 〈배틀가로세로〉, 〈퀴즈마블〉, 〈테트리스〉, 〈알까기〉 등 청소년과 여성 유저층에게 어필할 만한 게임을 내세웠다.

2001년 5월부터 도입된 '학교 대항전'이 넷마블에 날개를 달아줬다. 청소년을 타깃으로 했던 넷마블은 개인이 아닌 학교 단위의 집단적인 경쟁심을 자극했다. 많은 학생들이 자신의 학교를 다른 학교보다 더 높은 순위로 올리기 위해 참여했고 참여를 독려했다. 제주도의 한 중학교는 전교생 중 1명을 제외하고 모두가 넷마블에 가입할 정도였다. 넷마블은 2001년 한 해 동안 900만 회원을 모았다.

초고속인터넷이 확산되는 시대적 분위기 속에서 넷마블의 트래픽은 급증했다. 2001년 한때, 인터넷 트래픽 분석업체 알렉사가 집계한 방문자수 가장 많은 사이트 8위에 오를 정도였다. 야후, 다음, 라이코스 등 포털들이 인수합병 제의를 해왔다. 초고속인터넷의 확산과 넷마블의 성공은 다른 게임 개발사들도 자극했다. 엔씨소프트는 '웹라이프'와 '게임팅'을 통해 게임포털 진입을 시도했지만 실패했다. 네오위즈는 2003년 8월 '피망'을 오픈했고 7월 말부터 100억 원을 투입하는 대규모 마케팅을 통해 성공했다.

〈퀴즈퀴즈〉의 험난한 수익모델 찾기

2000년이 끝나갈 무렵 넥슨은 딜레마에 빠졌다. 〈퀴즈퀴즈〉는 10월 오픈 베타 이후 지속적으로 유저가 늘어나며 12월에는 동시접속자수가 10만까지 치솟았다. 예상치 못한 성과였다. 마땅히 기뻐해야 할 일이었다. 하지만 난감하기도 했다. 동시접속자수만큼 서버와 트래픽 비용이 늘어났다. 넥슨은 아직까지 게임에서 수익이 크지 않은 작은 회사였고, 그 당시 서버와 트래픽 비용은 감당하기 어려운 수준이었다. 상용화가 절실했다.

온라인게임의 수익모델은 〈리니지〉가 증명한 PC방 정액제와 개인 정액제밖에 없었다. 넥슨은 2001년 1월 2일부터 전격적으로 유료화를 단행했다. 개인 유저 월정액 1만 6500원, PC방의 한 IP당 7만 9000원으로 요금이 책정됐

그림 5-2 세계 최초로 부분유료화 모델을 시도한 〈퀴즈퀴즈〉(이후 〈큐플레이〉로 게임명이 바뀜)
자료: 넥슨 제공.

다. 캐주얼게임 최초의 유료화였고 최초의 실패였다.

유저들과 PC방 양쪽으로부터 거센 반발이 일어났다. 넥슨은 캐주얼게임임을 감안해 가격을 낮췄지만, 유저와 PC방은 캐주얼게임임을 감안해 유료화를 비판했다. 유저들이 썰물처럼 빠져나갔다. 70%의 유저가 이탈했다. 넥슨은 〈퀴즈퀴즈〉 이용료를 50% 이상 대폭 낮췄다. 떠나간 유저들은 돌아오지 않았다.

캐주얼게임은 MMORPG와 게임도 유저층도 달랐다. MMORPG는 게이머의 캐릭터가 계속 성장하며 레벨과 함께 나양한 아이템도 쌓인다. 길드에 가입해 생사를 건 전장을 함께 누비며 끈끈한 커뮤니티를 다진다. 쌓여 있는 아이템과 묶여 있는 커뮤니티를 두고 게임을 떠나기 힘들다. 그래서 정액제 방식의 수익모델이 가능하다.

반면 〈퀴즈퀴즈〉 같은 캐주얼게임은 무기를 쓰는 게임이 아니었다. 혜택을 보는 아이템을 써서 퀴즈를 푸는 유저가 있다면 다른 유저들의 반발이 심할 것이다. 커뮤니티 관계 또한 MMORPG에 비할 바가 아니었다. 게다가 청소년과 여성 유저층은 MMORPG의 성인 남성 유저층에 비해 지갑이 얇았다. 〈퀴즈퀴즈〉의 정액제 유료화에 반발하는 것은 당연했다.

월정액 인하 등 유저의 마음을 되돌리기 위한 넥슨의 여러 시도는 큰 효과를 보지 못했다. 이듬해 4월 드디어 성과를 보는 콘텐츠가 도입됐다. 월정액과 별도로, 아바타를 꾸미는 아이템을 유료로 판매하는 명품관이었다. 2000년 11월 인터넷 커뮤니티 '세이클럽'의 유료화 모델을 벤치마킹한 것이었다. 명품관은 오픈 한 달 만에 2억 원 이상의 매출을 냈다. 월정액으로 치면 2만 5000명의 회원에 해당하는 금액이었다. 넥슨은 이 결과에 고무되어 승부수를 걸었다. 2001년 7월 전면적인 개인 부분유료화를 실시했다.

성공이었다. 진입장벽이 없어지자 사람이 몰려들었다. 부분유료화 이후 동시접속자는 단숨에 2만 2000명을 넘어섰고, 이후 5만 명까지 늘어났다. 최근 소셜미디어에서 확인하고 있는 네트워크 효과였다. 사람이 많은 클럽이나 채팅방에 더 많은 사람들이 몰리는 현상과 닮았다. 〈퀴즈퀴즈〉에는 친교와 경쟁의 분위기가 넘쳐났다. 남자 유저는 여자 유저에게 장미꽃 아이템을 선물했고, 커플 유저들은 커플 티셔츠 아이템을 사서 입었다. 당연히 수익도 올라갔다. 2002년에는 매출 100억 원을 돌파했다.

이 부분유료화 시도와 성과를 통해 초고속인터넷 시대 캐주얼게임의 수익 모델이 확인됐다. 휴대폰을 통한 소액 결제가 보편화된 것도 영향을 미쳤다. 앨범 대신 음원을 팔기 시작한 것보다, 포털에서 드라마를 클립 단위로 서비스하는 것보다 먼저 게임은 콘텐츠 분절화를 도입한 셈이다.

부분유료 모델의 확장

2002년 5월 《어린이서울경제신문》은 500여 명의 초등학생을 대상으로 '가장 좋아하는 게임'에 대한 설문조사를 했다. 넥슨은 삼성에 이어 2위를 차지했다. 같은 시기 경제주간지 《한경비즈니스》도 초등학교 5~6학년 500명을 대상으로 설문조사를 실시했다. 넥슨은 '가장 좋아하는 회사'에서 4위, '가장 취직하고 싶은 회사'에서 5위를 차지했다.

당시 넥슨 게임 이용자의 60%가 초등학생이었다. 넥슨은 〈퀴즈퀴즈〉와 함께 2001년 10월 출시한 〈크레이지아케이드 비엔비〉(이하 〈비엔비〉)가 선풍적인 인기를 끌고 있던 때였다. 〈비엔비〉는 출시 1주일 만에 동시접속자수가 1만 명을 넘겼다. 유저 수는 계속 불어났다. 2002년에는 동시접속자수가 33만 명을 돌파했다. 물풍선만 이용해 공격과 수비를 하는 단순한 게임이었지만, 이런 단순성이 초고속인터넷을 막 이용하기 시작한 초등학생에게 매력적이었다.

넥슨은 〈퀴즈퀴즈〉에서 확인한 부분유료화 모델을 〈비엔비〉에도 적용했다. 물풍선을 터뜨리는 바늘 아이템을 팔기 시작했다. 〈퀴즈퀴즈〉의 치장 아이템은 게임 플레이와 직접적인 관련이 없었다. 반면 〈비엔비〉의 바늘 아이템은 유저에게 전략적 우위를 가져다줄 수 있는 기능성 아이템이었다. 많은 유저들의 반발이 일어났고, 인기 하락의 빌미가 됐다.

〈카트라이더〉는 초고속인터넷의 확산과 부분유료화의 도입으로 유저 풀이 폭발적으로 늘어나던 2004년 8월 출시됐다. 넥슨은 〈퀴즈퀴즈〉와 〈비엔비〉를 통해 부분유료화 노하우를 충분히 쌓은 이후였다. 출시한 8월에 이미 회원수 100만 명을 기록한 〈카트라이더〉는 두 달 뒤 동시접속자수 10만 명을 넘겼다. 이후 최고 동시접속자수 22만 명을 기록하며 '국민게임'의 호칭을 얻었다.

〈카트라이더〉의 인기는 초고속인터넷과 부분유료화로만 설명할 수는 없다. 귀여운 캐릭터와 직관적인 조작, 아기자기한 아이템, 경쟁의 긴박감 등이 유저를 끌어당겼다. 입문 자체는 쉬웠지만, 완벽한 드리프트를 구사하는 것은

그림 5-3 2000년대 중반 '국민게임'으로 유명한 〈카트라이더〉
자료: 넥슨 제공.

어려웠다. '좋은 게임은 배우기는 쉽고, 마스터하기는 어렵다'는 '부시넬의 법칙'에 부합하는 게임이었다. 출시 1년이 안 되어 아이템 판매만으로 한 달 30억 원 이상의 매출을 거뒀다.

2000년대 초반 캐주얼과 달리 MMORPG 장르는 부분유료화 도입에 대한 부정적인 의견이 많았다. 부분유료화를 도입할 경우 게임 플레이에 차등이 생길 것이라는 우려 때문이었다. 하지만 치열한 시장 경쟁 앞에 MMORPG도 부분유료화에 문을 열었다. 2002년 10월 〈다크세이버〉가 MMORPG 장르에서 처음으로 부분유료화를 도입했다. 3달 뒤 〈거상〉이 부분유료화로 전환해 동시접속자수 5만 명을 돌파했다.

넥슨은 2005년 8월 〈바람의 나라〉 등 MMORPG 5개를 부분유료화하겠다고 발표했다. 같은 해 12월 〈프리스톤테일〉 등이 부분유료화를 통해 제2의 전성기를 맞았다. 이후 엔씨소프트와 블리자드코리아의 MMORPG를 제외한 기존 MMORPG, 신규 MMORPG 모두 부분유료화를 채택했다. 2008년 미국 경제잡지 《포브스》는 넥슨의 사례를 언급하며 '부분유료화를 21세기형 수익모델'이라고 극찬했다.

초고속인터넷과 부분유료화 도입은 한국 온라인게임 시장의 규모를 완전히 바꿔놓았다. 인터넷 인프라와 수익모델이 바뀌던 3년(2001~2003년) 동안 온라인게임 시장은 매년 40.1%, 68.6%, 66.9% 수준으로 규모를 키웠다. 2000년 2000억 원도 안 되던 시장이 2004년 1조 원을 넘겼다. 이후에도 온라인게임의 시장 규모는 2013년까지 지속적으로 커졌지만, 이 시기의 성장률에는 미치지 못했다.

독립개발사의 성장

2002년 11월 MBC TV에서는 〈삼총사〉라는 이름의 미니시리즈가 시작했다. 손지창, 이정진, 류진이 주인공으로 나왔다. 재벌 아들인 류진이 온라인게임 〈Wu〉(유)의 개발사 '넷젠'을 설립해 성공을 거둔 뒤 정계에 입문해 부패 정치에 맞선다는 줄거리였다. 재벌 아들 이야기는 식상했지만, 주인공의 직업은 참신했다. 게임회사 대표가 주인공으로 등장한 첫 번째 한국 드라마였다.

이 드라마에 등장한 〈유〉와 '넷젠'은 〈뮤〉와 웹젠을 변용한 이름이었다. 2001년 5월 오픈베타를 시작해 그해 11월 상용화한 MMORPG 〈뮤〉는 1년 뒤 미니시리즈와 연결될 만큼 선풍적인 인기를 얻었다. 당시 압도적인 인기를 모으고 있던 MMORPG 〈리니지〉에 필적할 만한 수준이었다.

〈뮤〉를 만든 것도 삼총사였다. 김남주, 조기용, 송길섭은 초창기 PC게임 개발사로 유명한 미리내 소프트웨이 출신이다. IMF 경세위기가 넘친 1999년 미리내 소프트웨어는 문을 닫았다. 2000년 5월 세 개발자는 서울 서초동에 10평 남짓한 사무실을 얻고 〈뮤〉 개발을 시작했다. 〈리니지〉의 성공에서 확신을 얻고, 온라인게임 개발로 방향을 튼 것이다.

그로부터 약 1년 뒤 우리나라 최초의 3D MMORPG가 출시됐다. 2D 게임과 다른 화려한 그래픽과 타격감을 보여주며 선풍적인 인기를 끌었다. 캐릭터의 복장이나 무기를 바꾸면 확연히 눈에 띄게 달라졌다. 타격이나 마법 등을 쓸 때 나타나는 특수효과도 두드러졌다. 지속적으로 유저가 늘었다. 2002년 12월 동시접속자수 3만 8000명, 월 매출 30억 원을 기록했다. 고졸 개발자 2명과 전문대 중퇴 개발자 1명이 이룬 성과여서 더 화제가 됐다. 2003년 5월 코스닥에 상장한 웹젠은 6일 연속 상한가를 기록하며 시가총액이 엔씨소프트의 2/3를 넘기기도 했다.

웹젠의 삼총사처럼 온라인게임 개발로 들어온 PC게임 개발자의 게임이 성공을 거뒀다. 손노리와 PC RPG 〈악튜러스〉(2000년)를 공동 개발했던 김학규는 2002년 8월 MMORPG 〈라그나로크〉를 들고 나타났다. 국내는 물론 일본과 동남아시아에서 온라인게임 시대를 열었다. 1995년 설립되어 〈날아라 호빵맨〉 등 PC게임을 만들던 드래곤플라이는 FPS 〈카르마 온라인〉(2002년)과 〈스페셜포스〉(2004년)를 연달아 출시했다. MMORPG에 이어 FPS를 대세 장르로 이끌었다.

PC방에 이은 초고속인터넷의 확대와 부분유료화 보급은 유저 수급과 수익 모델에 대한 우려를 불식시켰다. 큰 성공을 거두는 온라인게임이 생기자 투자금도 들어왔다. 포털게임 회사들이 온라인게임 소싱에 나서면서 마케팅이나 결제 대신 게임 개발에만 집중하면 되었다. 2000년 이후 병역특례를 통해 게임 분야에 우수 인력이 유입됐다. 해외에서도 한국 게임을 사러 왔다. 국내외 퍼블리싱 계약금으로 게임 개발비 이상을 벌 수 있는 시기가 열렸다. 온라인게임 회사가 생겨나기 가장 좋은 시절이었다.

포털의 퍼블리싱 경쟁

2000년대 초중반 게임업계에서 '5N'이라고 불리는 회사들이 있었다. 온라인게임 생태계 초반 경쟁에서 우위를 차지한 메이저 게임회사 5곳의 이름이 우연히도 N으로 시작했기 때문이다. 이들은 모두 테헤란로 역삼역과 삼성역 사이에 위치해 있었다. 테헤란로에는 창업투자 회사들도 많았다. 좋은 조건의 투자와 퍼블리싱 계약을 바라는 게임 개발사들도 그 주변에 사무실을 차렸다. 실리콘밸리를 빗대 그곳은 테헤란밸리로 불렸고, 게임 업계는 그 시절을 테헤란시대라 불렀다.

5N 중 〈리니지〉를 통해 가장 먼저 성공한 엔씨소프트는 〈리니지2〉(2003년)의 성공으로 확고히 자리를 잡았다. 카니발라이제이션에 대한 우려가 있었지만 기우였다. 넥슨은 〈퀴즈퀴즈〉와 〈비엔비〉, 〈메이플스토리〉, 〈카트라이더〉로 연달아 캐주얼 장르 흥행을 이어갔다. 부분유료화 게임의 운영 노하우도 쌓여갔다. 네이버와 합병해 NHN이 된 한게임은 웹보드게임 시장 1위였다. 2004년에는 한게임재팬을 일본 게임포털 1위로 올려놓았다. '학교대항전'을 통해 청소년 유저층을 확보한 넷마블은 〈라그하임〉, 〈카르마 온라인〉 등 퍼블리싱 영역에서 앞서갔다. 가장 적극적인 퍼블리셔였다. 2003년 '피망'을 론칭하며 본격적으로 게임산업에 뛰어든 네오위즈는 웹보드게임과 함께 〈스페셜포스〉(2004년)의 퍼블리싱 성공으로 마지막에 5N에 합류했다. 5N은 치열하게 경쟁했다. 다른 N의 장점을 부러워했고, 자신의 단점을 채우려 노력했다.

온라인게임의 성공과 높은 수익률은 게임 바깥의 검색 포털에게도 부러움의 대상이었다. 한게임과 합병을 통해 게임 산업에 발을 담그며 성장한 네이버도 부러웠다. 많은 검색 포털이 2001년 넷마블에 인수를 타진한 것도 그런 이유였다. 2003년 다음, 엠파스, 야후코리아가 모두 게임시장에 진출했다. 게임 개발력은 없었기에 소싱 경쟁에 나섰다. 2003년 이후 온라인게임 퍼블리싱 경쟁이 뜨거워질 수밖에 없었다.

〈릴온라인〉(2003년), 〈A3〉(2003년), 〈마비노기〉(2004년). NHN과 네오위즈, 넥슨이 퍼블리싱했던 MMORPG다. 엔씨소프트의 〈리니지〉 시리즈가 부러웠던 세 회사는 3D MMORPG 서비스를 시작했다. 넥슨을 빼고는 전부 외부 개발사의 게임을 소싱한 것이었다.

백화제방처럼 이 시기에는 다양한 캐주얼게임이 유저들의 사랑을 받았다. 〈겟앰프드〉(2003년), 〈그랜드체이스〉(2003년), 〈팡야〉(2004년), 〈스페셜포스〉(2004년), 〈카트라이더〉(2004년), 〈프리스타일〉(2004년) 등이 대표적인 게임이다. 액션과 스포츠, FPS 등에서 히트작이 연이어 나왔다.

이 같은 분위기는 해외에서도 이어졌다. 중국과 일본, 동남아시아 등은 PC 방에 이어 초고속인터넷이 보급되기 시작했다. 한국에서 벌어졌던 현상이 몇 년 뒤에 반복됐다. 온라인게임 개발력이 여전히 약했던 곳에서 한국 게임은 경쟁력이 있었다. 〈카트라이더〉처럼 한국에서 성공한 게임이 해외에서 인기를 얻기도 했다. 〈오디션〉처럼 한국에서 실패한 게임이 해외에서 인기를 얻고, 다시 한국으로 돌아와 인기를 얻기도 했다. 한국 온라인게임 시장의 호시절이었다.

대박 성공 신화와 위험 징후들

MMORPG에 대한 갈망

초고속인터넷의 발달로 게임포털이 커가고, 다수의 캐주얼게임이 성공했다. 하지만 많은 게임 회사들은 여전히 엔씨소프트를 부러워하고 〈리니지〉를 탐냈다. 시간이 지나고, 다른 게임들도 많이 나왔지만 〈리니지〉는 계속 유저층을 묶어놓았고 수익을 거뒀다. 초창기 업계에서 3~4년으로 예상했던 MMORPG의 수명이 계속 늘어나고 있었다. 국내에서만 그랬던 것이 아니다. 해외에서도 마찬가지였다.

〈라그나로크〉와 〈뮤〉의 국내외 흥행 지속은 그런 동경을 더욱 부채질했다. 〈리니지2〉의 성공은 카니발라이제이션에 대한 엔씨소프트의 우려를 불식시켰다. 더불어 MMORPG 유저의 규모가 계속 늘어나고 있다는 사실을 업계에 확인시켰다.

한국 게임 생태계의 MMORPG 개발 역량도 올라와 있었다. 〈리니지〉의 성공 이후 많은 개발자가 MMORPG 개발에 참여했고, 국내는 물론 해외 서비스까지 시행착오를 거쳐 경험을 쌓았다. 〈리니지〉의 서버 구성은 이미 알려져 있었고, 국내외 MMORPG의 주요 콘텐츠에 대한 노하우는 공유되었다.

3D MMORPG가 대세가 되며 개발기간과 개발비도 늘어났지만 당시 주요 퍼블리셔에게는 별 문제가 아니었다. 서비스하는 게임들은 매달 돈을 벌어다주고 있었다. 온라인게임의 성공 신화에 몸이 단 창업투자사들은 투자에 적극적이었다. 다수의 개발자들도 작은 온라인게임보다 대형 MMORPG를 만들고 싶어했다. 잘될 경우 보상도 컸지만, 경력에도 도움이 됐다.

이런 분위기 속에 2004년 국내 게임 생태계는 블록버스터 MMORPG 출시 예정 소식이 끊이지 않았다. 언론은 이 시기를 '온라인게임 춘추전국시대'로 불렀다. CCR의 〈RF 온라인〉, NHN의 〈아크로드〉, 네오위즈의 〈요구르팅〉 등과 미국 블리자드의 〈월드오브워크래프트〉의 주요 특징 및 베타테스트 일정 등이 게이머와 주식 투자자의 관심을 끌었다.

개발기간과 개발비 규모가 이전 게임들과 확연히 달랐다. 게임회사들은 이런 내용을 적극적으로 홍보했다. 블록버스터급의 규모를 과시해 게이머들의 관심을 끌기 위해서였다. 한국 게임들은 2~5년 수준의 개발기간 동안 100억~200억 원 수준의 개발비가 들었다고 밝혔다. 이는 훗날 게이머들로부터 조롱의 빌미가 됐다.

〈리니지〉형제와 〈뮤〉의 강력한 경쟁작이 될 것으로 여겨졌던 게임들은 이듬해 기내만큼 성과를 서두지 못했다. 게임의 수순이 줄시 전 한껏 올려놓았던 기대감에 미치지 못했다. 소재의 차별성도 있었고 그래픽과 게임음악 등도 개선됐지만, 게임 플레이 자체는 기존 MMORPG에 비해 차별적인 매력을 주지 못했다. 그리고 결정적으로, 〈월드오브워크래프트〉가 2005년 1월 출시되었다.

〈월드오브워크래프트〉의 성공

블리자드는 한국에서 특별한 게임회사였다. 한국 게임시장에 도전한 수많은 게임회사 중 유일하게 성공을 이어온 회사였다. 〈스타크래프트〉(1998년)만 있었던 것이 아니다. 〈워크래프트2〉(1995년), 〈디아블로〉(1996년), 〈디아블로2〉(2000년), 〈워크래프트3〉(2002년)까지 출시되는 PC게임이 모두 한국에서 큰 인기를 끌었다. 한국에서는 소위 '블빠'라고 불리는 게이머층이 형성됐다.

블리자드가 한국에게 그렇듯이, 한국은 블리자드에게 특별한 나라였다. 특히 1998년 한국에서 보여준 〈스타크래프트〉의 폭발적인 인기를 통해 블리자드는 멀티플레이의 중요성을 인식했다. PC방과 초고속인터넷으로 이어지는 인터넷 인프라 변화와 e스포츠를 통한 게임의 수명 연장을 확인했다. 그리고 〈리니지〉로 대표되는 MMORPG의 인기까지 체크했다.

블리자드는 〈워크래프트〉 시리즈 세계관을 바탕으로 MMORPG를 만들기로 했다. 2001년 9월 처음 〈월드오브워크래프트〉에 대한 내용이 외부로 공개됐고, 2004년 11월 한국 오픈베타를 거쳐 2005년 1월 한국 정식 서비스를 시작했다. 서비스 시작 전 블리자드 지지자들의 기대는 컸지만, 업계와 미디어 관계자 상당수는 흥행 여부에 대해 의구심을 보였다. 블리자드가 처음 만드는 MMORPG였고, 공개된 그래픽이 한국인의 정서와 안 맞는다는 이유였다.

이런 예상은 완전히 빗나갔다. 한국인 정서에 맞는 그래픽의 국산 블록버스터 MMORPG는 〈월드오브워크래프트〉의 못생긴 오크에게 고개를 숙였다. 〈월드오브워크래프트〉는 전혀 다른 스타일의 MMORPG였다. 당시까지 한국의 MMORPG는 직선적인 성장과 커뮤니티에 중점을 둔 〈리니지〉와 파티플레이를 도입한 〈리니지2〉 스타일의 게임이 대부분이었다. 반면 〈월드오브워크래프트〉는 '월드오브퀘스트'라는 별명이 붙을 정도로 퀘스트에 중점을 둔 게임이었다.

게이머는 만렙을 찍기까지 수많은 퀘스트를 수행해야만 했다. 그전까지

MMORPG의 퀘스트는 흔한 콘텐츠가 아니었다. 게임의 스토리 속 여러 캐릭터와 사건 등과 연계되어 퍼즐 맞추듯 수행하는 매력적인 콘텐츠이기는 했지만, 그만큼 개발진 입장에서 구현하기 힘들었다. 그런데 〈월드오브워크래프트〉는 '워크래프트' 시리즈의 풍부한 스토리 속에 매력적인 퀘스트를 정교하게 끼워넣는 데 성공했다.

기존 MMORPG에서는 경험치를 올리기 위해서나 장비를 획득하기 위해 끊임없이 몬스터를 사냥하는 '그라인딩Grinding'(소위 노가다)이 일반적이었다. 불법 소프트웨어였지만, 오토 프로그램이 인기를 얻은 이유도 이런 반복적인 그라인딩을 대신해주었기 때문이다. 레벨업과 레벨업 사이에 별다른 보상이 없던 기존 MMORPG와 달리 〈월드오브워크래프트〉는 그 사이에 수십 개의 연계된 퀘스트를 통해 스토리의 몰입도를 높여줬고, 작은 보상들을 많이 만들어놓았다.

블리자드 지지자는 물론 한국식 그라인딩에 지쳐 있던 많은 게이머들이 〈월드오브워크래프트〉에 열광했다. 한국뿐만 아니라 중국과 대만은 물론 미국 본토에서도 엄청난 인기를 모으며 MMORPG 역사상 가장 큰 히트를 기록한 게임이 됐다. 2000년대 중후반 〈사우스파크〉 등 미국 대중문화에서 자주 인용되는 게임이 됐고, 많은 유명인들이 '와우저'임을 인증했다. 인기가 최고조였던 2010년 전 세계적으로 1200만 명 이상의 정액제 유료 회원이 있었다.

〈월드오브워크래프트〉의 대성공 이후 북미 게임 시장에 큰 변화가 일었다. 많은 자본과 인재가 대형 MMORPG 프로젝트에 들어갔다. 한국에서도 큰 변화가 생겼다. 이후 나올 MMORPG들은 〈월드오브워크래프트〉가 높이 올려놓은 게이머의 눈높이를 맞춰야 하는 과제를 떠안게 됐다.

MMORPG의 연속된 실패

타이밍이 나빴다. 〈월드오브워크래프트〉와 비슷한 시기에 나왔던 1세대

블록버스터 MMORPG는 모두 쓴잔을 마셨다. 하지만 시장은 낙관적인 분위기를 유지했다. CCR과 NHN, 네오위즈는 모두 대형 MMORPG를 처음 만든 회사였다. 2006년 나올 예정이던 〈썬〉(웹젠), 〈제라〉(넥슨), 〈그라나도 에스파다〉(IMC)는 달랐다. 〈뮤〉, 〈마비노기〉, 〈라그나로크〉 등 성공한 MMORPG를 만들었던 회사나 인물이 개발 중인 MMORPG였다. 2005년과 2006년 미디어와 유저들은 이 세 게임을 '빅3'라고 불렀다.

해외 반응도 마찬가지였다. 특히 〈그라나도 에스파다〉와 〈썬〉에 대한 기대가 높았다. 〈그라나도 에스파다〉는 〈라그나로크〉로 일본과 동남아 온라인 게임 시장을 연 김학규의 차기작이었다. 게임 개발 소식이 들리자 일본과 동남아 퍼블리셔들이 경쟁적으로 몰려들었다. 중국, 대만, 일본과는 클로즈베타 테스트를 하기도 전에 수출 계약을 맺었다. 한국에서 정식 서비스를 시작하기도 전에 계약금만으로 2000만 달러 매출을 거뒀다.

중국과 동남아에서 인기가 높았던 〈뮤〉의 후속작 〈썬〉 역시 출시도 하기 전에 중국 업체와 1200만 달러의 수출 계약을 맺었다. 해외 시장에서도 초고속인터넷이 보급되고 있었고, 그에 맞는 블록버스터 MMORPG에 대한 기대가 높았다. 한국은 그런 게임을 개발할 수 있는 거의 유일한 나라이기도 했다.

2006년 기대를 모았던 세 게임이 오픈베타 테스트를 진행했다. 경쟁적으로 대규모 마케팅이 진행됐다. 블록버스터라는 이름에 맞게 화려한 그래픽에, 해외 유명 음악가가 작곡했거나 연주한 배경음악이 깔렸다. 하지만 완성된 참신함을 기대했던 게이머의 니즈를 채우지는 못했다. 모두 실패했다.

다른 시도가 이어졌다. 대박 타이틀 〈월드오브워크래프트〉와 연관된 프로젝트들이었다. 2003년 일군의 블리자드 개발자들이 독립해 개발사(플래그쉽스튜디오)를 차렸다. '스타크래프트의 아버지'로 미디어에 소개된 빌 로퍼Bill Roper와 〈디아블로〉 시리즈를 만든 블리자드 노스 출신 개발자들이었다.

2004년 한빛소프트는 이 회사가 개발 중이던 액션 RPG 〈헬게이트: 런던〉의 아시아 판권을 계약했다. 2006년 합작법인을 만들고 글로벌 퍼블리싱 권한까지 확보했다. 블리자드 출신 개발자의 인기는 대단했다. 2006년 중국 3500만 달러, 동남아 1000만 달러, 대만 900만 달러의 퍼블리싱 계약을 맺었다.

2005년 9월 블리자드와 관련된 더 큰 뉴스가 전해졌다. 〈월드오브워크래프트〉의 주요 개발자들이 블리자드를 떠나 새 회사(레드5 스튜디오)를 설립했다는 내용이었다. 설립자 중에는 〈월드오브워크래프트〉의 프로듀서였던 마크 컨Mark Kern도 포함되어 있었다. 이듬해 2월 웹젠은 이 회사가 개발하는 MMORPG(파이어폴)에 대한 개발비를 지원하고, 글로벌 판권을 확보한다고 발표했다.

〈월드오브워크래프트〉의 위세가 높았던 시절, 블리자드 출신의 개발자들이 만든 게임에 대한 기대는 높았다. 그 게임들에 대한 글로벌 판권을 한국 회사들이 확보한 것이다. 하지만 결과는 처참했다. 2008년 1월 론칭한 〈헬게이트: 런던〉은 실패했고, 그해 플래그십 스튜디오는 문을 닫았다. 〈파이어폴〉은 출시가 계속 미뤄졌고, 웹젠은 2011년 레드5 스튜디오와 법적 분쟁까지 벌였다.

이 뒤를 이은 시도는 해외 유명 IP를 활용한 MMORPG의 개발이었다. NHN은 2008년 〈반지의 제왕 온라인〉과 〈몬스터헌터 온라인〉을 출시했다. 같은 해 11월 〈워해머 온라인〉에 대한 판권을 확보했다. 두 게임은 실패했고, 마지막에 판권을 확보한 게임은 정식으로 출시되지도 못했다.

블록버스터 게임의 실패는 대가가 컸다. 〈그라나도 에스파다〉와 〈헬게이트: 런던〉의 퍼블리셔 한빛소프트는 결국 2008년 T3 엔터테인먼트에게 인수됐다. 〈썬〉과 〈파이어폴〉의 실패는 웹젠이 NHN게임즈에 인수합병되는 중요한 계기 중 하나였다.

〈아이온〉, 〈서든어택〉, 〈피파온라인〉의 성공과 그늘

MMORPG는 〈월드오브워크래프트〉의 위세에 밀려 실패작이 속출했지만 한국 게임 생태계의 기상도는 나쁘지 않았다. 2006년 상용화한 〈서든어택〉이

〈스페셜포스〉를 제치고 FPS의 최강자가 됐다. 104주 동안 PC방 순위 1위를 기록했다. EA에 합작해 네오위즈가 만든 〈피파 온라인〉은 2006년 출시 후 독일 월드컵 기간 동안 동시접속자 18만 명을 기록할 정도로 인기를 얻었다. 야구 게임 〈마구마구〉도 팬심과 구매력 있는 야구팬들의 호응을 얻었다. 2009년과 2010년 프로야구 네이밍 스폰서가 될 정도였다.

MMORPG의 연속된 실패는 2008년 11월 엔씨소프트 〈아이온〉에 의해 깨졌다. 〈아이온〉은 출시 전부터 엄청난 기대를 모았다. 〈리니지〉, 〈리니지2〉로 이어지는 한국 MMORPG의 적통이라는 브랜드, 경쟁할 만한 대작 MMORPG가 없던 출시 타이밍 등 외부 조건도 좋았다. 한국 게이머들이 선호하는 수려한 그래픽과 사상 최고 수준의 캐릭터 커스터마이징, 날개를 펄럭이며 활강하거나 전투하는 동영상 등이 많은 게이머에게 기대감을 안겼다.

〈아이온〉은 출시 8시간 만에 동시접속자수 10만을 넘겼다. 서비스 첫날부터 PC방 점유율 1위를 차지했다. 두 달 뒤에는 동시접속자수 25만 명을 넘겼다. 정액 MMORPG 중 최고 기록이었다. 풍부한 퀘스트와 레기온으로 대표되는 커뮤니티성, 천족과 마족, 용족의 진영 대결 등이 인기 비결로 꼽혔다. 그래픽과 커뮤니티의 매력에 여성 유저층의 비율도 높았다.

〈아이온〉의 성공은 다른 MMORPG 개발사들에게 위안이었다. 이후에도 많은 MMORPG가 개발되었고, 출시되었다. 특히 〈서든어택〉으로 FPS 시장을 잡았지만 MMORPG에 대한 갈망이 컸던 넷마블은 연달아 게임을 출시했다. 〈프리우스〉(2008년), 〈진삼국무쌍 온라인〉(2009년), 〈드래곤볼 온라인〉(2010년), 〈서유기전〉(2010년) 등이 나왔고 모두 실패했다. 〈아이온〉의 성공은 〈아이온〉에서 멈췄다. 이후 나온 대부분의 MMORPG는 계속 실패했다.

〈피파 온라인〉이 출시된 2006년, 월드컵 시즌을 맞아 출시했거나 출시 예정이었던 축구 게임이 10개가 넘었다. 〈피파 온라인〉을 제외하면 모두 실패했거나 출시조차 못했다. 2006년 〈서든어택〉이 성공했고, 이듬해 8개의 FPS 게임이 출시됐다. 〈아바〉를 제외한 모든 게임이 실패했다.

2000년대 후반 〈메이플스토리〉와 〈던전앤파이터〉의 뒤를 이어 수십 개의 횡스크롤 RPG가 개발되었고, 출시되었다. 하지만 성공한 게임은 없었다. 2009년 7월 〈카트라이더〉의 캐릭터를 이용한 〈버블파이터〉가 출시되었고, 다음달 〈마비노기〉의 데브캣 스튜디오가 만든 〈허스키익스프레스〉가 출시되었다. 모두 실패했다.

2000년대 중후반, 큰 흥행작이 나왔고 시장의 주목을 끌었다. 수많은 게임이 주목받지 못해 실패했다. 주목받지 못한 것은 게임뿐만이 아니었다. 수많은 실패 역시 주목받지 못했다.

중국을 휩쓴 〈오디션〉, 〈던전앤파이터〉, 〈크로스파이어〉

〈크로스파이어〉는 2007년 출시됐던 8개의 FPS 중 하나였다. 〈서든어택〉과 경쟁하기 위해 네오위즈는 스마일게이트가 만든 FPS 〈크로스파이어〉를 론칭했다. 시장의 반응은 차가웠다. 게임 하나에 매달렸던 스마일게이트는 폐업 위기에 몰렸다. 돌파구는 하나였다. 그해 텐센트와 계약했던 중국 시장이었다.

〈크로스파이어〉 개발진은 중국 시장에 올인했다. 대부분의 개발자가 텐센트 본사가 있는 중국 선전에서 합숙하며 게임을 고쳤다. 인터넷 인프라가 좋지 않은 현지 사정을 고려해 국내 FPS에서 흔히 쓰던 P2P 방식 대신 서버-클라이언트 방식을 채택했다. 원래 〈크로스파이어〉는 FPS 마니아를 겨냥해 만든 게임이었다. 중국은 초보자가 많았다. 타격 부위를 넓혀 적당히 방향이 맞으면 맞출 수 있게 했고, 헤드샷이 잘 나오도록 수정했다.

아이템도 중국 게이머의 취향에 맞췄다. 황금색 용이 휘감고 있는 총, 붉은색에 화려한 문양이 새겨진 총, 파란색 크리스탈로 만든 총이 들어갔다. 화려한 무늬가 들어간 치파오를 입은 여성 캐릭터도 등장했다. 한국이나 서양에서는 상상도 못했던 아이템과 캐릭터였다. 중국 게이머는 좋아했다. 서비스 1년

그림 5-4 국내 시장의 처참한 실패를 딛고 중국 최고 인기 게임이 됐던 〈크로스파이어〉
자료: 스마일게이트 제공.

만에 동시접속자가 100만 명을 넘었다. 대세 FPS로 자리 잡으며 2012년 말에
는 동시접속자수 420만의 기록을 세웠다. 2013년 ≪포브스≫는 〈크로스파이
어〉가 전 세계 단일 게임으로 가장 많은 매출을 거둔 게임이라고 보도했다.

2000년대 후반 한국 캐주얼게임은 중국에서 큰 인기를 거뒀다. 2006년 〈카
트라이더〉는 동시접속자 50만 명을 돌파했고, 이듬해 〈오디션〉은 80만 명을
기록했다. 2008년 〈던전앤파이터〉도 동시접속자수 100만 명을 넘겼다. 특히
〈오디션〉은 〈크로스파이어〉처럼 한국에서 실패한 후 중국에서 성공한 케이
스였다. 〈오디션〉은 중국에서의 성공을 기반으로 한국에서 다시 론칭해 성공
을 거뒀고, 개발사인 T3 엔터테인먼트는 코스닥 등록 게임 퍼블리셔인 한빛소
프트를 인수했다. 〈크로스파이어〉와 〈던전앤파이터〉의 성공으로 텐센트는
중국 온라인게임 시장에서 선두에 서게 됐다.

캐주얼게임과 달리 MMORPG는 중국 시장에서 큰 성공을 이어가지 못했
다. 블록버스터 게임들이 중국 시장에 진출했지만, 초반 반짝 인기를 얻은 후
실패하기 일쑤였다. 한국에서 텐센트의 위상은 〈크로스파이어〉와 〈던전앤파

이터〉의 성공 이후 달라졌다. 개발사들이 샨다와 더나인, 텐센트 중에 하나를 고르던 시절은 끝났다. 텐센트가 개발사를 낙점했다. 텐센트는 한국 개발사에 직접 돈도 집어넣었다. 특히 2010년 한 해에만 250억 원 이상을 한국 온라인 게임 개발사에 투자했다.

하지만 이렇게 투자한 회사 중에서 성공한 곳은 드물었다. 〈던전앤파이터〉 와 〈크로스파이어〉 이후에도 중국에서 많은 한국 게임이 론칭했다. 성공한 경우는 드물었다. 이런 불길한 흐름은 〈던전앤파이터〉와 〈크로스파이어〉의 성공 신화에 묻혀 주목받지 못했다.

해외 시장의 선전과 불길한 조짐

2008년 〈크로스파이어〉와 함께 한국에서 실패한 FPS 중에 〈포인트블랭크〉 와 〈울프팀〉, 〈컴뱃암즈〉도 있었다. 〈크로스파이어〉가 중국으로 갈 때 〈포인트블랭크〉는 인도네시아로 갔다. 현지 인터넷 인프라를 감안해 〈크로스파이어〉가 P2P 방식을 버렸듯이, 〈포인트블랭크〉는 물리효과를 없앴다. 2009년 6월 론칭 후 한 달 만에 동시접속자수 1만 명을 돌파했다. 8개월이 지난 2010년 3월 동시접속자수는 8만 명을 넘어섰다. 인도네시아의 국민게임이 됐다.

〈울프팀〉은 터키로 갔다. 2009년 채널링을 거쳐 2010년 말 터키 현지 퍼블리셔와 계약한 〈울프팀〉은 2012년 5만 5000명의 동시접속자수를 기록할 정도로 급성장했다. 유저 규모로 터키 전체 게임시장의 45%, 매출 기준으로는 25%를 차지하는 인기 게임이 됐다. 〈컴뱃암즈〉는 2008년 겨울 미국에서 동시접속자수가 2만 명 후반대까지 올라갔다. 2009년 유럽에서는 동시접속자수 1만 2000명을 기록했다.

한국 온라인게임이 아시아를 넘어 세계 곳곳으로 진출한 것은 2000년대 초반부터이다. 미국과 유럽은 PC방이 드물었고, 한국이나 대만, 중국처럼 폭발적인 흥행을 기록하기는 어려웠다. 2000년대 초반 인도네시아나 터키 등은

PC방 인프라 보급이 더뎠다. 하드코어 유저층을 대상으로 한 MMORPG가 인기를 얻었다. 이후 초고속인터넷의 보급과 함께 한국 캐주얼게임의 인기도 올라갔다. 특히 2000년대 후반에는 FPS의 인기가 높았다.

2000년대 한국 게임업계의 인식은 이랬다. 글로벌 시장은 한국처럼 PC방과 초고속인터넷, 혹은 적어도 초고속인터넷이 보급될 것이고, 온라인게임이 그 위에 얹혀지리라는 것이다. 온라인게임의 경쟁력은 한국이 최고였기 때문에 한국 온라인게임은 계속 세계시장에서 파이를 키워갈 것으로 보았다. 아시아에서 이미 확인했고, 유럽과 터키, 남미 등에서도 그런 흐름이 보였다.

하지만 2000년대 중후반 이런 예상 또는 기대가 빗나가는 조짐은 여러 곳에서 발견됐다. 중국 온라인게임의 경쟁력은 무서운 속도로 올라오고 있었다. 넷이즈의 〈몽환서유〉는 2006년 동시접속자수 100만 명을 돌파했다. 〈완미세계〉는 2007년 한국에서 출시되어 화제가 됐다. 유럽과 중국에서는 웹게임이 인기였다. 특히 중국 웹게임 시장은 2007년 이후 시장 규모가 급성장했다. 2007년 1억 위안이던 시장이 이듬해 5억 위안으로 컸고, 2009년 9억 위안까지 올라왔다. 페이스북의 인기와 함께 소셜 네트워크 게임SNG, Social Network Game 분야도 커져나가고 있었다. 2009년 6월 론칭한 〈팜빌〉은 10월 하루에 2000만 유저가 플레이했다.

이보다 더 거대한 변화의 흐름도 있었다. 2009년 12월 앱스토어에 오른 〈앵그리버드〉는 이듬해 세계적인 흥행을 거뒀다. 많은 지역에서 유선 인터넷을 건너뛰고 무선 인터넷으로 넘어갔고, PC 대신 스마트폰을 보는 사람이 늘어나기 시작했다.

한국 온라인게임 회사들과 공공 기관은 이런 변화의 흐름을 경시했다. 갈라파고스 신드롬에 빠져 있었다.

운영 효율화와 인수합병

2006년 넥슨의 대형 MMORPG 〈제라〉가 실패했다. 이 같은 실패를 줄이기 위해 내부 허들시스템(내부 게임 개발 의사결정 기구)이 강화됐다. 개발과 비개발 부서 수장 6~7명이 참석한 이 회의에서 탈락하는 게임은 즉각 개발이 중단됐다. 허들시스템은 실패도 줄였지만 성공도 줄였다. 〈제라〉처럼 실패한 대작도 안 나왔지만, 〈카트라이더〉처럼 재기 넘치는 게임도 안 나왔다. 하향식 집단 의사결정 체제를 거친 게임은 개성이 없이 둥글둥글해졌다.

당시 넥슨은 엔씨소프트 등 다른 성공한 게임회사처럼 주식시장에 상장하지 않았다. 직원들의 불만이 많았다. 이를 잠재우기 위해 2006년부터 인센티브 제도를 강화했다. 본부장은 본부에서 버는 매출의 3%를 본부 멤버들에게 지급할 수 있게 됐다. 2006년 넥슨의 매출은 2449억 원이었다. 70억 원이 넘는 인센티브를 내부 멤버들이 나눠가졌다.

2006년 이후 넥슨은 운영 중심의 회사로 바뀌었다. 신작이 나오기는 더욱 힘들어졌다. 대신 기존 게임의 매출을 늘리는 운영에 관심이 집중됐다. 일부 개발팀은 신규 인력의 충원을 꺼렸다. 인센티브를 나눠주기 싫어서였다. 퍼블리싱하는 외부 게임이 론칭하는 날, 넥슨의 기존 게임이 아이템 드랍율 2배 이벤트를 하는 일도 있었다. 유저를 빼앗기기 싫어서였다.

운영 능력은 결국 매출과 연결된 능력이었다. 2005년 〈메이플스토리〉에 한시적으로 들어왔던 확률형 아이템은 2008년 상시 판매가 이뤄졌다. 〈메이플스토리〉 등 주요 게임의 매출은 계속 늘어났다. 유저들의 불만은 쌓여갔다. 넥슨은 '돈슨'이라는 주홍글씨를 스스로에게 더 깊게 새겼다.

넥슨의 매출은 올라갔지만, 성공한 신규 게임은 나오지 않았다. 넥슨은 2008년 7월 〈던전앤파이터〉의 개발사 네오플을 인수했다. 2009년에는 〈메이플스토리〉의 개발자 이승찬의 시메트릭스 스페이스를 자회사로 편입시켰고, 2010년에는 〈아틀란티카〉의 엔도어즈와 〈서든어택〉의 게임하이를 인수했다.

2011년에는 JCE의 최대 주주가 되어 경영권을 확보했다. 이 시기에는 넥슨뿐만 아니라 다른 회사들의 인수도 진행되었다. 2008년 T3 엔터테인먼트는 한빛소프트를 인수했고, NHN게임즈는 웹젠의 최대 주주가 됐다. EA는 J2M을 인수했다. 2010년 9월 중국 샨다는 〈드래곤네스트〉의 아이덴티티게임즈를 샀다. 규모 있는 독립 온라인게임 개발사의 수가 계속 줄어들었다.

넥슨은 네오플을 인수하기 위해 3852억 원이라는 큰 액수를 썼다. 해외 서비스 노하우와 데이터를 가지고 있던 넥슨은 효율적인 운영과 교섭력을 통한 매출 강화를 자신했다. 〈던전앤파이터〉는 중국에서 대박이 나면서 매달 100억 원의 매출을 기록했다. 〈메이플스토리〉 인수(2004년)에 이어 '잭팟'을 터뜨린 투자였다.

2011년 이후 넥슨은 정상원의 띵소프트(2013년)를 제외하고는 더 이상 온라인게임 개발사 인수를 하지 않고 있다. 더 이상 국내에 인수할 만한 온라인게임 개발사가 드물어지면서, 내부 개발 역량을 강화해야 한다는 인식을 갖게 됐다. 2013년 정상원을 영입한 것도 그런 이유였다.

바다이야기 사태와 '명텐도'

1999년부터 2000년대 초까지 오락실 붐이 불었다. 〈EZ2DJ〉와 〈펌프잇업〉이라는 아케이드 리듬게임이 선풍적인 인기를 끌었다. 하지만 이 붐은 오래 이어지지 못했다. PC방과 함께 온라인게임이 유저층을 흡수해버렸다. 2002년부터 깊은 침체에 빠진 오락실 산업을 파고든 것이 〈바다이야기〉였다. 파칭코 시스템으로 대박의 환상을 심어주며 유흥가는 물론 동네 골목에도 우후죽순처럼 생겨났다.

현금 대신 상품권을 지급한 뒤 이를 근처의 환전소에서 바꿔주는 방식으로 경찰의 단속을 피했다. 하지만 2006년 이 게임 때문에 전 재산을 잃은 수십 명이 자살하며 심각한 사회문제로 부각됐다. 게임의 폐해와 공무원과 정치인 친척의 연루 의혹이 언론에 집중적으로 보도되며 아케이드 업계는 쑥대밭이 되었다.

이 사태는 온라인게임 업계에도 영향을 미쳤다. 〈바다이야기〉 뉴스가 쏟아지자 '횟집이 무슨 이유로 저리 인기가 있냐'라고 반응했을 정도로 게임에 대한 이해가 낮았던 상당수 사람들은 〈바다이야기〉와 일반 온라인게임을 구별하지 못했다. 게임 일반에 대한 비판 여론이 확대되며 게임업계 종사자의 자존감을 떨어뜨렸다. 이후 벌어질 게임 규제의 분위기가 조성되고 있었다.

2008년 이명박 정부가 출범했다. 2009년 2월 이 대통령은 과천 정부청사에서 지식경제부 직원과 이런 대화를 나눴다.

대통령: 요즘 닌텐도 게임기를 초등학생들이 많이 가지고 있던데… 일본의 닌텐도 게임기 같은 것을 개발해 볼 수 없느냐.

지식경제부 직원: 우리가 따라가는 것은 일본 이상이고 게임 소프트웨어도 잘하는데, 소프트웨어와 하드웨어를 결합한 창조적 제품을 개발하는 데에는 일본이 앞서가는 면이 있다….

대통령: (일본 내수 시장은) 한번 뚫어 놓으면 오래가지 않느냐. 닌텐도 같은 게임기 개발에 만전을 기해달라.

닌텐도는 당시 전년 대비 매출이 40%, 순이익이 60%나 줄어드는 상황이었다. 단기간에 국제적으로 경쟁력 있는 콘솔 게임기를 만들 수 있다는 발상에 놀라며 대부분의 게임인들이 실소를 금치 못했다. 이명박과 닌텐도의 합성어인 '명텐도'의 패러디 이미지가 인터넷에서 돌아다녔다. 그런데 더 놀라운 일이 곧이어 발생했다. 지식경제부가 대통령의 언급과 연관된 60억 원 규모의 지원책을 마련했다.

2009년 5월, 이명박 정부는 게임산업진흥원을 해체하고 한국콘텐츠진흥원을 설립했다. 다른 문화콘텐츠 기관에 비해 상대적으로 젊었던 게임산업진흥원 출신 직원들은 대부분 낮은 보직을 받게 됐다. 높은 직위의 직원들은 게임에 대한 이해도가 낮았다. 영화나 방송, 음악과 달리 게임은 쉽게 이해할 수 있는 분야가 아니었다. 상당수 인원이 콘텐츠진흥원을 그만 뒀다. 공채 신입 직원들이 들어왔다. 공공기관의 게임 전문성은 떨어졌다.

2009년은 한국 온라인게임 생태계의 위기가 분명해지던 시기였다. 업계는 갈라파고스 신드롬에 갇혀 있었고, 전문성이 부재한 공공기관은 변화를 인식하지 못했다. 그래서 더 큰 위기였다.

〈리그오브레전드〉와 모바일 격변, 한국 게임계에 닥친 위기

셧다운제 논란과 통과

2011년 2월 MBC 〈뉴스데스크〉는 'PC방 전원 차단 실험' 보도를 내보냈다. 온라인게임의 폭력성이 청소년의 폭력 성향을 부추긴다는 것을 증명하기 위해 기자는 PC방의 전원을 예고 없이 내린 뒤, 그에 따라 게임 중이던 청소년들의 격한 반응이 나오자 이렇게 코멘트를 했다.

"순간적인 상황 변화를 받아들이지 못하고 곳곳에서 욕설과 함께 격한 반응이 터져 나옵니다. 폭력 게임의 주인공처럼 난폭하게 변해버린 겁니다."

해당 방송은 많은 이들에게 비판을 받았다. '게임' 때문이 아니라 '정전이라는 상황' 자체가 짜증과 분노를 자극한다는 지극히 합리적인 이의가 제기됐다. 대조군도 없이 기자의 선입견이 들어간 잘못된 실험이었다. 이 뉴스는 이후 KBS 〈개그콘서트〉와 MBC 〈무한도전〉 등에서 패러디되며 두고두고 회화화되었다. 방송통신심의위원회에서도 경고를 받았다.

이 보도는 당시 온라인게임에 대한 부정적인 사회적 인식과 편견을 보여준다. 국회에서는 2008~2009년 사이 청소년의 온라인게임 접속 시간을 규제하자는 '셧다운제' 법안이 3차례나 발의됐다. 2010년까지 셧다운제를 놓고 치열한 사회적 논쟁이 벌어졌다.

공포를 조장하는 PC방 전원 차단 실험 보도가 있은 다음 달 국회에서 열린 토론회에서는 "게임 때문에 얼굴은 사람인데 뇌는 짐승인 아이들이 늘고 또 죽어가고 있다"는 일명 '짐승뇌' 발언이 나왔다. 그 다음달에는 "게임을 하면 죽음에 이르고, 정자 수 감소에 의해 임신이 힘들어진다"는 주장까지 제기됐다. 약 3주 뒤 일명 '신데렐라법'이라고 불린 '셧다운제' 법안이 국회 본회의를 통과했다.

이 시기 셧다운제 외에도 다양한 게임 규제 주장이 휘몰아쳤다. 2011년 게임업체에 매출액 1% 이하의 기금을 징수하자는 법안이 발의됐고, 국회 토론회 등에서는 2000억 원 기금을 요구하는 주장이 제기됐다. 2012년 청소년의 온라인게임 플레이 시간을 1회 2시간, 하루 4시간으로 제한하는 '쿨링오프제'를 담은 법안이 국회에서 발의됐다.

게임 생태계는 뒤숭숭했다. 2011년 온게임넷과 함께 게임방송을 이끌던 MBC게임의 폐국 이야기가 들려왔고, 2012년 1월 실제로 그 일이 벌어졌다. 두 달 뒤 마지막까지 남아 있던 공중파 게임 프로그램 〈즐거운 게임세상〉(SBS)이 문을 닫았다. ≪조선일보≫는 2012년 1월 31일부터 '게임, 또 다른 중독'이라는 주제로 10일 동안 25꼭지의 기획기사를 내보냈다.

여기서 끝난 것이 아니었다. 2013년에는 더욱 센 규제 법안들이 발의됐다. 손인춘 의원은 온라인게임 업체에게 매년 매출 1% 이내에서 중독치유부담금을 부과하는 법안과 셧다운제 시간을 늘리는 법안 두 개를 1월 함께 발의해 게임 생태계를 뒤집어놓았다. 4월에는 정신과 의사 출신의 신의진 의원이 전 세계 최초로 알코올, 마약, 도박과 함께 게임을 4대 중독물질/행위에 포함한 법안을 발의했다. 이 법안은 10월 새누리당 황우여 대표가 국회 교섭단체 연설을 하며 사회적 관심을 끌었다. 황 대표는 게임을 마약, 알코올, 도박 등 4대 중독에 포함시켜 4대악으로 규정했다.

게임 생태계 종사자와 게이머들 대부분이 분개하고 한탄했다. 셧다운제 이후 발의된 법들은 본회의를 통과하지 못했지만, 게임에 대한 부정적인 사회적 인식을 더욱 강화했다. 업계 종사자들의 자존감에 큰 상처를 입혔다. 이때 입은 내상은 트라우마처럼 깊게 남았다.

그보다 더 큰 후유증도 있었다. 글로벌 게임 생태계는 급변하고 있었고, 한국 게임의 경쟁력은 추락 중이었다. 변화에 대한 주의력이 흐트러졌고, 신속한 대응은 요원해졌다.

〈리그오브레전드〉의 성공

'랜덤박스'라고도 불리던 확률형 아이템은 2010년과 2011년 연달아 국정감사의 도마에 올랐다. 2010년 한나라당 안형환 의원은 '기관의 눈을 피해 시행하는 사행성(확률형 아이템) 이벤트를 체크해달라'고 요구했다. 2011년 한나라당 이철우 의원은 '확률형 아이템을 규제할 제도적 장치를 마련하고, 강력한 행정처분 및 징계를 해야 한다'는 의견을 밝힌다.

2년 연속 국정감사에 등장할 만큼 확률형 아이템은 국내 온라인게임 생태계에서 문제점으로 부각되고 있었다. 2007년 이후 수익성이 악화된 부분유료화 게임들이 확률형 아이템을 도입하기 시작했다. 2009년 이후 많은 게임들이 이벤트 형식으로 확률형 아이템을 선보였다. 1년에 반 이상 이벤트를 할 정도로 꾸준히 활용했다. 유저들의 불만이 커져나갔고, 결국 국정조사의 도마에 오르게 된 것이다.

2011년 게임물등급위원회는 엔씨소프트와 넥슨 등 메이저 10개 개발사를 대상으로 확률형 아이템 운영에 관련된 간담회를 개최했지만 모든 개발사가 불참했다. 게임물등급위원회에서 시작한 자체조사 역시 '영업비밀'을 이유로 개발사에서 정보 공개를 꺼리며 흐지부지 끝이 났다.

2009년 10월 미국에서 론칭해 큰 인기를 모으고 있던 〈리그오브레전드〉의

그림 5-5 한국은 물론 글로벌 온라인게임 생태계를 강타한 〈리그오브레전드〉

자료: 라이엇게임즈코리아 제공.

한국 서비스 관련 이야기가 나오던 시기, 한국 게임 생태계의 분위기는 이러했다. 이미 해외 서버에서 〈리그오브레전드〉를 하는 한국 게이머들이 꽤 있었다. 게임 자체도 재미있었지만, 돈을 쓰지 않아도 플레이에 지장이 없었기 때문이다.

한국 퍼블리셔들도 해외에서 흥행 중인 〈리그오브레전드〉에 자연스럽게 관심을 기울였다. 하지만 '돈을 쓰지 않아도 플레이에 지장이 없다'는 것은 사업자에게는 약점으로 인식됐다. 또한 AOS(실시간 전략시뮬레이션에 RPG 요소가 결합된 장르로, 해외에서는 MOBAMultiplayer Online Battle Arena로 불리기도 한다)는 MMORPG에 익숙한 한국 대중 유저들에게 친숙하지 않은 장르라는 점도 흥행 한계로 지적됐다. 큰 성공을 거두지 못할 것으로 예상됐다.

그 예상은 완전히 빗나갔다. 2011년 12월 한국 오픈베타 테스트 이후 〈리그오브레전드〉는 거침없이 성장했다. 비슷비슷한 RPG에 지쳐 있던 유저들은 새로운 게임에 호응했다. 〈리그오브레전드〉는 AOS 장르 중에서도 가장 쉬운 인터페이스를 가지고 있었다. 반면 수많은 캐릭터의 조합은 질리지 않는 재미를 선사했다. 가장 결정적으로 '현질'을 강요하지 않았다. 〈리그오브레전드〉에도 스킨 등 구매할 수 있는 아이템이 있지만, 그것을 통해 강해지는 것은 아니었다.

〈스타크래프트〉를 이어 e스포츠 바람을 일으키며 〈리그오브레전드〉는 〈월드오브워크래프트〉 이상의 대세 게임으로 자리 잡았다. 2012년 3월 PC방 점유율 1위에 처음 올랐고, 그해 7월부터 2016년 6월까지 204주 동안 1위를 지켰다. 점유율도 45%에 육박할 정도로 높은 인기를 구가했다.

〈리그오브레전드〉는 한국은 물론 해외에서도 인기였다. 한국 온라인게임이 해외에서 차지하고 있던 점유율마저 크게 줄어들었다. 2000년대 후반 신작의 실패 이상의 고난이 다가오고 있었다.

넥슨의 엔씨소프트 지분 인수

2012년 6월 '국내 게임업계 역대 최대의 계약이자, 가장 미스터리한 계약'이 체결됐다. 넥슨재팬은 엔씨소프트 김택진의 지분 14.7%를 인수하며 엔씨소프트 최대 주주가 됐다. 양사가 내세운 지분 매매의 이유는 엔씨소프트의 개발력과 넥슨 글로벌 플랫폼의 시너지 효과였다. 게임 업계는 물론 사회적으로 큰 이슈였고, 섣부른 각종 분석과 루머가 난무했다. 훗날 이 계약의 목적은 EA 인수를 위한 것으로 밝혀졌다.

이 계약에 가장 큰 영향을 미친 것은 〈리그오브레전드〉와 〈디아블로3〉의 성공이었다. 당시 두 외산 게임은 국내 PC방 게임 점유율 1·2위를 차지했다. 점유율을 합치면 40%에 육박할 정도였다. 국산 게임은 PC방 점유율 두 자릿수를 넘는 게임이 없었다. 넥슨과 엔씨소프트 모든 게임의 점유율을 합쳐도 20% 미만이었다. 엔씨소프트 〈아이온〉과 넥슨 〈서든어택〉이 점유율 1위를 놓고 엎치락뒤치락하던 때가 있었나 싶을 정도로 외산 게임의 기세가 강했다. 처음 있는 일이었다.

더 큰 문제는 이런 현상이 일시적이거나 단기적이지 않을 것 같다는 점이었다. 〈리그오브레전드〉는 부분유료화 모델로 대박을 낸 최초의 미국산 게임이었다. 그동안 한국과 중국 업체의 전유물로 여겨왔던 부분유료화 모델로 미국 게임회사도 성공할 수 있음을 보여줬다. 블리자드는 〈디아블로3〉(북미 버전)에 경매장을 포함시켰고, 수수료를 받는 새로운 수익모델을 추가했다. 미국 유수의 게임 개발사들이 뒤따를 것으로 예상되었다.

게다가 〈리그오브레전드〉는 중국 자본의 위력을 보여주는 사례이기도 했다. 〈리그오브레전드〉의 개발사 라이엇게임즈는 2011년 초 텐센트의 자회사가 됐다. 그 전해에 샨다가 국내 아이덴티티게임즈를 인수한 것처럼, 중국 퍼블리셔들이 풍부한 자금력으로 국내외 개발사를 인수하는 계약이 이어질 것으로 보였다. 두 회사는 당시 주가가 바닥이던 EA 인수를 통해 이 위기를 극복하려고 시도했다.

EA 인수는 실패했지만, 두 회사의 예상은 맞았다. 〈리그오브레전드〉는 그해 7월 이후 4년 가까이 PC방 점유율 1위를 지켰고, 그 자리를 빼앗은 게임도 블리자드의 〈오버워치〉였다. 두 게임은 이후 1위를 놓고 치열하게 경쟁했고, 한국 온라인게임은 〈배틀그라운드〉가 나오기 전까지 힘을 쓰지 못했다.

〈리그오브레전드〉의 성공은 넥슨과 엔씨소프트의 지분 매매 계약 외에도 많은 연쇄효과를 일으켰다. 기존 게임들은 PC방 점유율이 거의 50% 가까이 빠졌다. 큰 게임은 그나마 나았다. 1만 명에서 5000명이 빠진 것보다 1000명에서 500명이 빠진 것이 더 치명적이었다. 부정적인 네트워크 효과가 일어나며 작은 게임들이 더 큰 피해를 입었다. 국내는 물론 해외에서도 매출까지 크게 떨어졌다. 그나마 사정이 괜찮은 회사는 마케팅 비용을 줄였고, 안 괜찮은 회사는 구조조정을 하거나 문을 닫기도 했다. 온라인게임 투자 시장도 메말랐다. 대형 프로젝트가 진행되기 어려워졌다.

2012년 국내 게임 온라인게임 시장 성장률이 통계 이후 처음으로 10% 이하로 떨어졌다. 그나마 그 다음해에 비해서는 나았다. 2013년에는 -19.6%를 기

록했다. 이것은 2014년 1.7%, 2015년 −4.73%로 이어졌다. 〈리그오브레전드〉
가 PC방 점유율 1위에 오를 무렵 시작된 모바일게임 열풍의 영향도 컸다.

한국 모바일게임의 늦은 출발

2009년 아이폰은 한국에서 '담달폰'이라는 별명으로 불렸다. 출시가 자꾸
지연되는 바람에 얻은 오명이었다. 아이폰이 미국에서 정식 판매된 것은 2007
년 6월이었다. 2008년 7월 애플 앱스토어가 오픈했고, 3G 네트워크를 사용하
는 아이폰 3G가 출시됐다. 전 세계가 떠들썩했다. 하지만 한국에서는 아이폰
을 찾아보기 힘들었다. 걸림돌이 몇 개 있었다.

첫 번째 걸림돌은 '위피WIPI'였다. 2000년 초반 한국의 작은 모바일 애플리
케이션 개발사는 이동통신사별로 다른 버전의 애플리케이션을 만들어야 했
다. 서로 다른 플랫폼(일종의 OS)을 썼기 때문이다. 정부는 이런 불편과 낭비
를 해소하기 위해 한국형 표준 인터넷 플랫폼인 위피WIPI, Wireless Internet Platform
for Interoperability를 2005년 4월부터 의무화했다. 국내에서 출시되는 모든 휴대
폰에 위피가 탑재됐다.

애플리케이션 제작사는 물론 국내 휴대폰 업체도 덕을 봤다. 해외 업체가
한국에 휴대폰을 출시하려면 위피를 안고 나와야 했다. 일종의 보호무역 장벽
이었고, 국내 휴대폰 제조사는 이런 구조의 보호를 받으며 성장했다. 노키아
는 위피 때문에 한국 시장 진입을 포기했다. 위피가 탑재되지 않은 아이폰도
한국에서 출시될 수 없었다. 아이폰 출시가 늦어지면서 업계에서 위피의 폐해
가 지적됐다. 2009년 4월 위피는 폐지되었다.

두 번째 장벽은 휴대폰 제조업체와 이동통신사의 저항이었다. 휴대폰 통신
사에게 애플은 적수였고, 이동통신사에게는 앱스토어가 경쟁자였다. 2위 통
신사인 KT는 아이폰에 승부수를 걸었다. 애플은 미국과 일본에서도 2위 통신
사업자를 통해 아이폰을 유통했다. 전세를 뒤집어야 하는 공동의 이해관계가

맞아떨어졌기 때문이다.

2009년 KT의 아이폰 3GS 출시는 계속 연기되었다. '담달폰'이라는 별명이 붙게 된 계기였다. 훗날 KT 회장은 아이폰 출시와 관련해 삼성전자와 SKT의 예상을 넘어선 저항이 있었음을 직원들에게 사내 메일로 공개했다. 정부의 근시안과 대기업의 이해관계 탓에 아이폰은 2009년 11월에서야 한국에서 출시될 수 있었다. 그 다음달 미국 앱스토어에는 〈앵그리버드〉가 날아다녔다.

한국에서도 아이폰이 출시됐고 앱스토어가 열렸지만, 정작 게임 카테고리는 열리지 못했다. 당시 게임산업진흥법에는 모든 게임이 출시 전 사전 등급 분류를 받도록 규정되어 있었다. 앱스토어에 올라오는 수많은 게임의 사전 등급분류는 비현실적인 프로세스였다. 2009년 법 개정이 추진됐지만, 섯다운제 찬반 논쟁에 휘말려 2년을 질질 끈 뒤 2011년 11월에서야 게임 카테고리가 생겼다.

이미 해외에서는 수많은 모바일게임이 만들어지고, 인기를 얻고 있었다. 한국은 PC방과 초고속인터넷이라는 인프라의 발빠른 도입을 통해 온라인게임 선점의 효과를 얻었고, 그 중요성을 경험했던 나라이다. 그런 나라가 모바일 인프라 도입에서는 한참 뒤처졌다. 정부의 근시안과 게임 규제, 대기업의 이해관계와 함께 메이저 온라인게임 업체들의 모바일게임에 대한 경시도 주요한 이유였다.

2012년 7월 슈퍼셀은 미국에서 〈클래시오브클랜〉을 출시했다. 같은 달 한국에서 카카오 게임센터가 열렸다. 많은 것이 바뀌었다.

카카오 게임센터와 3000만 유저

카카오톡은 2010년 3월 나온 국내 최초의 모바일 메신저이다. 이듬해 4월에 사용자수 1000만 명을 넘어섰다. 거의 스마트폰 가입자수와 비슷한 추세였다. 스마트폰 이용자가 급속도로 늘어나며 카카오톡 사용자수 증가도 가속도가 붙었다. 2011년 7월에 2000만 명, 11월 3000만 명을 돌파했다. 2012년 3월에는 4000만 명의 사용자를 돌파하며 국민 메신저가 됐다.

온라인게임 초창기 유저수가 급증했던 캐주얼게임과 게임포털처럼 카카오톡도 수익모델의 고민에 빠졌다. 기프티콘 선물하기 수수료, 이모티콘 판매 등 매출이 있었지만, 이미 몸집이 커질 대로 커진 카카오톡의 유지비용에는 미미한 수준이었다. 돌파구가 필요했다. 게임이었다. 카카오톡은 2012년 7월 게임센터를 오픈했다. 10개의 모바일게임이 카카오톡이라는 플랫폼을 타고 나왔다. 그중 〈애니팡〉이라는 작은 게임이 있었다. 카카오의 고민은 해결됐고, 한국의 게임 생태계는 완전히 달라졌다.

〈애니팡〉은 같은 동물 셋 이상을 모으면 펑하고 사라지며, 점수가 쌓이는 단순한 퍼즐게임이었다. 온라인게임 초창기 〈포트리스2〉가 단순함으로 국민 게임이라 불렸던 것처럼 〈애니팡〉도 그 단순함으로 수많은 유저를 모았다. 다른 점이 있다면 카카오 플랫폼을 탔다는 것이었다. 게임에 익숙한 10대는 물론이고 50~60대 장년층도 빠져들었다. 2012년 10월 애니팡 이용자수는 2000만 명으로 급증했다. 당시 국내 스마트폰 가입자가 약 3000만 명이었다. 3분의 2가 〈애니팡〉을 했다. 하루 최대 접속자수가 800만 명을 넘어섰고, 동시접속자수는 200만 명에 이르렀다. 미국 ≪월스트리트저널≫은 '한국인이 스마트폰 소셜 게임 애니팡에 집착에 가까운 모습을 보인다'고 보도했다. 진짜 국민게임이 됐다.

〈애니팡〉을 하기 위해서는 '하트'라는 아이템이 필요했다. 최대로 가질 수 있는 하트는 5개였고, 게임 한 판에 하나씩 썼다. 하트는 사용 후 8분이 지나면 채워졌지만, 5판을 연속으로 하고 나면 기다리는 시간이 필요했다. 손가락이 근질근질한 〈애니팡〉 유저는 이 시간이 빨리 흐르기를 바랐다. 〈애니팡〉의 개발사 선데이토즈는 이 시간에 대한 욕구를 이용해 매출과 유저를 늘렸다. 유저는 돈을 주고 하트를 살 수 있었다. 카카오톡 목록에 있는 친구에게 초대 메시지를 보내면 하트가 생겼다. 친구에게 1시간마다 하트를 보낼 수 있었다. 본인도 그렇게 하트를 받을 수 있었다. 유저는 늘어났다. 네트워크 효과의 부작용도 나타났다. '카톡공해', '하트스팸'이라는 신조어가 생겼다.

〈애니팡〉은 카카오톡 친구들의 주간순위를 보여줬다. 경쟁심리가 자극됐고, 순위표 맨 위에 혹은 특정인 위에 자신의 이름을 올리기 위해서 시간과 돈과 노력을 쏟아붓는 사람들도 생겨났다. 〈애니팡〉은 다른 게임 개발사들에게 카카오톡의 기능을 어떻게 활용해야 하는지 유감없이 보여준 게임이었다. 게임을 몰랐던 유저들도 쉽게 접근하여 쉽게 플레이하고

그림 5-6 카카오톡 게임센터 오픈의 수혜를 톡톡히 본 국민게임 〈애니팡〉   자료: 선데이토즈 제공.

쉽게 결제할 수 있었다. 수많은 모바일게임들이 〈애니팡〉을 벤치마킹했다.

카카오 게임센터가 나오기 전, 모바일게임의 중심은 플랫폼을 쥔 이동통신사와 피처폰 시절부터 모바일게임을 만들어오던 게임빌과 컴투스였다. 카카오톡은 게임 서비스를 시작하기 전 두 개발사에 제휴를 제안했다. 두 회사는 카카오톡에 지급할 30%의 수수료가 부담스러웠다. 제휴를 거절했다. 매우 잘못된 선택이었다.

카카오 게임센터가 오픈한 2012년 모바일게임 시장 성장률은 89.1%로 비약했다. 하지만 그 수준의 상승은 별것 아니었음이 1년 뒤 밝혀졌다. 2013년 모바일게임 시장은 190.7% 성장했다. 카카오톡은 '카느님'이라고 불렸다.

모바일게임의 급증과 압축 성장의 그늘

2012년 〈애니팡〉에 이어 〈아이러브커피〉(파티게임즈)와 〈드래곤플라이트〉(넥스트플로어), 〈다함께 차차차〉(넷마블) 등이 카카오 게임센터에 들어갔고 성공했다. 2012년 후반 카카오톡의 위력과 성공 게임의 공식이 알려지면서 3000여 개의 모바일게임이 카카오톡 게임센터 입점을 신청했다는 풍문까지 돌았다. 게임업계의 관심이 온통 모바일게임 개발과 퍼블리싱으로 한꺼번에 몰려들던 시기였다.

2000년대 후반 신작 온라인게임이 계속 실패했던 대형 업체들이 모바일게임으로 방향을 틀었다. 2011년 창업자 방준혁이 돌아온 넷마블은 이미 2012년부터 모바일게임 위주로 체질을 전환한 상태였다. 〈다함께 차차차〉는 그 시작이었다. 카카오의 주요 주주였던 위메이드는 2013년 40~50개의 모바일게임을 출시하겠다고 발표했다. 한게임을 통해 캐주얼 온라인게임을 다수 서비스해봤던 NHN도 2013년 의욕적으로 모바일게임 출시 계획을 알렸다. 직접 개발도 하고 퍼블리싱도 강화했다.

카카오 게임센터의 제안을 거절했던 게임빌과 컴투스도 대세에 따라가기로 했다. 컴투스는 매해 40~50개의 게임을 출시하겠다고 밝혔다. 〈리그오브레전드〉에 밀려난 중소형 회사들도 뾰족한 대안이 없었다. 구조조정 또는 자발적으로 회사를 나온 많은 업계인들과 졸업 후 취업이 어려웠던 이들은 1인 개발자 또는 스타트업으로 카카오톡 플랫폼에 올라타려는 희망을 가졌다. 대규모 인력과 자본이 들어가는 온라인게임과 달리 캐주얼 모바일게임은 3개월 정도면 만들 수 있었다. 200만 원 정도의 저렴한 유니티 엔진이 개발 비용을 줄이고 개발 과정을 단축시켰다.

2013년 모바일게임 생태계는 2012년 하반기처럼 흥행작이 계속 연이어 나왔다. 카카오 게임센터의 전성시대였다. 〈윈드러너〉(위메이드), 〈헬로히어로〉(핀콘), 〈쿠키런〉(데브시스터즈), 〈모두의 마블〉(넷마블), 〈몬스터 길들이기〉(넷마블) 등이 인기를 모았다. 반면 그 어떤 모바일게임보다 관심을 끌며 출시됐던 대형 온라인게임 〈아키에이지〉는 흥행에 실패했다. 모바일게임이 대세가 되어가는 것은 확실해보였다.

하지만 이 흐름에도 불길한 조짐이 보이기 시작했다. 캐주얼 모바일게임의 흥행 수명은 짧았다. 개발기간이 짧은 게임은 콘텐츠의 규모가 작았다. 게다가 유사한 게임이 계속 쏟아져 나왔다. 흥행의 유효기간이 3~6개월로 여겨졌다. 규모 있는 회사들은 미드코어, 즉 모바일 RPG 개발로 방향을 바꾸기 시작했다. 2013년 8월 출시된 〈몬스터 길들이기〉의 성공은 이듬해부터 줄기차게 이어질 대작 모바일 RPG 바람의 예고편이었다.

그것보다 더 큰 위협은 공급과잉이었다. 2012년 7월 카카오 게임센터에 등록된 게임 수는 10개였다. 2013년 7월에는 180개의 게임이 등록되어 있었다. 〈애니팡〉과 〈드래곤플라이트〉, 〈쿠키런〉처럼 장르를 선점한 게임은 인기를 유지했지만, 신규 캐주얼 게임은 유저의 관심을 받기가 점점 어려워졌다. 비게이머들은 한 번 빠진 게임(예를 들면 〈애니팡〉)을 계속 하는 경향이 높았다. 헤비 게이머들은 간단한 게임을 식상해했다. 카카오 게임센터는 여전히 최강의 플랫폼이었지만, 그 효과는 점점 떨어지는 추세였다.

모바일게임 생태계의 변화는 온라인게임과 완전히 달랐다. 처음부터 3000만 유저가 쏟아졌고, 훨씬 압축적으로 전개됐다. RPG에서 시작해 캐주얼로 확대되었던 온라인게임과 달리 캐주얼에서 시작해 RPG로 이동해가는 분위기였다. 대형 모바일게임을 위한 조건이 갖춰지고 있었다. 스마트폰 사양은 계속 좋아졌고, 이동통신 속도는 계속 빨라졌다.

대형 MMORPG와 유명 배우 CF모델

2015년 1월 영화 〈테이큰〉 시리즈로 유명한 리암 니슨Liam Neeson이 미국 슈퍼볼 광고 시간대에 등장해 화제가 됐다. 그가 CF모델로 등장한 상품은 슈퍼

셀이 개발한 모바일게임 〈클래시오브클랜〉이었다. 글로벌 모바일게임 시장에서 가장 인기 있었던 이 게임은 한국에서도 흥행 중이었다. 〈클래시오브클랜〉은 한국에서도 2014년 공중파 TV에 광고 폭격을 퍼부으며 화제를 모았다. 모바일게임으로는 국내에서는 유례가 없는 일이었다.

유례없었던 건 광고뿐만이 아니었다. 〈클래시오브클랜〉은 카카오 게임센터에 입점하지 않고도 매출 1위를 기록한 게임이었다. 카카오톡에 결제수수료 30%(총매출로 계산하면 21%)를 줄 필요가 없었기 때문에 직접 마케팅에 예산을 쏟아부을 수 있었다. 카카오 플랫폼에 의지하지 않고 공중파 광고를 통해 매출 1위에 오른 〈클래시오브클랜〉의 사례는 국내 대형 모바일게임 개발사에게 큰 영향을 미쳤다.

2015년 한국 모바일게임 시장은 전년의 예상처럼 완연히 RPG로 넘어갔다. 전년에 출시된 〈몬스터 길들이기〉는 여전히 인기를 얻고 있었고, 〈별이 되어라〉(게임빌), 〈세븐나이츠〉(넷마블), 〈서머너즈워〉(컴투스), 〈블레이드〉(네시삼십삼분) 등이 출시되어 흥행에 성공했다. 모바일 RPG의 수가 늘어나며 마케팅 경쟁이 치열해지기 시작했다. 개발비와 개발기간이 늘어남에 따라 실패의 부담도 커졌다. 마케팅이 더욱 중요해졌다.

출시 2년이 지난 카카오 게임센터의 위상은 차츰 떨어지고 있었다. 새로 흥행하는 캐주얼게임의 수는 급감했고, 헤비 유저가 플레이하는 RPG는 상대적으로 소셜 네트워크 플랫폼의 영향이 덜했다. 게다가 2014년 모바일게임 플랫폼 경쟁에 네이버가 뛰어들었다. 네이버는 카카오톡에 못지않은 유저 풀을 가지고 있었다. 〈클래시오브클랜〉이 카카오 플랫폼 없이 성공한 것도 네이버에게는 자신감을, 카카오에게는 걱정을 안겼다.

2015년 초 가장 큰 관심을 모았던 모바일게임은 〈레이븐〉(넷마블)이었다. 넷마블은 〈몬스터 길들이기〉와 〈세븐나이츠〉로 모바일 RPG 경쟁력이 가장 높았던 회사였다. 〈레이븐〉은 그 뒤를 잇는 대작 RPG로 인식됐다. 카카오톡과 네이버가 모두 달려들었다. 결국 〈레이븐〉은 'for 카카오' 대신 'with 네이버'를 택했다. 네이버는 플랫폼 수수료를 카카오(30%)보다 낮은 20%로 책정했고, 마케팅도 적극적으로 지원해줬다. 카카오 없이 〈레이븐〉은 매출 1위를 달성했다. 마케팅으로 무게 중심이 옮겨갔다.

2015년 3월 영화배우 차승원이 〈레이븐〉 CF모델로 공중파 TV 화면에 나왔다. 차승원에 이어 내로라하는 배우들이 모바일게임 CF모델로 TV에 줄줄이 소환됐다. 2015년에 장동건, 하정우, 정우성, 이정재, 이병헌 등이 나왔다. 유저들 사이에 누가 어떤 게임 모델인지도 모르겠다는 이야기가 돌았다. 11월 출시한 〈히트〉는 그런 이유로 유명 모델을 쓰지 않았다. 이듬해 2월 출시된 〈로스트킹덤〉은 같은 이유로 영화 〈반지의 제왕〉 시리즈에 나왔던 할리우드 배우 올랜도 블룸Orlando Bloom을 CF모델로 썼다.

이런 마케팅 경쟁까지 벌어지며 모바일 RPG를 출시하는 비용은 크게 늘어났다. 흥행에 대한 압박은 더욱 커졌다. 위험부담을 피하기 위해 성공한 게임의 구조를 따라하는 경향이 짙어졌다. 많은 게임들이 대작 포지셔닝에는 성공했지만 '양산형 RPG'라는 비판을 들었다.

뒤바뀐 한국과 중국

중국의 카카오톡에 해당하는 '위챗'은 2013년 8월 게임센터를 오픈할 예정이었다. 위챗을 서비스하는 텐센트는 카카오톡의 대주주였다. 2012년 카카오톡 게임센터의 성과와 노하우를 다 알 수 있는 지위였다. 중국 모바일 생태계에서 가지고 있는 위상, 그리고 카카오톡과 관계를 고려할 때 위챗 게임센터의 성공을 의심하는 이는 거의 없었다.

중국은 구글 플레이스토어가 들어갈 수 없는 시장이다. 구글이 2010년 중국 정부와 마찰 후 중국에서 철수했기 때문이다. 덕분에 중국 모바일 생태계는 독특한 시장구조를 갖게 되었다. 이동통신사, 단말기 제조사, 포털 등이 저마다 안드로이드 앱 마켓을 운영 중이다. 2010년 구글의 철수 후 포털에 해당한 360마켓과 91마켓, 텐센트마켓 등 '3자 마켓'의 영향력이 가장 컸다. 위챗의 게임센터 오픈 소식은 텐센트의 라이벌인 치후360이 운영하는 360마켓에 큰 위협이었다.

치후360은 위챗 게임센터가 열리기 전 멀리 앞서 나가기로 했다. 이를 위해 위챗처럼 회원 간 소셜 네트워크 기능을 추가했다. 거기에 없을 게임들도 가져왔다. 2013년, 초창기 카카오 게임센터에서 흥행이 검증된 한국 게임들이 수출됐다. 〈위드러너〉, 〈다함께 차차차〉, 〈드래곤플라이트〉, 〈아이러브커피〉 등 쟁쟁한 히트 게임들이었다. 대대적인 마케팅과 함께 게임들을 출시했다.

쟁쟁한 게임들은 줄줄이 실패했다. 카카오 게임센터 출신 게임들은 소셜 기능이 재미와 확산과 결제의 핵심이었다. 그런데 대부분의 중국 360마켓 유저들은 이 플랫폼의 소셜 네트워크 기능을 모르거나 이용하지 않았다. 중국 유저들은 거의 대부분 위챗과 QQ 메신저 등 텐센트의 SNS를 이용했기 때문이다. 한국 게임들과 치후360 모두 낭패였다.

반면, 텐센트는 다른 전략이었다. 텐센트는 게임 회사이기도 했다. 만들기도 쉽고 성공할 것도 확실한 위챗 초기 캐주얼 모바일게임을 굳이 외부 개발사에 맡길 필요가 없었다. 위챗 게임센터 오픈 이후 이 예상은 맞았다. 텐센트는 대신 캐주얼게임 이후의 모바일 RPG는 한국 게임회사들로부터 소싱할 계획이었다. 텐센트는 PC 온라인에서 그랬듯이 한국의 RPG 개발 역량을 신뢰했다. 2014년 3월 텐센트가 넷마블과 네시삼십삼분에 각각 수백억 원씩 투자해 대주주가 된 것은 그런 이유였다. 같은 해 6월 서울에서 대규모 '텐센트 모바일 로드쇼'를 가진 것도 이런 맥락이었다.

한국에서도 비슷한 생각을 했다. 이미 모바일 캐주얼게임 시장은 레드오션이 되어 있었다. 어차피 모바일 RPG를 만들어야 했다. 게다가 만나는 중국 업체들도 RPG만 찾았다. 수많은 모바일게임 개발사들이 RPG를 만들었다. 모바일게임판 〈미르의 전설2〉가 나올 것을 한국과 중국 업계 관계자들이 다 믿었고, 다들 그 주인공이 되기를 바랐다.

2014년 그런 기대를 품은 한국 모바일 RPG가 중국으로 대거 들어갔다. 그러나 10여 년 전의 성공 대신 1년 전의 실패가 반복됐다. 중국은 유저 수가 많아서 매력적이었지만, 같은 이유로 어려웠다. 많아봐야 수십만 명 단위의 동시접속자 경험을 가진 한국 모바일게임은 수백만 명 단위의 유저 규모에 대응하기 어려웠다. 그 밖에도 콘텐츠 업데이트, 수익모델 등 다양한 난관에 부딪쳤다.

결정적으로 중국에서 더 경쟁력 있는 모바일 RPG가 나오기 시작했다. 2013년 나온 〈마스터탱커〉에 이어 2014년 출시된 〈도탑전기〉와 〈전민기적〉이 큰 성과를 기록했다. 텐센트 등 중국 퍼블리셔들은 중국 모바일 RPG 개발사를 더 찾아다녔다. 한국 개발사들은 〈도탑전기〉 등 중국 모바일게임을 분석했고 넥슨, 카카오게임즈 등 한국 메이저 퍼블리셔들은 중국 개발사를 찾아다니기 시작했다. 〈뮤〉나 〈미르의 전설2〉, 〈라그나로크〉를 개발한 한국 회사들은 해당 IP의 모바일게임을 중국 회사에 맡겼다.

한국 지사를 통해서 혹은 현지에서 직접 한국 서비스를 하는 중국 회사들이 생겼고, 일부 회사들은 한국 코스닥 업체를 인수했다. 2017년 말까지 중국 시장에서 성공한 한국 모바일게임은 매우 드물다. 2017년 12월 10일 현재 한국 구글플레이 매출 기준 20위 내에 〈붕괴 3rd〉, 〈소녀전선〉, 〈음양사〉 등 중국산 모바일게임이 6개가 포함되어 있다.

양극화와 획일화의 심화, 대안의 조짐들

확률형 아이템

2015년 3월 새누리당 정우택 의원은 게임산업진흥법 개정안을 발의했다. 게임 내에서 플레이어가 얻을 수 있는 점수나 아이템, 캐시 등의 모든 결과물의 종류와 구성비율, 획득 확률 등을 공개하는 것을 골자로 하는 개정안이었다. 게임업계 종사자는 물론 일반적인 게이머가 보더라도 '겜알못'이 내놓은 비상식적인 법안이었다.

그런데 게이머들은 열광적인 반응을 보였다. 게이머들이 게임 관련 '규제 법안'을 이렇게 뜨겁게 환영한 것은 처음 있는 일이었다. 보통의 경우 정반대의 반응이 나왔다. 게다가 정 의원은 당시 젊은층에게 인기가 저조한 여당 국회의원이었다. 이런 이례적인 반응은 이 개정안이 게이머들이 지속적으로 불만을 제기하던 '확률형 아이템'을 정면으로 겨냥한 최초의 법안이었기 때문이다.

확률형 아이템은 2013년 이후 모바일게임 생태계의 가장 중요한 논란 중 하나로 부상했다. 유저들의 불만은 쌓여갔지만, 확률형 아이템의 확산은 멈추지 않았다. 이유가 있었다. 초기 모바일 캐주얼게임 붐 이후 많은 회사가 비용이 더 드는 RPG 개발로 이동했지만, 마땅한 '수익모델'을 찾지 못했다. 초기에는 인벤토리 확대나 고급 장비 판매, 능력치 추가 등 고전적인 수익모델을 택했다. 매출이 따라오지 못하면서 고민이 확산됐다.

그런데 〈바하무트〉와 〈확산성 밀리언 아서〉 등 일본 카드배틀 게임이 국내에서 흥행하며, 일본에 한정된 수익모델이라고 생각하던 확률형 아이템이 국내에서도 유효하다는 사실이 확인됐다. 이후 〈헬로히어로〉 등 확률형 아이템 판매를 도입한 국산 RPG들도 흥행에 성공했다. 개발비는 늘어나고, 해외 수출은 안 되고, 마땅한 수익모델은 찾지 못해 진퇴양난의 처지에 빠졌던 모바일게임 개발사에게 일종의 '구원자'가 등장한 셈이었다.

확률형 아이템은 빠른 성장에 대한 욕구와, 적은 투자로 큰 보상을 바라는 사행성을 자극하는 아이템이었다. 운이 좋은 유저는 몇십 시간에 걸친 플레이를 순식간에 따라잡을 수 있었다. 개발사는 이벤트나 퀘스트로 꾸준히 캐시를 제공해 유저들이 확률형 아이템을 자연스럽게 경험하도록 만들어 거부감도 줄였다. 현금 대신 게임 캐시를 따로 만들어 유저의 금전감각을 떨어뜨렸다.

가장 확실한 수익모델로 떠오른 확률형 아이템에 대한 연구가 활발히 이뤄졌다. 개발 초기부터 확률형 아이템을 시스템과 함께 구성하는 개발사도 생겨났다. 확률형 아이템이 '살길'을 넘어 '황금알을 낳는 거위'로 취급받았고, 신규 콘텐츠 업데이트보다 홈쇼핑 광고 같은 문구가 더 늘어났다. 특정 레벨에 도달하면 원활한 플레이를 위해 확률형 아이템을 통한 지속적인 '현질'이 요구되는 게임이 모바일게임 생태계를 장악했다. 유저들의 불만이 고조될 수밖에 없었다.

정 의원의 발의와 유저들의 호응 이후 게임업계는 확률 범위를 공개하는 것을 골자로 한 게임산업협회의 자율규제안을 마련했다. 2015년 7월부터 자율적인 시행에 들어갔지만, 유저들의 불만과 불신은 가라앉지 않았다. 확률 공개 범위가 너무 넓고, 확률 자체가 너무 낮아 지속적인 '현질'이 불가피한 게임이 너무 많았기 때문이다. 부모의 카드를 이용한 미성년자의 고액 결제 사건이 알려졌고, 언론의 보도와 기획기사를 통한 비판이 많아졌다. 이에 따라 20대 국회에서도 확률형 아이템에 관한 법안이 3개나 발의됐다.

게임산업협회는 2017년 7월 확률 공개 수준을 좀 더 명확하게 하는 강화된 자율규제를 시작했다. 매출과 직접 관련된 사안이기 때문에 다른 이슈보다는 발빠르게 움직였다. 여전히 불신이 강한 상당수 유저들은 법률적 규제를 요구하고 있다. 업계는 한번 도입하면 돌이키기 어려운 법률적 규제를 피하기 위해 좀 더 적극적인 대안을 모색하고 있다.

모바일게임 생태계에 재림한 〈리니지〉

넷마블은 2017년 5월 12일 코스피에 상장했다. 첫날 시가총액은 14조 원에 육박했다. 증시에 등록된 우리나라 기업 중 기업가치가 스무 번째에 해당했다. LG전자보다 시가총액이 높았다. 그전까지 게임업체 중 시가총액 1위였던 엔씨소프트보다 두 배 가까이 됐다. 넷마블은 모바일게임 생태계의 폭발적인 성장과정에서 가장 높은 성과를 보였던 업체였다. 〈모두의 마블〉과 〈세븐나이츠〉는 캐주얼과 RPG에서 가장 대표적인 타이틀 중 하나였다. 하지만 넷마블의 시가총액이 LG전자보다 높게 된 결정적인 계기는 2016년 12월 출시한 〈리니지2: 레볼루션〉이었다.

넷마블은 엔씨소프트와 〈리니지2〉 IP를 활용할 수 있는 계약을 맺고, 〈리니지2: 레볼루션〉을 만들었다. 출시 전부터 얻었던 관심은 출시 후 더욱 커졌다. 출시 후 한 달 매출이 2060억 원이었기 때문이다. 모바일게임 하나가 하루에 약 67억 원씩 벌어들인 셈이다. 당시까지 최고 기록이었다. 게임업계와 투자업계 모두 놀랐다. 기존 모바일게임 1위의 하루 매출(구글플레이 기준)은 10억~20억 원 수준이었다. 〈리니지2: 레볼루션〉이 론칭하면서 10위권 모바일게임의 매출은 대부분 떨어졌다. 이런 성과 덕분에 넷마블은 약 6개월 뒤 상장때 LG전자보다 더 높은 평가를 받았다.

그런데 〈리니지2: 레볼루션〉의 매출 기록은 상장 한 달 뒤 다른 '리니지' 형제에게 깨졌다. 2017년 6월 론칭한 엔씨소프트의 〈리니지M〉이 서비스 첫날 107억 원의 매출을 올렸다. 〈리니지M〉은 이후 역대 국내 모바일게임 최고 기록인 일매출 130억 원을 기록했다. 출시 후 한 달 매출이 3000억 원을 넘는 것으로 추정됐다.

두 게임은 모바일게임 생태계에 '리니지' IP의 위력을 보여줬다. 원작을 계승했다는 점과 익숙함이 원작 팬들에게 어필했다. 원작의 지명도와 대규모 마케팅, 초반의 성과 등을 통해 대세 게임으로 포지셔닝된 점도 유저를 끌어들이는 데 유리했다. 〈리니지2: 레볼루션〉의 경우, DAUDaily Active User(일일 사용자)가 오픈 첫날 158만, 1주차 166만, 2주차 179만, 3주차 191만, 4주차 197만 명으로 계속 늘어났다.

온라인게임 〈리니지〉를 즐겼던 핵심 유저층의 성격도 두 게임의 성공과 높은 매출에 기여했다. 초기 〈리니지〉를 플레이했던 유저들은 현재 30대 후반에서 50대 초반의 연령대이다. 상대적으로 지갑이 두터운 편이다. 또한 시나리오나 컨트롤, 전략적인 플레이 같은 요소보다는 장비의 업그레이드와 레벨의 성장을 통한 과시, 끈끈한 커뮤니티 등을 선호하는 편이다. 엔씨소프트가 2017년 5월 기자간담회에서 〈리니지M〉을 "리니지스럽게 개발하겠다"고 한 것은 이런 유저층을 타깃으로 삼았음을 방증한다.

　MMORPG를 기반으로 한 모바일게임은 이 두 타이틀만의 이야기는 아니다. 2017년 하반기 〈아키에이지〉와 〈테라〉를 원작으로 한 모바일게임이 나왔고, 〈라그나로크〉, 〈검은 사막〉, 〈이카루스〉, 〈블레이드앤소울〉 등의 IP를 활용한 모바일게임이 개발 중이다.

　IP의 활용은 경쟁이 치열해진 모바일게임 환경에서 콘텐츠 소스의 수급, 마케팅 비용의 절감 등 다양한 장점을 가진다. 2015년 넷마블이 출시한 〈마블퓨처파이터〉는 서구 시장을 뚫기 위해 스파이더맨, 아이언맨, 헐크 등 세계적으로 유명한 마블의 히어로들을 활용했다. 덕분에 미국과 영국 등 118개 국가의 인기차트 TOP 10에 올랐다. 하지만 이에 대한 우려의 시각도 있다. 기존 인기 IP를 활용해 비슷한 RPG만 개발할 경우, 재미나 시스템의 기획 등에서 새로운 시도나 진보를 기대하기 어려워질 수밖에 없다. 2017년 12월 9일 현재 구글플레이 게임 매출 순위 10위권에서 기존 IP를 활용한 게임은 5개이다.

양극화와 독과점 체제

　앞서 기술했듯이 2010년대 중후반 한국 게임 생태계에는 5N이 있었다. 10여 년이 흐른 뒤, 5N은 3N으로 바뀌었다. 2017년 12월 9일 현재 구글플레이 게임 매출 10위 내에 3N인 넷마블(4개), 엔씨소프트(2개), 넥슨(2개)의 게임이 8개나 있다.

　넷마블은 2000년대 후반 출시했던 대부분의 온라인게임이 실패했다. 2010년 7월 넥슨이 게임하이를 인수하며 넷마블이 퍼블리싱했던 가장 큰 게임 〈서든어택〉마저 내줘야 하는 신세가 됐다. 퍼블리셔로서 엄청난 위기였다. 넷마블은 어쩔 수 없이 모바일에 올인했다. 카카오 게임센터 초창기 캐주얼게임으로 성공했고, 이후 발빠르게 RPG로 전환해 성공을 이어갔다. '양산형'이라는 비판을 받았지만, 꾸준히 모바일 RPG를 출시해 성과를 냈다.

엔씨소프트와 넥슨은 뒤늦게 모바일게임 생태계로 들어왔다. 두 회사 모두 〈리그오브레전드〉가 들어오기 전까지 온라인게임에서 압도적인 양강이었기 때문에 모바일에 대한 대응이 늦었다. 온라인게임에서 그랬던 것처럼 모바일게임에 대한 두 회사의 접근은 달랐다. 넥슨은 외부 게임의 소싱에 신경을 썼고, 엔씨소프트는 자체 개발에 무게를 뒀다. 다양한 게임을 출시했던 넥슨은 2015년 11월 외부 개발사의 게임 〈히트〉를 퍼블리싱해 매출 순위 1위에 올랐다. 반면 엔씨소프트는 직접 개발한 〈리니지M〉이 기록적인 성과를 냈다.

2016년 이후 모바일게임 생태계는 양극화와 함께 3N의 독과점적 입지가 더욱 강화됐다. 온라인게임 생태계는 해외 게임인 〈리그오브레전드〉와 〈오버워치〉가 2017년 9월까지 1, 2위를 다퉜다. PC방의 경우 두 게임의 점유율이 나머지 게임을 다 합친 것보다 높았다. 10월 〈배틀그라운드〉가 1위에 오르면서 상위 세 게임이 PC방 점유율 66%를 가져갔다. 넥슨과 엔씨소프트 게임의 점유율이 하락했지만, 나머지 회사들은 더욱 어려워졌다.

모바일게임 생태계는 카카오 게임센터 초기 성공한 회사 개발사 중 넷마블을 제외하면 RPG 전환기 이후 뚜렷한 성과를 거둔 곳이 없다. 2017년 12월 현재 선데이토즈(〈애니팡〉 시리즈)와 데브시스터즈(〈쿠키런〉)가 매출 20위권을 유지하고 있다. 3N을 제외한 한국 회사 중에는 컴투스와 카카오게임즈가 10위권의 성과를 내고 있다. 과거 5N에 속했던 네오위즈와 NHN엔터테인먼트는 포커 게임으로 그 뒤를 잇고 있다.

모바일게임 생태계의 양극화와 독과점은 향후 쉽게 개선되기 어려울 것으로 보인다. RPG 장르의 경쟁이 강화되면 개발과 업데이트, 마케팅 등에 투입될 자본이 커질 수밖에 없기 때문이다. IP를 가지고 있거나 구매할 수 있는 회사는 3N과 카카오게임즈 등 일부 대형 게임사뿐이다. 대규모 TV 마케팅이 가능한 회사도 제한된다. 소규모나 신생 개발사가 유저를 얻기 더 힘들어진다.

R&D 등 미래를 위한 투자 영역에서도 메이저와 소규모 업체는 차이를 보인다. 2017년 12월 현재 AI에 투자하고 있는 것으로 알려진 게임 회사는 3N 외에는 없다. 엔씨소프트는 2012년 'AI Lab'을 만들었고, 넷마블은 2014년부터 '콜롬버스 센터'를 운영하고 있다. 넥슨은 2017년 12월 AI 전담 조직 '인텔리전스랩스'를 설립했다. 2018년까지 300여 명 규모로 확장할 예정이다.

크런치 모드와 돌연사

2016년 7월에서 11월 사이 넷마블의 직원 3명이 사망했다. 국내 게임 생태계에 이렇게 짧은 기간에 한 회사에서 여러 사람이 생명을 잃는 경우는 처음이었다. 특히 넷마블은 '구로의 등대'라고 불릴 정도로 야간 근무가 많은 업체였다. 업계와 언론에 고강도 노동 환경 때문에 죽음이 연달아 발생한 것이 아니냐는 의심과 비판을 샀다.

2017년 5월 고용노동부는 넷마블 및 계열사 12곳의 근로감독 결과를 발표했다. 장시간 근무를 강요했고 44억 원을 체불한 사실이 알려졌다. 6월 근로복지공단은 전년도 11월 돌연사한 직원의 사망을 크런치 모드로 인한 '업무상 재해'로 인정했다. '크런치 모드'란 회사가 정한 마감 일정을 맞추기 위해 야근·특근 등을 불사하는 것을 일컫는 IT 업계의 은어이다.

2017년 4월 위메이드의 자회사 위메이드아이오에서 장기간의 '크런치 모드' 일정이 밝혀져 게임계는 물론 사회적인 이슈가 됐다. 4월 19일부터 11월 30일까지 시행될 크런치 방식은 이랬다.

1. 평일 근무시간: 10시~21시
2. 평일 저녁식사 시간: 18:30~19:00(30분)
3. 공휴일, 토요일 정상근무: 10시~19시
4. 일요일은 선택적 출근: 출근 시간 관계 없이 9시간 근무

게임업계에서 크런치 모드는 특정 빌드 마감을 앞두고 2~3개월 동안 진행되는 것이 일반적이다. 8개월의 긴 기간과 구체적인 내용이 알려지면서 업계의 공분을 샀고, 해당 크런치 모드는 결국 취소됐다.

크런치 모드와 돌연사는 게임의 성공과 유지가 어려워진 모바일게임 생태계의 상황을 반영했다. 넷마블과 위메이드는 공통점이 있었다. 카카오 게임센터 초창기 모바일게임에 적극적으로 전환했던 대형 온라인게임 퍼블리셔였다. 초반 시장 장악을 위해 두 회사는 공격적으로 인력을 채용했고, 개발사를 인수했다. 하지만 시장 상황과 성과는 기대와 달랐다.

위메이드는 성공한 게임이 없었고, 넷마블은 수익률이 떨어졌다. 모바일게임은 매출의 30%가 구글이나 애플에게 간다. 카카오 게임센터에 입점하면 나머지 70%의 30%, 즉 21%가 또 나간다. 절반 이상의 매출이 외부로 빠지는 구조이다. 게다가 TV 광고 등 마케팅 비용 지출도 크다. 게임이 실패할 경우 위험부담도 커졌다

위험부담을 줄이기 위해, 인수한 회사나 내부 개발팀들을 자회사로 유지하거나 분리했다. 게임이 성공할 경우, 인센티브가 크고 상장까지 갈 수도 있었다. 위메이드아이오의 크런치 모드도 그랬다. 게임 론칭 후 매출 250억 원을 달성하면 그중 10%를 직원들에게 즉시 지급하고, 500억 원을 달성하면 연봉을 두 배 올려주는 보상이 있었다. 하지만 실패할 경우 리스크가 컸다. 모바일게임의 실패 확률은 무척 높다. 모회사가 지원해주지 않는 이상 회사 자체의 존립이 위험해졌다. 실패가 용납되지 않는 구조였다. 개발팀은 어쩔 수 없이 크런치 모드를 실행해야 했다.

넷마블과 위메이드만의 문제는 아니다. 생존이 더 불안한 수많은 작은 회사들도 크런치 모드에 내몰릴 수밖에 없다. 문제는 크런치 모드를 수행하더라도 모바일게임의 성공 확률이 높지 않다는 점이다. 좀 더 근본적인 대책, 다른 접근이 필요한 상황이다.

위기 인식의 확대와 한계

2017년 초 한국 게임 생태계에는 전례 없는 일이 벌어졌다. 1주일이 멀다 하고 게임과 관련된 토론회와 포럼이 열렸다. 4월 20일까지 14개의 행사가 쏟아졌다. 3월 31일과 4월 17일에는 당일에만 두 개의 토론회나 포럼이 열렸다. 전 세계적으로 희한한 일이었다. 국내 게임 생태계의 심각한 위기감을 반영하는 현상이었다. 2016년 12월 박근혜 전 대통령의 탄핵과 2017년 5월 문재인 대통령의 취임 사이 벌어진 일이기도 했다.

3개월 동안 열린 토론회와 포럼(이하 토론회)을 가장 많이 주최하거나 주관한 곳은 한국게임산업협회(5회)와 게임물관리위원회였다. 14개의 토론회에서 가장 많이 논의된 이슈는 자율규제 또는 규제완화였다. 9개의 토론회에서 논의가 이루어졌다. 그 뒤를 이어 주무부처와 그곳의 전문성에 관한 논의는 4개의 토론회에서 다뤄졌다. 양극화 해소는 3차례 논의됐고, 노동환경 실태에 대한 논의는 한 차례 있었다. 정권교체기를 맞아 그동안 쌓여왔던 게임계의 다양한 목소리가 터져 나왔다.

한국게임산업협회와 게임물관리위원회는 특히 자율규제 이슈를 적극적으로 제기했다. 한국 게임의 위기가 2010년대 초반 셧다운제 도입과 결제 한도 등 규제정책 때문에 도래한 것으로 보고, 규제완화를 적극적으로 주장했다. 한국게임산업협회는 메이저 업체들이 주요 회원사이다. 협회의 주장은 주로 메이저 업체들의 이해를 반영하는 것이었다.

하지만 규제기관인 게임물관리위원회가 적극적으로 토론회를 열고 자율규제에 관해 논의한 것은 이례적인 행보였다. 업계에서는 2016년 10월 이후 공석인 한국콘텐츠진흥원장을 염두에 둔 포석이라는 이야기가 나왔다.

주무부처와 전문성에 관한 논의는 한국 게임의 위기를 공공기관의 전문성 부재에서 찾았다. 이명박 정부 때 게임산업진흥원이 해체되면서 게임이 우선순위에서 밀려나고 전문 인력들이 빠져나간 것을 위기의 원인으로 보고, 전문적으로 게임을 전담할 기관의 신설을 주장했다. 주로 교수나 연구자 등이 이런 이슈를 제기했다.

양극화 해소와 관련된 논의는 이 사안 자체를 한국 게임 생태계의 가장 큰 문제로 인식했다. 관련 논의는 소규모 회원사가 많은 모바일게임협회와 인디라 같은 단체와 일선 개발자들이 적극적이었다. 게임계 노동환경에 관해서는 정의당에서 주최한 '게임산업 노동환경 실태와 개선과제 토론회'가 유일했다. 넷마블의 크런치 모드와 돌연사 때문에 언론의 관심을 모았다. 토론회 당일(2월 9일) 넷마블은 탄력근무제를 도입하는 등 근로 문화 개선안을 발표했다.

이 시기 주제가 한쪽으로 몰린 경향은 있지만, 다양한 게임계 문제점과 대책이 모처럼 공적인 영역에서 이야기됐다는 점에서 위안을 줬다. 이런 흐름의 연장 속에 2017년 하반기에는 국회의원들을 중심으로 대한민국게임포럼이 결성됐다.

BIC의 시도와 난관

한국에서 '인디게임'이라는 표현은 2010년 초 의미가 조금 달라졌다. 본래 인디게임은 '자본으로부터 독립해서 (주류 게임과 다른) 개발자가 만들고 싶은 게임'을 의미했다. 그런데 소규모 모바일게임 개발사들이 갑자기 늘어나며 그런 회사가 만드는 게임을 지칭하는 용어로 변용되기 시작했다. 인디게임이 가진 독립성과 다양성이라는 관점에서 적합하지 않았다. 대부분의 신규 인디게임 회사들은 주류 게임과 비슷한 게임을 개발했기 때문이다. 반복된 경로의존적 획일화가 오히려 게임 생태계 양극화를 부추긴 면이 크다.

이런 한계를 극복하기 위한 행사가 2015년부터 부산에서 매년 9월 열렸다. 'BIC'라는 약자를 쓰는 '부산인디게임커넥트 페스티벌'이다. 3년 만에 이 행사는 완전히 자리를 잡았다. 2017년 전년 대비 1.7배 늘어난 32개국이 참가했고, 1.4배 늘어난 378개의 게임이 접수됐으며 그중 120개가 전시됐다. 총 1만

273명의 관람객이 왔다. 전년보다 61% 증가한 숫자였다. 글로벌 행사로서 참가작이나 관람객 규모 모두 늘어났다. 글로벌 인디게임 퍼블리셔인 니칼리스와 디볼버디지털이 스폰서로 참여했다.

3년 만에 어떻게 이렇게 자리를 잡았을까? 국내 게임 생태계에서 쉽게 찾아보기 힘든 공공기관과 게임계 전문가의 협력이 있었기 때문이다. 부산산업정보진흥원(서태건 원장)은 예산을 지원하는 곳이다. 지원은 하되 실무적인 의사결정은 인디게임 전문가들에게 맡겼다. 덕분에 BIC는 온전히 인디게임 개발자들의 행사가 될 수 있었다.

참가자 초청 등 행사 운영은 인디게임 개발자 출신 이득우 사무국장이 맡았고, 게임에 대한 심사는 게임 관련 교수인 이정엽 심사위원장이 책임졌다. 이득우 사무국장은 해외 개발사의 참여를 독려하고 행사 진행을 관리하는 역할이다. 인디게임 개발자들이 많이 참여하는 도쿄게임쇼 1주일 전에 행사 일정을 잡는 센스 덕분에 해외 유명 인디게임 개발자들의 참여가 늘어났다. 이정엽 심사위원장은 독립적으로 전시할 게임을 심사한다. 예산지원을 하는 부산산업정보진흥원도, 주최인 모바일게임협회도 간섭할 수 없는 영역이다. 부산업체나 협회 소속이라는 이유로 혜택을 보는 것이 불가능했다. 덕분에 BIC에 출품하는 게임들의 다양성이 지켜졌고, 관람객들의 만족도가 올라갔다.

행사를 이끄는 이들은 공통적으로 인디게임의 저변이 넓어져 국내 게임 생태계의 획일화와 양극화를 해소할 수 있는 단초가 만들어지기를 희망한다. 그런 의미에서 2017년 해외 유명 인디게임 퍼블리셔인 니칼리스와 디볼버디지털의 참가는 그들에게 반가운 일이었다.

그런데 니칼리스와 디볼버디지털은 2017년까지 한 번도 국산 인디게임을 퍼블리싱하지 않았다. 두 퍼블리셔를 통해 게임이 나올 경우 수만 장은 기본으로 팔린다. 브랜드 신뢰도가 그만큼 높다. 그런 신뢰도를 유지하기 위해 두 회사는 소싱하는 게임의 퀄리티를 철저히 따진다. 한국 인디게임이 소싱되지 않았다는 것은 아직 그 수준에 못 미쳤다는 의미이다.

한국 인디게임은 1인 개발자가 많다. 참신한 기획과 스타일리시한 그래픽 등으로 눈길을 끄는 게임을 만든다. 하지만 콘텐츠의 규모가 작을 수밖에 없다. 영화나 음악, 웹툰 등과 달리 게임은 콘텐츠의 규모가 중요하다. 니칼리스가 한국 인디게임을 퍼블리싱하지 않는 이유이다. 인디게임 생태계에서도 협업이 더욱 중요해졌다.

〈배틀그라운드〉의 성공

· 가장 빠르게 100만 장이 팔린 스팀 얼리액세스 게임

· 가장 빠르게 1억 달러 수익을 올린 스팀 얼리액세스 게임

· 스팀에서 최초로 200만 동접자를 기록한 게임

· 스팀에서 가장 많은 동접자를 기록한 게임

· 가장 많은 동접자를 기록한 스팀 얼리액세스 게임

· 스팀에서 가장 많은 동접자를 기록한 비#밸브 게임

· 스팀에서 가장 많이 플레이한 최초의 비밸브 게임

〈배틀그라운드〉가 세운 무시무시한 기록이다. 2017년 3월 24일 PC게임 플랫폼 스팀에서 '얼리액세스Early Access'(게임의 출시 전 후원과 동시에 개발 중인 게임을 플레이하며 피드백을 줄 수 있는 시스템) 방식으로 서비스를 시작한 〈배틀그라운드〉는 배틀로열 방식(마지막까지 살아남은 최후의 1인이 최종승자가 되는 서바이벌 방식)의 온라인게임이다. 정식 서비스를 시작하기도 전부터 세계적인 반향을 일으켰다. 7개월 만에 1800만 장이 판매됐고, 국내에서도 2017년 11월 PC방 점유율 1위에 올랐다.

〈배틀그라운드〉는 한국 게임 생태계에서 나오기 힘든 게임이었다. 김창한이 2013년 겨울 한 차례 시도했지만 블루홀 경영진에 거절당했다. 2015년 9월 다시 추진됐지만, 경영진 설득은 여전히 어려웠다. 경영진의 판단은 타당해

그림 5-7 국내 게임업계에 새로운 가능성을 보여준 〈배틀그라운드〉
자료: 펍지주식회사 제공.

보였다. 미국 등 서양 유저들이 선호하는 장르였고, 개발팀은 그런 장르를 만들어본 경험이 전혀 없었다. 4개월 동안 지속적인 설득과 협의가 이어졌고, 배틀로열 장르의 시조인 브렌던 그린Brendan Greene을 합류시키고 나서야 프로젝트는 겨우 시작될 수 있었다.

17년 동안 온라인게임을 개발해온 김창한은 대형 게임회사가 장악한 MMORPG나 모바일 RPG에 비해 배틀로열 장르에서 큰 기회가 있다고 봤다. 배틀로열 장르는 스팀에서 이미 유저들의 호응을 얻고 있었지만, 그 가능성에 비해 경쟁이 느슨했다. 경쟁을 하게 될 기존 게임의 수준도 높지 않았다. 김창한은 〈배틀그라운드〉가 그곳에서는 탁월한 경쟁력의 타이틀이 될 것으로 봤다. 트렌드에 따라 경로의존적으로 만들어왔던 게임에서 실패했던 경험이 그를 다른 방향으로 이끌었다.

하지만 회사 사정은 그리 좋지 않았다. 블루홀의 거의 유일한 매출원인 〈테라〉의 수익이 계속 줄어들고 있었다. 확실한 전망이 없는 대형 프로젝트를 새로 시작하기 어려운 처지였다. 〈배틀그라운드〉가 시장에 나오기 전인 2017년 초까지 블루홀은 대형 게임회사와 구체적인 인수 논의를 진행하고 있었고, 〈테라〉의 주요 개발자들은 회사를 떠난 상황이었다. 회사는 〈배틀그라운드〉를 오래 기다려줄 수 없었다. 개발진은 1년이라는 기한 내에 적은 인원으로 개발해 서비스를 시작해야 했다. 스팀에 얼리액세스 제도가 없었다면 제작 자체가 시도되기 어려운 프로젝트였다.

장르와 개발 기간 등 제작 여건이 기존 한국 게임과 매우 달랐기 때문에 개발 과정 역시 달라질 수밖에 없었다. 개발팀은 게임을 크게 만들 생각을 처음부터 버렸고 핵심 재미에 집중했다. 게임 엔진은 언리얼4를 썼고, 서버는 AWS(아마존 웹서비스)로 해결했다. 스팀을 통한 유료 판매 방식을 택했기 때문에 부분유료화 아이템에 대한 고민도 필요 없었다.

20~30명 수준의 내부 개발팀과 별도로 8개국 10명의 외주 멤버를 활용했다. 중국 외주 그래픽회사를 이용했던 한국 게임의 기존 관행과 달리 서구의 프리랜서를 개별적으로 연락해 직접 관리했다. 마케팅에 예산을 투입하기 어려웠다. 알파테스트를 통해 트위치TV 진행자들의 피드백을 수렴했고, 그들의 자발적인 입소문을 활용해 유저들을 끌어들였다. 전혀 다른 길을 갔던, 그래서 업계와 매체에서 거의 거들떠보지 않았던 게임은 1년 뒤 압도적으로 성공했다.

〈배틀그라운드〉의 성공은 글로벌 게임 생태계의 변화에 대응하지 못하고 경로의존적 성공 모델을 답습하던 국내 게임계에 큰 반향을 일으켰다. 〈배틀그라운드〉는 2017년 11월 대한민국 게임대상에서 대상 등 6개 부분을 수상했다.

참고문헌

김영한 외. 2003. 『성공의 방정식』. 서울: 넥서스BOOKS.

김재훈·신기주. 2015. 『플레이』. 서울: 민음사.

김택진. 2008. 『공학도에서 게임산업 CEO까지』. 서울: 생각의 나무.

넥슨 코리아. 2014. 『Creative Attack』. 넥슨 코리아.

안정배. 2014. 『한국 인터넷의 역사』. 서울: 블로터앤미디어.

위정현. 2006. 『온라인게임 비즈니스 전략』. 서울: 제우미디어.

윤형섭·강지웅·박수영·오영욱·전홍식·조기현. 2012. 『한국 게임의 역사』. 서울: 북코리아.

임원기. 2007. 『네이버, 성공 신화의 비밀』. 서울: 황금부엉이.

한국콘텐츠진흥원. 2016. 『2016 대한민국게임백서』. 나주: 한국콘텐츠진흥원.

The Rise and Fall of Social Content
From Cyworld to PlayerUnknown's Battlegrounds

제6장

현장의 목소리

: 소셜 콘텐츠의 생성·확산·진화·쇠퇴

홍주현_국민대학교 언론정보학부 교수

최근 '싸이질'이라는 신종 유행어를 불러일으킬 정도로 유명한 기업이 된 싸이월드는 (중략) 성공적으로 사업을 진행하다가 지난해 SK텔레콤과 M&A에 성공하는 등 인터넷 업계의 기린아로 성장했다.[1]

알렉사는 10일 전 세계 인기사이트 1000등 순위를 발표했다. (중략) 한국인 포털을 대상으로 한 인기순위 10대 사이트는 야후코리아, 다음, 라이코스코리아, 아이러브스쿨, 네띠앙, 네이버, 팍스넷, 야후닷컴, 오마이러브, 싸이월드 등의 순이었다.[2]

싸이월드는 1999년 9월 설립된 이후 2004년 미국, 독일, 중국, 일본, 타이완 등 해외 진출까지 하며 성장을 거듭했다. 2007년 미국의 CNN은 한국의 선도

1 "[프라이머리CBO-해] 3년 성과 뒤돌아보기", 아이뉴스 24, 2004. 4. 9.
2 알렉사, "포털-채팅-증권 강세", 머니투데이, 2000. 7. 11.

적인 IT문화로 싸이월드를 소개하기도 했다. 싸이월드는 한국에서는 미니홈피 꾸미기와 일촌 맺기를 통한 인맥 쌓기 등 독특한 서비스로 인기를 끌었지만 해외에서는 현지의 소셜 네트워킹 사이트에 밀렸고, 유료 아이템에 대한 부정적인 반응으로 2014년 해외에서 완전히 철수했다.

1999년 '동창 찾기'라는 추억을 소환하는 사이트로 시작한 아이러브스쿨 iloveschool은 최단기간에 500만 명이 가입하는 등 인터넷의 대중화와 함께 선풍적인 인기를 끌었다. 그러나 불과 6년 뒤인 2005년 지분을 모두 처분했다. 회원 수가 급격하게 증가해 서버 확충이 필요했고, 서버 확충을 위해 M&A를 추진했으나 실패했기 때문이다. 한국 최초의 소셜 네트워크 서비스로 시작한 아이러브스쿨은 회사의 구조적 문제와 서비스 문제로 실패했다.[3]

IT 기술과 소셜 서비스를 접목시키면서 등장한 한국의 소셜 콘텐츠는 페이스북과 트위터 같은 해외 소셜 네트워크 서비스에 밀려 2017년 현재 이용자의 추억 속에 남아 있을 뿐이다. 싸이월드나 아이러브스쿨보다 5~6년 뒤 서비스를 시작한 페이스북과 트위터가 지금까지 꾸준히 진화하면서 전 세계에서 이용하는 소셜미디어로서 살아남은 것과 대조를 이룬다.

초고속 인터넷망과 IT 기술이 발전한 한국에서 만든 소셜 콘텐츠가 국내용으로 전락하거나 몇 년 만에 이용자들에게 외면을 받게 된 이유는 무엇일까? 소셜 콘텐츠의 성공 요인과 실패 요인에 대해 많은 의견들이 있지만 정작 현장의 목소리를 들을 기회는 많지 않았다는 점에 주목했다. 싸이월드와 아이러브스쿨의 성공과 실패 요인을 분석한 자료는 쉽게 찾아볼 수 있지만, 과연 소셜 네트워크 서비스 종사자들은 이 현상을 어떻게 보고 있는지 전문가의 관점에서 분석한 자료는 많지 않다.

이 장에서는 다년간 소셜 콘텐츠 분야에서 일한 전문가 인터뷰를 통해 현장

---

3 ≪신동아≫, 2012년 4월 25일 자.

에서 한국의 소셜 콘텐츠의 흥망성쇠를 어떻게 바라보고 있는지, 성공과 실패의 원인이 무엇이라고 보는지 기술했다.

소셜 콘텐츠에 대한 다양한 생각

소셜 콘텐츠에 대한 정의는 다양하다. 소셜 네트워킹 사이트에 커뮤니케이션 채널을 만들어 대화를 촉발하기 위해 사용하는 마이크로 콘텐츠로 소셜 콘텐츠를 정의하기도 하고(Snow, 2015), 콘텐츠를 통해 사회적 경험과 정보를 공유하는 기능과 서비스로 보기도 한다(지형공간정보체계 용어사전). 소셜 콘텐츠를 이용자가 올린 정보를 공유하고 나누는 기능으로 보기도 하고, 모바일을 통해 유통하는 콘텐츠로 보기도 하는 등 소셜 콘텐츠의 개념을 넓게 정의할 수 있다.

소셜 콘텐츠에 대한 정의가 다양한 만큼 소셜 콘텐츠의 종류도 매우 다양하다. 블로그, 트위터, 페이스북, 링크드인, 유튜브, 구글 플러스, 텀블러, 핀터레스트, 인스타그램, 슬라이드셰어, 이메일, 모바일, 검색, 홍보까지 모두 소셜 콘텐츠로 볼 수 있다.

그림 6-1은 다양한 소셜 콘텐츠를 보여준다. 우리나라에서 인기를 끌었던 아이러브스쿨과 싸이월드 외에 페이스북과 트위터, 메신저 서비스인 카카오톡과 라인 등 다양한 매체가 있다. 1인 미디어 채널을 관리, 기획하는 MCNMulti Channel Network과 웹툰, 게임까지 소셜 콘텐츠에 포함할 수 있다. 웹툰은 만화를 인터넷 포털과 모바일, 웹툰 플랫폼 등 다양한 방식으로 소비할 수 있도록 한 것이다. 인터넷, 모바일의 기술적 특성을 반영해 제작되었다는 점에서 기존의 종이 만화와 형식이 매우 다르다. 스크롤 다운을 통해 만화를 보기 때문에 한 편의 분량이 종이 만화처럼 길지 않다. 정기적으로 만화가 업데이트되고 이용자의 추천과 조회수 등 반응에 따라 정식 웹툰 만화가 될 수도 있다.

그림 6-1 소셜 콘텐츠의 종류

만화를 전달하는 플랫폼이 인터넷과 모바일로 옮겨가면서 등장했다. 이용자의 소비도 단순히 보는 것이 아니라 추천 등 능동적으로 이루어진다는 점에서 웹툰을 소셜 콘텐츠에 포함시킬 수 있다.

소셜 콘텐츠는 소셜 네트워크 서비스Social Network Services, SNS와 소셜 네트워킹 사이트Social Networking Site, SNSs, 소셜미디어, 소셜 플랫폼으로 구분되기도 한다. 학자들에 따라서는 SNSs와 SNS를 엄격하게 구분하기도 한다. 보이드D. M. Boyd에 따르면, 소셜 네트워킹 사이트는 웹 기반 네트워크 사이트로 개인들이 그 시스템 내에서 공적인 혹은 공적인 것에 준하는 자료를 구성할 수 있고, 연결된 사람들과 정보를 공유하고, 다른 사람의 정보를 볼 수 있는 곳이다(boyd, 2008). 소셜 네트워킹 사이트는 전혀 모르는 사람과의 연결을 의미할 수도 있기 때문에 아는 사람과의 연결을 강조할 때는 소셜 네트워크 서비스 개념을 사용한다.

소셜 네트워크 서비스가 등상한 조기에 보이드는 SNS의 등장을 시간대별로 정리해서 보여줬다(Boyd, 2008). 2001년 싸이월드가 등장했고, 2005년 유튜브와 페이스북이 생겼으며 싸이월드가 중국에 진출했다. 2006년 페이스북이 기업 네트워크로 옮겼고, 중국의 QQ.COM이 재등장했다. 미국에서는 트

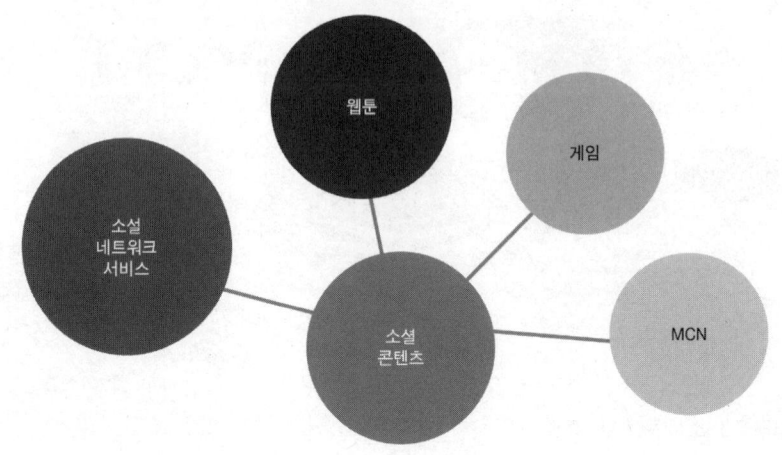

그림 6-2 소셜 콘텐츠

위터가 생겼고, 싸이월드가 미국에 진출했다. 페이스북은 누구나 이용할 수 있는 서비스가 되었다. 소셜 네트워킹 사이트의 연혁을 보면, 우리나라의 싸이월드가 당시 상당히 빨리 소셜 네트워크 서비스를 시작한 것을 알 수 있다. 선두적인 위치에 있던 싸이월드의 몰락이 더 아쉽게 다가온다.

이 장에서는 소셜 콘텐츠를 이용자들이 연결되고 공유를 통해 경험을 나누는 플랫폼, 웹툰, 게임, MCN을 모두 포함하는 개념으로 보았다. **그림 6-2**에서 보듯이 소셜 콘텐츠는 소셜 네트워크 서비스와 인터넷에 올라온 산물(만화, 프로그램, 게임, 동영상, 글 등)을 모두 포함하는 개념이다.

소셜 콘텐츠를 여러 기준으로 나눌 수 있지만, 여기서는 매체적 특성을 중심으로 구분해보았다. 매체적 특성이라는 것은 소셜 콘텐츠의 구조적인 특성을 뜻하는데, 이용자가 바꿀 수 없는 고유의 특성이다. 먼저, 소셜 콘텐츠가 성공하려면 이용자가 지속적으로 증가해야 한다는 점에서 얼마나 이용자에게 개방적인지를 고려했다. 개방성은 개인의 정보를 얼마나 많은 사람들과 공유할 수 있는 구조인지를 의미한다. 아이러브스쿨처럼 동창생 중심의 서비스일 경우 졸업생 이외의 이용자에게 확장시킬 수 없다는 점에서 개방성이 매우 낮다고 할 수 있다. 싸이월드의 경우에는 아이러브스쿨보다 개방성은 높지만 '파도타기'를 통해 친구의 공간을 구경할 수 있을 뿐 아는 사람끼리의 친분 쌓기라는 점에서 페이스북보다 개방성은 낮다고 할 수 있다. 소셜 콘텐츠의 개방성은 이용의 확장성이라는 측면에서 소셜 콘텐츠의 성공과 밀접한 관련이 있다.

다음으로 이용자가 정보를 공유할 때 제약이 얼마나 많은지, 즉 이용의 제한성을 살펴보았다. 트위터 같은 경우 구조적으로 140자 단문으로 글을 올려야 한다는 제한이 있고, 이 제한은 절대적이라는 점에서 제한성이 높다고 할수 있다. 반면, 페이스북처럼 동영상과 사진 공유, 사진에 친구 표시, 친구의 소식 받기, 친구 추천 등 소셜 플랫폼에서 다양한 일을 할 수 있다면 제한성이 낮다고 볼 수 있다. 카카오톡은 전화번호만 있으면 바로 상호작용이 가능하다는 점에서 확장성은 크다. 반면, 페이스북에 비해서는 카카오톡이라는 공간에서 이용자들이 공유할 수 있는 것이 제한적이다.

트위터는 이용자들이 메시지를 140자 단문으로 올려야 한다는 점에서 제한성이 크다. 페이스북에 비해서 다양한 사진이나 동영상을 올리기 어렵고, 텍스트 메시지 중심이다 보니 사회적 이슈에 대해 명확한 의견이 없는 경우 메시지를 쓰는 것이 꺼려진다는 의견도 있다. 등장 초기에는 단문의 메시지를 공유하고 출판자—구독자 관계를 통한 메시지 확산 서비스로 인기를 끌었지만 (Honeycutt and Herring, 2009), 이러한 구조적인 특성이 오히려 이용자의 증가에 부정적인 영향을 미쳤다. 페이스북에 비해 확장성이 낮다는 한계가 있는 것이다.

미디어 사회학의 관점에서 본,
소셜 콘텐츠의 확산에 영향을 미치는 요인

한 사회에 뉴미디어가 등장했을 때 어떻게 확산되는지는 개혁확산 모델을 중심으로 논의가 이루어졌다(Rogers, 1983). 개혁확산 모델은 뉴미디어의 도입과 확산을 전제로 이용자의 속성에 따라 뉴미디어를 언제 수용할지가 주 관심사이다. 이 모델은 확산의 특성을 알려줄 수는 있지만 뉴미디어의 실패 요인을 설명해주지는 못한다. 뉴미디어의 도입과 확산은 이용자의 특성뿐만 아니라 매체적 요인, 정책적 요인 등 여러 요인이 영향을 미치기 때문이다. 리틀존 S. W. Littlejohn은 이용자의 필요, 뉴미디어를 확산시키는 커뮤니케이션 기술, 뉴미디어를 확산시키는 조직, 정부의 정책적 뒷받침 등 네 요소를 중요한 확산 요인으로 들었다(Littlejohn, 1992). 매체적 특성과 콘텐츠, 목표 수용자에 차이가 있는 다양한 소셜 콘텐츠의 확산 주기를 분석하고 확산 요인을 규명하려면 미디어 사회학의 관점에서 입체적으로 접근해야 한다.

여기서는 슈메이커P. J. Shoemaker와 리즈S. D. Reese의 계층 모델을 참고로 소셜 콘텐츠의 확산 요인을 알아보고자 한다(Shoemaker and Reese, 2016). 본래 이들의 계층 모델은 미디어 내용에 영향을 미치는 요인을 사회학의 관점에서 설명하는 것이다. 기자의 개인적 특성, 교육수준이나 종교, 정치적 성향 등이 기사를 쓸 때 영향을 미칠 수 있다는 것이고, 미디어 관행과 미디어 조직의 특성, 외부 집단과 이데올로기 수준까지 기사에 영향을 미친다고 보았다. 여기서는 이들의 모델을 기준으로 소셜 콘텐츠의 성공과 실패 요인을 찾아보고자 한다.

먼저, 계층 모델의 가장 안쪽에 위치한 이용자 측면은 이용자들이 소셜 콘텐츠를 왜 이용하는지 이용 동기와 관련이 있다. 호메로G. Homero는 온라인을 통해 사회성을 실현시킬 수 있다고 했다(Homero, 2015). 이용자들은 소셜 콘텐츠의 필요성을 인지하고, 소셜 콘텐츠를 통해 효능감을 느낄 때 적극적으로

표 6-1 소셜 콘텐츠 유형

구분	(서비스 이용자의) 개방성	(이용의) 제한성	소셜 콘텐츠
개방형	높음	낮음	페이스북(개방성 높음, 제한성 낮음) 카카오톡(개방성 높음, 제한성 높음)
준폐쇄형	중간	중간/ 높음	트위터(개방성 중간, 제한성 높음) 싸이월드(개방성 중간, 제한성 중간)
폐쇄형	낮음	높음	아이러브스쿨(개방성 낮음, 제한성 높음)

그림 6-3 계층 모델을 중심으로 본 소셜 콘텐츠의 확산에 영향을 미치는 요인

이용할 것이다. 이용자들이 왜 소셜 콘텐츠를 이용하고 이용하지 않는지 이용자 관점에서 바라볼 필요가 있다.

매체적 측면은 **표 6-1**에서 분류한 것처럼 매체가 갖고 있는 고유의 특성을 언급한다. 소셜미디어를 이용함으로써 소셜미디어의 중요한 가치인 아이디어 공유 및 협업이 구현된다면 가장 좋을 것이다. 상호적이고 개방적이며 참여적인 매체의 특성과 즉각적인 피드백이 중요하다. 에드워즈A. R. Edwards는 인터넷 매체의 특성을 매체 상호작용성media interactivity과 인간 상호작용성human inter-activity을 중심으로 구분했다(Edwards, 2002). 인터넷 홈페이지가 얼마나 이용자들에게 많은 정보를 제공하는지, 이용자의 의견에 얼마나 즉각적으로 피드백을 주는지를 중심으로 매체를 분석했다. 소셜미디어의 매체적인 특성은 이용자들의 이용과 밀접한 관련이 있기 때문에 중요하게 다뤄져야 한다.

정책적 측면은 정부의 정책을 의미하는데, 스마트폰 단말기 가격 인하, 망 사용료 인하 등 정책적으로 이용자들의 접근성을 높이는 정책이 중요하다. 궁극적으로 소셜 콘텐츠를 통해 정보의 생산과 유통, 분해가 개인에게 이동하고, 개인들은 적극적인 정보 제작자 및 정보 확산자로서 역할이 충족될 때 소셜 콘텐츠가 성공할 것이다. 정책적 측면은 정부의 뉴미디어 활성화 정책, 기기 지원, 규제 등을 의미한다.

사회적 측면은 소셜 콘텐츠가 확산되는 공간인 그 사회의 특성을 고려해야 한다는 것이다. 사회의 문화, 방송·통신망 등 그 사회에서 구축된 통신 기술 관련 인프라, 정치적 성향 등을 의미한다.

현장의 목소리:
누가 이용자의 마음을 읽고 최적화된 콘텐츠를 제공하는가?

그렇다면 우리나라 소셜 콘텐츠 제작 현장에서 다년간 경험을 쌓은 전문가들은 소셜 콘텐츠의 성공과 실패 요인을 무엇이라고 생각할까? 현장의 목소리를 듣기 위해 다양한 소셜 콘텐츠 근무자를 심층 인터뷰하고 구름단어 분석을 통해 이들이 전달하고자 하는 메시지를 파악하여 의미를 도출하고자 했다. **그림 6-4**와 같이 먼저 심층 인터뷰를 실시한 후 녹취자료에 대해 텍스트 분석, 구름단어 분석, 네트워크 분석을 실시했다. 자료 분석을 통해 소셜 콘텐츠의 성공 요인과 실패 요인을 찾았다.

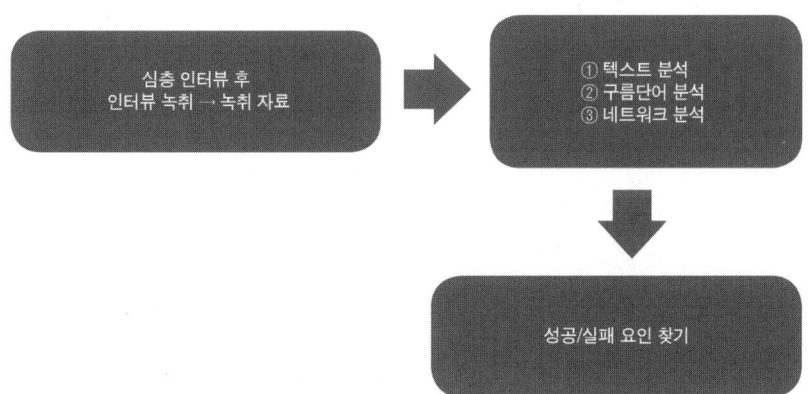

그림 6-4 연구 설계

표 6-2 심층 인터뷰 대상자

인터뷰 대상자	성별, 연령대	근무처 (관련 분야 전체 경력)	분야
A	남, 30대	기자, 다음 카카오	포털, 소셜미디어
B	남, 40대	SK 플래닛	소셜미디어
C	여, 30대	헬스케어, 싸이월드, SK 커뮤니케이션즈	소셜미디어
D	남, 30대	아프리카TV	MCN
E	남, 30대	방송제작 PD, 와이낫미디어	웹 프로그램
F	남, 30대	넷마블게임즈	게임
G	남, 30대	디지털 조선일보	디지털 미디어
H	남, 30대	네오위즈	게임

인터뷰 대상자를 선정하기 위해 성공한 소셜미디어, 실패한 소셜미디어 또는 소셜 콘텐츠를 제작하거나 기획한 경험이 있는 사람을 대상으로 했다. 다음으로는 되도록 다양한 분야의 전문가가 포함되도록 했다. 근무 연한과 연령대, 소셜 콘텐츠 경험을 고려해서 선정한 최종 분석 대상자는 총 8명이다. 인터뷰는 김경희 한림대 교수와 필자가 나누어 실시했다. 모든 인터뷰를 녹음하고, 녹취한 자료를 대상으로 구름단어 분석과 의미 분석을 했다. 인터뷰 시간은 40분~1시간 30분 정도 소요되었으며, 미리 인터뷰 대상자에게 질문지를

주고 의견을 듣는 형식으로 진행되었다. 녹취를 하면서 추가 질문이 필요한 경우에는 유선이나 메일로 의견을 주고받았다. 인터뷰 대상자의 이름은 익명으로 처리했고, 근무처와 근무연한, 연령을 표시했다.

인터뷰 대상자의 특성을 보면, 성별은 남자가 대부분이고 연령대는 30~40대이다. 인터뷰 대상자를 선정하면서 소셜 콘텐츠, 웹툰, 게임, MCN, 웹 프로그램 제작 종사자의 대부분이 남자라는 것을 알 수 있었다. 우리나라에서 소셜 콘텐츠가 활성화된 기간이 최근 몇 년 사이라 종사자의 연령대도 비교적 젊었다. 관련 분야의 경력을 보면, 다음 카카오, 싸이월드, SK 커뮤니케이션즈, 넷마블, 네오위즈, 아프리카TV, 웹 프로그램 제작 등 다양했다. 비교적 다양한 분야의 현장 전문가가 포함되도록 했다.

다음으로 한림대 정보기술연구소의 세미나[4]에서 발표된 자료를 녹취해 소셜 콘텐츠의 성공 요인과 실패 요인을 찾는 데 참고로 했다. 여기서는 전문가의 발표 내용을 인용한 경우 전문가 이름과 소속을 밝혔다.

녹취한 자료에 대해 구름단어 분석과 텍스트 분석을 통해 의미를 찾았다. 구름단어 분석은 텍스트에서 자주 등장하는 단어가 크게 표시되고, 가운데에 위치한다(그림 6-5 참조). 이 연구는 tagxedo와 worditout을 활용해 녹취된 자료에 대한 구름단어 분석을 했다. 다음으로 구름단어 분석 결과를 토대로 의미를 찾는 텍스트 분석을 실시했다.

질문 대상인 소셜 콘텐츠는 소셜 네트워킹 사이트, 웹툰과 게임, MCN이다. 인터뷰 대상자들에게는 성공한 서비스부터 실패한 서비스까지 다양한 소셜 콘텐츠에 대한 성공과 실패 요인을 질문했다(그림 6-6 참조). 질문 문항은 우리나라 소셜 콘텐츠 서비스의 확산 및 성공 원인, 실패 원인, 소셜 콘텐츠 서비스의 진화, 소셜 콘텐츠 서비스의 미래, 웹툰 서비스의 성공, 실패 원인, 게임

---

[4] 2017년 7월 14일 토대연구 세미나 "소셜 콘텐츠의 생성·확산·진화·쇠퇴" 발표자료.

서비스의 성공, 실패 원인, MCN의 성공, 실패 원인이다.

그림 6-5 구름단어 분석

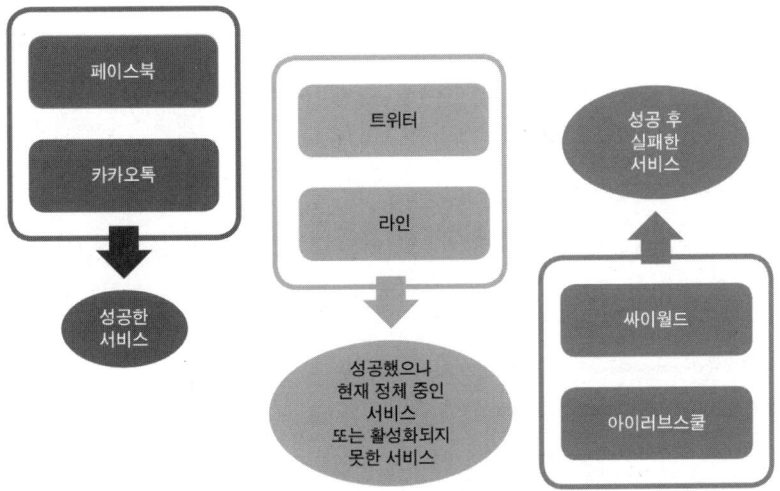

그림 6-6 분석 대상 사이트
주: 이 매체들 외에 인터뷰 과정에서 전문가들이 언급한 소셜 콘텐츠도 분석 대상에 포함시켰다.

구름단어 분석을 통해 본
한국 사회에서 성공한 소셜 콘텐츠, 실패한 소셜 콘텐츠

모든 인터뷰 대상자의 응답 내용을 소셜 콘텐츠의 성공, 확산, 진화, 미래

등 주제별로 구분한 후 구름단어 분석을 통해 현장의 목소리를 알아보았다.

소셜 콘텐츠의 성공 요인

소셜 콘텐츠의 성공 요인을 구름단어 분석을 통해 알아본 결과, 페이스북이 가장 많이 언급되었고, '사람들이, 많은, 다른, 문화가, 표출하는, 동영상, 나를'이 많이 등장했다. 현장에서는 페이스북을 가장 성공한 소셜 콘텐츠로 인식하는 것으로 나타났다. 다음으로 '다른, 사람들이, 많은'이 언급되었는데, 공통적으로 소셜 콘텐츠의 성공 조건으로 많은 사람들이 찾는 것이 중요하다는 것을 강조한 것으로 해석된다. '문화가, 표출하는'도 많이 언급되었는데, 전문가들은 사람들과 경험을 공유하고 공동체를 중시하는 한국의 문화가 소셜미디어의 특성과 잘 맞는다고 했다. 한국의 '또래 문화'와 나를 표출하고 싶어하는 성향이 소셜미디어를 통해 공감하고자 하는 성향을 충족시켜주었다는 것이다.

구름단어 분석을 통해 볼 때 한국 사회에서 소셜 콘텐츠의 성공 요인으로는 다른 사람들과 경험을 공유하고자 하는 한국인의 문화와 보다 많은 사람들이 참여하도록 하는 소셜 콘텐츠의 매체적 특성을 꼽을 수 있다. 가장 성공한 소셜 콘텐츠로 페이스북을 들었는데, 페이스북이 이용자의 정서적 이용과 이용자의 확장성을 가능하게 했기 때문인 것으로 생각된다.

그림 6-7 소셜 콘텐츠의 성공 요인 구름단어 분석

소셜 콘텐츠의 실패 요인

소셜 콘텐츠의 실패 요인이 무엇인지 구름단어 분석을 통해 알아본 결과, 싸이월드가 가장 많이 언급되었고 다음으로 '페이스북, 모바일, 중요한데, 카카오톡, 전략을, 투자한, 실패한, 트위터'가 언급되었다. 전문가들은 실패한 소셜 콘텐츠로 싸이월드를 꼽았다. 싸이월드와 페이스북을 비교하면서 실패 요인을 말했기 때문에 페이스북도 많이 등장한 것으로 보인다. 다음으로 모바일이 많이 등장했는데, 전문가들은 실패 요인으로 모바일 대응을 못한 것을 지적했다. 메시지를 제작, 공유하는 플랫폼이 인터넷에서 모바일로 바뀐 상황에 소셜 콘텐츠가 재빨리 적응하지 못했기 때문이라는 것이다. 커뮤니케이션 기술이 발달하면서 새로운 매체가 지속적으로 등장하고 플랫폼이 확장되었는데, 변화한 미디어 생태계에 적응하지 못한 것을 가장 큰 실패 요인으로 보았다. 싸이월드의 경우 인터넷 플랫폼 기반의 소셜 콘텐츠라는 것이다.

이에 비해 소셜 콘텐츠인 트위터가 실패한 것으로 언급된 이유는 한국에서 초기에는 인기가 있었지만 현재 이용자가 많이 이탈했기 때문이다. 전문가들은 트위터의 글자수 제한이 이용자들로 하여금 글을 편하게 올리는 것을 방해했고, 정치적인 매체로 인식되면서 젊은 사람들의 이탈을 초래했다고 해석했다. 트위터의 구조적인 특성이 이용자의 변화한 욕구를 충족시키지 못했고, 트위터에 대한 이미지가 젊은 사람들의 유입을 방해했다는 것이다.

그림 6-8 소셜 콘텐츠의 실패 요인 구름단어 분석

환경 변화와 이용자의 취향 변화에 민감하게 반응하지 못한 소셜 콘텐츠는 실패할 수밖에 없음을 보여준다고 하겠다.

소셜 콘텐츠의 진화

소셜 콘텐츠의 진화가 어떻게 이루어졌는지 인터뷰 내용을 구름단어 분석한 결과 '페이스북과 다음'이 가장 많이 언급되었고, 다음으로 '동영상, 시너지, 관계, 잘, 카카오택시, 카카오뱅크, 합해지면서, 지향하는'이 언급되었다. '확장, 완성'도 언급되었다.

전문가들은 페이스북의 서비스가 지속적으로 진화되면서 이용자들의 욕구를 잘 충족시키고 있다고 했다. 페이스북과 함께 잘 진화하고 있는 소셜 콘텐츠로는 '다음'을 언급했다. 다음 카카오톡이 메신저 역할에 머물지 않고, 카카오택시, 뱅크 등으로 서비스를 확장하면서 이용자 중심의 매체로서의 역할을 잘한다고 평가했다. 페이스북과 카카오톡은 성공한 서비스임에도 불구하고 이용자의 입장에서 원하는 콘텐츠를 제공함으로써 이용자들이 계속 찾도록 한다는 것이다.

구름단어 분석을 통해 소셜 콘텐츠가 살아남으려면 급변하는 환경에 따라 서비스를 지속적으로 개선하고, 이용자 친화적인 환경을 만들어야 한다는 것을 알 수 있다.

그림 6-9 소셜 콘텐츠의 진화 구름단어 분석

소셜 콘텐츠의 미래

전문가들은 소셜 콘텐츠의 미래와 나아가야 할 방향을 어떻게 진단하고 있는지 구름단어 분석을 통해 알아보았다. '결국에는, 온라인, 장보기, AI'가 많이 등장했고, '확장하는데, 오프라인과, 연결할, 카카오택시, 필요가'도 다음으로 많이 언급되었다.

전문가들은 서비스의 확장을 강조했고, 온라인에 서비스가 머물지 않고 오프라인과의 연결을 통해 관계를 확장하는 데 노력해야 한다고 했다. 결국, 한 사회에서 소셜 콘텐츠가 성공하고 지속되려면 오프라인에서의 욕구도 충족해야 한다는 것이다. 4차 산업혁명 시대에 인공지능Artificial Intelligence, AI을 활용한 장보기와 같은 서비스를 제공한다든지, 카카오택시처럼 서비스를 확장하는 노력을 해야 한다고 했다. 단순하게 보면, 이용자가 원하는 서비스를 제공해줘야 한다는 것이다. 소셜 콘텐츠 이용자가 메시지를 올리고 공유하거나 제작하는 데 불편을 느낀다면, 또는 나의 개인정보가 보호받지 못하고 있다고 느낀다면, 해당 서비스를 자주 이용하지 않고 다른 소셜 콘텐츠로 옮겨갈 가능성이 높기 때문이다. '결국에는' 이용자 친화적인, 이용자 최적화된 서비스를 누가 제공하는지가 중요하다고 하겠다.

요약하면, 커뮤니케이션 기술을 활용하여 발 빠르게 소셜 콘텐츠 환경을 변화시키면서 알고리즘, 빅데이터 같은 기술을 기반으로 이용자에게 최적화된

그림 6-10 소셜 콘텐츠의 미래 구름단어 분석

서비스를 제공하는 것이 소셜 콘텐츠의 살길이라고 하겠다.

텍스트 분석을 통해 본 소셜 콘텐츠의 성공·확산·진화·쇠퇴

구름단어 분석 결과를 토대로 인터뷰에서 많이 언급된 단어를 알아보고 소셜 콘텐츠의 흥망성쇠 요인을 살펴보았는데, 이제 텍스트 분석을 통해 보다 구체적으로 성공과 실패 요인을 밝혀 보고자 한다.

소셜 콘텐츠의 성공 요인

전문가들은 우리나라에서 성공한 소셜 콘텐츠로 페이스북과 카카오톡을 꼽았다. 페이스북과 카카오톡의 가장 중요한 성공 요인으로 이용자의 접근성이 높다는 것과 차별화된 서비스 제공, 연결을 통한 확장성, 환경 변화에의 신속한 대응을 들었다. 카카오톡이 나오기 전에는 싸이월드를 성공한 콘텐츠로 언급했다.

(1) 이용자의 높은 접근성

이용자의 접근성은 소셜 콘텐츠를 포함한 인터넷·모바일 플랫폼 기업이 성공하기 위한 기본 조건으로 주목할 필요가 있다. 수익을 창출하기 위한 전제조건으로서 중요하고, 소셜 콘텐츠에 대한 공유와 이용자의 참여를 통해 플랫폼이 활성화되는 소셜 콘텐츠의 특성상 보다 많은 사람들이 이용할수록 그 영향력이 크기 때문이다.

카카오톡의 경우 스마트폰으로 넘어오면서 메신저가 중요한 수단이 되었고, 다자간 상호작용이 가능한 것이 가장 큰 특징이에요. 문자 보내는 기능이 이용하

기 쉬워졌다는 것을 들 수 있을 거 같아요. (A씨, 다음 카카오)

카카오톡은 메신저이므로 주변에서 얼마나 사용하는지가 중요합니다. (A씨, 다음 카카오)

앱을 설치하기도 쉽고, 선점 효과도 있었던 거 같아요. (F씨, 넷마블게임즈)

게임의 경우 이용자의 접근성은 성공을 위해 가장 중요한 요인이라고 해도 과언이 아니다. 새로운 게임이 나오면 초기 이용자수가 게임의 확산에 영향을 미치는데, 이용자들이 친구들과 쉽게 게임을 하면서 즐길 수 있도록 하는 것이 중요하다고 했다.

모바일 게임이 정교성은 떨어지지만 업데이트 속도를 잘 조절하고, 회원 유치의 수단으로 또래 문화를 잘 활용했어요. 젊은 친구들은 게임을 통해 소통을 하거든요. 초기 사용자 확보와 게임 설치가 잘된 게 성공요인이에요. (B씨, SK 플래닛)

기본적으로 서비스 측면에서 성공했다고 보는 거는 자유, 비용 없는 그리고 누구나 쉽게 개방을 해주고 접근성이 뛰어나졌다라는 거, 그리고 아까 얘기해주셨던 모바일, 태블릿 뭐 어디서든 방송할 수 있는…… (D씨, 아프리카TV)

(2) 차별화된 서비스 제공

다음으로 전문가들은 소셜 네트워킹 사이트에서 이용자들이 필요로 하는, 원하는 것을 얼마나 충족시킬 수 있는지를 중요한 성공 요인으로 언급했다. 에드워즈는 인터넷이 등장하면서 이용자와 매체의 상호작용, 즉 매체 상호작용성media interactivity을 강조했는데(Edwards, 2002), 결국 이용자들은 원하는 정보를 이용할 수 있는 곳을 찾고 이용한다는 것이다. 에드워즈는 운영자가 이용자에게 얼마나 유용한 정보를 제공하고, 이용자들이 사이트에서 얼마나 적극적으로 정보를 찾고 이용하느냐를 매체 상호작용성으로 보았다. 인터넷 홈페이지의 중요한 특성으로 여겨지는 매체 상호작용성을 소셜 콘텐츠의 활성화에도 적용할 수 있을 것이다.

이용자들은 원하는 것을 제공해주는 서비스를 찾게 되고, 그 안에서 메시지를 제작하고 공유하면서 정서적 욕구를 충족시킬 수 있다. B씨는 페이스북의 경우 광고가 이용자의 이용행위를 방해하지 않고 자연스럽게 배치되어 거부감을 줄였다는 점을 높이 평가했다.

> 광고가 자연스럽게 잘 녹아들고, 페이스북 사용자와 1차적 관계를 잘 형성해서 페이스북은 정서적 공간의 역할을 했구요. (B씨, SK 플래닛)

페이스북의 경우 알고리즘을 통해 이용자들이 원하는 서비스를 지속적으로 제공하면서 진화를 거듭했고, 결과적으로 소셜 콘텐츠 중에서 성공한 서비스로 자리매김할 수 있었다고 인터뷰 참여자들은 강조했다. 네이버의 경우에도 타깃에 맞는 광고가 제공되고, 좋아하는 게임을 추천해준다는 점에서 매력이 있다고 평가했다.

> 페이스북은 사실 동영상으로 어필할 수 있는 요소가 많이 적었어요. 근데 뭐 어느 순간부터 라이브, 동영상 라이브로 뜨고, API로 오픈해가지고 게임 방송도 하게끔 환경도 마련해주고 (중략) 환경변화에 따른 변화를 빨리 파악을 해서 서비스에 빠르게 녹여요. (F씨, 넷마블게임즈)

> 이용자의 맞춤형 콘텐츠를 제공할 수 있는 기업에 이용자들이 더 많이 가게 되는 거고 그걸 잘하는 네이버 같은 경우는, 제가 30대 남성인데 딱 맞춤형으로

광고가 나옵니다. 제가 좋아하는 게임이 나오거나, 와이프를 보니까 신발 같은 게 나오더라고요. 그러니까 지금 네이버와 다음의 가장 큰 차이는 2개거든요. 네이버는 이용자의 연령과 성향에 맞춰서 패치를 제공하고 있고, 저는 이게 가장 중요하다고 생각합니다. (H씨, 네오위즈)

블로그의 경우, 이용자들의 정보에 대한 갈증을 해소할 수 있었기에 성공했고 앞으로도 계속 차별화된 서비스를 제공하면서 성공할 것으로 전망했다.

블로그 같은 경우에는 더 심도 있게 깊게 지식을 공유할 수 있기 때문에 SNS가 줄 수 없는 좀 더 뭔가 깊이 있는 정보를 제공하면서 블로그가 성공했다고 생각을 하거든요. (G씨, 디지털 조선일보)

1999년 등장 이후 선풍적인 인기를 끈 싸이월드는 이용자의 능동적인 참여를 가능하게 한 것이 중요한 요인이라고 했다.

사람들이, 아, 내가 스스로 이제 관리하고 서비스를 계속 쓰는 거에 익숙해져서, 자기를 표현하는 미니홈피, 지금은 정말 고대의 이야기가 되어버렸지만, 그 시절에 얘기하는 꾸미기, 방문하기, 방명록에 글 남기기, 대화하기, 뭐, 댓글을 쓰고 사진올리고…… 그런 거를 자극해서 딱 터졌던 시점에서 '아, 내가 나에 대해서 뭔가 매체에 쓸 수 있구나'라는 거를 감성적으로 보여줬죠. (C씨, 전 싸이월드 직원)

이용자의 능동적인 참여와 함께 독자들이 새롭게 등장한 소셜미디어에 적응하도록 시간을 줄 필요가 있다고도 했다(E씨, 와이낫미디어). 웹툰의 경우에도 보는 독자층은 넓지만 작품 하나하나는 매우 세분화된 독자를 중심으로 분화되었다고 했다. 즉, 뉴미디어의 특징인 협송narrow casting을 실현함으로써 다양한 독자층을 유입할 수 있었다고 평가했다.

매일 올려서 습관을 만드는 것이 중요하죠. 스타 작가가 나오고 킬러콘텐츠가
있느냐가 중요해요. (E씨, 와이낫미디어)

네이버 웹툰의 층이 매우 넓어요. 어린애를 위한 것도 있고 30대 이상의 것도
있어요. 타깃 오디언스가 좋아하면 되는데, 굉장히 좁아요. 내로우타깃 된 콘텐
츠이므로 타깃이 넓을 필요가 없어요. (E씨, 와이낫미디어)

(3) 연결을 통한 확장성

이용자의 접근성과 서비스를 충족시킨 소셜 콘텐츠가 장기적으로 성공할
수 있는 요인은 무엇일까? 전문가들은 구조적인 측면에서 사이트가 무한 확장
이 가능해야 한다고 입을 모았다. 다음 카카오톡의 경우 메신저 서비스로 시
작했지만 사업 확장을 통해 '연결의 완성'을 이루었고, 메신저 서비스의 한계
를 극복했다고 했다.

카카오톡의 경우 다음과 합병하면서 '연결의 완성'을 이루었는데요. 스마트폰
에서 카카오톡과 연결하면 모든 걸 다 할 수 있다는 겁니다. 콘텐츠가 약했는데,
다음과 합해지면서 시너지가 생긴 것 같아요. (A씨, 다음 카카오)

사람들은 확산시키고자 하는 마음이 있는데, 선물하기, 장보기 기능이 추가되
면서 진화하는 방향성이 분명한 것 같아요. (A씨, 다음 카카오)

카카오톡 같은 경우에는 톡을 하면서 불편했던 것들을 진화하면서 계속 여러
기능들을 깔끔하게 너무 과하지 않고 딱 그냥 정확하게 이용자들이 쓸 만큼
만……. (G씨, 디지털 조선일보)

이러한 연결성은 오프라인에서의 브랜드 이미지 개선에도 도움을 주었고, 이용자들의 실생활에서 편리함을 제공하면서 온라인과 오프라인의 결합을 통한 시너지 효과를 가져왔다.

> 카카오톡의 경우 고객을 활용해서 브랜드 확장은 성공했어요. 추천도 성공하고요. (B씨, SK 플래닛)

페이스북은 인스타그램을 인수하면서 인스타그램에 사진을 올릴 때 페이스북에도 같이 올리는 기능을 제공하는 등 공존의 길을 찾았다는 점을 높이 평가했다.

> 시장이 확장되고 기기가 발전하면서 보급만 되면 거기서 뻗어나갈 수 있는 준비를 하는 거죠. 인스타를 인수했죠. 인스타를 올릴 때 페이스북에도 같이 올릴 수 있도록 기능 제공을 했어요. 페이스북 생산은 생산대로 되고 인스타는 인스타 생산대로 되고, 약간 공존할 수 있게끔 구조를 짜놓고 미래를 준비했죠. (F씨, 넷마블게임즈)

(4) 환경 변화에 신속한 대응

끝으로 성공한 소셜 콘텐츠는 서비스를 시작한 이래 정체되지 않고, 커뮤니케이션 기술의 발달에 따른 급격한 환경변화에 신속하게 대응했다는 점을 강조했다. 누구나와 연결이 가능한 페이스북의 경우 지속적으로 서비스를 개선하면서 경쟁이 심화된 환경에서 살아남을 수 있었다고 했다.

> 페이스북이 잘 진화한 것이 성공요인이라고 봐요. 초창기에는 개방성이 특징이었고, 수익모델이 좋아요. (B씨, SK 플래닛)

좀 더 오픈된 곳의 갈증이 있는 거를 거기에 딱 맞게, 페이스북이 그쪽의 틈새를 잘 공략해서……. (G씨, 디지털 조선일보)

결국 성공한 서비스들은 출시 전에 이미 시장 환경을 분석하고, 다른 업체보다 먼저 이용자들의 욕구를 충족시킬 수 있을 만한 서비스를 먼저 내놓았다는 점에서 높이 평가할 만하다.

선점효과인 거 같아요. 우리나라 특성상 어느 서비스가 먼저 나오느냐에 따라서 그게 점유율이 엄청 많아지고, 싸이월드도 마찬가지라고 생각하고 카카오톡도 마찬가지라 생각하고 저희 아프리카TV도 마찬가지라고 생각을 해요. 왜냐하면 대한민국 유저들 특성상 한번 들어간 커뮤니티에서는 쉽게 나올 생각을 안 하고 오히려 거기서 더 불편하더라도 그걸 감내하고 하는 경우가 많죠. 예를 들어서 네이버 같은 경우도 우리는 계속 부동의 1위 SNS 포털 사이트라고 봐야겠죠. 그러니까 그런 걸 봤을 때는, 제 생각에는 성공하려면 가장 큰 거는 선점효과가 있어야 할 거 같고요. (D씨, 아프리카TV)

환경적 요인도 중요하다고 했는데, 웹툰이 성공한 요인으로 당시 오프라인 만화 시장이 붕괴되면서 창작자들이 대거 이탈한 점을 언급했다.

웹툰은 네이버에서 처음 용어를 만들어서 자부심이 커요. 새로운 창작자들에게 기회를 많이 줬어요. 강풀이 웹툰이라서 가능한 것이에요. (E씨, 와이낫미디어)

소셜 콘텐츠의 실패 요인

전문가들은 우리나라에서 실패한 소셜 콘텐츠로 싸이월드와 아이러브스쿨을 공통적으로 꼽았다. 등장 초기에는 선풍적인 인기를 끌었던 서비스가 급격한 환경 변화에 대응하지 못한 것을 가장 큰 실패 요인으로 지적했다. 소셜 콘텐츠의 성공 요인 중 하나인 환경 변화에 대한 적응이 미흡할 경우 실패할 수 있는 것이다.

(1) 모바일 대응 미흡

싸이월드는 인터넷 중심의 서비스로 컴퓨터에 최적화된 서비스이다. 전문가들은 모바일로 플랫폼이 옮겨가는 디지털 미디어 환경에서 싸이월드는 신속하게 모바일에 적응하지 못해 이용자들부터 외면을 받았다고 했다.

> 싸이월드는 모바일 대응이 잘 안 되었고, 아이폰 대응도 늦었던 기술적 측면이 있고요. (A씨, 다음 카카오)

> 모바일에 적응을 못했어요. (B씨, SK 플래닛)

> 그 당시에 시대의 변화가 모바일로 넘어가고 있었으면 모바일로 바로 전환을 했어야 했는데 전환을 안 하고 있었단 말이죠. 안 하고 있었던 거는, 뭐, 자료 많이 나왔지만 SK텔레콤의 문자 비용이, 거기서도 SK텔레콤의 수익원이었기 때문에 함부로 건들 수 없었던 그런 게 있었고, 사실 그거는 SK텔레콤을 설득하지 못한 경영진의 잘못이라고 생각을 하는 거예요. (F씨, 넷마블게임즈)

우리나라의 대표적인 게임인 넷마블이나 엔씨소프트 같은 회사들도 온라인게임이 등장한 초기에는 스마트폰 게임을 중요시하지 않았다. 기존에 제작했던 게임에 비해 프로그램의 수준이나 질이 떨어진다고 생각했기 때문이다.

> 우리나라 게임 회사들이 스마트폰 게임을 무시했어요. 용량도 적고, 조작도 단순해서 실패할 것으로 봤는데, 오히려 B급 회사들이 모바일 게임을 만들어서

성공했어요. (B씨, SK 플래닛)

(2) 매체적 측면에서 확장성의 한계

다음으로 소셜 콘텐츠의 매체적 특성에서 실패 요인을 찾을 수 있다. 트위터 같은 경우 140자 단문으로 즉각적으로 메시지를 올리고 공유할 수 있다는 점에서 폭발적인 인기를 끌었다. 팔로어–팔로잉의 관계를 기반으로 순식간에 메시지가 확산된다는 점이 이용자들에게 새롭게 여겨졌지만, 시간이 흐르면서 140자 단문의 텍스트 중심의 메시지가 이용자들로부터 외면을 받았다. 스마트폰으로 사진을 찍고 공유하는 것이 일상화된 사회에서 텍스트로 의견을 표출한다는 것이 이용자의 욕구와 맞지 않았기 때문이다.

> 트위터의 인기 요인이 140자 단문으로 보내는 것인데 시대가 지나면서 발목을 잡았어요. 페이스북은 사진이나 영상 등 제한이 없는데, 텍스트의 확장이 불가능해진 것으로 볼 수 있어요. (A씨, 다음 카카오)

성공한 소셜 콘텐츠의 하나인 다음 카카오의 경우에도 실상 카카오톡에서 메시지를 주고받는 것 이상의 기능을 기대하기 어렵다는 점이 확장성의 측면에서 우려되는 부분이다. 카카오뱅크나 카카오택시 등 오프라인에서 서비스를 확장한 점은 긍정적인 효과를 가져왔지만, 플랫폼으로서 카카오를 보면 메시지 전달 외에 특별히 주목할 만한 서비스가 없다는 것이 향후 전망을 어둡게 한다고 지적했다.

> 다음 카카오톡은 대단히 성공했는데 가장 큰 문제는 메신저로서 카카오 플랫폼으로서 확장이 안 되고요. 자기 플랫폼 내의 확장은 어렵다는, 메신저의 태생적 한계가 있어요. (B씨, SK 플래닛)

(3) 이용자 서비스의 한계

다음으로 이용자들이 지속적으로 서비스를 이용하도록 할 만한 요인이 없다는 점을 실패 요인으로 들었다. 싸이월드의 경우 '나' 자신에 집중했기 때문에 나와 친한 사람들 외에는 관심을 가질 만한 이용자가 한정적이다. 아이러브스쿨의 경우에도 등장 초기와 달리 친구를 만날 만한 수단이 많아졌기에 더이상 흥미롭지 않다. 즉, 나를 둘러싼 이용자들이 한계가 있고, 소셜 콘텐츠 운영자의 입장에서는 이용자를 늘리는 데 한계가 있는 것이다.

콘텐츠 소비방식이 달라졌는데, 페이스북은 피드 형식인데, 내 친구가 어떤 소식을 받는지가 중요한데, 싸이월드는 나의 공간에 치중하고요. (B씨, SK 플래닛)

아이러브스쿨은 향수를 불러일으키는 사이트인데, 요즘은 옛날 친구를 얼마든지 만날 수 있어요. (A씨, 다음 카카오)

싸이월드의 폐쇄성으로 인맥을 늘리는 데 한계가 있습니다. (A씨, 다음 카카오)

앞의 경우와 다른 사례지만, 트위터의 경우 메시지 서비스의 확장 개념으로 시작했다는 점이 한계로 작용했다. 모바일과 인터넷의 결합으로 이동성mobility이 강화되었고, 리트윗을 통해 메시지가 폭발적으로 확산되면서 트위터는 오프라인에서 이용자들의 결집과 집합적인 행동을 유발했다(Ratkiewicz et al., 2011). 트위터는 연결과 공유, 행동을 이끌어 중동의 민주화를 가져왔고, 선거 캠페인 과정에서 유권자의 정치 참여를 독려하는 등 정보 공유와 확산 채널 역할을 했다(Jungherr, 2010). 오프라인에서 정치체제 변화를 이끌었다는 점에서 트위터는 정치적인 매체로 인식되었는데, 바로 이 점이 트위터의 발전에 장애물이 되었다. 바로 영상으로 소통하는 젊은층의 이탈을 가져온 것이다.

트위터는 너무 정치 미디어화돼서 젊은 이용층들이 옮겨갔어요. (B씨, SK 플래닛)

이 밖에 실패한 서비스로 소셜 커머스를 예로 들면서 오프라인에서 제공하는 서비스와 차별성이 없다는 점을 지적했다.

그룹혼이나 쿠팡이 나왔을 때부터 '이게 왜 소셜 커머스지'라는 생각이 좀 있었어요. 왜냐면 이게 뭐 몇 명 모으면 싸게 해준다라는 건 사실 얼마 안 되고, 대부분 업체에서 픽한 아이템을 파는, 말은 소셜 커머스지만 실제로는 그냥 업체에서 픽한 싸고 좋거나 신기한 아이템을 파는 몰일 뿐인 거예요. 서비스의 본질 자체가 좀 취약하다고 생각을 해요. (F씨, 넷마블게임즈)

실패한 소셜미디어들은 실패 전에 이용자들로부터의 피드백이 있었음에도 불구하고, 징조를 포착해 변화할 기회를 놓쳤다는 공통점이 있다.

아이러브스쿨이든 싸이월드든 지금 어쨌든 쇠락한 매체들을 보면 분명히 피드백은 있었어요. 유저들의 목소리는 충분히 있었어요. 그런 것들은 현재 커뮤니티에서도 분명히 논의가 되고 있는 것들이고, 항상 SNS가 망할 때 이런 얘기들을 해요. "싸이월드화되고 있다"고 얘기하는데요. 사실 싸이월드가 유저들에게는 중요한 존재였거든요. 근데 점점 서비스가 정체된 느낌이 들었어요. (D씨, 아프리카TV)

이 밖에 어느 순간부터 이용자가 원하지 않은 정보들이 과다하게 노출된다든지, 자신의 정보를 통제하기 어렵게 된다는 점도 이용자들을 떠나게 하는 원인으로 언급했다.

그런데 페이스북을 끊은 이유가 있어요. 하다가 보니까 무서운 거예요, 어느 순간. 나도 모르게 어느 순간 내가 태그되어 있고 그냥 내 정보가 갑자기 어디에 가 있고 그리고 누가 올렸는데, 현종아 이게 떠 있어서, 깜짝 놀라는 거예요. 그리고 가끔 제 채널에 야한 사진이 올라와요. 그러면 그걸 보잖아요. 보고 너 뭐야, 이러잖아요. 해킹당한 거예요. 그래서 저는 페이스북을 안 해요. 저는 잘 안하게 되더라고요. 그리고 제 주변 사람들, 20대들 은근히 잘 안 하고……. (D씨, 아프리카TV)

(4) 외적 요인: 정책적 문제

정부의 정책도 소셜 콘텐츠의 성공에 부정적인 영향을 미칠 수 있다. 게임의 경우, 지나친 규제가 산업의 발전을 막는다고 했다. 셧다운제 같은 현실과 동떨어진 정책이 게임의 발전을 막고, 게임 중독이라는 시대와 동떨어진 개념이 게임산업을 중국에 내준 원인이라고 했다.

게임의 경우 정치적으로는 중국 사드도 문제이고, 왜냐하면 지금 중국 시장이 엄청나거든요. 몇 년 사이에 중국의 텐센트가 1위예요.
하지만 무엇보다도 셧다운제가 게임 성장에 발목을 잡는다고 생각해요. 게임은 놔두면 잘되는데 규제가 너무 많아요. 게임중독이라는 말도 잘못된 표현이에요. 요즘은 게임중독은 없어요. 다만, 계속 켜놔야 경험치를 쌓을 수 있거든요. (B씨, SK 플래닛)

우리나라의 시장 크기 자체가 작다는 것도 실패할 확률이 높은 요인으로 지적했다.

우리나라 인구수랑 시장규모가 아직 크라우드펀딩이나 소셜 커머스를 이끌어 갈 정도로 소셜의 힘이 아직 없다라고 생각을 해요. 카카오톡에 아직 오투 서비스가 확산이 되지 못한 이유는, 위챗은 중국이라는 거대한 시장과 인구가 있었기 때문에 그게 힘이 발휘한다고 보는데, 아직 대박이 못 난 이유는 시장 자체가 작기 때문이라고 생각을 해요. (F씨, 넷마블게임즈)

정부가 정책적으로 게임 산업 종사자 처우를 개선하지 않으면 우수 인력의 유입이 어려울 것으로 전망했다.

게임 개발자들이 저임금에 시달리고 어려움이 많아요. (B씨, SK 플래닛)

사업 초기 승승장구했던 아프리카TV가 주춤한 이유가 외국의 1인 미디어에 밀리기 때문이라는 의견을 제시하면서, 국내법상 해외에 서버를 두고 있는 회사들은 망사용료를 내지 않기 때문에 얼마든지 고화질 영상을 제공할 수 있는 반면, 한국 회사들은 해상도 높은 영상을 제공하기 어렵다고 했다.

1인 미디어의 가장 큰 장점이 되어야 하는 건 실시간 소통, 빠른 고화질, 그러니까 눈으로 볼 수 있는 최고의 고화질. 이런 걸 원하고 있어요, 유저들은. 이게 니즈예요. 그걸 반영하지 못하면 기업은 사라져요. 그러니까 아프리카TV가 그렇거든요? 아프리카TV의 유저들이 그렇게 얘기해요. 트위치 쪽은, 저희는 트위치랑 경쟁이라고 생각해요. 트위치 쪽은 화질 너무 좋아요. 8000k에 1080, 뭐 해상도도 너무 좋아요. 그리고 심지어 딜레이도 조금 줄이고 있고요. 걔네들이 할 수 있는 거는 저희가 매해 내는 몇백억 단위의 회전료를 안 내기 때문이에요. (D씨, 아프리카TV)

소셜 콘텐츠의 진화

그렇다면 소셜 콘텐츠는 어떻게 진화했는지 전문가들의 의견을 들어봤다. 먼저 카카오톡의 지속적인 성공의 원인으로 지속적인 서비스의 변화를 들었다.

(1) 이용자 욕구(needs) 중심의 서비스 진화

기존 서비스에 불편함을 느끼게 된 이용자들에게 한층 강화된 서비스를 제공하면서 이용자의 충성도를 높였다고 했다. 메신저로 시작한 카카오톡이 PC를 통해 상호작용을 가능하게 했고 뉴스 검색 기능도 추가했다.

카카오톡이 처음에는 톡만 있었잖아요. PC에서 했으면 좋겠다 하니까 바로 PC가 나오고, 카카오톡 하면서 그냥 이쪽에서 바로바로 뉴스도 볼 수 있었으면 좋겠다고 하니까 다음이랑 바로 뭐 해가지고 바로 카카오톡에 뉴스도 보고, 그리고 뭐 카카오톡 하다 보면 여기서 검색 바로 했으면 좋겠다 하니까 바로 검색기능 들어오고. 점점 카카오톡 같은 경우에는 톡을 하면서 불편했던 것들이 진화하면서 잘 변화한 것 같아요. (F씨, 넷마블게임즈)

(2) 사용자의 확장성

다음으로 소셜 콘텐츠가 성공하려면 새로운 사용자가 지속적으로 유입하는 것이 중요하다는 점을 지적했다.

다음 카카오톡은 대단히 성공했는데 고객을 활용해서 브랜드 확장은 성공했어요. 추천을 통해 기존 사용자 확장도 이끌었고요. (A씨, 다음 카카오)

소셜 콘텐츠의 미래

전문가들은 소셜 콘텐츠가 성공하려면 4차 산업혁명에 대비해야 한다고 입을 모았다. 4차 산업혁명에 대한 정의는 매우 다양하다. 한국콘텐츠진흥원에서는 AIArtificial Intelligence, 로봇공학, 사물 인터넷, 무인운송수단, 3차원 인쇄, 나노 기술과 같은 6대 분야에서 새로운 기술 혁신을 의미한다고 정의했다(김숙, 2017). **그림 6-11**은 4차 산업혁명과 관련된 주요 키워드를 보여준다. 다양

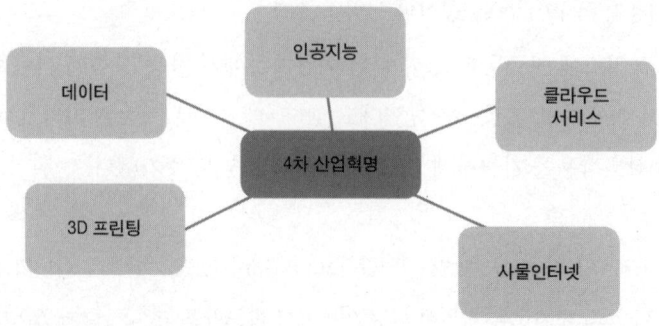

그림 6-11 4차 산업혁명 관련 주요 키워드

한 사물을 통해 현상과 인간에 대한 데이터를 수집할 수 있다는 점에서 빅데이터가 주요 키워드이다. 자료를 수집해서 문제를 해결하고, 상호작용하는 인공지능과 입체적인 결과물을 만들어내는 3D 프린팅, 인터넷 단말기를 통해 모든 업무를 처리하는 클라우드 서비스, 사물과 사물의 연결을 통해 문제를 감지하고 상황을 파악하는 사물 인터넷이 4차 산업혁명과 관련된 주요 키워드이다. 4차 산업혁명이란 사물과 사물의 연결을 통해 문제를 찾고, 인공지능이 문제를 해결하는 것이다.

(1) 4차 산업혁명시대 기술 발전에 대비

전문가들은 사물 간 연결을 통해 문제를 해결하고 로봇이 다양한 서비스를 제공하는 4차 산업혁명시대에 인공지능Artificial Intelligence을 활용한 서비스 제공과 게임 개발이 필요하다고 했다. 또한 이용자의 특성을 파악하기 위해서 빅데이터를 이용할 줄 알아야 한다고 했다.

AI 스피커를 4차 산업혁명과 관련해서 홈이나 사무실에서 쓸 수 있는 걸로 준비하고 있어요. 빅데이터도 활용해서 사용자가 얘기했을 때 바로 찾아주는 것입니다. (A씨, 다음 카카오)

페이스북도 인공지능시대에 무엇을 대응할 것인가, 아마존에 비해 떨어지는 것이 아닌가 하는 생각이 들어요. (B씨, SK 플래닛)

(2) 이용자의 사생활 보호

다음으로 소셜미디어를 통해 개인 정보가 유출되거나 사생활이 침해되는 문제에 대비해야 한다고 지적했다. 내가 올린 정보를 삭제하고 싶을 때 삭제하고, 권리를 행사할 수 있는 '잊혀질 권리'가 존중되어야 한다는 것이다. 기록을 남기고 싶지 않은 이용자의 욕구를 반영해 스냅챗 같은 새로운 서비스가 등장했다면서 이용자의 변화에 민감해야 한다고 했다.

요즘 젊은 사람들은 스냅챗 서비스를 이용하고요. 페이스북이 텍스트 중심이라면 젊은층이 중요시하는 사진이나 영상이 훨씬 인기가 많은 것 같아요. 스냅챗은 올린 내용이 지워지는 특징이 있어요. 저도 사실 잘 이해가 안 되는데 한번 보면 다 지워지는 거예요. 그 순간을 공유하는 데 의미를 두고 있는 것 같아요. (A씨, 다음 카카오)

(3) 수용자별 최적화된 서비스 제공

전문가들은 소셜 콘텐츠의 소비는 개별로 이루어지므로 이용자의 연령을 고려해서 서로 다른 욕구를 충족시켜줘야 한다고 했다. 연령별 목표 수용자가 원하는 것을 정확하게 파악해서 제공할 필요가 있는데, 오늘날 페이스북이 포털처럼 가다가는 고유의 특성을 잃고, 이용자에게 외면당할 수도 있다는 우려를 나타냈다.

페이스북과 인스타그램이 이용 목적이나 성격이 다른 만큼 연령층에 따라 타깃을 달리해야 할 거 같아요. (A씨, 다음 카카오)

페이스북이 포털처럼 돼서 오히려 방향을 잃을 수 있어요. (B씨, SK 플래닛)

무엇보다도 이용자들이 편안하고 쉽게 이용하도록 서비스를 제공하는 것이 가장 중요하다고 했다. 앞에서 언급한 잊혀질 권리와도 어느 정도 관련이 있는데, 이용자들이 정보를 쉽게 올리고 삭제할 수 있게 하는 것, 또는 다른 사이트와 공유가 쉬운 것 등 서비스를 이용하면서 불편을 느끼지 않아야 한다고 했다.

소비자들은 더 이상 새로운 것을 원하지 않는다고 생각해요. 오히려 서비스 업자들은 소비자의 불편을 개선해주는 게 더 중요해요. 디지털 장례식이나 개인 정보보호, 편집해서 올리기 쉽게 하는 것 등이에요. (B씨, SK 플래닛)

(4) 콘텐츠로 승부
기술의 발전으로 새로운 매체가 나온다고 하더라도 결국은 어떤 내용을 담을 것인지, 즉 콘텐츠가 중요하다고 했다.

결국 어떤 콘텐츠를 서비스할 것인지가 제일 중요한 것 같아요. (B씨, SK 플래닛)

또한 개인에게 최적화된 서비스를 제공하는 다양한 콘텐츠들이 앞으로 계속 인기를 끌고 강세가 될 것이라고 했다.

개인화된 그런 걸 하면서 거기서 생겨난 콘텐츠들도 되게 많거든요. 뭐 먹방이라던지 그다음에 뭐 과학방송, 토토 방송 뭐 이런 것들 있잖아요. 모바일 야외방송…… 이러면서 SNS가 정말 다양해졌다……. (D씨, 아프리카TV)

(5) 콘텐츠 유통 플랫폼과의 연계의 중요성

게임회사의 경우 이용자를 지속적으로 유입하기 위해 필요한 가장 중요한 요인으로 소셜 콘텐츠를 꼽았다. 모바일 게임의 경우 본인 인증 수단이 없기 때문에 게임을 탑재하는 서비스에서 개인정보를 확인할 수밖에 없다는 것이다.

게임 같은 경우는 소셜 콘텐츠가 반드시 필요합니다. 그 이유는 게임 같은 경우는 연령별로 게임을 제공해야 하거든요. 예를 들면 12세, 15세, 청소년 이용불가, 이래서 청소년은 성인용 게임을 하지 못하도록 제한해야 하는 거고……. 그런데 모바일 앱 같은 경우에는 본인을 몇 살인지 확인하는 제도가 구비되어 있지 않아요. 애플 같은 경우는 그런 개념탑재가 아예 불가능하고요. 그렇기 때문에 게임 회사들은 그런 게임을 제공하기 위해서는 본인 인증이 완료가 된 SNS 계정을 가지고 연동을 할 수밖에 없는 상황이에요. 그렇기 때문에 만약에 이게 없다면 모바일 게임 활성화가 불가능할 수밖에 없다고 보시면 되겠습니다. 그렇기 때문에 SNS가 필수인 거죠. (H씨, 네오위즈)

(6) 정부의 규제 완화

새로운 미디어가 한 사회에 정착되려면 정부의 정책적 지원이 필요하다. 예를 들면, 뉴미디어 기기 값을 인하하거나 초고속망을 설치하는 등 정부의 역할이 중요하다(Littlejohn, 1992). 정부의 역할이 중요함에도 불구하고, 전문가들은 해외 진출을 위해 정부의 외국어 서비스 지원 등 기업이 필요한 부분에 대해 지원해야 한다고 강조했다. 그러면서 오히려 정부의 간섭이 소셜 콘텐츠의 발전을 저해한다고 지적했다.

정부는 기업이 해외에 진출할 수 있도록 한국어 기반으로 개발된 서비스를 해외 버전으로 바꾸는 것을 지원해줄 필요가 있어요. 여러 규제 등 정부의 간섭과 규제가 가장 큰 제약이에요. (B씨, SK 플래닛)

소셜 콘텐츠의 유형별 성공 요인과 실패 요인

지금까지 현장 전문가들을 인터뷰한 자료를 토대로 구름단어 분석과 텍스트 분석을 실시했다. 이 자료를 갖고 소셜 네트워크 서비스의 성공 요인, 실패 요인과 웹툰, 게임의 성공 요인, 실패 요인을 미디어 사회학의 관점에서 정리해보았다.

소셜 네트워크 서비스의 성공 요인과 실패 요인

인터뷰에서 현장의 전문가들이 언급한 성공한 소셜 네트워크 서비스Social Network Service, SNS와 실패한 SNS는 **표 6-3**과 같다. 전문가들은 성공한 소셜미디어로 페이스북을 가장 많이 꼽았고, 다음으로 메신저 서비스로 시작한 카카오톡을 많이 언급했다. 현재 트위터 이용자수가 줄었지만 트위터가 등장하면서 사회 전반에 걸쳐 획기적인 변화를 가져온 것을 높이 평가해 성공한 SNS로 언급했다.

실패한 SNS로는 한국의 아이러브스쿨과 싸이월드를 많이 언급했다. 크라우드펀딩과 소셜 커머스를 언급한 전문가도 있었다. 크라우드펀딩은 인터넷이나 소셜미디어를 통해 창작자의 콘텐츠에 공감하는 이용자들로부터 모금을 하는 것이다. 소셜 커머스는 SNS를 이용해서 이루어지는 전자 상거래로 상품을 구입하려는 사람들이 일정 수 이상 모이면 거래가 성사되는 것이다. 한국의 대표적인 소셜 커머스 사업자로는 티켓몬스터, 쿠팡 등이 있다. 전문가들은 처음에는 저렴한 가격에 상품을 구매하거나 서비스를 이용할 수 있다는 점에서 이용자들의 관심이 높았으나 차츰 제품의 질이나 서비스의 질에 문제가 생기면서 이용자들의 외면을 받게 되었다고 했다.

전문가들이 강조한 성공 요인과 실패 요인을 미디어 사회학의 차원에서 구분해 보았다(**표 6-4** 참조). 이용자 측면에서 성공 요인은 이용자들이 쉽게 접근

표 6-3 성공한 소셜 네트워킹 사이트와 실패한 소셜 네트워킹 사이트

소셜미디어	아이러브스쿨	싸이월드	페이스북	크라우드펀딩	소셜커머스	네이버블로그	트위터	카카오톡
성공한 것	-	1	5	-	-	1	2	4
실패한 것	4	5	-	1	1	-	1	-

표 6-4 미디어 사회학의 관점에서 본 SNS 성공 요인과 실패 요인

주요 차원	성공 요인	SNS	실패 요인	SNS
이용자 측면	이용자의 높은 접근성	페이스북 카카오톡	이용자 서비스의 한계	아이러브스쿨 싸이월드 페이스북 트위터 소셜 커머스
매체적 측면	차별화된 서비스 제공	페이스북 블로그	모바일 대응 미흡	싸이월드 게임
	연결을 통한 확장성	페이스북 카카오톡	확장성의 한계	싸이월드 트위터 카카오톡
조직적 측면	-	-	-	-
사회적 측면	환경 변화에 신속한 대응	페이스북	-	-
정책적 측면	-	-	-	-

할 수 있다는 점을 언급했고, 실패 요인으로는 이용자에게 제공되는 서비스가 더 이상 새롭지 않다는 점을 지적했다. 이용자들이 편리하게 이용할 수 있도록 하면서 새로운 서비스가 지속적으로 제공되어야 하는 것이 중요하다. 매체적 측면에서는 다른 SNS와 차별화된 서비스를 제공하고, 새로운 관계를 이어갈 수 있는 확장성을 중요한 성공 요인으로 꼽았다. 이용자들이 새로운 서비스에 적응하고 난 후에는 관계의 확장을 원하는데, 트위터나 카카오톡의 경우에는 확장하는 데 한계가 있다는 것이다. 초기에 선풍적인 인기를 끌었던 아이러브스쿨과 싸이월드도 확장성의 한계로 실패했다고 진단했다.

싸이월드나 게임이 모바일 대응에 미흡했던 점도 시장에서 쇠퇴한 원인이

라고 할 수 있다. 싸이월드의 기본 화면은 인터넷에서 최적화되었기에 모바일로 플랫폼이 옮겨갈 때 환경에 적응할 수 없었다는 것이다. 게임회사들도 모바일 게임의 수준, 완성도가 낮다고 보고 모바일 게임이 등장한 초기에는 관심을 갖지 않았다.

매체적 측면에서의 한계는 이용자 서비스의 한계와도 밀접한 관련이 있다는 점에서 실패한 SNS의 사례를 주목할 필요가 있다. 환경 변화에 민감하게 반응해야 페이스북이나 카카오톡처럼 지속적으로 찾는 플랫폼이 될 수 있다.

조직적 측면에서 성공 요인과 실패 요인을 언급한 전문가는 없었고, 사회적 측면에서는 환경의 변화에 신속하게 대응하는 것이 중요하다고 했다. 페이스북은 카드뉴스, 동영상 업로드, 광고 삽입, 태그 등 다양한 서비스를 제공하면서 이용자들이 콘텐츠를 올리고 보고 공유하는 플랫폼으로 자리매김할 수 있었다고 했다.

웹툰의 성공 요인과 실패요인

'웹툰'이라는 용어는 네이버에서 처음 만들어서 사용한 것이다. 전문가들은 성공 요인으로 환경적 요인을 꼽았다. 만화시장이 축소되면서 유능한 작가들이 작업을 할 공간이 필요했는데, 네이버에서 웹툰을 기획하면서 만화가들을 대거 영입했다는 것이다(E씨, 와이낫미디어). 웹툰 출범 당시의 시대적 요인이 중요하게 작용한 것으로 생각된다.

다음으로는 매체적 측면에서 성공 요인으로 누구나 참여할 수 있도록 진입장벽을 낮춘 것이 주요 요인이라고 할 수 있다(김정한 박사, 네이버). 현장의 전문가도 이에 대해 오프라인 완결판 만화에 비해 그림의 분량이나 완성도가 낮아도 인터넷을 통해 서비스가 제공되는 데 문제가 없다는 점을 강조했다. 웹툰 독자들이 호응하고 공감하는 것이 더 중요하다는 것이다. 전문 만화가가 아니더라도 누구나 만화를 올릴 수 있고, 이용자의 추천을 통해 베스트 작가

표 6-5 미디어 사회학의 관점에서 본 웹툰의 성공 요인과 실패 요인

주요 차원	성공 요인
이용자 측면	이용자 최적화된 서비스 제공(타깃 오디언스별 만화 제공)
매체적 측면	생산자의 낮은 진입장벽
	이용자 추천을 통해 단계 상승
	유료시장의 정착
조직적 측면	-
사회적 측면	오프라인 만화시장의 쇠퇴
정책적 측면	-

로 등극하게 되는 열린 구조가 만화 생산자와 독자의 적극적인 참여를 이끈
것이다. "다음에서 순정만화가 뜨고, 네이버에서는 〈마음의 소리〉와 같은 메
가 히트작이 나오면서 산업적으로 유료시장이 열렸다"고 했다(E씨, 와이낫미디
어). 요금을 지불하고 만화를 보는 시스템이 정착되면서 웹툰시장이 안정적으
로 운용되고 확장될 수 있었던 것으로 보인다.

　이용자 측면에서의 성공 요인은 타깃을 세분화해서 이용자별로 최적화된
서비스를 제공한 것을 언급했다. 10대부터 30, 40대까지 웹툰의 독자층이 다
양한데, 예를 들면 10대 후반이 좋아하는 만화부터 23~24세, 직장 초년생, 대
입 재수생 등 독자층을 아주 세밀하게 구분했다는 것이다. 목표 독자층으로부
터 호응을 얻으면 베스트 작가가 될 수 있기 때문에 다른 독자층의 평가는 중
요한 고려사항이 아닌 것이다. 그 대신 목표 독자층의 공감을 얻을 수 있도록
그들의 삶과 생각, 가치관을 현실적으로 그려낼 필요가 있다.

　조직적 측면과 정책적 측면에서 성공 요인을 언급하지는 않았고, 웹툰이 성
장하고 있는 소셜 콘텐츠라는 점에서 실패 요인을 언급한 전문가는 없었다.

게임의 성공 요인과 실패 요인

　게임 매체 전문가는 우리나라에서 성공한 게임보다 실패한 게임이 훨씬 많

표 6-6 미디어 사회학의 관점에서 본 게임의 성공 요인과 실패 요인

주요 차원	성공 요인	실패 요인
이용자 측면	-	-
매체적 측면	-	모바일 대응 미흡
	본인인증이 가능한 SNS와의 연동	-
조직적 측면	-	제작자의 안이한 대응
사회적 측면	-	게임개발자들의 열악한 근무 환경
정책적 측면	-	정부의 규제(연령별 등급제, 셧다운제)

다는 지적을 하면서 "국민들이 우리나라 게임은 다 잘된다는 착시 현상에 빠져 있다"고 지적했다(임상훈, 디스이즈게임닷컴 대표). 전문가들은 게임의 실패 요인으로는 정부의 규제를 공통적으로 언급했다. 정책적 측면에서 16세 미만의 청소년들이 심야에 온라인게임을 못하도록 하는 제도인 '셧다운제shutdown'를 언급했다. 오늘날 게임의 긍정적인 효과가 적지 않음에도 불구하고, 실효성이 낮은 제도로 인해 게임산업이 위축되었다는 것이다. 반면, 중국의 경우에는 온라인게임 산업을 정책적으로 지원하고, 텐센트 같은 온라인게임 업체가 전 세계 게임시장을 장악할 만큼 성장할 수 있었다고 했다.

매체적 측면에서 보면, 성공 요인으로 보기는 어렵고 성공을 위한 필요조건이라고 할 수 있는데, 결국 게임이 생존하려면 SNS가 필수라는 것이다. 연령대별 이용이 가능한 게임이 구분되어 있기에 본인인증이 필수적이다. 게임회사가 본인인증을 직접 할 수 없기 때문에 본인인증이 된 SNS 계정을 통해 게임을 할 수밖에 없고, 이를 위해서 게임 회사들은 SNS와 공존할 수밖에 없는 구조라고 했다.

조직적 측면에서는 모바일이 등장했을 때 안이하게 대응한 것을 실패 요인으로 봤다. 모바일 게임의 완성도가 떨어지고, 스토리가 허술하다는 점에서 모바일 게임에 신경을 쓰지 않았던 것이다. 전문가들은 모바일 게임, 특히 증강현실과 게임이 결합한 〈포켓몬고〉같이 모바일 환경에 민감하게 대응하는 것이 중요하다고 했다.

사회적 측면에서는 게임 개발자들의 열악한 근무 환경을 실패 요인으로 지적했다. 향후 게임산업이 확장되려면 게임 개발자들이 적절한 보상을 받고, 능력 있는 개발자들이 지속적으로 참가해야 한다고 했다.

결론: 성공하는 소셜 콘텐츠의 조건

우리나라의 소셜미디어는 앞으로 어떻게 변화할까? 페이스북은 앞으로 계속 우월적인 위치를 유지할 수 있을까? 이용자들은 어떤 서비스를 원할까? 현장의 목소리를 듣고 난 후 소셜미디어의 미래가 더욱 궁금해졌다.

소셜 콘텐츠의 미래에 대한 현장의 기대와 사명감

한림대 김경희 교수와 8명의 소셜 콘텐츠 전문가를 인터뷰하면서 우리나라 소셜 콘텐츠의 미래는 밝다는 결론을 내렸다. 이들의 공통점은 자신이 해온 일을 좋아하고, 앞으로도 계속 애정을 갖고 콘텐츠를 기획할 것이고, 이용자와 교류할 준비가 되어 있다는 것이다. 인터뷰 내내 소셜 콘텐츠와 관련된 일에 애정이 많다는 것을 느꼈다. 소셜 콘텐츠의 실패 요인을 질문했을 때 당시 실패한 서비스의 문제가 무엇이고, 어떤 시대적 배경이었는지 생생하게 얘기하는 모습을 보면서 일에 대한 자부심과 전문가로서의 자존감도 높다고 생각했다.

한때 한국 IT 산업의 선도적인 소셜 네트워크 서비스로 평가받은 싸이월드에 대해서는 공통적으로 성공한 서비스로 언급했지만, 동시에 가장 실패한 서비스로 꼽았다. 플랫폼이 인터넷에서 모바일로 변화한 것에 적응하지 못한 점을 주요 원인으로 들었고, 다음으로 이용자 서비스 측면에서 더 이상 새로운 것이 없다는 점을 언급했다.

같은 맥락에서 성공적인 서비스로 언급한 페이스북과 카카오톡의 경우 이용자의 욕구에 맞게 지속적으로 변화하고 있다는 점을 높이 평가했다. 이용자 입장에서 불편을 느낀 서비스를 개선하고, 원하는 서비스를 미리 추가한다는 것이다. 카카오톡은 메신저 서비스로서의 한계를 극복하기 위해 카카오뱅크 나 카카오페이, 카카오택시, 카카오드라이버 등 오프라인과 연결하면서 서비스를 확장한 점을 긍정적으로 평가했다. 그러나 카카오톡 내에서 서비스의 한계를 언급하면서 새로운 서비스를 확장시킬 필요가 있다는 점을 강조했다. 다음 카카오에서도 이러한 문제를 인식하고 끊임없이 기능을 넓혀가고 있는 것으로 보인다.

게임 분야에서 나온 얘기 중에서는 외부에 보이는 것과 달리 실패한 게임도 많고, 게임업계의 근무환경이 개선되어야 한다는 지적은 새겨들을 필요가 있다. 국내시장 상황뿐만 아니라 온라인게임에서 중국, 영국 등 해외의 경쟁력이 강화되었다는 점도 게임업계가 직면한 현실이다. '셧다운제' 같은 정부의 규제가 게임산업의 발전을 저해한다는 비판도 새겨들어야겠다.

웹툰의 경우 전문 만화가가 아니더라도 만화를 그릴 수 있고 네티즌의 추천에 의해 베스트 작가가 되는 네이버의 구조는 진입장벽을 낮추고 만화산업을 성장시키는 데 긍정적인 영향을 미쳤다고 했다.

다양한 소셜 콘텐츠 분야의 전문가들이 지금처럼 애정을 갖고 소셜 콘텐츠 산업의 발전을 위해 즐기면서 일한다면 우리나라 소셜 콘텐츠 산업의 전망은 밝다고 할 수 있을 것이다. 그렇다면 미래의 소셜 콘텐츠는 어떤 조건을 갖추어야 할까?

미래의 소셜 콘텐츠는?

당분간 더 이상 새로운 소셜 콘텐츠가 나오기 어렵다는 전망도 있었다. 커뮤니케이션 기술이 발달하면서 모바일과 통신의 결합으로 매체 간 경계가 사라지고, 이용자의 다양한 참여를 유도한 소셜 콘텐츠가 이미 충분히 나왔다는 견해이다.

> 모바일이 나온 지 10년 이상 지났고, 소셜 네트워킹이 어느 정도 안정화되었
> 고요. 지금으로서는 페이스북보다 더 나은 소셜 서비스가 나오기 힘들어요. (E씨,
> 와이낫미디어)

새로운 소셜 콘텐츠가 나오기까지 얼마나 시간이 걸릴지 모르겠지만, 4차
산업혁명시대가 도래하면서 소셜 콘텐츠에도 많은 변화가 예상된다. 결국 다
양한 플랫폼을 통해 이용자 간 상호작용이 이루어질 때 가장 중요한 것은 콘
텐츠라고 했다.

> 콘텐츠가 가장 중요하다고 생각해요. 이전에는 서비스가 중요한 시기가 있었
> 는데, 서비스가 안정화되면 그다음에 필요한 것은 콘텐츠예요. 앞으로 희망은 콘
> 텐츠 수요가 증가할 것이라는 점이에요. (E씨, 와이낫미디어)

이용자들은 더 많은 사람들과 관계를 맺는 등 연결을 확산시키고자 하면서
도 한편으로는 개인 정보를 누구에게나 다 공개하기를 원하지 않는다. 인터넷
에서 한동안 잊혀질 권리 문제가 제기된 것처럼 나의 사생활과 내가 남긴 기
록들이 영원히 남는 것을 원하지 않는다. 소셜 콘텐츠는 이용자들의 욕구를
충족시키는 형태로 계속 변화할 것이다.

스마트폰 카메라로 다양한 일상을 찍어서 올리는 이용자들의 특성에 맞게
인스타그램이 나왔는데, 다른 사람들이 내 사진을 공유하거나 태그를 달 경
우, 혹은 사진에 댓글이 달린 경우 삭제가 불가능하기도 한다. 상대방과의 관
계가 나빠졌을 때 상대가 갖고 있는 내 사진을 다 지우고 싶은 마음도 든다.
2011년 등장한 스냅챗은 이러한 이용자들의 요구사항을 반영한 소셜미디어
이다. 스냅챗에서는 내가 보낸 사진이 저장되지 않고 상대방이 본 후에는 사

라진다.

획기적이고 새로운 소셜 콘텐츠가 나올 수도 있겠지만, 그보다는 인스타그램이나 스냅챗처럼 이용자들이 기존 소셜 콘텐츠를 이용하면서 아쉬웠던 점을 보완한 소셜 콘텐츠가 등장할 것으로 예상된다. 이와 함께 기존에 이미 확고하게 자리를 잡은 페이스북이나 카카오톡은 이용자 간에 생산한 내용을 공유하고, 제작하는 소셜미디어에서 뉴스 서비스, 동영상 제공, 광고까지 다양한 콘텐츠가 유통되는 플랫폼으로 범위를 확장시키면서 지속적으로 이용자 친화적인 방향으로 진화할 것으로 예상된다.

전문가 인터뷰를 통해 소셜 콘텐츠의 흥망과 성쇠 과정을 돌아보면서 환경 변화에 민감하지 않은 개인이나 조직은 생존하기 어렵다는 기본적인 원칙을 다시 생각하게 되었다. 시스템 이론은 유기체가 환경과 끊임없이 상호작용하면서 환경에서 생존할 수 있다는 논리인데, 긍정적인 피드백과 부정적인 피드백의 순환과정을 통해 유기체가 생존하거나 변화한다고 한다. 환경 변화에 민감한 소셜 콘텐츠의 경우에는 위기를 긍정적인 변화의 원천으로 삼고 지속적으로 발전할 것이다. 환경 변화에 둔감한 소셜 콘텐츠의 경우에는 위기를 감지하지 못한다면 이용자의 외면을 받고 실패할 것이다.

지금부터 10년 전인 2007년 싸이월드는 한국에서 인기 있는 소셜 콘텐츠로 보도되었다. 당시 CNN은 싸이월드가 한국을 넘어 해외에서 성공할 수 있을지에 대해 보도했다. 이에 앞서 2006년 7월 28일 CNN머니는 미국에서 인기를 끌고 있는 교제 사이트 '마이스페이스'가 싸이월드라는 강적을 만나게 됐다고 보도한 적이 있다. 2017년 현재 싸이월드는 소셜 콘텐츠로서 이용자의 기억에서 사라진 지 오래이다. 소셜 네트워크 서비스 1위 기업이자 한때 페이스북을 위협했던 마이스페이스는 2011년 헐값에 매각됐다. 글을 마치면서 10년 전 소셜 콘텐츠가 처한 상황이 떠올랐다. 성공한 소셜 콘텐츠는 끊임없이 환경과 상호작용하면서 환경의 변화에 적응하고 민감하게 반응한다.

참고문헌

김숙. 2017. 「AI시대, 오디오 콘텐츠산업의 확장과 미디어 콘텐츠 지형의 변화」. 한국여성커뮤니케이
    션학회 가을철 학술대회 SK 후원세션 발표 논문. 이화여자대학교(2017년 11월 4일).
조성은·한은영·석지미·김도훈. 2016. "소셜미디어의 이용 유형과 사회적 순기능 역기능 소셜플랫폼의
    확산에 따른 한국사회의 변화와 미래정책(3)." 휴먼컬처아리랑(2016.9.1).
Boyd, D. M. 2008. "Social Network Sites: Definition, History, and Scholarship." *Journal of*
    Computer-Mediated Communication, pp.210~230. http://www.ifs.tuwien.ac.at/~dieter/teaching/
    GmA/Boyd2008a.pdf
Edwards, A. R. 2002. "The Moderator as an Emerging Democratic Intermediary: The Role of the
    Moderator in Internet Discussions about Public Issues." *Information Policy*, 7, pp.3~20.
Honeycutt, C., and S. C. Herring. 2009. Beyond microblogging: Conversation and collaboration via
    Twitter. HICSS: Hawaii International Conference on System Sciences. Available:
    http://ieeexplore.ieee.org/stamp/stamp.jsp?tp=&arnumber=4755499
Homero, G., G. Victor and C. McGREGOR. 2015. "What is Second Screening? Exploring Motivations
    of Second Screen Use and its Effect on Online Political Participation."
Jungherr, A. 2010. "Twitter in politics: Lessons learned during the German Superwahljahr 2009." In
    the International Conference of Human-Computer Interaction(April 10-15, 2010, Atlanta,
    Georgia, USA). Available at: http://cs.unc.edu/~julia/accepted-papers/Superwahljahr.pdf
    (accessed 10 August 2013).
Littlejohn, S. W. 1999. *Theories of Human Communication*(6th ed.). Belmont, CA: Wadworth
    Publishing Company.
Ratkiewicz, J., M. Conover,, M. Meiss, B. Goncalves & F. Flammini. 2011. Detection and tracking
    political abuse in social media. Proceedings of the Fifth International AAAI Conference on
    Weblogs and Social Media, pp.297~304. Available at: www.aaai.org/ocs/index.php/ICWSM/
    ICWSM11/paper/download/.../3274.
Rogers, E. M. 1983. Diffusion of Innovations. THE FREE PRESS. Collier Macmillan Publisher: New York.
    https://teddykw2.files.wordpress.com/2012/07/everett-m-rogers-diffusion-of-innovations.pdf
Snow, S. 2015. State of content marketing 2015: When content ate marketing.
Shoemaker, P. J., and S. D. Reese. 2016. "Media Sociology and the Hierarchy of Influences Model:
    A levels-of-analysis perspective on the networked public sphere." *Mass Communication and*
    Society, Vol. 19, No. 4, pp.389~410.

알렉사, "포털-채팅-증권 강세", 머니투데이, 2000.7.11.
    http://news.naver.com/main/read.nhn?mode=LSD&mid=sec&sid1=101&oid=008&aid=0000007023
[프라이머리]CBO-하] 3년 성과 뒤돌아보기, 아이뉴스 24, 2004.4.9.
    http://news.naver.com/main/read.nhn?mode=LSD&mid=sec&sid1=001&oid=031&aid=0000039575
≪신동아≫, 인터뷰. 2012.4.25.
    http://news.naver.com/main/read.nhn?mode=LSD&mid=sec&sid1=101& oid=262&aid=0000005274
CNN 웹사이트 Asia - Eye on South Korea, Oct.17, 2007.

The Rise and Fall of Social Content
From Cyworld to PlayerUnknown's Battlegrounds

제7장

한국 사회에서의 IT담론 대중화와 의제의 흐름
: SBS의 서울디지털포럼(SDF)을 중심으로

이정애_SBS 보도본부 기자

한국은 1999년 인터넷을 처음 도입한 이래, 정부 주도로 세계 최고의 광대역 유, 무선 인터넷망 서비스를 구축하는 등 IT 관련 인프라와 산업시설을 적극적으로 구비했다. 그 결과 2004년에 이미 전 가구의 74%가 인터넷을 사용하고 있었고, 전 국민의 2/3가 1~2bpm의 초고속 인터넷을 사용했다. 또 2004년 벌써 초고속 인터넷을 활용한 주식거래나 은행거래, 상거래가 이뤄지고, 수능 강의를 인터넷으로 보는가 하면, 사이버 커뮤니티를 통해 정치 참여까지 촉진하는 등 네트워크 하드웨어 분야에서는 디지털 최전선인 것으로 평가받고 있었다. 그래서 한국은 최첨단 정보통신 기술과 서비스의 열띤 실험장으로, 디지털 기술 관련 IT의 테스트베드Test Bed로 인식되고 있었다. 게다가 한국의 소비자는 다른 시장에 비해 신기술을 적극적으로 채택하는 얼리 어답터 early adopter이면서도 녹록하지 않은 까다로운 소비자로 알려져 있어, 한국은 인프라뿐 아니라 인적 자원 측면에서도 진정한 IT의 허브로 여겨졌다. 2005년 서울디지털포럼에 연사로 참석했던 어윈 M. 제이콥스Irwin M. Jacobs 퀄컴 회장 겸 최고경영자가 "한국에서 통하면 세계 시장에서 통할 확률이 높다. 이것이 한국을 찾는 이유다"라 밝힌 것도 이러한 맥락을 대변하는 것이었다(고어·제이콥스·진대제 외, 2005).

SBS는 2004년부터 IT기술의 발전이 세상을 어떻게 바꾸고 미디어 환경을 어떻게 변화시키고 있는지에 관심을 갖고, T.I.M.E(기술Technology, 정보Information, 미디어Media, 엔터테인먼트Entertainment) 분야에서 화두를 이끌어오고 있는 인사들을 한국으로 초청해, 서울에서 IT 관련 담론을 만들어가는 서울디지털포럼Seoul Digital Forum, SDF[1]을 매년 개최해왔다.

지난 13년간 SDF를 통해 한국 사회에서 IT담론의 대중화는 어떤 식으로 이뤄졌으며, 2004년부터 2016년까지 SDF에서 논의된 주된 화두들은 과연 무엇이었을까? 특히 이러한 디지털 기술로 인해 미디어는, 특히 소셜미디어는 어떻게 변화되어왔을까?

"디지털 컨버전스"(2004년)

2004년 서울디지털포럼(SDF) 첫해의 주제는 "디지털 컨버전스 혁명: 새로운 기회를 찾아서"였다. 컨버전스convergence의 사전적 의미는 두 개 또는 그 이상의 이질적인 것이 결합하는 것으로, 우리말로는 보통 '융, 복합'으로 해석된다. 디지털 컨버전스라는 용어는 미국 MIT대학 사회학과 이디엘 드 솔라 풀Ithiel de Sola Pool 교수의 1983년 저서 『자유의 기술Technologies of Freedom』에서 처음 등장한 것으로 알려져 있지만 오늘날 우리가 사용하는 '디지털 컨버전스'의 개념으로 발전시킨 사람은 MIT 미디어랩의 초대 소장, 니콜라스 네그로폰테Nicholas Negroponte 교수이다. 그는 1980년에서 1990년 사이, 디지털 기술이 방송산업, 영화산업, 신문산업과 컴퓨터 과학 간의 경계를 허물고 하나로 합쳐

---

[1] www.sdf.or.kr

질 것이라 예측했다. 그리고 그의 예측대로 디지털 컨버전스가 나타나기 시작하자 SBS는 SDF의 화두를 "디지털 컨버전스"로 정하고, 니콜라스 네그로폰테 MIT 미디어랩 소장을 기조연설자로 세웠다.

네트워크 간의 융합: 산업 간 경계를 허물다

니콜라스 네그로폰테 교수가 주장한 "디지털 컨버전스"는 한마디로 네트워크 간 융합으로 인해 산업 간 경계가 붕괴하는 것을 의미한다. 네그로폰테 MIT 미디어랩 소장은 SDF 기조연설에서 "디지털 컨버전스"를 비트와 아톰에서부터 설명했다. 즉, 물리적인 세상의 기본 단위인 아톰atom의 상대적인 개념이 전자 세계를 구현하는 기본요소인 비트bit인데, 이러한 디지털의 기본 요소인 비트라는 개념이 1950년대에 처음 등장하면서(Negroponte, 2004) 1960년대부터 디지털 기술의 진화가 이뤄지기 시작했다는 것이다. 디지털 기술의 진화는 3단계로(김병국, 2004) 보통 설명되는데, 첫 단계는 '디지털화Digitali-zation'로 전자장치가 아날로그에서 디지털로 전환되는 단계이다. 1960년대에 컴퓨터, 1970년대에 통신기술, 1980년대와 1990년대에 오디오와 비디오 기기에 디지털화가 본격화되는 것이 그 첫 번째 단계이다. 이 당시를 보면 디지털화가 개별의 독자적인 제품군 안에서 이루어지는 것이 그 특징이다.

그러다가 2000년대에 들어서, 두

사진 7-1 SDF2004 니콜라스 네그로폰테 MIT 미디어랩 소장 기조연설
자료: SBS 제공.

번째 진화 단계인 '기기의 융합Device Convergence'이 이뤄진다. 휴대전화에 카메라 기능이 포함되거나 MP3 기능이 제공되는 등 제품과 제품의 통합Merging이 이뤄지고, 무선통신기술을 중심으로 이동성이 생기면서 연결성Connectivity도 강화되기 시작한다. 그러다 세 번째 진화단계가 되면 각기 다른 네트워크 간의 경계가 허물어지는 '네트워크 간 융합Network Convergence'이 이뤄진다. 이러한 산업 간의 붕괴에서는 결국 이전에는 제각각으로 서로 달랐던 고객과 가치가 마구 뒤섞이면서 같은 판에서 경쟁하게 된다. 한국에서는 특히 초고속 유무선 인프라를 기반으로 커뮤니케이션 분야에서 가장 먼저 이러한 네트워크 간 융합이 방송과 통신, 인터넷 간의 '커뮤니케이션 컨버전스'의 형태로 나타났다. 그리고 이를 바탕으로 한 '서비스의 융합Service Convergence', 예를 들면 휴대전화에서 모바일 뱅킹을 하고 TV를 시청하는 것 같은 서비스의 통합이 '네트워크 컨버전스'의 대표적인 특징으로 나타났다.

소비자 권력시대: 주체가 바뀌다

'디지털 컨버전스' 같은, 이전과는 다른 세상이 전개되는 변화의 시기에는 과연 어떤 새로운 기술과 서비스가 시장에서 받아들여질 것인가가 기업의 입장에서는 초미의 관심사일 수밖에 없다. 왜냐하면 지금까지 단지 기술적으로 가능하다고 해서, 혹은 기술적으로 더 발전된 형태라고 해서 사회가 그 기술이나 서비스를 무조건 받아들인 적은 한 번도 없었기 때문이다.[2] 항상 변화

---

2 SDF2004 폐막총회 종합대토론에 참여한 데릭 리도우Derek Lidow 아이서플라이 CEO는 한국이 너무 기술에 의존하면 오히려 독이 될 수 있다고 충고하면서, 한국이 기술적으로 훨씬 더 앞서 있기 때문에 그러한 기술이 어떻게 비즈니스에 적용될 수 있는지 상용화 방법을 찾아낸다면 그것이 진정 한국이 컨버전스 시대에 기여할 수 있는 길이 될 것이라고 주장했다. 그러면서 "기술에 미치지 말고 비즈니스에 미쳐달라Don't Go Technology Crazy, Go Business Crazy"고 당부했다.

의 시기에는 한 사회가 새 기술을 받아들일 것인가 말 것인가 하는 상용화 이슈가 발생하기 마련이다. 1950년대의 비디오 전화, 1970년대의 손목시계 TV, 1990년대의 가상현실, 그리고 2000년대 초반의 인터넷 마케팅 등은 당시 많은 투자가 이뤄진 제품이나 서비스였지만 소비자들로부터는 외면을 당했다(맨덜, 2005). 그렇기 때문에 기업들은 어떤 것이 소비자들이 더 원하는 것인지를 알아내야만 하는 숙명을 지게 된다. 디지털 컨버전스 시대에 특히 두드러진 특징 가운데 하나는 일명 "소비자 권력시대"로의 이양으로, 선택의 주권이 공급자에서 소비자에게 넘어가고 있다는 것이다. 그래서 기업들은 그 어느 때보다도 인간의 기본 욕구, 소비자들의 기본 심리에 관심을 가질 수밖에 없게 되었다. 인간의 심리를 잘 포착해 히트를 친 서비스의 예는 카메라 기능이 내장된 휴대전화이다. 과거에는 좋았던 순간을 찍고 싶어도 항상 카메라를 들고 다니는 것은 아니기 때문에 불가능하던 것을, 휴대전화에 카메라 기능이 접목되자 사람들은 언제 어디서든 원하는 순간을 찍을 수 있게 되었고, 한번 그렇게 인간의 기본 욕구가 충족되자 휴대전화는 이제 카메라 기능이 없으면 더 이상 소비자들의 선택을 받지 못하는 지경에 이르게 되었다. 그런 연장선상에서 나타난 또 다른 특징은 기기의 단순화simplicity(Derek·Wolf, 2004)이다. 소비자 누구나 쉽게 쓸 수 있어야 사랑받을 수 있기 때문에 나타난 현상이다. 또 소비자들이 수많은 선택의 기로에 놓이게 되다 보니, 차별화를 위해 고도의 개인화, 개인별 맞춤 서비스personalization의 방향으로 발전하기 시작했다. 그래서 "파편화fragmentation"(Wolf, 2004)가 디지털 컨버전스의 대표적인 특징 가운데 하나로 나타나기 시작했다.

디지털 컨버전스 시대가 되면서 새롭게 등장한 또 다른 현상은 소비자들이 이제는 콘텐츠를 소유하고, 가지고 다니고 싶어하게 되었다는 것이다(Brand, 2004). 콘텐츠가 디지털화되고 개인 저장공간이 확대되면서 가능해진 현상으로, 소비자들은 자신의 사진이나 엔터테인먼트 등 이전에는 PC 안에서만 누리던 디지털 상의 삶도 디바이스 내에 가지고 다니고 싶어하게 되었고, 과거에는 방송국에서 정해진 시간에 프로그램을 소비자에게 전하는 형태였다면 이제는 콘텐츠 온 디맨드Contents On Demand의 개념을 넘어 소비자들이 콘텐츠를 직접 소유하고 싶어하기 시작했다. 심지어 이제는 소비자가 직접 창작과정에까지 참여해 디지털 콘텐츠를 적극적으로 생산해내려 하면서, 실제로 소비자들은 콘텐츠를 소비하는 동시에 생산하는 일명 "프로슈머Prosumer"[3]가 되어 가고 있었다(김범수, 2004).

새로운 시대, 기술의 표준은? 규제는?: 규칙이 바뀌다

방송과 통신, 인터넷이 융합되는 이전에는 없던 시대가 발현되면서 기업 쪽에서 관심을 가질 수밖에 없는 또 다른 이슈 가운데 하나는 바로 디지털 컨버전스 기술의 표준을 누가 선점할 것인가이다. 산업적으로는 내가 잘하는 기술이 표준이 되면 아무래도 해당 제품을 더 잘 만들 수 있기 때문에 기술적 우위에 놓이는 것은 물론이고, 기술 표준을 특허 등 지적재산권으로 출원하면 시장의 지배력도 확고히 할 수 있기 때문에 기술표준은 중요할 수밖에 없다. 특히 제조업이 경쟁력을 잃어가는 한국 상황에서는 수출을 위한 또 다른 대체 산업을 만들어내야 하는 상황이었기 때문에 표준 이슈는 중요할 수밖에 없었다.[4]

또 새로운 판이 그려지면서 큰 관심을 갖게 되는 이슈는 '규제'이다. 새로운 기술과 시장이 만들어지면 대개 기존의 시스템에서 우위를 점하고 있던 세력에서는 기존의 법칙을 유지함으로써 자신들의 이익을 지키려 하지만, 기술의

---

3 프로슈머는 앨빈 토플러Albin Toffler가 1970년 쓴 책 『미래충격』에서 처음 제기한 용어로, 생산자(프로듀서Producer)와 소비자(컨슈머Consumer)의 개념을 합성한 말이다.

4 2000년대 초반부터 한국의 앞선 IT기술이 세계적으로 인정받기 시작하면서 무선통신기술에서부터 디지털 TV, 그리고 최근의 VR 관련까지 기술표준을 정하는 데, 삼성전자나 LG전자 등 국내 기업들의 요소기술이 포함되거나 채택되는 쾌거를 이뤄왔다.

측면에서 변화에 빨리 대응하지 못하면 '혁신'에 뒤처지거나 우위를 놓칠 가능성이 높기 때문에, 규제의 이슈는 항상 뜨거운 감자일 수밖에 없다. SDF에서도 새로운 네트워크 간의 융합에 있어 최고의 결과를 낳을 수 있는 적절한 규제의 범위나 방식은 무엇인가를 놓고 치열한 논의가 이뤄졌다. '규제' 이슈는 SDF 초기의 특히 단골 화두였는데, 2005년 SDF에 참석한 마이클 파월Michael Powell 전 미국 연방통신위원회FCC 의장은 "진정한 혁명은 항상 민중에게 더 많은 권력을 준다"면서 소비자 주권이 강화되는 방향으로 규제가 바뀌어야 한다고 주장했다(파월, 2005a). 또 파월 의장은 이어진 토론에서 인터넷, 방송, 통신, 미디어, 케이블 방송, 이동통신 등 각 산업분야의 변화를 전체적인 관점에서 보는 것이 중요하다고 밝히면서, 미국의 FCC는 1984년부터 이러한 모든 체제를 하나의 틀 아래 들여다보고 있다고 전했다(파월, 2005b). 국내 규제 당국이 기술변화로 인한 세계적인 큰 흐름을 크게 염두를 두지 못하고 있을 때, SDF에서 규제 관련 이슈를 지속적으로 다룸으로써[5] 우리 규제 당국에서도 크게 배울 수 있는 기회가 되었다고 후에 방송위원회 측에서 전해오기도 했다.

소셜미디어의 관점에서 본 SDF2004

서울디지털포럼이 시작된 2004년은 소셜미디어의 태동기이다. 페이스북이 2004년 생겼고, 트위터는 2006년 시작됐으며, 우리나라에서 시작된 싸이월드는 1999년 만들어졌지만 2001년 미니홈피로 전환하고 나서야 인기를 얻기 시작하여 2003년 SK커뮤니케이션즈로 흡수 합병된 상황이었다. 그래서 미디어 서비스의 관점에서 볼 때 아직 소셜미디어는 대세가 아니었기 때문에 2004년

---

5 SDF2007에서는 스티브 게팅스Steve Gettings 영국 오프콤OFCOM 방송시장 정보담당 수석매니저와 가브리엘 고테이Gabrielle Gauthey 프랑스 통신위원회ARCEP 위원이 연사로 참석하기도 했다.

서울디지털포럼에서는 소셜미디어와 관련한 논의는 많지 않았다. 이 당시에 미디어와 관련하여 주로 언급된 사례는 1990년대 말부터 시작되어 해외로 진출하고 있던 음악, 영화, 드라마, 게임 등 한국 콘텐츠의 한류 열풍(박동호, 2004), 그리고 디지털 콘텐츠의 한국적 비즈니스 모델로 언급되던 가상세계에서의 분신인 아바타 꾸미기(이정호, 2002.4.26), 10년 이상 안정된 비즈니스로 규모를 키워가고 있던 한국의 온라인게임, 그리고 검색의 한 단계 진화된 모델로 얘기되던 포털의 지식검색 등이었다. 그나마 연사로 참석한 김범수 NHN 사장이 그 당시 대표되는 미디어 서비스들을 언급하면서 1인 퍼블리싱 시대를 맞아 선풍적인 인기를 얻고 있던 블로그와 미니 홈페이지를 예로 든 것이 소셜미디어와 관련하여 언급된 전부였다(김범수, 2004).

"유비쿼터스"(2005년)

2005년 두 번째로 열린 서울디지털포럼에서는 그전 해의 주제였던 디지털 컨버전스에서 한 발 더 나아가, 디지털 컨버전스가 심화되어 센서 네트워크가 발전하면서 나타나는 '유비쿼터스Ubiquitous' 시대를 주제로 삼았다. 유비쿼터스란 '언제 어디서나 존재한다'는 라틴어에서 비롯된 말로, 언제 어디서나 디지털 기술의 구현이 가능한 네트워크 사회를 말한다. 기기뿐 아니라 사물과 환경에까지 컴퓨터가 이식되고 네트워크에 연결되는 시대를 말하는 것으로, 이 시대가 되면 네트워크 사이의 구분이 없어지는 네트워크 프리network free, 어떤 단말로도 원하는 네트워크에 접속할 수 있는 디바이스 프리device free, 유무선 기술로 언제나 접속되는 타임 프리time free, 그리고 네트워크를 통해 누구와도 정보교환이 가능해지는 릴레이션십 프리relationship free 사회로 발전하게 된다(윤종용, 2005).

SDF2005에 전 세계에서 참석한 많은 IT, 미디어 분야의 글로벌 리더들은 유비쿼터스의 앞날을 내다볼 수 있는 가장 앞선 나라로 당시 한국을 꼽았다. 기조연설자로 참석한 앨 고어Al Gore 전 미국 부통령이자 당시 커런트TV 공동 창립자는 기조연설에서, 6개월 전 스위스에서 들은 연구결과를 언급하면서 구텐베르크가 인쇄기술을 발명하기 전에 한국을 방문하고 온 교황의 사절단 을 만났는데 그 사절단이 한국에서 금속활자에 대한 그림과 설명을 갖고 왔었 다는 얘기를 전하면서, 지금의 디지털 혁명은 한국에서 시작된 두 번째 커뮤 니케이션 정보혁명이라고 강조했다(Gore, 2005).

유비쿼터스 컴퓨팅의 핵심기술: RFID

RFIDRadio Frequency Identification(전자식별)의 기술은 유비쿼터스 컴퓨팅의 핵 심이다. 그래서 SDF2005에서는 RFID 기술이 관심의 중심으로 떠올랐다. 전 파식별, 무선식별 혹은 전자 태그라 불리는 RFID는 각종 물품에 소형 반도체 칩을 부착해 사물의 정보와 주변 환경정보를 무선주파수로 전송, 처리하는 인 식 시스템이다. 세 부분으로 구성되어 있는데 데이터를 읽고 쓸 수 있는 장치 와 사물에 부착하는 전자칩, 그리고 둘 사이에서 데이터 및 에너지를 전송하 는 부분이다(베졸트, 2005). 만약 모든 사물과 환경에 전파식별 기술이 적용되 면 예전과는 비교도 되지 않을 만큼 많은 데이터를 얻게 되기 때문에 데이터 를 기반으로 비즈니스 전체에 근본적인 변화를 가져올 것으로 예상되었다. 전 파식별은 특히 물류시스템 관리에 가장 많이 활용될 것으로 기대되면서, 미국 국방부 그리고 월마트, 테스코, 메트로 같은 유통업체들을 중심으로 실험이 이뤄지고 있었고(로드페더, 2005), 향후에는 이러한 수동형 RFID를 넘어서는 센서도 고려해야 할 것으로 논의되었다.

모든 물체에 센서가 도입되면 사회적으로는 인간이 기술을 관리하는 기존 의 시스템에서 기술 자체가 우리 삶을 제어하는 체제로의 변화가 이뤄지는 것 은 아닌가 하는 근본적인 물음도 제기되기 시작했다(홍, 2005). 그래서 가치 발생 부분의 판단 문제나 데이터를 누가 소유하고 관리할 것인가 같은 중요한 이슈들도 기술 도입 이전에 충분히 논의되어야 한다는 주장들이 제기되었다.

최근 몇 년 사이 큰 관심을 끌고 있는 사물인터넷IoT, Internet of Things의 콘셉트는 이러한 센서 기술에 인터넷까지 연결됨으로써 사물들끼리 정보를 주고받으며 소통할 수 있게 되는 상태를 말한다.

TV를 집밖으로 끌어내다: DMB

서울디지털포럼 2005를 대표하는 사진을 하나만 꼽으라고 하면, 아마도 개막식에서 노무현 대통령과 앨 고어 전 미국 부통령이 함께 국내에서 세계 최초로 개발한 지상파 DMB폰을 통해 서울디지털포럼의 개막식을 생중계로 지켜보고 있는 사진일 것이다. DMBDigital Multimedia Broadcasting(디지털멀티미디어방송)는 손안의 디지털 TV로, 동영상, 음악, 텍스트 정보 등 다양한 멀티미디어 콘텐츠를 개인휴대단말기PDA나 노트북 컴퓨터, 휴대폰 등을 통해 이동 중에도 이용할 수 있는 서비스로서, 정보통신 기기의 이동성과 휴대성을 높이기 때문에 와이브로와 함께 유비쿼터스 미래사회를 구현하는 신성장동력으로 꼽혔다(진대제, 2005). 소니의 휴대형 라디오(1955년)와 워크맨(1978년)의 개발로

사진 7-2
SDF2005 개막식: 지상파
DMB 생중계 시연
자료: SBS 제공.

오디오가 집 밖으로 나올 수 있게 되고, 1989년 노트북 PC의 개발로 컴퓨터가 사무실에서 벗어날 수 있었던 것처럼, 그리고 1990년대 개발된 휴대전화가 전화기를 집이나 사무실 밖에서도 사용하게 만들어준 것처럼, DMB는 TV를 집 밖으로 끌어낼 것으로 기대되었다(스에나가 마사시, 2005).

당시 SDF에서는 디지털멀티미디어방송의 종류 가운데 유료를 지향하는 위성DMB와 무료를 지향하는 지상파DMB 가운데 누가 시장을 선점할 것인지를 놓고 치열한 논의가 이뤄졌다. 그런데 한국에서는 2005년 5월 방송위원회가 SKT의 자회사인 TU미디어에 위성DMB를 허가한 뒤, 이후 12월에 지상파 DMB를 추가로 허용함으로써 DMB 시장이 두 갈래로 나뉘었다. 결과적으로 소비자들은 무료이면서 지상파 콘텐츠를 생중계받을 수 있었던 지상파DMB를 더 선호했다. 하지만 2010년 스마트폰이 도입되면서 결국 지상파DMB도 적자에 허덕이게 되었고, 2017년 지상파 UHD 서비스의 도입을 앞두고 DMB 시장은 더더욱 고전을 면치 못하게 되었다. DMB 정책은 결과적으로는 정부의 일관성 없는 정책과 신기술에 대한 안목 부재가 가져온 대표적인 실패 사례로 평가되기도 했다(임유경, 2016.8.15).

사생활 보호 vs. 수평적 열린 사회

2005년 서울디지털포럼에서 '사생활 보호' 이슈가 새삼 부각된 이유는 유비쿼터스 사회가 기본적으로 열린 개방형 구조를 지향하기 때문이다. 기술 측면에서 독점 기술은 다른 기기와의 연동성이 떨어지기 때문에 호환성이 중요한 유비쿼터스 시대에는 선택받기 어렵다. 또 개인이나 기업에게 지적재산권을 포기하라고 하기는 어렵지만 유비쿼터스 시대에는 궁극적으로 공개 표준이 지향해야 할 방향이라고 기업들도 인지하고 있다(리도우 외, 2005). 그러다 보니 이러한 디지털 기술에 영향을 받은 사회는 그 권력체계가 이전의 수직적인 구조에 비해 수평적 구조를 선호한다. 정보의 가용성과 접근성 때문에 정보의 격차가 줄어들기 때문이기도 하고 지위가 낮거나 어려도 자기의 목소리를 낼 수 있는 툴이 있어 민주주의가 확대되는 기능을 갖기 때문이기도 하다. 실제 2002년 한국의 대통령 선거처럼 네티즌의 정보 공유와 이를 통한 여론 형성이 정치 패러다임을 바꾸기도 하고, 미국의 온라인 무료 백과사전인 위키피디아나 소프트웨어의 오픈소스 방식처럼 공동 작업을 통해 같이 만들어가는 서비스들이 무료로 공유되기도 했다(맥, 2005). 또 블로그나 사용자가 직접 프로그램을 만들어가는 팟캐스팅podcasting, 유튜브, "모든 시민은 리포터"라며 시민 저널리즘을 표방한 ≪오마이뉴스≫ 등 미디어 부문까지도 직접 참여를 통한 민주화가 진행되고 있었다(시프리, 2005).

하지만 상대적으로 유비쿼터스 시대를 논의하면서 가장 크게 부상한 이슈 가운데 하나는 신기술에 의한 프라이버시의 침해였다. 아날로그 시대에는 프라이버시가 문제가 되지 않았다. 개인 정보 수집에 많은 비용이 들었기 때문이다. 하지만 디지털화된 사이버 공간에서는 정보를 수집하는 것이 매우 용이해졌고, 데이터 저장비용이나 처리비용 모두 저렴해졌다. 그러다 보니 썬마이크로시스템즈의 스콧 맥닐리Scott McNealy 회장은 "우리에게 이미 프라이버시란 존재하지 않는다"(Sprenger, 1999.1.26)라고 극단적으로까지 말할 정도로 사회 시스템의 효율성을 위해 프라이버시는 쉽게 포기될 수 있는 가치로 전락되어 가고 있었다. 또 여기에 문화적인 특성까지 적용되어, 미국에서는 정부가 하는 정보수집은 불신하는 반면 기업이 하는 정보수집은 믿는 편이고, 유럽에서는 정부는 믿는 반면 기업은 불신하는 문화권에 따른 시각차도 존재했다. 또 유비쿼터스 시대에는 다양한 센서의 등장으로 네트워크와 센서 간의 인증이 중요해지고, 프라이버시를 보호하기 위해서는 사용자 인증도 중요한 요소로 떠올랐다. 게다가 정보 누출이나 신원 도용, 사이버 테러 같은 부작용까지 발생하면서 누구에게 나의 정보를 노출시킬 것인지, 그리고 어떤 정보를 얼마나 노출시킬 것인지, 노출하고 싶지 않은 정보를 어떻게 보호할 것인지를 둘러싼 사생활보호 이슈가 디지털 시대에 가장 중요한 사회 문제 가운데 하나로 대두되었다(김병관·쇼나이어·폽킨, 2005).

소셜미디어의 관점에서 본 SDF2005

서울디지털포럼에서 고유명사로 처음 언급된 소셜미디어는 당시 우리나라 젊은이들 사이에서 엄청난 인기를 끌고 있던 '싸이월드'이다. 싸이월드는 처음에는 개인이 미니홈피를 편하게 만들 수 있게 하기 위해 만들어진 서비스이지만, 사용자들이 미니홈페이지의 방명록을 타고 다른 사람의 홈페이지를 찾아가기도 하고, 1촌을 신청해 사이버 공간에서 가상 친구나 가족을 만드는 등 흥미로운 방식으로 발전해가면서 출범 3년 만에 1000만 가입자를 확보했다. 진대제 정보통신부 장관은 SDF2005 개막총회에서 한국의 디지털문화 현상을 언급하면서 "싸이월드"를 소개했다. 특히 흥미로운 것은 싸이월드의 수익모델인데, 서비스 이용료나 실제 물건을 판매해 매출을 올리는 것이 아니라 '도토리'라는 사이버 머니를 통해 미니홈피를 꾸미고 콘텐츠를 구입하고 있다는 것이었다. 싸이월드는 당시 한국에서 온라인게임 다음으로 인기 있는 서비스이자 흥미로운 사회적 트렌드라고 진대제 장관은 강조했다(진대제, 2005.5.19). 즉, 아직은 '소셜미디어'가 갖게 되는 폭발적인 영향력에 대해서는 제대로 인지되지 않았지만 한국의 '싸이월드'를 중심으로 소셜미디어 서비스가 사람들의 관계형성의 방식이나 커뮤니케이션 양식, 상거래의 양식을 바꾸기 시작했다는 것 정도는 인지되기 시작한 상황이라고 볼 수 있다. SDF2005에서는 대표적인 UCC로, 시민참여 저널리즘의 실험인 ≪오마이뉴스≫도 큰 관심 속에 소개되었다(오연호, 2005).

"디지털 인텔리전스"(2006년)

유비쿼터스와 관련해 2006년에 주목해야 할 기술로는 지능형 로봇이 대두되었다(진대제, 2005). 특히 한국에 백만 원대 인공지능 로봇이 등장할 것으로 전해지면서 SDF2006에서는 디지털 세상을 고민하는 다음의 화두로 '인텔리전스와 로봇'에 관심을 가졌다. 디지털 인텔리전스는 소프트웨어가 원천이 되는 지능혁명을 말한다. 최근 일명 4차 산업혁명을 둘러싸고 많이 회자되고 있는 인공지능AI의 근간을 이루는 초기 기술 단계라 볼 수 있다. 인터넷이 성장하던 시기, 당시의 소프트웨어는 설치하면 단일 기계를 관리하는 것으로 인식되었다. 그런데 미래에는 소프트웨어가 다수의 컴퓨터에 상주하면서 새로운 방식으로 스스로를 배포하고 커뮤니케이션할 것이며 지능적으로 다른 소프트웨어와 서비스를 끊임없이 받아들이고 스스로를 업데이트하게 될 것으로 예측되었다(Ballmer, 2006.5.25). SDF2006의 기조연설자였던 스티브 발머Steve Ballmer 마이크로소프트 사장은 이와 관련해 말하기와 자연어 처리가 기존의 OS에 추가될 가장 주요한 요소인데, 컴퓨터한테 뭘 알아보라고 말하면 컴퓨터가 데이터베이스와 관련 정보에 접속해 사용자가 의도하는 것을 정확히 파악하여 조사하고 행동하게 될 것이라고 했다. 그러면서 전 세계 디지털 경제를 이끄는 두세 개의 주도세력 가운데 하나인 한국에 디지털 인텔리전스와 관련해 총 6천만 달러를 투자하고 60개 이상의 소프트웨어 업체를 지원하겠다고 밝혔다(발머, 2006).

디지털 지능혁명의 인에이블러: 대량 저장용량 반도체

디지털 지능혁명을 가능하게 한 주역 가운데 하나는 대량 저장용량을 갖춘 반도체이다. 초기 서울디지털포럼에서 가장 중요하게 취급되던 세션의 하나도 한국이 앞선 기술을 보유한 반도체 분야였다. 반도체 저장용량의 폭발적인 증가는 정보기술IT과 나노기술NT, 바이오기술BT 등을 결합시키면서 산업 간 컨버전스로 나타나고 있었다. IT산업에 있어 반도체는 이미지나 음악, 컴퓨팅, 커뮤니케이션, 게임, 영화, TV 같은 서로 다른 형태의 콘텐츠를 하나의 기기에 통합할 수 있게 해주었다. 특히 삼성전자는 나노기술을 사용해 18개월마다 메모리 용량을 두 배로 늘린다는 무어의 법칙Moore's Law을 능가하는 황의 법칙Hwang's Law[6]을 만들어, 메모리 용량이 두 배로 늘어나는 기간을 12개월로 단축시켰다(황창규, 2006.5.26). SDF2006의 주요 연사로 참석한 '황의 법칙'의 주인공 황창규 삼성전자 반도체총괄사장은 삼성의 256M D램 반도체 개발이 PC붐을 일으키는 데 주요한 역할을 했고, 지난 6년 동안 낸드 플래시 메모리 카드[7]의 용량을 두 배로 늘림으로써 모바일 산업에서 삼성의 시장 점유율을 높이는 데 이바지한 데 이어, 현재 삼성의 가장 진보한 반도체 기술은 메모리와 로직 그리고 소프트웨어를 하나의 칩에 넣어 주어진 일을 스스로 분석하고 수행하는 일명 '퓨전 반도체'라고 밝히면서 퓨전반도체가 지능형 반도체가 될 것으로 기대하고 있다고 전했다(황창규, 2006).

굴러다니는 소프트웨어: 지능형 자동차, 그리고 지능형 로봇

오늘날 전자제품의 혁신은 자동차 산업에서 일어나고 있다고 해도 과언이 아니다. 차에 내장된 컴퓨터의 수가 급격히 증가하면서 자동차는 '굴러다니는 소프트웨어'가 되어가고 있다. 지능형 자동차는 지능적이고 적응력이 뛰어

---

6 2002년 황창규 삼성전자 반도체총괄사장이 국제반도체회로 학술회의에서 '메모리신성장론'을 발표하면서 삼성전자가 그동안 무어의 법칙을 뛰어넘어 12개월마다 반도체 메모리의 용량을 2배로 단축시켰음을 입증해 보임으로써 황창규 사장의 이름을 딴 '황의 법칙'이 만들어졌다.
7 낸드 플래시 메모리 카드는 전원이 없는 상태에서도 메모리에 데이터가 계속 저장되어 있고 데이터의 저장 및 삭제가 자유로운 플래시메모리의 한 형태이다.

난 자동차로 사용자의 필요에 따라 소프트웨어를 설치할 수 있는 하드웨어 플랫폼을 뜻한다(훈, 2006). 지능형 자동차의 시스템은 특히 안전과 인포테인먼트[8]가 관건이다. 미래지능형 자동차를 통해 교통체증을 완화하고 교통사고를 줄이며 교통사고로 인한 부상자나 사상자의 수를 줄이는 것이 지능형 자동차의 가장 큰 목적이다(줄리우센, 2006). 그러한 목적과 관련해 가장 각광을 받고 있는 지능형 자동차의 안전 시스템은 지능형 속도 제한 기능, 운전자 상태 감시 기능, 음주운전 방지 시스템 등(팔코스, 2006)이다. 자동차 산업에서의 엔터테인먼트 분야는 산업 전체가 안전을 이유로 외면해왔던 것인데, 아이팟이나 MP3 플레이어를 자동차에 연결하는 법을 찾아내면서 관심이 본격적으로 높아지고 있다(클로제, 2006). 특히 지능형 자동차가 자율주행 수준까지 가게 되면 차로 이동하는 동안에도 인포테인먼트의 소비가 크게 늘 것으로 예측되면서, 이동 중 어떤 형태의 정보나 엔터테인먼트가 시장의 선택을 받게 될지를 놓고 관심이 높아지고 있다.

지능형 자동차 못지않게 지능혁명과 관련해 관심을 끌고 있는 분야는 로봇산업이다. IT산업과 연계된 지능형 로봇이 새로운 수요창출의 돌파구가 될 것이라는 믿음 때문이다. 미국의 로봇개발 프로젝트는 대부분 군대와 국방부에 의해 지원되고 있다. 위험지역을 정찰하는 로봇, 무인 정찰기 등이 미국에서 개발되는 군사용 로봇이다. 특히 미 국방부 산하의 고등연구계획국DARPA에서는 여러 군사용 로봇 중에서도 무인차량의 개발에 박차를 가하고 있다. DAPRA는 이 프로젝트에 필요한 기술적 난제를 해결하기 위해 캘리포니아의 모하비 사막을 횡단하는 도합 150마일의 로봇차량 대회인 '그랜드 챌린지'를 개최했는데, 2005년 첫해에는 한 대의 로봇차량도 코스를 완주하지 못했지만 2006년 2차 대회에서는 스탠퍼드대학에서 개발한 로봇 차량 '스탠리'가 영예

---

8 정보Information와 엔터테인먼트Entertainment를 합성해 만들어진 말이다.

의 우승을 차지했다(벅, 2006). 또 2015년 카이스트에서 개발한 재난대응 로봇 '휴보'가 우승을 차지한 대회도 DARPA에서 주관한 로보틱스 챌린지이다(권건호, 2015.9.21). 미국과 달리 일본은 휴머노이드 로봇, 서비스 로봇에 관심을 갖고 개발에 박차를 가하고 있다. 특히 일본은 막강한 자본력을 지닌 가전, 자동차 분야의 회사들이 로봇 연구 관련 예산을 늘리면서 민간투자를 늘리는 원동력이 되고 있다. 실제 일본에서는 로봇산업 자체가 중요한 키 플랫폼 섹터가 되어, 우주탐사 같은 첨단산업에 핵심 기술을 제공하고 있기도 하다(로스, 2006). 로봇산업에 상대적으로 늦게 뛰어든 한국은 로봇을 통신 네트워크와 접목하는 네트워크 기반 로봇, 그리고 로봇 인공지능의 핵심기술을 개발하기 위한 지능개발 프로젝트 등이 정부가 관심을 갖고 지원하기로 한 분야이다(벅 외, 2006).

지적재산권 논쟁의 부상

사생활보호(프라이버시) 이슈와 함께 개방, 공유의 특징을 가지는 디지털 시대에 가장 크게 대두된 사회 이슈는 저작권과 공정 이용을 둘러싼 '지적재산권' 논쟁이다. SDF2006의 연사로 나선 로런스 레식Lawrence Lessig 스탠퍼드 법대 교수는 20세기는 '읽기만 하는 소비문화의 시대'였기 때문에 소수만이 창작할 수 있었고 전문화되어야만 했지만, 디지털 시대인 21세기는 누구나 '읽고 쓰는 것이 부활한 시대'이기 때문에 변화한 시대에 맞게 저작권을 둘러싼 지적재산권의 개념도 바뀌어야 한다고 주장했다. 마치 1888년 코닥 사에서 어떤 사람의 사진을 찍기 위해 사전에 허락을 받아야 하는가를 둘러싸고 논란이 일었을 때 법원이 신속하게 "아니다"라고 결정해줌으로써 사진 시장이 클 수 있었던 것처럼, 현재의 저작권은 모든 것에 대해 원저작자의 허가를 받도록 창작물을 규제하고 있는데, 모든 것에 허가를 받아내는 것이 사실상 불가능하니 읽고 쓰는 인터넷의 시대에 맞게 일부라도 규제를 풀어줌으로써 인터넷이 조

사진 7-3 SDF2006 로런스 레식 스탠퍼드대학 법대교수 특별연설
자료: SBS 제공.

금은 더 민주적인 플랫폼이 될 수 있게 해주어야 한다는 주장이다. 레식 교수
는 그래야 더 역동적이고 풍성한 문화가 만들어지고 더 큰 경제적 가치를 지
니게 될 것이라고 설명했다(레식, 2006).

　지적재산권과 관련해 가장 크게 사회적으로 부각됐던 이슈는 구글이 2004
년 전 세계 도서관의 장서를 스캔하고 디지털화하여 책 목차나 일부 내용을
볼 수 있게 하겠다는 '북 라이브러리 프로젝트Google Books Library Project'를 공표
하고, 이에 2005년 미국 작가협회Author Guild가 구글을 제소함으로써 발생했
다. 작가들은 구글이 지적재산권을 침해했다고 주장했고, 구글은 책을 디지털
화해줌으로써 더 많은 사람들에게 정보를 제공하고 사용할 수 있게 하는 것이
라고 맞섰다. 이 이슈는 BBC의 〈구글 앤드 더 월드 브레인Google And The World
Brain〉(한국어 번역제목은 "구글 북스 라이브러리 프로젝트")이라는 다큐멘터리로도
만들어져 2013년 선댄스 영화제에 상영되기도 했다. 2013년 긴 시간 끝에 열
린 첫 재판에서 미국 법정은 구글의 손을 들어주었고, 2015년 항소 법정에서
도 구글이 승소했다. 2016년 미국 연방 대법원에서도 상고가 기각됨으로써,
구글의 북 라이브러리 프로젝트는 지적재산권의 침해보다는 공정이용의 한

사례로 결론 내려졌다(장재은, 2016.4.19).

SDF2008 연사로 참여했던 힙합그룹 블랙아이드피스의 프로듀서 겸 리드 보컬인 윌아이엠Will.i.am도 저작권 이슈와 관련해 당시 창작자의 입장에서 의견을 밝혔는데, 윌아이엠은 음악을 무단으로 다운로드하고 다른 곳에 사용하거나 변형하는 사람들을 조금만 달리 생각해보면, 그들은 자기 음악의 홍보대리인이나 새로운 유통업자라 볼 수도 있다고 주장했다. 그러면서 아직 그러한 불법 다운로드에 대한 새로운 수익구조를 찾지 못했다고 해서 무조건 거부하기보다는, 그러한 방식의 유통을 선호하는 소비자들의 행동양식에 관심을 갖고 이들을 어떻게 포용할지를 찾아내야 한다고 주장했다. 그러면서 오바마가 대통령 후보였을 때 뉴햄프셔에서 한 연설에서 감동을 받고 본인이 오바마 후보의 연설문을 노래로 만든 〈예스 위 캔Yes We Can〉[9]도 당시 무료 배포로 사람들에게 퍼졌지만 다운로드가 3000만 번을 돌파하면서 음악을 들은 사람들의 행동을 변화시켜 결국 2008년 대통령 선거판에 변화를 일으키는 기적을 낳았다면서, 기존의 관행대로 유통했다면 그러한 변화는 일어나지 않았을 것이라 강변했다(윌아이엠, 2009).

소셜미디어의 관점에서 본 SDF2006

SDF2006 소셜미디어 서비스를 대표해 참석한 연사는 스튜어트 버터필드 Stewart Butterfield 야후 플리커 대표이다. 플리커[10]는 영어로 제공되는 사진공유 사이트로 2006년 300만 명의 가입자를 확보하고 있다. 매달 1200만~1300만 명의 방문객이 찾고 모두 1억 5000만 개의 사진이 있으며, 업로드된 사진의

---

9 https://www.youtube.com/watch?v=2fZHou18Cdk
10 www.flickr.com

80퍼센트가 공유되고, 약 75만 건 이상의 사진이 매일 게재된다고 버터필드 대표는 밝혔다. "세상의 눈이 되겠다"는 비전을 가진 플리커는 포토저널리즘에도 근본적인 변화를 가져왔다. 프랑스 노동법에 반대하는 시위가 열리자 1000~1500명가량이 시위현장에서 사진을 찍어 플리커에 올렸다. 또 벨라루시 공화국에서는 대통령 선거 후 일어난 시위사진도 엄청나게 올라왔는데, 기자들은 대부분이 보도가 통제된 상황이었지만 일반인들이 찍은 사진이 플리커를 통해 공유되면서 실상이 전해져 큰 반향을 얻었다(Butterfield, 2006).

또 애플의 CEO 스티브 잡스Steve Jobs가 2001년 음악 전용 디바이스로 야심차게 선보인 '아이팟'이 지속적으로 버전을 업그레이드하며 큰 인기를 얻자, 아이팟을 활용해 인터넷 라디오 방송을 하는 사람들까지 등장하면서 '팟캐스팅'[11]이란 신조어도 나타났다. 동영상 사이트 '유튜브'에서는 하루 천만 명이 넘는 사람이 사이트를 방문하고, 매일 6만 5천 편씩 동영상이 업데이트되는 등 사용자 제작 콘텐츠인 UCCUser Created Contents의 인기도 인터넷 관련 미디어 분야의 가장 두드러진 트렌드 가운데 하나로 부각되고 있었다(김상협, 2006). 전통미디어 가운데서는 《뉴욕타임스》의 마틴 니센홀츠Martin Nisenholtz 디지털 부문 대표가 SDF의 연사로 참석해 《뉴욕타임스》의 온라인 관련 전략을 선보이기도 했다.

"미디어 빅뱅"(2007년)

디지털 기술이 커뮤니케이션 분야에서부터 변화를 초래하다 보니 산업적으로는 미디어산업에 가장 큰 파괴적 혁신disruptive innovation(맥도널드·레이너·

---

11 '팟캐스팅'은 아이팟과 브로드캐스팅(방송)의 합성어이다.

크리스텐슨, 2005)이 예견되었다. 인쇄 매체가 제일 먼저 영향을 받았고, 그 바통은 음악공유서비스 등이 등장하면서 음악산업으로 이어졌으며, 조만간 그 영향은 방송산업으로까지 이어질 것으로 전망되고 있었다(싱어, 2008). 또 국내에서는 한미FTA에 미디어 분야가 포함될 것으로 전해지면서, 과연 외국인 미디어 회사들이 한국 콘텐츠 시장에 진입할 수 있을 것인지, 쿼터 규제에는 어떤 영향을 미칠 것인지 등을 둘러싸고 어떻게 하면 산업적 경쟁력은 높이면서도 피해는 줄일 수 있는지가 큰 관심으로 떠올랐다(최양수 외, 2006). 그래서 SDF2007에서는 이러한 주제들을 둘러싸고 가장 뜨겁게 달아오르고 있는 주제인 미디어 환경의 변화를 "미디어 빅뱅"이라는 주제로 다뤘다.

SDF2007 개막총회에 참석한 엘리 노엄Eli Noam 미국 컬럼비아대학교 경영학과 교수 겸 텔레인포메이션연구소CITI 소장은 미디어 업계의 크고 작은 변화들이 마치 지구 온난화에 따른 기후변화처럼 변동성과 파괴력이 커져버렸다면서 지금의 미디어 산업의 상황을 '미디어 온난화media warming'라 명명했다(노엄, 2008). 이어진 패널 토론에서는 한발 더 나아가, 이제 미디어의 생산자와 소비자가 더 이상 예전처럼 분리되지 않고 나, 너, 우리가 모두 미디어라고 노엄 교수는 강조했다. 거기에 차가 우리에게 정보를 주고, 기계들끼리도 정보를 주고받는 등 모든 기계들도 미디어화 되어가고 있다면서, 모든 것이 미디어라면 아무것도 미디어가 아닐 수도 있으며 변화하는 시대에 무엇을 '미디어'라 규정해야 할 것인지는 우리 모두가 같이 모색해가야 할 화두라고 전했다(Noam, et al., 2007.5.30).

클라우드 컴퓨팅/애플리케이션(앱)을 중심으로 바뀌는 커뮤니케이션 혁명

브로드밴드 혁명이 커뮤니케이션 변화에 갖는 진정한 의미는 컴퓨팅 구조를 바꿀 수 있다는 것이라고 SDF2007 기조연설차 처음 한국을 찾은 에릭 슈미트Eric Schmidt 구글 회장은 특별연설에서 강조했다. 다시 말해, 우리가 개별

컴퓨터에 소장하고 있는 정보를 클라우드, 즉 인터넷에 접속 가능한 대형 서버에 저장해두고 원할 때 아무 때나 어떤 기기에서든 꺼내 쓸 수 있게 되었다는 것이다. 요즘은 애플의 아이클라우드나 네이버의 N클라우드, 구글 드라이브 등에 자신의 사진이나 자료를 저장해두고 필요할 때 끌어 쓰는 사람들이 많아서 '클라우드'라는 개념이 생소하지 않지만 SDF2007에서 기조연설자였던 구글의 에릭 슈미트 회장 겸 CEO가 '클라우드'에 대해 처음 언급할 때만 해도 청중들은 웬 '구름?' 하는 표정으로 '클라우드'라는 말을 굉장히 낯설게 대했다.

사진 7-4
SDF2007 에릭 슈미트 구글 회장 기조연설
자료: SBS 제공.

에릭 슈미트 회장이 당시 언급한 개념 중 '클라우드'만큼 생경하게 느껴졌던 또 다른 용어는 '애플리케이션(앱)'[12]인데, 에릭 슈미트 회장은 모바일과 데스크톱이 연결되면서 생긴 장점은 커뮤니티를 만드는 것이 쉬워졌다는 것이라면서, 킬러 앱의 형태는 사람들이 직접 정보를 더하고, 그 정보를 주변에 전파하면서 상호작용에 의한 커뮤니티가 생성되는 형태일 것이라고 전했다. 그러면서 이동성을 기반으로 하는 개인 정보의 교환을 통해 완전히 새로운 사회

---

12 모바일 기기에서 사용되는 응용 소프트웨어를 칭하는 애플리케이션application이라는 단어를 줄여 앱App이라 쓰는데 운영체계에서 실행되는 모든 소프트웨어라는 넓은 의미와 달리 좁은 의미로는 사용자가 직접 사용하는 응용 소프트웨어를 지칭한다.

적 네트워크와 의사소통방식이 실현되고 우리 모두는 이러한 새로운 네트워크들의 일부분이 될 것이라고 전망했다(슈미트, 2008). 돌이켜보면 마치 소셜 미디어의 폭발적인 성장을 예견하고 있었던 것이 아닌가 하는 인상까지 받게 된다. SDF2007에서 에릭 슈미트 회장은 그 예의 하나로 구글에서는 사람들이 지도 위에 각종 정보를 덧입힐 수 있는 도구를 개발했다고 밝히면서, 대개의 지도 서비스처럼 위에서 밑으로 보는 형태가 아닌 실제 거리에 서서 찍은 사진을 재구성하여 사람이 그 거리에 있는 것처럼 보여주는 '스트리트 뷰' 서비스를 서울디지털포럼에서 처음으로 공개했다.

소외받던 80%의 반격: "롱 테일"

'롱테일long tail'은 미국의 기술문화 잡지인 《와이어드Wired》의 크리스 앤더슨Chris Anderson 편집장이 디지털 시대의 경제와 문화를 뒤흔들고 있는 새로운 질서로 규정한 이론으로, 19세기 이탈리안 경제학자 빌프레도 파레토Vilfredo Pareto가 주장한 부의 80%가 인구의 20%에 집중되어 있다는 '파레토의 80:20 법칙'의 그래프가 앞쪽의 20%에 관심을 가진 이론이라면, 인터넷이 부상하자 그동안 소외받아왔던 나머지 80%가 관심을 받기 시작하면서 반격하기 시작했다고 주장하는 이론이다(Anderson, 2004~2009). SDF2007 대표연사로 참석한 크리스 앤더슨은 인터넷으로 인해 무한한 선택이 가능해지면서, 소수의 인기 제품과 다수의 비인기 제품들이 존재하는 시장에서 과거에는 진열대의 공간 제약으로 인해 히트 상품이 독점하는 구조였다면, 이제는 역사상 처음으로 모든 제품을 다 내놓고 팔 수 있는 유통의 혁명이 일어났고, 그 결과 소수 취향의 롱테일 쪽 제품들도 수요의 총합에서는 예상치 못한 높은 수준의 비중을 차지하게 되었다고 주장했다(앤더슨, 2008). 크리스 앤더슨 편집장은 어떤 종류의 시장이든, 롱테일의 수요가 시장의 4분의 1에서 많게는 2분의 1가량까지 차지하고 있으며, 시장에서 가장 빨리 성장하는 부분이라고 강조했다. 이러한 롱테일 법칙을 볼 수 있는 대표적인 시장은 아마존, 이베이, 아이튠스, 넷플릭스 등이며, 미디어 산업에서도 소비자들은 예전보다 더 많은 미디어를 소비하고 있지만 소비하는 매체는 기존의 전통미디어를 넘어 블로그, 유튜브나 마이스페이스까지 다양해지고 있다고 밝혔다(Anderson, 2007).

크리스 앤더슨은 이러한 현상이 '주류의 종말'이 아니라 '주류 독점의 종말'이라고 재차 강조하면서 이러한 변화의 상황에서 가장 중요한 것은 그 콘텐츠가 얼마나 추천을 받고 링크를 공유받는가 하는 '하이퍼링크hyperlink'라 했다. 그러면서 그래도 전통미디어 입장에서의 희소식은 유튜브를 분석해본 결과 상대적으로 더 오래가는 콘텐츠는 전문가들이 만든 콘텐츠였고, 유튜브의 인기 상위 100대 비디오 가운데 74%는 원래 방송에 나왔던 영상들이었다고 밝혔다. 가장 큰 히트도 역시 전문가들에 의해 만들어진 것이라면서, 전통미디어는 블로거나 아마추어들이 할 수 없는 차별화된 전략이 무엇일지를 치열하게 고민해야 할 때라 강조했다(앤더슨, 2008).

미디어의 주 관심층으로 떠오른 디지털 네이티브

디지털 기술이 미디어 산업을 근본부터 뒤흔들기 시작하면서, 이러한 변화를 가장 자연스럽게 맞이하고 있는 젊은 세대가 상대적으로 미디어의 관심층으로 떠올랐다. SDF2007 연사로 참석한 앤 스위니Anne Sweeney 디즈니-ABC TV그룹 회장 겸 디즈니 미디어네트웍스 그룹 공동회장은 미디어가 이제는 날 때부터 디지털 기술을 접하고 자란 인류 최초의 세대, '디지털 네이티브digital natives'의 행동양식에 관심을 가져야 한다고 강조했다. 1980년대에서 2000년대에 태어난 '디지털 네이티브'들은 무선 노트북 컴퓨터를 들고 다니면서 주머니 속에는 휴대폰이나 디지털 카메라, 아이팟을 넣어놓고 있고 컴퓨터 게임, 이메일, 채팅의 즉시성에 상시 노출되어 있는 이들로, 이들의 마음을 사지 못하면 전통 미디어는 도태될 것이라고 경고했다(스위니, 2008).

그러면서 디즈니-ABC TV그룹은 이들 '디지털 네이티브'를 중심에 놓고 새로운 비즈니스를 구상하기 시작했는데, 드라마가 시작되자마자 15분 뒤 불법 다운로드가 이뤄지는 것을 보고 소비자들이 합법적으로 보고 싶을 때 바로 볼 수 있도록 미국 메이저 TV 방송사 가운데서는 제일 먼저 2005년에 애플 아이튠스에 디즈니-ABC TV그룹의 프로그램을 올려놓기 시작했다고 밝혔다. 앤 스위니 회장은 이 시대의 TV는 더 이상 단순한 네트워크나 거실의 가구가 아니며, 글로벌 엔터테인먼트 기능을 갖춘 역동적 이동 멀티플랫폼이라고 명명했다. 그러나 이렇게 확장된 TV의 정의하에서도 그 핵심은 역시 좋은 콘텐츠이며 콘텐츠가 혁신의 엔진이 되고 있다고 강조했다(Sweeney, 2007.5.31).

2008년 SDF의 연사로 참석한 섬너 레드스톤Sumner Redstone 미국 CBS 방송그룹, 파라마운트 영화사, MTV, 바이어컴 회장도 콘텐츠에 비용을 지불하는 사람은 역설적이게도 주로 젊은이들이라면서, 25세 이하의 소비자들은 자신이 좋아하는 브랜드와 캐릭터를 체험하려는 욕구가 강해, 자기가 좋아하는 콘텐츠를 위해 선뜻 돈을 지불하는 첫 세대라고 밝혔다(Redstone, 2008).

소셜미디어의 관점에서 본 SDF2007

SDF2007에서부터는 미디어산업에서 모바일에 대한 관심이 급상승하기 시작했다.[13] 특히 모바일 기술은 미디어의 지평 확대를 가능케 한 요소 가운데 하나로서, 과거의 미디어가 상당 부분 유통 또는 배포의 채널에 의해 정의됐다면 이제 미디어는 일련의 '소비자 체험'으로 정의되면서 누구나 원하면 미디

---

[13] SDF2007 연사 가운데 한 명으로 참석한 테로 오얀페라Tero Ojanpera 노키아 CTO(최고기술경영자)는 2006년 현재 아직 시장에서 팔린 휴대폰 가운데 8%가량만이 스마트폰이라고 밝혔다. 하지만 아이폰 같은 스마트폰은 일반 휴대폰보다 해상도가 좋고 저장 용량도 충분해서 스마트폰 시장이 성장할수록 콘텐츠를 언제 어디서나 감상할 수 있는 환경은 현실이 되어갈 것으로 예측되었다.

어 콘텐츠의 창조, 배포, 소비에 참여할 수 있게 환경이 바뀌어가고 있었다(바모스, 2008). 그런 관점에서 예를 들면 모바일 싸이월드는 자신의 휴대폰 카메라로 촬영한 콘텐츠를 웹에 바로 올리고자 하는 사람들에게는 중요한 미디어가 되었다(김신배, 2008). SDF2007에서는 소셜미디어를 포함한 새로 부상하고 있는 미디어의 진화에 대한 논의가 이뤄졌는데, 구체적으로 언급된 대표 서비스는 '커뮤니케이션 플랫폼을 가진 가상현실'의 일종인 린든 랩의 '세컨드 라이프', 소규모 음악 공유 사이트에서 출발해 새로운 미디어 플랫폼으로 진화하고 있는 '마이스페이스', 한국의 '싸이월드', 그리고 내 친구들이 무엇을 하는지와 내 가족들이나 동료들이 어떤 소식을 올려놓았는지를 쉽게 알 수 있는 개더 닷컴(Gather.com) 등이었다. SDF2007에서는 또 전통미디어 가운데 디즈니-ABC와 NBC, AP, 로이터 등이 참석해 뉴미디어로의 전환을 위해 어떤 노력을 하고 있는지 본인들의 사례를 공유하기도 했다.

IT기술의 확장(2008~2010년)

세계적인 미래학자들은 한결같이 IT산업의 수명을 15년 남짓으로 전망했다(최재천, 2009). 15년 정도가 지나면 IT기술이 독자적으로 관심을 끌던 시대는 서서히 지나가고, 다른 기술과의 융, 복합을 통해 다른 산업과의 컨버전스가 일어난다는 것이다. 실제로 반도체의 성능 향상으로 인해 IT기술은 우주산업, 시스템 생물학, 디지털 의료, 또 스마트 그리드[14] 같은 전기의 디지털화(Comstock, 2009)를 통한 에너지 산업[15] 등으로까지 이미 영역을 넓혀가고 있

---

[14] 스마트 그리드란 기존의 전력망에 IT기술을 접목해 전기 공급자와 소비자가 정보를 실시간으로 주고받음으로써 에너지의 효율을 보다 높이는 차세대 전력망을 의미한다.
[15] SDF2015에서는 자동차 산업에서 전기차로의 전환에 불을 지핀 미국의 전기자동차 제조 스타트업

었다. 특히 국내에서는 2008년 4월, 마침 한국인 최초의 우주인도 탄생한 상황이라[16] SDF2008에서부터는 기존의 ICT기술뿐 아니라 우주, 바이오, 에너지/환경 등의 이슈에도 관심을 갖기 시작했다.

또 2008년 미국발 금융위기가 전 세계를 강타하면서 '기술'도 국제경제나 국제정세와 분리되어 생각될 수 없는 것임이 자명해졌다. 그래서 특히 SDF2009에서는 경제위기에 대한 전망[17]이나 중국의 부상 등으로 국제정세의 헤게모니가 서구에서 아시아로 옮겨가고 있는 상황에서 더 관심 있게 볼 '기술' 이슈는 없는지 등까지도 고려하게 되었다.

제2의 디지털 시대: "소셜"

SDF2008의 대표연사로 방한한 빌 게이츠Bill Gates 마이크로소프트 회장은 앞으로 다가올 10년을 '제2의 디지털 시대'라 명명하면서, 지난 10년이 인터넷이 도입되고 정보가 디지털로 바뀌기 시작한 때라 본다면 앞으로의 10년은 소셜화socializing와 '온라인상의 커뮤니티에 소속되어 있는 것'이 훨씬 더 중요해지는 시기가 될 것이라고 밝혔다(Gates, 2008.5). 또 우리가 컴퓨터와 상호작용

테슬라의 공동창업자 겸 CTO JB 스트로벨Jeffrey B. Straubel이 참석해, 이제는 전기자동차의 판매를 넘어 혁신 원동력인 배터리 기술을 활용하여 어떻게 그린에너지 혁명을 준비하고 있는지 밝혔다.

16 당시 미디어 가운데서는 SBS가 한국 최초의 우주인 선발과 훈련은 물론 우주로 향하는 가슴 벅찬 순간과 지구 귀환까지 그 모든 과정을 단독 생중계했다.

17 SDF2009의 연사 가운데 경제위기 전망 세션에 참석한 대표적인 연사는 미국발 금융위기를 사전에 경고했던 누리엘 루비니Nouriel Roubini 뉴욕대학교 스턴 경영대학원 교수였는데 한국은 상대적으로 빠르게 회복되어가고 있다고 긍정적인 전망을 하면서 당시 SDF의 주관사인 SBS뿐 아니라 SBS의 경쟁 미디어사인 MBC에서도 메인 뉴스인 9시 뉴스에서 누리엘 루비니 교수의 전망을 주요 리포트로 전할 정도로 큰 반향을 일으켰다. http://imnews.imbc.com/replay/2009/nwdesk/article/2354319_18873.html

사진 7-5 SDF2008 빌 게이츠 마이크로소프트 회장 특별연설
자료: SBS 제공.

하는 방식에도 큰 변화가 올 것이라면서 음성인식[18]이나 디스플레이에 펜으로 쓰는, 이전보다는 훨씬 더 자연스러운 상호작용이 대세가 될 것이라고 했다. 실제 제2의 디지털 시대로 접어들면서는 '디자인'과 함께, 영화 〈마이너리티 리포트〉에서 구현된 것 같은 제스처(헤릭스타드, 2009)나 손가락의 활용, 촉감, 안면인식 등 유저 인터페이스UI나 사용자 경험UX이 점점 더 중요해지면서 컴퓨터를 넘어선 실제 공간에서의 상호작용까지도 염두에 둔 개발이 이뤄지고 있다(언더코플러, 2011). 빌 게이츠 회장은 또 하드웨어 분야에서는 로봇이 큰 시장이 될 것이라며, 마이크로소프트는 PC의 소프트웨어를 개발했던 것처럼 현재 로봇에 적용될 수 있는 소프트웨어의 개발에도 박차를 가하고 있다고

---

[18] 자연어 처리를 기반으로 지능형 개인비서의 역할을 하는 소프트웨어인 '시리Siri, Speech Interpretation and Recognition Interface'는 2010년 3월, SXSW(사우스바이사우스웨스트)에서 개최하는 엑셀러레이터 경진대회에서 수상한 뒤 4월 애플에 인수되어 2011년 아이폰4S 이상의 기기에서 처음 소개되었다.

했다. 또 이메일과 인터넷, 문서화를 잇는 비즈니스 생산성에 도움이 되는 서비스도 더욱 개발될 것으로 예측했다.

빌 게이츠 회장은 한국이 가장 앞서 있는 영역은 대표적으로는 초고속 인터넷이지만 사실 누구보다 먼저 온라인게임으로 옮겨간 주인공도 바로 한국이라면서, 2008년 방한을 계기로 마이크로소프트는 한국의 자동차 IT혁신센터와 글로벌 게임 센터에 투자함으로써 온라인 기술혁신의 파트너로서 한국과 같이 하고자 한다고 밝혔다(게이츠, 2009).

눈으로 보는 것과 가장 비슷한 영상 구현 방식: 3D영상

2010년 서울디지털포럼 당시 가장 관심을 끈 기술은 3D영상이었다. 2009년 12월, 전 세계에서 동시 개봉한 제임스 캐머런James Cameron 감독의 블록버스터 할리우드 3D영화 〈아바타〉가 28억 달러의 흥행신화를 일으키며 폭발적인 인기를 얻자 3차원 입체영상에 대한 관심이 급부상했다. SDF2010 연사로 방한한 제임스 캐머런 감독은 1995년 〈타이타닉〉을 제작하기도 전에 〈아바타〉를 먼저 썼지만, 기술이 받쳐주지 못해 제작하지 못하다가 직접 3D카메라 시스템, 가상현실 제작 설비와 페이셜 퍼포먼스 캡처 시스템 등을 개발하고 나서야 영화를 제작할 수 있었다고 했다(Cameron, 2010.5.13). 3D영상은 좌, 우의 시각을 따로 찍어 단일 프레임에 압착함으로써 입체감을 느끼게 하는 것으로, 실제 우리 눈으로 보는 것과 가장 비슷한 방식으로 영상을 구현하는 것이라 한다. 특히 3D영화의 경우에는 관객을 포함한 모든 공간을 스크린처럼 사용할 수 있게 되고, 표현의 폭 또한 한층 더 넓어지기 때문에 관객과 스크린의 경계가 사라지는 것을 의미하기도 한다(전용덕, 2011).

3D영상이 특히 게임이나 영화, 스포츠, 라이브 공연 등에 효과적인 것으로 알려지면서 과연 3D영상이 새로운 기술의 표준이 될 수 있을까 하는 의문이 제기되었다. 유성영화는 개봉되고 2년 안에 모든 작품들을 유성영화로 대체

했지만, 컬러영화는 1939년 〈바람과 함께 사라지다〉 등 다수가 컬러영화로 상영되고 나서도 1960년대 중반 모든 스크린이 컬러로 제작되기까지 25년이 걸렸다고 한다(캐머런, 2011). 또 사실 3D영화의 시작은 1895년으로 거슬러가고 그 뒤 60년이 지나 1952~1953년에 3D영화 콘텐츠가 65편이나 나왔지만 눈의 피로도 때문에 당시에는 소비자들의 선택을 받지 못했던 선례가 있는 상황이었다(캐머런 외, 2011). '아바타'의 성공으로 3D 영화가 다시 각광을 받기 시작

사진 7-6 SDF2010 제임스 캐머런 감독 기조연설
자료: SBS 제공.

하고 3D게임도 인기를 얻기 시작하자, 유수 가전업체들은 앞다투어 3D디스플레이 시장에 뛰어들었다.

당시 제임스 캐머런 감독은 5년 이내에 두 명 이상이 안경 없이도 시청 가능한 3DTV가 출현할 것이라 예측했지만, 3DTV 영상의 콘텐츠를 제작하기 위해서는 방송사에서 카메라를 고가의 3D카메라로 교체해야 하고, 장시간 교육도 시켜야 하는 상황이다 보니 방송사들이 적극적으로 3D콘텐츠 제작에 나서지 못했고, 결국 가정용 3D영상은 이번에도 제대로 자리 잡지 못하고 막을 내렸다(최용석, 2017.3.13). 3D애니메이션 영화만 그나마 3D의 효과를 백분 발휘하며 그 명맥을 이어가고 있다.

대표적 와해성 기술: "스마트폰"

2007년 1월 9일 스티브 잡스 애플 CEO가 아이폰을 처음 출시한 뒤, 애플 아이폰을 필두로 모바일 커뮤니케이션이 본격화되었다.[19] 마침내 스마트폰 서비스가 전 세계적으로 시작된 것이다. 스마트폰은 2007년에 세계 시장에서 4천만 대가 팔렸으며 30% 정도의 성장을 이뤘다(설원희, 2009). 또 다른 중요한 변화는 개방형 플랫폼과 네트워크로, 구글은 모바일 단말기용 개방형 커뮤니케이션 플랫폼인 안드로이드를 2007년 11월 개발했고, 노키아[20]도 모바일 정보 서비스 운영체제인 심비안을 2009년 2월 휴대전화에 탑재했다. 개방형 커뮤니케이션 플랫폼은 소비자들이 통신회사가 쥐어주는 프로그램만이 아닌 자신이 원하는 프로그램을 깔아 자신만 다르게 사용할 수도 있다는 점에서 의미가 있다(로버트슨, 2009). 실제 아이폰의 경우 2009년 말부터 2010년 초까지 9개월간 앱스토어를 통해 10억 회의 애플리케이션 다운로드를 제공하는 등 매우 성공적인 결과를 보여주었다(머피, 2011). 또 많은 사람들이 스마트폰을 사용하면서 PC를 사용하는 시간도 줄어들기 시작하자 "스마트폰이 PC를 저격했다"는 표현까지 나오기 시작했다(강태진, 2011). 독자적인 운영체제를 가진 똑똑한 스마트폰이 확산되면서 PC도 그 위치를 위협받게 되었다. 스마트폰의 대표주자인 아이폰은 그래서 실리콘밸리의 대표적인 '와해성 기술 disruptive technology로 인식되었다(바트테크렙, 2011).

---

19 한국에서는 2009년 아이폰3GS부터 출시했다.

20 1998년부터 13년간 휴대전화 시장점유율 세계 1위를 차지했던 핀란드의 대표 기업 노키아는 스마트폰 중심으로 재편되는 모바일 시장의 흐름에 빠르게 대응하지 못한 데다 스마트폰 운영체제의 개발이 실패하면서 위기를 맞다가 결국 2013년 9월 휴대전화 사업부를 마이크로소프트 사에 매각했다.

소셜미디어 관점에서 본 SDF2008~2010

디지털 시대가 다른 시대와 비교해 남다른 점은 바로 변화의 속도로 꼽힌다. 미국의 경우 인구의 절반이 전화기를 갖게 되기까지 70년이 걸렸다고 한다. 전기는 50년, 텔레비전은 30년 이상이 걸렸는데 인구의 절반이 인터넷을 사용하게 되기까지는 불과 10년이 걸리지 않았고, 페이스북이 전 세계에 5억 명의 회원을 갖추기까지 필요한 시간은 겨우 5년이었다(켄올레타, 2011).

개방성과 호환성을 바탕으로 한 '페이스북'은 2008년 말부터는 세계 최대의 소셜미디어로 간주되던 마이스페이스를 따돌리고 소셜미디어의 선두주자로 떠올랐다. 많은 사람들은 소셜미디어의 관점에서 2008년은 페이스북의 해였고, 2009년은 트위터의 해였다고 말한다. 둘의 공통점은 수많은 사람들을 서비스 제공자의 방식이 아니라 사용자의 방식으로 네트워킹해준다는 점이다(장덕진, 2011). 스마트폰이 대세가 되면서 언제 어디서나 커뮤니케이션할 수 있는 유비쿼터스 커뮤니케이션 서비스가 가능해졌으며 실시간 '소셜미디어'가 모바일 커뮤니케이션의 중심으로 자리 잡기 시작했다.

초연결사회(2011~2012년)

고객이 100만이 되면 그것은 패션이 되고 500만이 되면 하나의 트렌드가 되며 1000만이 이용하면 문화가 된다는 말이 있다(표현명, 2011). 그런데 한국은 스마트폰 이용자가 출시된 첫해인 2009년에 이미 1200만을 넘어서면서, 세계 최고의 스마트폰 혁명이 일어날 것으로 기대됐다.

게다가 2011년 7월, 한국은 세계 최초로 4G LTE를 상용화함으로써 승용차나 고속철도에서도 대용량 서비스를 구현할 수 있게 될 정도로 연결성이 강화되었다. 이러한 환경하에서 2010년 튀니지를 시작으로 중동, 북아프리카에서 일어난 반정부 시위가 실제 소셜미디어로 촉발되어 이집트 등의 독재정권을 무너뜨리는 상황으로 이어지는 '아랍의 봄'이 발생하고, 2011년 미국에서 양극화 및 금융기관의 부도덕성에 반발해 일어난 '월가를 점령하라Occupy Wall street' 시위도 트위터 같은 소셜미디어를 통해 강화되면서 '초연결'이 가져올 세상에 대한 관심이 급격히 높아졌다. SDF2011에서는 특히 초연결사회를 상징하는 사례로 총 58개국에서 한 번도 만난 적이 없는 2052명의 사람들이 온라인 오디션을 통해 자기 파트를 노래해 유튜브로 올리고 지휘자 에릭 휘태커Eric Whitavre 가 그것을 모아 만든 '가상합창2.0'이 소개되기도 했다(Whitacre, 2011.5.25).

복잡계의 비밀은 과연 풀릴 것인가?: 빅데이터의 부상

세상이 스마트 디바이스와 클라우드 컴퓨팅으로 초연결되는 세상이다 보니 사람들의 일거수일투족이 방대한 데이터로 생산되면서, 이러한 빅데이터가 기존에 우리가 알지 못하던 인간의 행동양식을 파악하는 데 도움이 되지 않을까 하는 생각과 함께 빅데이터의 분석이 결국은 21세기 과학의 목표 가운데 하나인 '복잡계Complex Systems'를 규명하는 데 한발 더 다가서게 할 것이라는 기대감도 높여주었다. 복잡계는 여러 개의 요소로 구성되어 비선형 상호작용을 하는 시스템으로, 인터넷이나 월드와이드웹 혹은 스마트 디바이스로 수집된 빅데이터도 복잡계의 형태를 띠고 있으며 인간의 뇌도 수십억 개의 뉴런이 의식을 일으키기 위해 작용하는 복잡계이고 세포 역시 수십만 개의 유전자와 분자가 삶을 창조하고자 소통하는 복잡계여서 만약 네트워크를 바탕으로 한 복잡계에 대한 이해가 높아지면 인간의 뇌나 세포를 둘러싼 비밀을 밝히는 데도 한발 다가가지 않을까 하는 기대가 높아지고 있었다(Barabasi·Jeong, 2011.5.25).

SDF2011에서는 복잡계 네트워크 분야를 개척해가고 있던 카이스트 물리학과의 정하웅 교수와 노스이스턴대학 복잡계 네트워크 연구센터 디렉터 겸 교

사진 7-7 SDF2012 버너 보겔스 아마존닷컴 부사장 겸 CTO 특별연설
자료: SBS 제공.

수 알버트 라슬로 바라바시Albert-Laszlo Barabasi가 대표 연사로 나서 월드와이드
웹의 분석 결과 등을 공유하며 많은 네트워크들이 서로 다른 성격을 지닐지
라도 보편적인 법칙과 원리에 따라 부상하고 진화하고 있다는 것을 보여주
고, 기술이든 생물이든 사회든 결국은 네트워크가 중요하고, 근본적으로 한
사회에서 일어나는 특정 행동은 그 네트워크가 결정한다는 것을 입증했다(바
라바시, 2011).

그런가 하면 SDF2012의 대표연사 버너 보겔스Wener Vogels 아마존닷컴 부사
장 및 최고기술경영자는 오늘날 빅데이터가 중요하게 부각되는 또 다른 이유
는 불확실한 시대를 맞아 빅데이터가 기업들이 신속하고 정확한 의사결정을
할 수 있는 근거가 되고 있기 때문이라면서 대표적인 사례로 아마존의 추천
엔진을 꼽을 수 있다고 밝혔다(Vogels, 2012.5.24).

초연결사회, 문제 해결을 위해 머리를 맞대다: 집단지성

초연결사회에 대한 관심과 함께 떠오른 또 다른 개념은 '집단지성Collective Intelligence'이다. 집단지성은 다수의 컴퓨터 이용자들이 참여해 같이 만들어내거나 같이 해결해낸 지식이나 정보의 집합체를 의미한다. '위키피디아' 같은 사용자 참여 온라인 백과사전이 '집단지성'이 만들어낸 대표적인 결과물로 꼽힌다. SDF2012의 대표연사였던 『매크로위키노믹스』의 저자 돈 탭스콧Don Tapscott은 집단지성이 이 시대에 등장한 배경으로 인터넷이 단순 자료검색에서 진화하여 누구나 손쉽게 데이터를 생산하고 공유할 수 있게 된 '웹2.0 시대의 도래', 그리고 태어나면서부터 디지털을 접한 최초의 글로벌 세대인 '디지털 네이티브'의 등장과 더불어 '소셜 네트워킹이 기반이 된 사회적 혁명'을 꼽았다(Tapscott, 2012.5.24). 돈 탭스콧은 특히 소셜미디어가 익숙한 '디지털 네이티브' 세대는 기본적으로 협업, 혁신, 신속함, 통합성을 추구하며 직장이나 시장에서 새로운 문화를 형성해나가고 있다고 주장했다(탭스콧, 2013). 또 한 나라에서 6단계만 거치면 모두 서로 아는 사람이라는 '6단계 분리이론'을 페이스북 데이터로 분석한 결과 페이스북에서는 4.47단계로 나타났다면서(올리반, 2013), 소셜 네트워킹이 기반이 된 세상은 이전보다 더 균등해지고 정보는 인맥을 통해 더 효율적으로 흘러가며 사람들은 인맥과 아이디어를 기반으로 관계가 구축되고 있다고 밝혔다. 그렇기 때문에 상호연결성이 강한 초연결사회에서는 역설적으로 함께 위험을 피할 수 있게 될 것이라고 주장했다.

소셜미디어 관점에서 본 SDF2011~2012

SDF2011에 연사로 참석한 김정주 NXC 대표이사는 과거 "우리집에 가서 게임 한판 하자"고 했던 환경이 초연결시대에서는 현실의 친구들 전체가 인터넷에 연결되어 소셜미디어 게임을 할 수 있게 되었다면서 소셜미디어에서 사용자의 시선을 붙잡는 가장 중요한 요소는 '관계'와 '공통의 이야기'라고 주장했다(김정주, 2011). 즉, 과거 싸이월드나 세이클럽 때에는 서로 관계없는 사람들이 스스로 연결거리를 만들어내야 했다면, 지금의 소셜 서비스들에서는 현실에서 관계를 맺고 있는 사람들이 함께 공유할 수 있는 이야기와 관심사를 제공하는 것이 관건이 됐다는 것이다.

SDF2011에서는 소셜 네트워킹에 위치기반 서비스를 접목해 도시를 좀 더 쉽게 활용해 보겠다는 서비스 '포스퀘어'와 국내 서비스로 스마트폰 시대를 맞아 빠른 커뮤니케이션의 대표주자로 등장한 '카카오톡', 그리고 페이스북, 트위터와 경쟁하기 위해 만들어진 국내 서비스 '미투데이' 등이 무대를 장식했다. 하지만 SDF2011과 SDF2012 당시 가장 관심을 끈 소셜미디어 관련 세션은 SDF2011에 있었던 "한국 SNS 대반격을 꾀하다" 세션으로, 누구보다도 먼저 소셜미디어 서비스를 만들었던 한국의 '싸이월드'가 왜 페이스북처럼 성장하지 못했는지를 반추하는 세션이었다. 싸이월드의 공동창업자였던 이동형 나우프로필 대표는 이에 대해 스마트폰 환경이 아닌 컴퓨터가 있는 방에서만 인터넷에 접속해 이야기를 하던 때이다 보니 싸이월드에서는 과거의 이야기들이 주로 올라왔었다면서, 장담컨대 1990년 중반이었다면 페이스북이었어도 망했을 것이라고 했다(이동형, 2011). 또 페이스북과 싸이월드의 근본적인 차이는 프라이버시 레벨의 차이인데, 페이스북은 훨씬 공개적인 대신 위험에 노출될 가능성도 높은 사이트인데도 한국 사회에서 가입자가 많아진다는 것은 프라이버시를 포기하고라도 사람들을 만나려는 의지가 커진 것으로 분석된다고 전했다(박수만·이동형·허진호, 2011.5.26).

개방과 커뮤니티가 접목되면서 SDF2011과 2012에서 관심을 끈 또 다른 소셜 서비스는 크라우드소싱[21] 플랫폼인 '우샤히디'(스와힐리어로 '증언', '목격자'의

---

21 대중Crowd과 아웃소싱Outsourcing의 합성어로, 대중들의 참여를 통해 솔루션을 얻는 방식을 뜻한다.

뜻)로 2007~2008년 케냐 대통령 선거 폭동 시 폭력사태가 일어나는 곳을 목격자들이 지도로 표시했던 서비스인데, 2010년 아이티의 지진이 발생했을 때나 2011년 일본의 쓰나미로 방사능 유출 사태가 벌어졌을 때는 이 서비스가 진화하여 재난 정보를 입수하고 위기 상황에 대응할 수 있게 돕는 오픈소스 플랫폼으로 성장하기도 했다(로티치, 2011).

이 기간 전통미디어 가운데서는 ≪월스트리트저널≫과 CNN 등이 모바일 저널리즘을 시도했고 독일의 ≪슈피겔≫은 위키리크스[22]와의 협력작업을 통한 탐사보도의 사례를 선보이기도 했다. 또한 전통미디어가 기존의 규칙을 깨고 새롭게 시도한 서비스로는 경쟁 방송사 간의 서비스 연합체인 국내의 푹pooq 서비스와 미국의 훌루Hulu 서비스가 큰 관심을 받기도 했다.

공유경제(2013~2015년)

SDF2013에 기조연설자로 한국을 처음으로 방문한 월드와이드웹의 창시자 팀 버너스 리Tim Berners-lee 월드와이드웹 컨소시엄 디렉터는 한 사람의 머리에 모든 해답이 들어 있는 것이 아니기 때문에, 전 세계의 수많은 사람들이 가지고 있는 다른 퍼즐 조각들을 합쳐 문제를 같이 해결해나갈 수 있는 환경을 조성하기 위해 1989년 월드와이드웹을 개발하게 됐다고 밝혔다(Berners-Lee, 2013.5.2). 태생적으로 월드와이드웹은 '협력'을 염두에 둔 모델이라는 설명이다. 팀 버너스 리는 또한 웹은 공기같이 누구에게나 제공되어야 하기 때문에 오픈 플랫폼이어야 하고 무료 플랫폼이어야 한다고 주장했다. 1982년 세계에서 두 번째로

---

22 2006년 12월 설립된, 정부나 기업 등의 비윤리적 행위, 비밀문서를 공개하는 내부고발 웹사이트 (http://www.wikileaks.org/)

사진 7-8 SDF2013 팀 버너스 리 월드와이드웹 창시자 기조연설
자료: SBS 제공.

사진 7-9 SDF2014 '아시아 인터넷의 아버지' 전길남 카이스트 명예교수 기조연설
자료: SBS 제공.

자체 제작 인터넷을 만들어 '아시아 인터넷의 아버지'로 불리는 전길남 카이스트 명예교수도 SDF2014 기조연설에서 아직도 인터넷을 쓰지 못하고 있는 전

세계 인구가 44억 명 정도는 된다면서, 인터넷이 이제는 물, 전기, 전화, 교통 같은 사회기반시설이 된 요즘, 아시아가 주도하고 협력해 전 세계의 인터넷 격차를 줄이기 위해 노력해야 한다고 밝혔다(Chon, 2014.5.21).

게다가 지금 시대는 단순한 '협력'의 차원을 뛰어넘어, 협력이 기술과 결합하면서 협력적 소비인 '공유'로 이어지고 있다. '공유경제'의 개념은 2006년 SDF의 연사였던 로런스 레식 하버드 법대 교수가 2008년 처음 제기한 개념으로, 숙박공유서비스인 에어비앤비와 차량공유서비스 우버 등을 중심으로 공유경제서비스가 폭발적으로 성장하기 시작했다. SDF2013의 연사로 참석한 네이션 블레차르지크Nathan Blecharczyk 에어비앤비 공동창립자 겸 CTO는 인터넷의 진화가 공유를 가능하게 하는 데 큰 역할을 하고 있다고 밝혔다. 즉, 인터넷의 첫 번째 물결이 오프라인 상거래를 온라인으로 하게 된 것이라면, 두 번째 물결은 소셜로 개개인의 삶을 업로드하면서 인터넷을 주요 소통수단으로 사용하게 된 것이고, 세 번째 물결은 모바일을 중심으로 온라인과 오프라인의 삶이 통합되는 것이라면서 그 대표적인 예가 인터넷을 통해 오프라인의 행동을 바꾸고 있는 '공유경제'라 주장했다(Bleeharezyk, 2013.5.3).

제조업의 민주화: 3D프린팅

2007년 SDF의 연사였던 크리스 앤더슨 ≪와이어드≫ 편집장은 2013년 『메이커스』라는 책을 통해 혁신적 변화는 산업이 민주화될 때 나타난다고 주장했다. 즉, 독점하고 있던 산업이 일반인에게 넘어갈 때 혁신적 변화가 일어난다는 것이다(앤더슨, 2013: 17~34). 인터넷으로 인해 생산도구가 민주화됐던 것처럼 이제는 3D프린팅이 부상하면서 제조업의 혁명, 제조업의 민주화가 이뤄지고 대량생산 사회에서 개개인의 필요나 욕구를 반영하는 맞춤화의 시대로 옮겨가고 있다는 것이다(Maddock, 2013.5.2). 3D프린팅은 디지털 설계도를 가지고 실제 물건을 만들어내는 기계이다. 사물에 전자부품이 들어가 서로 연결되는 사물인터넷 기대가 다가오면서 이뤄지고 있는 사물의 디지털화도 이러한 트렌드를 촉진하는 데 한몫했다. 특히 3D프린팅은 고객, 수용자들과 공동으로 상품을 만들어내는 방향으로 진화하면서 정확히 본인이 원하는 것을 생산해낼 수 있다는 점이 최대 장점이다(Maddock, 2015.5.20). SDF2013에서 이러한 제조업의 민주화와 관련하여 또 다른 사례로는 오픈소스 자동차 제조회사 로컬모터스 등이 제시되었다(Rogers, 2013).

거대권력의 종말

PC(퍼스널 컴퓨터)의 개발로 시작되어 인터넷으로 연결되고, 스마트폰으로 언제 어디서나 연결된 세상은 거대 언론, 거대 정치, 거대 정부, 거대 군대, 거대 엔터테인먼트 회사, 거대 금융기관, 거대 기업까지 거대 기관에서부터 개인으로 빠르게 권력이 이동되고 있다. SDF2014에 참석한 『거대권력의 종말』의 저자 니코 멜레Nicco Mele 하버드 케네디스쿨 교수는 3D프린팅으로 필요한 물건을 집에서도 만들 수 있는 시대이지만 다른 한편으로는 총기 같은 무기도 집에서 자체 제작이 가능해진 세상이고, 거대미디어인 전통미디어가 고전을 면치 못하고 저널리스트 수가 줄어들면서 탐사보도가 줄어들어 권력에 대한 감시가 제대로 이뤄지지 못하는 시대라고 전했다. 또 보스턴 마라톤 테러사건 때 용의자를 찾겠다는 네티즌들이 용의자가 아닌 엉뚱한 사람의 신상을 잘못 터는 등 아직은 권력을 이양받은 개인들이 책임 있는 대응을 하지 못하는 모습이 발생하고 있다고 전했다. 그래서 디지털 시대에 맞는 기준이 세워져야 하고, 다른 한편으로는 새로 부상하는 신흥 대기업들인 아마존, 애플, 이베이, 페이스북, 구글, 마이크로소프트, 트위터에게도 공공성과 관련한 책임을 물어야 한다고 니코 멜레 교수는 주장했다(Mele, 2014.5.21).

거대권력의 종말을 상징하는 SDF의 현상으로는 SDF2013부터 국내 연사 가운데서도 거대기업이 아닌 스타트업들의 대표들이 연사로 등장하기 시작했다는 것을 꼽을 수 있다. 2013년에는 조성구, 정진용, 유경화, 이상원, 이준석 등 삼성 창의개발연구소 1호 과제 아이캔eyeCan팀, 그리고 강민혁, 최종언 등 오픈크리에이터즈 공동창립자 겸 대표, 한완희 빅워크 창립자 겸 CEO가 스타트업 대표 연사로 참여했고 2014년에는 가상화폐 비트코인 관련 스타트업인 코빗Korbit 공동창업자 겸 CEO 유영석, 수학교육 스타트업인 노리KnowRe 공동창업자 겸 제품총괄책임자CPO 김서준, 배달앱 배달의 민족을 운영하는 우아한형제들의 CEO 김봉진, 헬스케어 스타트업 와이브레인의 창업자 겸 CEO 윤경식이 연사로 참여했으며, SDF2016에는 김지만 쏘카 창업자 겸 풀러스 대표, 그리고 김정현 '딜라이트'와 '우주'의 창업자 겸 CEO가 연사로 같이 참여해, 경험의 공유를 통한 공동체의 진화 사례를 제시했다.

입는 컴퓨터: 웨어러블 디바이스의 상용화

SDF2004의 기조연설자로 방한했던 니콜라스 네그로폰테 초대 MIT 미디어랩 소장은 당시 앞으로 우리가 비트를 먹기도 하고 입기도 할 것이라면서 '웨어러블' 컴퓨팅의 가능성을 제시했다. SDF2012의 연사였던 김종훈 알카텔-루슨트 최고전략책임자 및 벨 연구소장은 한발 더 나아가 차세대 네트워킹은 몸 속에 있는 센서들이 작동해 상태를 체크하는 체내 네트워킹까지 포함하게 될 것이라 전망하기도 했다(Kim, 2012.5.22).

하지만 웨어러블 컴퓨팅과 관련해 관심이 가장 커진 해는 2013년과 2014년으로 구글이 '구글글래스'를 출시하고 애플이 웨어러블 디바이스인 '애플워치'를 내놓기 시작하면서부터이다. 그 후로 웨어러블 디바이스는 특히 건강이나 의료와 관련한 분야와의 접목이 활발해졌다. SDF2014에서는 웨어러블 디바이스의 전 세계 시장 점유율 70%를 차지하고 있던 '핏빗fitbit'[23]의 공동창업자 겸 CTO 에릭 프리드먼Eric N. Friedman이 참석해 웨어러블 디바이스는 기본적으로 센서와 소프트웨어를 통해 새로운 경험, 그래서 '핏빗'의 경우에는 운동을 더 하게 하거나 활동하게 하는 등 습관을 바꾸는 역할을 한다고 주장했다. 그러면서 17세기의 손목시계가 사람들에게 시간을 더 잘 인지하게 해줌으로써 생활에 영향을 미쳤다면, 지금은 웨어러블 디바이스가 사람들의 생체정보를 더 잘 인지하게 해주어 행동에 변화를 유도하려고 하는 것이라 했다(Friedman, 2014.5.21). 그런가 하면 SDF2015의 연사로 참석한 로잘린드 피카드Rosalind Picard MIT 미디어랩 교수는 감성 컴퓨팅의 관점에서, 스트레스 레벨에 따른 자율신경계의 데이터를 측정하기 위한 도구로 웨어러블 디바이스를 사용하다가 우연히 간질 환자들이 발작하기 20분 전에 교감신경계에 반응이 일어난다는 것을 알게 된 뒤 웨어러블 디바이스를 간질 환자들의 발작인지 경고 등을 해주는 센서로 개발하게 되었다고 밝혔다(Rosalind, 2015.5.20).

2014년, 2015년만 해도 웨어러블 디바이스는 스마트 기기 시장에서 폭발적인 성장을 이끌 것으로 전망되었지만 실상은 그러지 못했다. 킥스타터[24]의 최고 혁신작으로 꼽히면서(The Kickstarter blog, 2016.1.7) 사람들에게 '크라우드 펀딩'[25]에 대한 개념을 알리는 데 큰 역할을 했던 초기의 스마트워치 '페블 pebble'은 2016년 핏빗에 인수되었고, 웨어러블 디바이스의 2017년 3분기 판매 성적은 1위를 기록한 샤오미와 핏빗조차도 판매가 줄어들었다고 시장조사기관 IDC는 밝혔다. 애플워치는 심지어 3위로 밀려났다(IDC, 2017.11.30). 아직은 사람들이 군이 웨어러블 디바이스를 착용해야 할 정도로 그 효과를 느끼지 못하고 있다는 것이 웨어러블 시장이 더 크지 못하는 원인으로 분석되었다.

---

23 핏빗은 스마트밴드를 통해 신바수, 운동량 등 생체 데이터를 수집하고 분석해 무선으로 동기화시켜 기기를 통해 확인하게 해줌으로써 사람들이 움직이고 활동을 하게 하여 더 건강한 세상을 만들겠다는 목표를 가지고 있다고 한다.

24 킥스타터는 2009년 설립된 미국의 대표적인 크라우드펀딩 서비스이다.

25 크라우드펀딩은 대중을 뜻하는 크라우드Crowd와 자금 조달을 뜻하는 펀딩Funding을 조합한 말로 자금을 필요로 하는 수요자가 온라인 플랫폼 등을 통해 불특정 다수에게 자금을 모으는 방식을 말한다.

소셜미디어 관점에서 본 SDF2013~2015

2013~2015년 사이 SDF 무대에 선보인 소셜미디어서비스는 카카오와 트위터, 라인, 페이스북 등이다. 특히 이 기간에는 소셜미디어가 어떻게 상생과 협력의 플랫폼으로 자리 잡아가고 있는지가 2014년 유행한 페이스북의 '아이스버킷 챌린지' 등의 사례 등과 함께 제시되면서 강한 인상을 주었다. 루게릭 병을 앓고 있는 환자들에 대한 관심을 높이고 기금을 마련하기 위해 시작됐던 아이스버킷 챌린지는 페이스북 집계 결과 1700만 개의 관련 동영상이 만들어졌고 159개국에서 4억 4천만 명이 참여했으며 2억 2천만 달러의 기금이 조성되었는데 이는 역사상 최대의 의학기금 모금이었다(Neary, 2015.5.20). 또 이 기간 소셜미디어와 관련하여 가장 관심을 끈 다른 이슈는 어릴 때 각각 미국과 프랑스로 해외 입양됐던 한국계 쌍둥이 자매 서맨사 푸터먼Samantha Futerman 과 아나이스 보르디에Anaïs Bordier가 소셜미디어를 통해 언니와 동생을 찾고 SDF2015의 연사로까지 참석한 사례였다. 그들이 재회하기까지 유튜브, 페이스북, 스카이프, 인스타그램, 트위터 등의 소셜미디어가 결정적인 도움이 된 것으로 전해졌고, 킥스타터의 크라우드펀딩을 통해 제작된 다큐멘터리가 SXSW2015 장편 다큐멘터리 부문 심사위원 특별상, 2015 LA아시안퍼시픽 영화제 장편다큐멘터리 부문 심사위원 대상 등을 수상하면서 그들의 이야기는 전 세계인들의 공감을 얻었다(Futerman and Bordier, 2015.5.21). 스마트 혁명의 시대는 개방과 공유, 협력과 상생이 다 같이 생존하기 위한 필수가치로 떠오르면서 진정한 '공감의 시대'[26]로 인지되었다.

---

26 2005년 SBS 미래한국리포트의 연사이자 『소유의 종말』 등의 저자 제러미 리프킨Jeremy Rifkin이 2010년 내놓은 신작의 제목도 "공감의 시대"로 리프킨은 적자생존과 부의 집중을 초래한 경제 패러다임은 끝났으며 이제 세계는 오픈소스와 협력이 이끄는 3차 산업혁명의 시대로 접어들었다고 주장했다. 이 당시 한국에서 가장 많이 언급된 사회적 화두도 '소통'과 '공감'이었다.

SDF2014와 2015에서 대표적으로 소개된 미디어 서비스는 뉴스타파의 데이터저널리즘 사례, 미국의 온라인 뉴스 미디어 버즈피드, 유럽판 MCN인 스튜디오 71, 그리고 전통미디어 가운데서는 ≪뉴욕타임스≫의 혁신보고서 사례, BBC의 뉴미디어전략, 타 방송사 간의 연합이나 신문과 방송과의 연합 등 틀을 깨고 있는 미국 탐사보도 방송의 새로운 포맷 그리고 노르웨이 NRK의 슬로우 TV 등의 사례가 소개되었다.

관계의 진화(2016년)

지금까지 우리는 디지털 기술을 매개로 소통을 한다고 생각할 때 대개 사람과 사람 간의 소통, 혹은 사람과 정보 간의 소통을 주로 떠올렸다. 하지만 이제는 사람과 사람, 사람과 정보 간의 소통을 넘어 사람과 사물, 사물과 사물 간의 소통을 고려해야 하는 시대가 도래했다. 또 현실에서뿐 아니라 현실과 가상현실을 넘나들며 상호작용하는 시대를 맞고 있다. 그렇게 관계의 진화를 통한 새로운 소통이 대두되는 세상에서, 이전과는 달리 우리가 고려해야 하는 것들은 과연 무엇일까가 SDF2016에서는 가장 크게 부상한 질문들이었다.

범용 "인공지능"의 도래

인공지능이라는 말이 가장 먼저 사용된 것은 1956년 전설적인 컴퓨터 과학자 존 매카시John McCarthy가 "지능을 갖춘 기계를 만드는 과학과 공학"을 뜻하는 용어로 '인공지능AI'을 쓰면서부터이다(Childs, 2011.11.1). 하지만 그 후로도 한동안 침체기를 맞았던 '인공지능' 개발이 클라우드 컴퓨팅과 빅데이터 등이 제공되는 환경이 되어서야 다시 관심을 끌게 되었다. 특히 2016년 3월, 바둑기사 이세돌 9단과 구글마인드에서 개발한 인공지능 알파고 간의 세기의 대결이었던 '구글 딥마인드 챌린지 매치'에서 알파고가 4승 1패로 승리하면서 '인공지능', 특히 인공지능의 학습 방법인 '머신러닝(기계학습)'[27]에 대한 관심이 급부상했다. 인공지능과 관련한 대표적인 교과서인 『인공지능: 현대적 접근방식』의 공동저자인 스튜어트 러셀Stuart Russell UC버클리 대학 교수는 SDF2016에서 "알파고"의 등장은 인간 수준의 범용 인공지능의 도래를 의미한다는 면에서 인류 역사상 가장 중대한 사건이라고 강조했다(Russell, 2016.5.19). 그러면서 인공지능은 인류의 지능과 문명 역량을 확장할 것이며, 전쟁이나 질병, 환경파괴에 대한 해결책을 찾는 데 도움을 줄 것이라 했다. 하지만 이로움을 추구하는 인공지능을 만들기 위해서는 역설적으로 인간은 불완전하다는 것을 알아야 하고, 바람직하지 않다고 생각하는 행동을 유도하는 인간의 가치를 분명하게 정리하는 과정을 거쳐야 하기 때문에 그 과정에서 우리는 스스로에 대해 더 배우게 될 것이라고 전했다. 구글의 최초 자율주행자동차 프로젝트의 리더이자 구글의 비밀혁신연구소인 구글X의 창립자이며, 기계학습의 전문가를 키우는 온라인 교육 사이트 유다시티의 창업자 세바스찬 스런Sebastian Thrun은 구글X에 있던 시절, 무인택배 드론 서비스에서부터 코 위에 얹을 수 있는 50g 남짓의 완전한 PC인 구글글래스의 개발, 그리고 딥러닝(심층학습)[28] 컴퓨터 기반의 개발 프로젝트인 '구글브레인'까지 기계학습을 다양한 분야에서 접목해봤다면서, 그 과정은 궁극적으로 기계가 더 잘할 수 있는, 특화된 업무 수행을 위한 지능을 만드는 것이었다고 밝혔다(Thrun, 2016.5.19). 세바스찬 스런은 SDF2016 기조연설에서 지금 우리는 인류 발전의 새로운 단계로 들어

---

27 머신러닝은 패턴인식과 컴퓨터 학습 이론의 연구로부터 진화한 인공지능의 한 학습법으로, 경험적 데이터를 기반으로 학습하고 예측을 수행하며 스스로의 성능을 향상시키는 시스템을 뜻한다.
28 딥러닝은 머신러닝의 한 부분으로, 컴퓨터에 여러 데이터를 이용해 마치 사람처럼 스스로 학습할 수 있게 하기 위해 인공 신경망ANN, artificial neural network을 구축하고 그것을 기반으로 하는 학습 기술 방법이다.

사진 7-10 SDF2016 세바스찬 스런 구글X 창립자 겸 유다시티 창업자 기조연설
자료: SBS 제공.

서고 있으며 인공지능을 통해 모든 것을 알고 배우고 경험하게 되면서 지금보다 똑똑하고 더 경험도 많고 의사결정도 더 잘하게 되는 시대가 올 것이라 했다. 이를 통해 암 같은 질병을 치료하고 인간의 수명을 연장하는 등 지금까지는 본 적 없는 상전벽해의 발전을 목격하게 될 것이라고 주장했다. 세바스찬 스런은 지금까지 개발된 모든 것들은 앞으로 개발될 것의 1%에 지나지 않는다면서, 지금 우리는 가장 흥미로운 시대를 살고 있다고 강조했다.

공감의 극대화: 가상현실과 증강현실

가상현실vr과 증강현실ar 관련 기술 역시 1960년대부터 많은 연구가 있어왔지만 오랜 침체기를 맞다가 2016년을 기점으로 다시 관심을 끌기 시작했다. 삼성의 기어VR, 2014년 페이스북에 22억 달러로 인수된 오큘러스VR 등의 디바이스 기기가 100달러 밑으로 가격이 떨어지면서 대중화가 가능해졌기 때문이다. 가상현실의 가장 큰 장점은 "공감의 극대화"로, 가상현실은 시간, 공간적인 제약으로 접근이 불가능했던 일들을 가능하게 하고 소외계층에게도 새로운 경험을 할 수 있는 창이 되고 있다고 SDF2016의 연사였던 구윤모 삼성전자 전무 겸 무선사업부 기술전략팀장은 밝혔다(구윤모, 2016.5.19).

VR생중계 기술을 보유한 미국의 업체 '넥스트VR'의 공동창업자 겸 CEO 데이비드 콜David Cole은 과거에는 가상현실이 게임에 주로 이용될 것으로 예측됐지만, 페이스북의 창업자 겸 CEO 마크 저커버그의 말을 인용해 가상현실이 우리 삶에 가져올 가장 큰 혁신은 스포츠 경기와 음악 공연을 관람하는 방법의 변화라고 전했다. 또 VR은 라디오와 텔레비전의 즉시성, 인터넷의 편의성, 모바일 기기의 휴대성을 하나의 기기에 융합한 것과 같아서 모든 감각기관을 자극한다고 말하면서 VR 다음의 차세대 기술로는 뇌 인터페이스 기술이 전망되고 있다고 주장했다(Cole, 2016.5.19).

증강현실과 관련한 개념은 미국 나이안틱 랩스에서 개발한 위치기반 증강현실 모바일 게임 〈포켓몬 고Pokéon GO〉가 큰 인기를 얻으면서 부각되었다. 증강현실은 현실에 디지털 콘텐츠를 중첩해 활용하는 기술로, 사용자의 환경과 상호작용할 수 있다는 것이 장점이다.

리터러시: 비판적 눈을 키우다

초기의 SDF는 디지털 기술을 중심으로 세상이 어떻게 바뀌고 있는지 그 트렌드를 쫓았다. 그러다 세상이 어떻게 바뀌고 있는지만 볼 것이 아니라 "비판적인 눈"으로, 과연 기술의 발전 방향이 우리가 원하는 쪽으로 가고 있는 것인지를 따지는 "리터러시"[29]의 관점이 추가되었다. SDF에서 '리터러시'의 프레

---

29 '리터러시'의 사전적 의미는 문자화된 기록물을 통해 지식과 정보를 획득하고 이해할 수 있는 능력을 말하지만 여기서는 복잡한 사회적 환경과 상황 속에서 그 본질을 이해하는 능력의 의미로 쓰고자 한다.

임으로 들여다보기 시작한 것은 SDF2011의 『생각하지 않는 사람들: 인터넷 그물에 걸린 우리』의 저자 니컬러스 카Nicholas Carr의 세션에서부터이다. 니컬러스 카는 컴퓨터와 인터넷에 장시간 노출되면 몰입이나 집중이 어려워지고 자꾸만 관심을 다른 데로 돌리고만 싶어지는 등 디지털 기술이 우리의 사고 방식에 어떤 영향을 미치고 있는지를 들여다보았다(Carr and Lee, 2011.5.26). SDF2012에서는 기술철학자들이 연사로 참여하기도 했다. 영국 허트포트샤이어대학 철학과 교수이자 유네스코 윤리분과 의장인 루치아노 플로리디Luciano Floridi는 "세상의 작업 영역화: 더 나은 미래를 위한 걸림돌인가, 디딤돌인가?"라는 세션을 통해 우리의 환경이 고도의 작업 영역화로 인해, 거의 자동적으로 사용가능한 데이터로 판독되고 순식간에 명령을 실행하고 결과를 도출하는 장치들에 의해 어떠한 행동과 판단이 결정되는 세상으로 바뀌고 있다면서, 이러한 변화에 위험은 없는지 이제는 고민해야 하는 시점이라고 했다(Floridi, 2012.5.23). 손화철 한동대 글로벌리더십학부 교수는 우리 사회가 새로운 기술권력의 데이터 독점으로 인해 기술을 지배하는 자가 대중에게 무엇을 제공할지 스스로 결정할 뿐만 아니라 정보를 가진 자가 잘못된 의도를 가져도 그 사회적 해악을 제어할 수 없는 시대로 진입하고 있다면서 '기술사회에서의 민주주의'에 대해 문제를 던졌다(손화철, 2012).

그런가 하면 SDF2013에서부터는 철학적인 고민을 넘어서, 기술변화로 인해 제기되는 사회문제를 학자, 기업가, 정부관계자가 함께 고민하는 "심화세션"을 통해 디지털 기술로 인한 리터러시의 문제를 더욱 부각시켰다. SDF2013에서는 카이스트 문화기술대학원 소셜컴퓨팅랩이 중심이 되어 디지털 격차와 소셜미디어 상에서의 사회계층화(멘칙 외, 2013)에 대한 문제를 제기했고, SDF2014에서는 "게임병, 그리고 사회적 치유"(이원재 외, 2014)라는 주제 아래, 무엇이 게임 과몰입이고 게임 과몰입의 이슈를 현명하게 해결하기 위해서는 어떤 노력을 해야 하는지를 정부, 기업, 학계가 같이 모여 논의하는 장을 만듦으로써 실제적인 해법을 찾는 데 한발 더 나아갔다는 평가를 받았다.

SDF2015에서는 "디지털 시대의 부모 되기"(도영임 외, 2015)란 무엇을 뜻하는 지를 들여다봄으로써, 태어나면서부터 디지털 기술에 둘러싸인 자녀들이 디지털을 뒤늦게 받아들인 부모와의 사이에서 겪는 격차를 어떻게 하면 현명하게 풀어갈 수 있는지 고민했다. SDF2016에서는 사물인터넷, 인공지능 등 기술이 우리의 삶에 지대한 영향을 미치는 시점을 맞아, 이러한 기술 혁신을 둘러싼 사회적, 윤리적 문제들에 대한 사회전반적인 논의나 합의가 충분히 않다는 문제의식을 가지고 과연 우리는 이러한 미래기술을 어떻게 바라보아야 하며, 다양한 주체가 함께 담론을 형성하고 노력하기 위해서는 어떻게 해야 하는지를 "인간과 기술의 공존: 함께 생각해야 할 인간적, 정치적, 윤리적, 기술적 문제"라는 제목으로 논의하기도 했다(이동만 외, 2016).

소셜미디어의 관점에서 본 SDF2016

SDF2016에서는 SDF2015에서 실시한 미디어 심화세션 "방송산업의 미래: 파괴적 혁신을 넘어"의 연장선상에서 "모바일 콘텐츠: 파괴적 실험의 이면과 성공전략"이라는 주제로 모바일 콘텐츠의 플랫폼을 가진 사업자, 페이스북과 유튜브를 기반으로 한 사업자와 크리에이터, 모바일 콘텐츠의 새로운 가능성을 모색하고 형식적, 내용적인 실험을 거듭하는 사업자들과 함께 이들이 만들어온 콘텐츠의 공통점과 차이점을 찾아봄으로써 TV를 넘어서는 모바일만의 문법은 무엇인지 모색해보려 했다(김경달 외, 2016). 또한 SDF2016에서는 아마존의 CEO 제프 베조스Jeff Bezos가 2013년 《워싱턴포스트》를 인수한 뒤 벌인 디지털 혁신 관련 시도들, 또 타깃을 특화하여 젊은 고학력층을 위한 미디어를 지향하는 미국의 복스Vox 미디어, 하버드 니먼 재단 등과의 콜라보로 제시된 내셔널지오그래픽의 인스타그램 저널리즘, 《뉴욕타임스》의 VR저널리즘 등 전통미디어들의 새로운 실험들도 주요하게 다뤄졌다(Lipinski, Geary and Lee, 2016).

변화의 주체는 기술이 아닌 사람

ICT기술이 미디어에 어떤 영향을 미치고 있는지를 2~3년 앞서 먼저 들여다보다 보니, 초기 SDF에서는 크게 각광을 받던 PC 기반의 서비스들 가운데 스마트폰 기반의 세상에서는 사라져버린 것도 꽤 있어, 우리가 변화하는 기술에 관심은 가져야 하겠지만 너무 그 기술에만 의존하는 것도 역설적으로는 지속 가능하지 않은 결과를 가져올 수 있다는 것을 깨닫게 된다. 또 3D영상이나 웨어러블 디바이스처럼 당시에는 굉장히 각광을 받을 것 같았던 기술도 소비자들이 선택하지 않으면 외면받는다는 사실은, 변화의 주체가 결국 기술이 아니고 우리 사람임을 알려준다.

언제 어디서나 정보, 그리고 사람과 우리를 연결하면서 정보의 공유를 넘어 이제는 감정의 공감까지도 강화한다고 칭송받던 소셜미디어도 최근에는 자기와 비슷한 사람들끼리만 소통을 하게 하거나, 자신이 관심 없는 이슈는 노출조차 하지 않아 공공성에 타격을 입히고, 심지어 페이크fake 뉴스[30]의 확산 같은 거짓 정보의 노출이나 조작까지 발생하면서 이제는 혁신을 방해하는 것은 아닌가 하는 질문까지도 받고 있다(Griffith, 2017.10.25).

한국뿐 아니라 미국 등 다른 나라에서도 그 어느 때보다 우리는 많은 정보에 노출되어 있지만 정작 2016년 양극화 이슈의 심화로 촉발된 영국의 브렉시트[31]나 미국의 트럼프 대통령의 당선, 또 부정부패의 결과가 빚어낸 2017년 한국의 대통령 탄핵 사태까지 이러한 상황을 사전에 제대로 포착한 미디어는 거의 없었다. 서울디지털포럼을 통해 기술이 미디어에 미치는 영향을 들여다보나 보니, 역설적으로 기술의 변화에도 불구하고 바뀌지 않는 미디어의 본질

---

30 페이크 뉴스는 가짜뉴스를 의미하며 오보에서부터 의도적으로 조작된 형태까지 모두 포함한다.
31 영국의 유럽연합 탈퇴를 의미하는 영국Britain과 탈퇴exit의 합성어이다.

은 무엇인지, 그리고 지금까지 너무 앞선 IT기술의 혁신사례만을 쫓다 보니 상대적으로 아직 그 대열에 끼지 못한 나머지 세상이 지식 격차로 인해 겪는 문제에 대해서는 너무 외면해온 것은 아닌가 하는 반성도 하게 된다. 디지털 기술이 영향을 미치지 않는 곳은 거의 없는 세상을 맞아, 이제 더 이상은 기술 과 사회, 인간을 분리해서 생각할 수는 없다. 더 투명하고 더 개방적이고 더 믿을 수 있고 더 안전하고 더 다양하고 더 많은 사람들의 참여가 유도되는 세 상이 결국 큰 틀에서 우리가 지향해가야 할 방향임은 분명하다. 그리고 혁신 적인 변화는, 그 산업이 민주화될 때 일어난다는 사실을 다시 한 번 되새겨야 할 시점이다.

참고문헌

강태진. 2011. 「스마트폰, PC를 저격하다」. SBS 서울디지털포럼 사무국 엮음. 『인사이트 2010: 이야기 속의 디지털 시대』. 서울: 살림Biz, 179~185쪽.

게이츠, 빌(Gates, Bill). 2009. 「제2의 디지털 시대, 또 다른 10년」. SBS 서울디지털포럼 사무국과 최재천 함께 엮음. 『변화를 포착하는 미래 통찰력: 상상오디세이』. 서울: 다산북스, 46~61쪽.

고어, 앨(Al Gore), 어윈 제이콥스(Irwin M. Jacobs), 진대제 외. 2005. 『세계 디지털 리더 60인이 말하는 유비쿼터스의 최전선』. SBS 서울디지털포럼 엮음. 서울: 미래M&B.

구윤모, 2016.5.19. "가상현실: 시간과 공간을 초월하는 새로운 세상을 위한 창." 〈서울디지털포럼 2014〉[DVD]. 서울: SBS Co.

권건호, 2015.9.21. [창간 33주년 특집]"휴보, 미래를 보다 … 로봇 산업 전망." ≪전자신문≫, URL: http://www.etnews.com/20150902000403

김범수. 2004. 「디지털 콘텐츠 산업의 인프라화」. SBS 서울디지털포럼 엮음. 정보통신정책연구원 감수. 『세계 디지털 리더들이 말하는 제3의 디지털 혁명: 컨버전스의 최전선』. 서울: 미래M&B, 166~176쪽.

김병관·브루스 쇼나이어(Bruce Schneier)·제이미 폽킨(Jamie Popkin). 2005. 「보충토론: 프라이버시는 존재하지 않는다」. 앨 고어, 어윈 제이콥스, 진대제 외 지음. 『세계 디지털 리더 60인이 말하는 유비쿼터스의 최전선』. SBS 서울디지털포럼 엮음. 서울: 미래M&B, 152~159쪽.

김병국. 2004. 「소비자의 라이프스타일을 파악하라」. SBS 서울디지털포럼 엮음. 정보통신정책연구원 감수. 『세계 디지털 리더들이 말하는 제3의 디지털 혁명: 컨버전스의 최전선』. 서울: 미래M&B, 81~86쪽.

김상협. 2006. 「미디어 빅뱅, '당신은 누구입니까'」. SBS 서울디지털포럼 사무국·IT기자클럽 엮음. 『디지털 지능의 시대를 맞이하라: Being Intelligent』. 서울: 미래의 창, 263~269쪽.

김신배. 2008. 「웹과 모바일 기술에 의한 미디어의 지평 확대」. SBS 서울디지털포럼 사무국 엮음. 『미디어빅뱅, 세상을 바꾼다』. 서울: 커뮤니케이션북스, 19~22쪽.

김정주. 2011. 「커뮤니케이션 엔터테인먼트 도구와 디지털의 경계를 넘다」. SBS 서울디지털포럼 사무국 엮음. 『커넥티드』. 서울: 시공사, 277~284쪽.

네그로폰테, 니콜라스(Nicholas Negroponte), 조지 길더(George Gilder) 외. 2004. SBS 서울디지털 포럼 엮음. 정보통신정책연구원 감수. 『세계 디지털 리더들이 말하는 제3의 디지털 혁명: 컨버전스의 최전선』. 서울: 미래M&B.

노엄, 엘리(Eli Noam). 2008. 「미디어 온난화와 그 대처법」. SBS 서울디지털포럼 사무국 엮음. 『미디어 빅뱅, 세상을 바꾼다』. 서울: 커뮤니케이션북스, 5~10쪽.

데크렘, 바트(Bart Decrem). 2011. 「이제는 앱(app)의 세상이다」. SBS 서울디지털포럼 사무국 엮음. 『D-IMPACT 인간을 위한 새로운 패러다임의 시작』. 서울: 시공사, 187~201쪽.

레식, 로런스(Lawrence Lessig). 2006. 「읽기만 하는 문화 vs. 읽고 쓰는 문화」. SBS 서울디지털포럼 사무국·IT기자클럽 엮음. 『디지털 지능의 시대를 맞이하라: Being Intelligent』. 서울: 미래의 창, 372~380쪽.

로드페더, 제프리(Jeffrey Rothfeder). 2005. 「PC 이후 최고의 킬러 애플리케이션, RFID」. 앨 고어, 어윈 제이콥스, 진대제 외 지음. 『세계 디지털 리더 60인이 말하는 유비쿼터스의 최전선』. SBS 서울디지털포럼 엮음. 서울: 미래M&B, 287~292쪽.

로버트슨, 마이클(Michael Robertson). 2009. 「우리가 살고 있는 통신세계」. SBS 서울디지털포럼 사무국과 최재천 함께 엮음. 『변화를 포착하는 미래 통찰력: 상상오디세이』. 서울: 다산북스, 65~70쪽.

로스, 루이스(Louis Ross). 2006. 「더 작게, 더 정교하게: 나노와멤스」. SBS 서울디지털포럼 사무국·IT기자클럽 엮음. 『디지털 지능의 시대를 맞이하라: Being Intelligent』. 서울: 미래의 창, 209~215쪽.

로티치, 줄리아나(Juliana Rotich). 2011. 「오픈소스 기술을 공익에 적용하다」. SBS 서울디지털포럼 사무국 엮음. 『커넥티드』. 서울: 시공사, 265~275쪽.

리도우, 데릭(Derek Lidow)·진대제·어윈 제이콥스(Irwin M. Jacobs)·윤종용·조지 콜로니(George F. Colony). 2005. 「보충토론: 유비쿼터스 패러독스」. 앨 고어, 어윈 제이콥스, 진대제 외 지음. 『세계 디지털 리더 60인이 말하는 유비쿼터스의 최전선』. SBS 서울디지털포럼 엮음. 서울: 미래M&B, 113~116쪽.

맥, 팀(Tim Mack). 2005. 「디지털 사회의 작동원리」. 앨 고어, 어윈 제이콥스, 진대제 외 지음. 『세계 디지털 리더 60인이 말하는 유비쿼터스의 최전선』. SBS 서울디지털포럼 엮음. 서울: 미래M&B, 73~79쪽.

맥도널드, 로리(Rory McDonald)·마이클 레이너(Michael Raynor)·클레이턴 M. 크리스텐슨(Clayton M. Christensen). 2015. 「파괴적 혁신이란 무엇인가」. ≪하버드비즈니스리뷰≫(12월호), URL: http://www.hbrkorea.com/magazine/article/view/5_1/article_no/656#

맨딜, 마틴 밴 더(L. Martin Van der Mandele). 2005. 「미래사회는 과거와 더 가깝다」. 앨 고어, 어윈 제이콥스, 진대제 외 지음. 『세계 디지털 리더 60인이 말하는 유비쿼터스의 최전선』. SBS 서울디지털포럼 엮음. 서울: 미래M&B, 65~72쪽.

머피, 마이클(Michael Murphy). 2011. 「광대역이 만드는 통신환경의 미래」. SBS 서울디지털포럼 사무국 엮음. 『인사이트 2010: 이야기 속의 디지털 시대』. 서울: 살림Biz, 100~106쪽.

바라바시, 알버트 라슬로(Albert-Laszlo Barabasi). 2011. 「우리의 행동 뒤에 숨겨진 비밀은?」. SBS 서울디지털포럼 사무국 엮음. 『커넥티드』. 서울: 시공사, 159~179쪽.

바모스, 스티브(Steve Vamos). 2008. 「쌍방향성, 미디어의 새로운 차원」. SBS 서울디지털포럼 사무국 엮음. 『미디어빅뱅, 세상을 바꾼다』. 서울: 커뮤니케이션북스, 23~25쪽.

박동호. 2004. 「엔터테인먼트 산업의 디지털화」. SBS 서울디지털 포럼 엮음. 정보통신정책연구원 감수. 『세계 디지털 리더들이 말하는 제3의 디지털 혁명: 컨버전스의 최전선』. 서울: 미래M&B, 157~165쪽.

박수만·이동형·허진호. 2011.5.26. "한국 SNS 대반격을 꾀하다." 〈서울디지털포럼 2011〉[DVD]. 서울: SBS Co.

발머, 스티브(Steve Ballmer). 2006. 「10년 후 디지털 세상 그리고 한국」. SBS 서울디지털포럼 사무국·IT기자클럽 엮음. 『디지털 지능의 시대를 맞이하라: Being Intelligent』. 서울: 미래의 창, 8~20쪽.

발머, 스티브(Steve Ballmer), 돈 탭스콧(Don Tapscott), 김종훈 외. 2013. 『무엇이 우리를 진화하게 하는가』. 서울디지털포럼사무국 엮음. 서울: 알키.

벅, 니나(Neena R. Buck). 2006. 「IT의 새로운 동력, 로봇」. SBS 서울디지털포럼 사무국·IT기자클럽 엮음. 『디지털 지능의 시대를 맞이하라: Being Intelligent』. 서울: 미래의 창, 198~208쪽.

벅, 니나(Neena R. Buck)·루이스 로스(Louis Ross)·신경철·조동일. 2006. 「서비스 로봇의 현실과 기회: 패널토론」. SBS 서울디지털포럼 사무국·IT기자클럽 엮음. 『디지털 지능의 시대를 맞이하라: Being Intelligent』. 서울: 미래의 창, 226~230쪽.

베졸트, 라이너(Rainer Besold). 2005. 「RFID, 비즈니스 혁명의 진원지」. 앨 고어, 어윈 제이콥스, 진대제 외 지음. 『세계 디지털 리더 60인이 말하는 유비쿼터스의 최전선』. SBS 서울디지털포럼 엮음. 서울: 미래M&B, 187~193쪽.

설원희. 2009. 「모바일 혁명, 어떻게 진화할 것인가?」 SBS 서울디지털포럼 사무국 엮음. 『인사이트 2010: 이야기 속의 디지털 시대』. 서울: 살림Biz, 93~99쪽.

손화철. 2012.5.23. "누가, 무엇을, 어떻게 고르는가?: 스티브잡스의 선택과 구글의 자비(慈悲)." 〈서울 디지털포럼 2012〉, URL: http://www.sdf.or.kr/kr/etc/vod.jsp?seq_type=VOD&seq=10000000196

슈미트, 에릭(Eric Schmidt). 2008. 「특별연설2: 세상의 모든 정보를 다루는 새로운 방식」. SBS 서울디지털포럼 사무국 엮음. 『미디어 빅뱅, 세상을 바꾼다』. 서울: 커뮤니케이션북스, 124~141쪽.

스에나가 마사시. 2005. 「휴대 멀티미디어 방송과 라이프스타일」. 앨 고어, 어윈 제이콥스, 진대제 외 지음. 『세계 디지털 리더 60인이 말하는 유비쿼터스의 최전선』. SBS 서울디지털포럼 엮음. 서울: 미래M&B, 344~347쪽.

스위니, 앤(Anne Sweeney). 2008. 「디지털 원주민을 잡아라」. SBS 서울디지털포럼 사무국 엮음. 『미디어빅뱅, 세상을 바꾼다』. 서울: 커뮤니케이션북스, 290~302쪽.

시프리, 데이비드(David L. Sifry). 2005. 「개인미디어의 도전」. 앨 고어, 어윈 제이콥스, 진대제 외 지음. 『세계 디지털 리더 60인이 말하는 유비쿼터스의 최전선』. SBS 서울디지털포럼 엮음. 서울: 미래M&B, 364~370쪽.

싱어, 댄(Dan Singer). 2008. 「2015년 방송시장의 전망」. SBS 서울디지털포럼 사무국 엮음. 『미디어 빅뱅, 세상을 바꾼다』. 서울: 커뮤니케이션북스, 385~393쪽.

앤더슨, 크리스(Chris Anderson). 2008. 「특별연설1: 미디어 시장을 뒤흔드는 새로운 질서, 롱 테일」. SBS 서울디지털포럼 사무국 엮음. 『미디어 빅뱅, 세상을 바꾼다』. 서울: 커뮤니케이션북스, 87~123쪽.

_____. 2013. 『메이커스』. 서울: 알에이치코리아.

언더코플러, 존(John Underkoffler). 2011. 「손은 가장 정교한 인터페이스 도구」. SBS 서울디지털포럼 사무국과 최재천 함께 엮음. 『변화를 포착하는 미래 통찰력: 상상오디세이』. 서울: 다산북스, 160~177쪽.

오연호. 2005. 「모든 시민은 리포터이다」. 앨 고어, 어윈 제이콥스, 진대제 외 지음. 『세계 디지털 리더 60인이 말하는 유비쿼터스의 최전선』. SBS 서울디지털포럼 엮음. 서울: 미래M&B, 403~410쪽.

올레타, 켄(Ken Auletta). 2011. 「거센 디지털 파도를 헤쳐나가기 위한 질문 하나」. SBS 서울디지털포럼 사무국 엮음. 『인사이트2010: 이야기 속의 디지털 시대』. 서울: 살림Biz, 11~16쪽.

올리반, 하비에르(Javier OLIVAN). 2013. 「사람이 중심이 되는 소셜디자인」. 스티브 발머, 돈 탭스콧, 김종훈 외 지음. 서울디지털포럼 사무국 엮음. 『무엇이 우리를 진화하게 하는가』. 서울: 알키, 253~261쪽.

윤종용. 2005. 「네드워그 융합시대, 삼성전자의 전략」. 앨 고어, 어윈 제이콥스, 진대제 외 지음. 『세계 디지털 리더 60인이 말하는 유비쿼터스의 최전선』. SBS 서울디지털포럼 엮음. 서울: 미래M&B, 105~112쪽.

윌아이엠(Will.i.am). 2009. 「나는 이미 미래에 산다」. SBS 서울디지털포럼 사무국과 최재천 함께 엮음. 『변화를 포착하는 미래 통찰력: 상상오디세이』. 서울: 다산북스, 271~285쪽.

이동형. 2011. 「소셜네트워킹서비스는 IT가 아닌 문화다」. SBS 서울디지털포럼 사무국 엮음. 『커넥티드』. 서울: 시공사, 296~303쪽.

이정호. 2002.4.26. [뉴 프로](10) "아바타 디자이너 … 라이코스코리아 김민봉 씨." ≪한국경제≫, URL: http://news.naver.com/main/read.nhn?mode=LSD&mid=sec&sid1=102&oid=015&aid=0000501554

임유경. 2016.8.15. "지상파DMB, 위성DMB 꼴 나지 않으려면…." ZDNet Korea, URL: http://www.zdnet.co.kr/news/news_view.asp?artice_id=20160812155607&type=det&re=

장덕진. 2011. 「소셜네트워크의 진화와 미래」. SBS 서울디지털포럼 사무국 엮음. 『인사이트 2010: 이야기 속의 디지털 시대』. 서울: 살림Biz, 205~223쪽.

장재은. 2016.4.19. "구글 도서관 합법화 … 작가들 상대 11년 만에 승소." 〈연합뉴스〉, URL: http://www.yonhapnews.co.kr/bulletin/2016/04/19/0200000000AKR20160419190600009.HTML?input=1195m

전용덕. 2011. 「3D를 만나 현실이 된 애니메이션」. SBS 서울디지털포럼 사무국 엮음. 『인간을 위한 새로운 패러다임의 시작 D-임팩트』. 서울: 시공사, 55~67쪽.

줄리우센, 에질(Egil Julliussen). 2006. 「연간 6천억 달러의 손실을 막아라」. SBS 서울디지털포럼 사무국·IT기자클럽 엮음. 『디지털 지능의 시대를 맞이하라: Being Intelligent』. 서울: 미래의 창, 165~169쪽.

진대제. 2005. 「디지털 강국을 위한 전략」. 앨 고어, 어윈 제이콥스, 진대제 외 지음. 『세계 디지털 리더 60인이 말하는 유비쿼터스의 최전선』. SBS 서울디지털포럼 엮음. 서울: 미래M&B, 82~89쪽.

____. 2005.5.19. "유비쿼터스의 패러독스: 기회와 위협." 서울디지털포럼2005 개막총회, URL: http://www.sdf.or.kr/kr/etc/vod.jsp?seq_type=VOD&seq=10000000020

최양수·엘리 노엄(Eli Noam)·필립 에번스(Philip Evans)·김대호·최민희·오지철·전규찬. 2006. 「한미 FTA가 미디어 시장에 미치는 영향」. SBS서울디지털포럼 사무국 엮음. 『미디어빅뱅, 세상을 바꾼다』. 서울: 커뮤니케이션북스, 399~432쪽.

최용석. 2017.3.13. "[굿바이 3D TV] TV보다 앞서 나온 '3D 모니터' … 바통 넘겨받은 'VR'." IT조선, URL: http://m.it.chosun.com/m/m_article.html?no=2831860

최재천. 2009. 「IT 다음은 생태학이다」. SBS 서울디지털포럼 사무국과 최재천 함께 엮음. 『변화를 포착하는 미래 통찰력: 상상 오디세이』. 서울: 다산북스, 166~171쪽.

캐머런, 제임스(James Cameron). 2011. 「무한한 상상력과 기술로 재현해낸 신르네상스」. SBS 서울디지털포럼 사무국 엮음. 『인간을 위한 새로운 패러다임의 시작 D-임팩트』. 서울: 시공사, 27~53쪽.

캐머런, 제임스(James Cameron)·윤부근·윤제균·김형민. 2011. 「"SBS시사토론" 'SDF대담': 3D혁명, 또 하나의 세상을 깨우다」. SBS 서울디지털포럼 사무국 엮음. 『인간을 위한 새로운 패러다임의 시작 D-임팩트』. 서울: 시공사, 238~269쪽.

클로제, 알렉산더(Alexander Klose). 2006. 「미래자동차의 4가지 과제」. SBS 서울디지털포럼 사무국·IT기자클럽 엮음. 『디지털 지능의 시대를 맞이하라: Being Intelligent』. 서울: 미래의 창, 174~182쪽.

탭스콧, 돈(Don Tapscott). 2013. 「매크로위키노믹스, 집단지성의 무한한 가능성」. 스티브 발머, 돈 탭스콧, 김종훈 외 지음. 서울디지털포럼 사무국 엮음. 『무엇이 우리를 진화하게 하는가』. 서울: 알키, 99~117쪽.

파월, 마이클(Michael Powell). 2005a. 「정부여, 기술에 귀 기울여라」. 앨 고어, 어윈 제이콥스, 진대제 외 지음. SBS 서울디지털포럼 엮음. 『세계 디지털 리더 60인이 말하는 유비쿼터스의 최전선』. 서울: 미래M&B, 117~130쪽.

_____. 2005b. 「규제, 어디까지 필요한가?」. 앨 고어, 어윈 제이콥스, 진대제 외 지음. SBS 서울디지털포럼 엮음. 『세계 디지털 리더 60인이 말하는 유비쿼터스의 최전선』. 서울: 미래M&B, 146~151쪽.

팔코스, 헬렌(Helén Falkàs). 2006. 「안전을 책임지는 지능형 자동차」. SBS 서울디지털포럼 사무국·IT 기자클럽 엮음. 『디지털 지능의 시대를 맞이하라: Being Intelligent』. 서울: 미래의 창, 170~173쪽.

표현명. 2011. 「테크놀로지에서 서비스로의 컨버전스 진화」. SBS 서울디지털포럼 사무국 엮음. 『커넥티드』. 서울: 시공사, 106~111쪽.

헤릭스타드, 데일(Dale Herigstad). 2009. 「화면 인터랙션, 공간과 시간 모두를 고려하다」. SBS 서울디지털포럼 사무국과 최재천 함께 엮음. 『변화를 포착하는 미래 통찰력: 상상오디세이』. 서울: 다산북스, 82~85쪽.

홍, 맥스(Max Hong). 2005. 「새로운 RFID 생태계가 만들어진다」. 앨 고어, 어윈 제이콥스, 진대제 외 지음. SBS 서울디지털포럼 엮음. 『세계 디지털 리더 60인이 말하는 유비쿼터스의 최전선』. 서울: 미래M&B, 293~299쪽.

황창규. 2006. 「이제는 퓨전시대다」. SBS 서울디지털포럼 사무국·IT기자클럽 엮음. 『디지털 지능의 시대를 맞이하라: Being Intelligent』. 서울: 미래의 창, 110~113쪽.

_____. 2006.5.26. "반도체를 통해 본 디지털의 미래." 서울디지털포럼2006 총회2, URL: http://www.sdf.or.kr/kr/etc/vod.jsp?seq_type=VOD&seq=10000000040

훈, 볼프강(Wolfgang Huhn). 2006. 「굴러다니는 소프트웨어」. SBS 서울디지털포럼 사무국, IT기자클럽 엮음. 『디지털 지능의 시대를 맞이하라: Being Intelligent』. 서울: 미래의 창, 160~164쪽.

SBS 서울디지털포럼 사무국·IT기자클럽. 2006. 『디지털 지능의 시대를 맞이하라: Being Intelligent』. 서울: 미래의 창.

SBS 서울디지털포럼 사무국 엮음. 2008. 『미디어 빅뱅, 세상을 바꾼다』. 서울: 커뮤니케이션북스.

_____. 2009. 『인사이트 2010: 이야기 속의 디지털 시대』. 서울: 살림Biz.

_____. 2011a. 『D-IMPACT 인간을 위한 새로운 패러다임의 시작』. 서울: 시공사.

_____. 2011b. 『커넥티드』. 서울: 시공사.

SBS 서울디지털포럼 사무국·최재천 엮음. 2009. 『변화를 포착하는 미래통찰력 상상오디세이』. 서울: 다산북스.

SBS창사20주년사무국. 2010. 『SBS 스토리』. 서울: 삼성문화인쇄.

강정수·김경달·김은미·김익현·김형일·성민규·오동진·위현종·이상진·이성춘·이재신·이정애·임상훈·임성희·장준영·조영신·최형욱·하주용·황성연. 2015. 「전환시대 미디어의 생존도약 전략」. 한국방송학회/SBS문화재단.

김경달·나희선·심영구·우상범·우승현·이성춘·이정애·장윤석·조영신·조윤하·한은희. 2016. 「전환기 시대, 미디어의 새로운 도전」. 한국방송학회/SBS문화재단. URL: http://foundation.sbs.co.kr/culture.cmd?act=agendaFutureView&bbsId=2800&bbsSeqn=2724&currentPage=1#

도영임·이원재·이동만·김소영·김지연·이세연·임지민·이슬·나정환·양설빈. 2015. 「디지털 시대 부모되기: 청소년이 디지털 미디어와 함께 살아가는 법」. KAIST 문화기술대학원/SBS문화재단. URL: http://foundation.sbs.co.kr/culture.cmd?act=agendaFutureView&bbsId=2800&bbsSeqn=1264&currentPage=1#

멘칙, 대니얼(Daniel Menchik), 샤오리 티엔(Xiaoli Tian), 이원재, 김용학, 이동만, 장덕진, 이기황, 김정민, 이루니. 2013. 「한국의 인터넷 불평등: 평가와 전망」. KAIST 문화기술대학원/SBS문화재단.

이동만·이원재·도영임·나정환·이슬·오세범. 2016. 「인간과 기술의 미래에 대한 세 가지 질문」. KAIST 문화기술대학원/SBS문화재단.

이원재·박주용·도영임·이동만·김휘강·박준현. 2014, 「게임病, 그리고 사회적 치유」. KAIST 문화기술대학원/SBS문화재단. URL: http://foundation.sbs.co.kr/culture.cmd?act=agendaFutureView&bbsId=2800&bbsSeqn=559&currentPage=1#

Lipinski, Ann Marie, James Geary and Chong-ae Lee. 2016. "Doing good Journalism in Unexpected Way-The Evolution of Storytelling on New Platforms and Technologies." Harvard Nieman Foundation, KABS, SBS Foundation, URL: http://foundation.sbs.co.kr/culture.cmd?act=agendaFutureView&bbsId=2800&bbsSeqn=2720&currentPage=1#

Anderson, Chris. 2004~2009(blog). "The Long Tail." Wired Blog Network, URL: http://www.longtail.com/about.html

_____. 2007. "Special Speech—Long Tail: the New Paradigm that Shifts Media Industry." *Media Big Bang!: Impact on Business & Society*. Seoul Digital Forum 2007. Seoul: CommunicationBooks Publishing Co., pp.52~69.

Ballmer, Steven A. 2006.5.25. Special Speech, "Innovation Korea." 〈Seoul Digital Forum 2006: World ICT Summit〉[DVD], 서울: SBS.

Barabasi, Albert-Laszlo and Ha-woong Jeong. 2011.5.25. "The Digital World Seen by a Complex Network Analysis: What Are the Hidden Patterns Behind What We Do?" 〈Seoul Digital Forum 2011〉[DVD]. 서울: SBS Co.

Berners-Lee, Tim. 2013.5.2. "The World Wide Web and Worldwide Collaboration: Why Collaborate Across the World?", Keynote Speech. 〈Seoul Digital Forum 2013〉, URL: http://www.sdf.or.kr/kr/etc/vod.jsp?seq_type=VOD&seq=10000000219

Bleeharezyk, Nathan. 2013.5.3. "Reinventing Consumption: How Sharing Can Change Our Lives." 〈Seoul Digital Forum 2013〉[DVD]. 서울: SBS Co.

Brand, John. 2004. Closing Session, "Debates and Summary on Digital Convergence from Major Industrial Sectors"(2004.5.7). 〈Seoul Digital Forum 2004〉[DVD]. 서울: SBS & SBSi.

Butterfield, Stewart. 2006. "New Media: A Case of Innovative Photo sharing Service." Seoul Digital Forum 2006: World ICT Summit, *Being Intelligent: The Next Digital Evolution*. Seoul: Miraebook Publishing Co., pp.100~103.

Cameron, James. 2010.5.13. "Renaissance Now in Imagination and Technology", Keynote Address. 〈Seoul Digital Forum 2010〉[DVD], 서울: SBS Co.

Carr, Nicholas, and Eun-Ju Lee. 2011.5.26. "The Shallows: The Mind in the Net", Keynote speech. 〈Seoul Digital Forum 2011〉[DVD], 서울: SBS Co.

Childs, Martin. 2011.11.1. "John McCarthy: Computer scientist known as the father of AI." *Independent*, URL: http://www.independent.co.uk/news/obituaries/john-mccarthy-computer-scientist-known-as-the-father-of-ai-6255307.html

Chon, Kilnam. 2014.5.21. "Connecting the Other Billions: Innovative Wisdom for Making the Internet Truly Global." 〈Seoul Digital Forum 2014〉[DVD]. 서울: SBS Co.

Cole, David. 2016.5.19. "Reality Shifting." 〈Seoul Digital Forum 2016〉[DVD], 서울: SBS Co.

Comstock, Beth. 2009. "The Next Chapter in the Digital Age." 〈Seoul digital Forum 2009〉[DVD], 서울: SBS & SBSi.

Floridi, Luciano. 2012.5.23. "Enveloping the World: Risks and Opportunities for a Better Future." 〈Seoul Digital Forum 2012〉[DVD]. 서울: SBS Co.

Friedman, Eric. 2014.5.21. "Connected Health and Fitness: How Innovative Technology is Helping People Live Healthier, More Active Lives." 〈Seoul Digital Forum 2014〉[DVD]. 서울: SBS Co.

Futerman, Samantha, and Anais Bordier with Eli Park Sorensen. 2015.5.21. "Separated @ Birth, Reconnected by Curiosity." 〈Seoul Digital Forum 2015〉, URL: https://www.youtube.com/watch?v=WTLOB85P6Lk&t=133s&list=PL85upxhi8zHOHh5Ooln0rVmSTaxF_sH7J&index=32

Gates, Bill. 2008.5. "The Second Digital Decade", Special Speech presented at the Seoul Digital Forum 2008. Seoul.

Gore, Al. 2005. "Leadership and Humanism for a New Digital Society." Seoul Digital Forum 2005: Quo Vadis Ubiquitous: Charting a New Digital Society, pp.25~27. Seoul: In Mind Communications.

Griffith, Erin. 2017.10.25. "Will Facebook Kill All Future Facebooks?" *Wired Magazine*, URL: https://www.wired.com/story/facebooks-aggressive-moves-on-startups-threaten-innovation/?mbid=nl_102517_daily_intro

IDC, 2017.11.30. "Worldwide Wearables Market Grows 7.3% in Q3 2017 as Smart Wearables Rise and Basic Wearables Decline." URL: https://www.idc.com/getdoc.jsp?containerId=prUS43260217

Kim, Jeong. 2012.5.22. "Technology and the Opportunities for a Better Society." 〈Seoul Digital Forum 2012〉[DVD]. 서울: SBS Co.

Lidow, Derek, and Michael J. Wolf. 2004. Luncheon with Special Speech, "Capturing Value from the Digital Opportunity in Media and Entertainment"(2004.5.7). 〈Seoul Digital Forum 2004〉[DVD]. 서울: SBS & SBSi.

Maddock, Charlie. 2013.5.2. "The Democratization of Production: Using 3D printing to Enable the Future of Manufacturing." 〈Seoul digital Forum 2013〉[DVD]. 서울: SBS Co.

Maddock, Charlie. 2015.5.20. "Customized Wedding Rings to Artificial Limbs: 3D Printing, Power & Responsibility." 〈Seoul digital Forum 2013〉[DVD]. 서울: SBS Co.

Mele, Nicco. 2014.5.21. "Radical Connectivity." 〈Seoul digital Forum 2014〉[DVD]. 서울: SBS Co.

Neary, Dan. 2015.5.20. "Facebook, Connecting Curiosity." 〈Seoul Digital Forum 2015〉[DVD]. 서울: SBS Co.

Negroponte, Nicholas. 2004. Opening Session "Digital Korea: Analysis & Vision" Keynote Speech(2004.5.7), 〈Seoul Digital Forum 2004〉[DVD], 서울: SBS & SBSi.

Noam, Eli, Tom Curley, Peter Smith, Steve Vamos, Ki-tae Lee, Shin-Bae Kim, Eun-Taek Hong, Dae-je Chin. 2007.5.30. "What's Media Anyway? Where is it Headed?" Opening Plenary, 〈Seoul Digital Forum 2007〉[DVD], 서울: SBS & SBSi.

Redstone, Sumner. 2008. "The Only Constant is Change. But Even in Change, There Are Constants", Special speech. the Seoul Digital Forum 2008. Seoul.

Rogers, John. 2013. "The Endof Car Production as We Know It." 〈Seoul Digital Forum 2013〉[DVD].

서울: SBS Co.

Rosalind, Picard. 2015.5.20. "Surprises from a Smartwatch Designed to Sense Emotion." 〈Seoul Digital Forum 2015〉[DVD]. 서울: SBS Co.

Russell, Stuart. 2016.5.19. "Will Superintelligent Robots Make Us Better People?" 〈Seoul Digital Forum 2016〉[DVD]. 서울:SBS Co.

Seoul Digital Forum-World ICT Summit. 2005. "Quo Vadis Ubiquitous-Charting a New Digital Society." Korea: InMind Communications

_____. 2006. "Being Intelligent-The Next Digital Evolution." Korea: Miraebook Publishing Co.

Seoul Digital Forum. 2007. "Media Big Bang!-Impact on Business & Society." Korea: CommunicationBooks Publishing Co.

SBS. 2004. "Seoul Digital Forum 2004—Value Reshuffling Digial Convergence: In Search of New Opportunities"[DVD]. 서울: SBS & SBSi.

_____. 2005. "Seoul Digital Forum 2005—Quo Vadis, Ubiquitous: Charting a New Digital Society"[DVD]. 서울: SBS & SBSi.

_____. 2006. "Seoul Digital Forum 2006—Beng Intelligent: The Next Digital Evolution"[DVD]. 서울: SBS & SBSi.

_____. 2007. "Seoul Digital Forum 2007—Media Big Bang!: Impact on Business & Society"[DVD]. 서울: SBS & SBSi.

_____. 2009. "Seoul Digital Forum 2009—Story: A New Chapter"[DVD]. 서울: SBS & SBSi.

_____. 2010. "Seoul Digital Forum 2010—Renaissance Now: Shaping Another Breakthrough"[DVD]. 서울: SBS & SBSi.

_____. 2011. "Seoul Digital Forum 2011—Connected: Into a Shared Future"[DVD]. 서울: SBS Co.

_____. 2012. "Seoul Digital Forum 2012—Coexistence: Technology, Humanity and Great Hope for the Future"[DVD]. 서울: SBS Co.

_____. 2013. "Seoul Digital Forum 2013—Ecollaboration: Solution for Tomorrow"[DVD]. 서울: SBS Co.

_____. 2014. "Seoul Digital Forum 2014—Innovative Wisdom: Technology for the Common Good." [DVD], 서울: SBS Co.

_____. 2015. "Seoul Digital Forum 2015—Conscious Curiosity: Searching for the Next Breakthrough"[DVD]. 서울: SBS Co.

_____. 2016. "Seoul Digital Forum 2016—Evolving Interaction: Towards an Inclusive Community"[DVD]. 서울: SBS Co.

_____. 2013. "Best 10 Classic—SDF 10th Anniversary Special"[DVD]. 서울: SBS Co.

Sprenger, Polly. 1999.1.26. "Sun on Privacy: 'Get over it'." *Wired Magazine*, URL: https://www.wired.com/1999/01/sun-on-privacy-get-over-it/

Sweeney, Anne. 2007.5.31. "Hollywood in Seoul at the SDF", Special Speech. 〈Seoul Digital Forum 2007〉[DVD]. 서울: SBS & SBSi.

Tapscott, Don. 2012.5.24. "Macrowikinomics: Rethinking Korea for a Connected Planet", Keynote Address. 〈Seoul Digital Forum 2012〉[DVD]. 서울: SBS Co.

The Kickstarter blog. 2016.1.7. The Most Innovative Kickstarter Projects, URL: https://

www.kickstarter.com/blog/the-most-innovative-kickstarter-projects

Thrun, Sebastian. 2016.5.19. "Moonshot Thinking: Democratizing Technologyand Education." 〈Seoul Digital Forum 2016〉[DVD]. 서울: SBS Co.

Vogels, Werner. 2012.5.24. "Data without Limits." 〈Seoul Digital Forum 2012〉[DVD]. 서울: SBS Co.

Whitacre, Eric. 2011.5.25. "A Choir to Remember: Being One, Being Connected." 〈Seoul Digital Forum 2011〉[DVD]. 서울: SBS Co.

Wolf, Michael J. 2004. Luncheon with Special Speech, "Capturing Value from the Digital Opportunity in Media and Entertainment"(2004.5.7). 〈Seoul Digital Forum 2004〉[DVD]. 서울: SBS & SBSi.

서울디지털포럼(SDF) 공식사이트 http://www.sdf.or.kr/
서울디지털포럼(SDF) 유튜브 채널 https://www.youtube.com/user/SeoulDigitalForumSBS

찾아보기

글쓴이 소개 (수록순)

김경희

김경희는 한림대학교 미디어 커뮤니케이션학부 교수이다. 이화여자대학교에서 신문방송학과를 졸업하고 동 대학원에서 석사학위와 박사학위를 받았다. 중앙일보에서 대통령선거조사, 국민의 식조사 등 여론조사보도를 담당했으며, 뉴스속보부에서 인터넷 뉴스를 기획, 편집했다. 저서로는 『뉴스 안과 밖의 여성』, 『한국사회와 인터넷 저널리즘』, 『한국사회와 뉴미디어 확산』(편저), 『인터넷 취재보도』(공저) 등이 있으며 "Cying for Me, Cying for Us", "Obstacles to the Success of Female Journalists in Korea" 등 다수의 논문이 있다.

심홍진

심홍진은 정보통신정책연구원(KISDI) 연구위원이다. 연세대학교에서 신문방송학과 사학을 전공했고 동 대학원에서 언론학 석사학위와 박사학위를 취득했다. 미디어 정책 및 규제 연구와 더불어 뉴커뮤니케이션 테크놀로지와 수용자의 관계를 미디어 심리학에 기초하여 연구하고 있다. 주요 논문으로 "An exploration of the motivations for binge-watching and the role of individual differences", "What makes us two-screen users?: The effects of two-screen viewing motivation and psychological traits on social interactions" 등이 있으며, 미디어 정책 보고서 및 수용자 효과에 관한 논문 다수가 있다.

최홍규

최홍규는 한국교육방송공사(EBS) 연구위원이다. 서울과학기술대학교에서 전자IT미디어공학을 전공했고 고려대학교에서 언론학 석사학위와 박사학위를 취득했다. 한국인터넷진흥원(KISA) 선임연구원으로 재직했다. 주로 커뮤니케이션과 미디어로 인한 인간, 사회 변동에 관심을 두고 있다. 저서로 『소셜 빅데이터 마이닝을 활용한 미디어 분석 방법』, 『콘텐츠 큐레이션』 등 다수가 있다.

김정환

김정환은 네이버 정책연구실 연구위원이다. 고려대학교 언론학부를 졸업하고 동 대학원에서 석사학위와 박사학위를 취득했다. 현재 인디애나대학교 커뮤니케이션연구소에서 박사후연구원으로 활동하고 있다. 주 관심 분야는 IT 산업과 미디어 경영, 정책 등이다.

임상훈

임상훈은 게임매체 디스이즈게임 대표이다. 서울대학교 언론정보과를 졸업했다. 일간스포츠에서 게임과 IT, 영화 등을 담당했으며, 현재 ≪한겨레21≫에 칼럼을 연재하고 있다. 주 관심 분야는 게임 생태계의 리뷰와 개선 전략 찾기이다.

홍주현

홍주현은 국민대학교 언론정보학부 교수이다. 이화여자대학교에서 신문방송학과를 졸업하고, 동 대학원에서 석사학위와 박사학위를 받았다. 서울특별시청에서 여론조사 전문직으로 근무하면서 다수의 시정 여론조사를 수행했으며, 여론조사 전문회사인 인서베이스 대표를 역임했다. KOCED(건설교통부 분산공유형 건설연구인프라 구축) 사업단에서 홍보를 담당했으며, SBS 시청자 평가원으로 3년 반 동안 활동했다. 박사학위를 받은 후 베이징대학교 신문방송학과에서 연구학자로 1년간 중국의 인터넷 여론을 연구했다. 주요 연구 분야는 인터넷 여론과 소셜미디어를 통한 루머의 확산 연구, 루머의 사실성과 파급력 등 루머의 속성에 대한 연구, 루머 보도, 정부의 위기 커뮤니케이션 등이며 네트워크 분석을 이용한 다수의 논문을 발표했다.

이정애

이정애는 SBS 보도본부 기자이다. 이화여자대학교 사학과를 졸업하고 연세대학교 언론홍보대학원에서 석사학위를 받았으며 하버드대학교 니먼펠로우이다. 1995년 SBS 공채 5기 취재 기자로 입사해 사회부, 국제부, 편집부, 경제부, 뉴스추적 등을 거쳤으며 2005년부터는 '미래부'라는 보도본부 내 중장기적인 이슈를 다루는 부서에서 서울디지털포럼(SDF)과 미래한국리포트(FKR) 등을 담당해왔다. 특히 2015년부터는 미래부 데스크이자 서울디지털포럼(SDF) 실무총괄 팀장을 맡아왔으며, 2017년 12월 보도본부 논설위원실 미래한국리포트 '담당'(보직팀장)이 되었다.

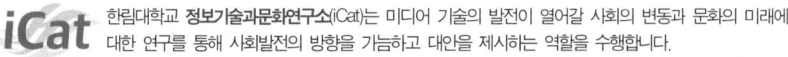

한림대학교 **정보기술과문화연구소**(iCat)는 미디어 기술의 발전이 열어갈 사회의 변동과 문화의 미래에 대한 연구를 통해 사회발전의 방향을 가늠하고 대안을 제시하는 역할을 수행합니다.

한울아카데미 2063
ICT 사회 연구 총서 3

소셜 콘텐츠의 흥망성쇠
싸이월드에서 배틀그라운드까지

ⓒ 김경희 외, 2018

엮은이 김경희
지은이 김경희·심홍진·최홍규·김정환·임상훈·홍주현·이정애
펴낸이 김종수
펴낸곳 한울엠플러스(주)
편집책임 배유진

초판 1쇄 인쇄 2018년 3월 12일
초판 1쇄 발행 2018년 3월 26일

주소 10881 경기도 파주시 광인사길 153 한울시소빌딩 3층
전화 031-955-0655
팩스 031-955-0656
홈페이지 www.hanulmplus.kr
등록번호 제406-2015-000143호

Printed in Korea
ISBN 978-89-460-7063-9 93300 (양장)
     978-89-460-6459-1 93300 (학생판)

* 책값은 겉표지에 표시되어 있습니다.
* 이 도서는 강의를 위한 학생판 교재를 따로 준비했습니다. 강의 교재로 사용하실 때는 본사로 연락해주십시오.

이 저서는 2015년 정부(교육부)의 재원으로 한국연구재단의 지원을 받아 수행된 연구임(NRF-2015S1A5B4A01037022).